M. D'HULST

MÉLANGES PHILOSOPHIQUES

RECUEIL D'ESSAIS

CONSACRÉS A LA DÉFENSE DU SPIRITUALISME
PAR LE RETOUR A LA TRADITION DES ÉCOLES CATHOLIQUES

DEUXIÈME ÉDITION

PARIS

LIBRAIRIE Vve CH. POUSSIELGUE

RUE CASSETTE, 15

1903

MÉLANGES PHILOSOPHIQUES

PROPRIÉTÉ DE

OUVRAGES DE Mgr D'HULST

Conférences de Notre-Dame et retraite de la Semaine sainte.
Carêmes de 1891, 1892, 1893, 1894, 1895 et 1896. Six volumes in-8°
écu, avec notes.
    Chaque volume . . . . 5 »
Les mêmes publiées en 6 livraisons in-8°, carêmes de 1891 à 1896.
    Chaque année. 1 25
Discours prononcé au service funèbre de M. l'abbé Le Rebours. In-8°
raisin. *Net* . . . . 1 »
L'Adoration réparatrice et nationale. In-12. . . . . » 50
Mélanges oratoires. Tomes I-II. 2 volumes in-8° écu. . . . . 8 »
Nouveaux mélanges oratoires. Tomes III, IV et V. 3 volumes in-8°
écu. Chacun. . . . . 4 »
Mélanges philosophiques. In-8° écu. . . . . 5 »
M. l'abbé de Broglie. In-8° raisin . . . . » 75
Que vont devenir les Facultés libres ? In-12 . . . . » 75
Raisons d'espérer une renaissance chrétienne. In-18. . . . » 15
Retraite de Notre-Dame 1891, 1892, 1894, 1895, 1896.
    Chaque année. . . . . » 50
Une âme royale et chrétienne. In-8° raisin. . . . . 1 »
Vie de Just de Bretenières. In-12, portrait . . . . 3 »
Vie de la Mère Marie-Térèse. In-12, 2 portraits 2 50

M. D'HULST

MÉLANGES PHILOSOPHIQUES

RECUEIL D'ESSAIS

CONSACRÉS A LA DÉFENSE DU SPIRITUALISME
PAR LE RETOUR A LA TRADITION DES ÉCOLES CATHOLIQUES

DEUXIÈME ÉDITION

PARIS
LIBRAIRIE Vᵛᵉ CH. POUSSIELGUE
RUE CASSETTE, 15

1903

Droits de reproduction et de traduction réservés.

PRÉFACE

Un an après avoir donné au public deux volumes de *Mélanges oratoires*, j'ose encore lui offrir un volume de *Mélanges philosophiques*. Une même pensée a présidé aux deux publications; et, si le loisir ne m'avait fait défaut, elles auraient pu paraître en même temps. Ce ne sont pas deux ouvrages, ce sont deux recueils. Dans l'un comme dans l'autre, j'ai voulu réunir quelques-uns de ces essais où, parmi les sollicitudes d'une vie donnée aux autres, s'est dispersé l'effort de ma pensée. Je l'ai fait au moment où un choix qui m'honore et m'accable, me désignait pour une tâche nouvelle. Désormais tout ce que je pourrai sauver de mon temps et de mes forces appartiendra à la grande œuvre apologétique de Notre-Dame. Avant de m'enfermer dans cette mission, j'ai voulu me retourner un instant vers le passé et fixer le souvenir du travail accompli.

En présentant mes *Mélanges oratoires*, je sentais le besoin de m'excuser des répétitions qui remplissent le second volume. Appelé, dans une série de discours qui s'échelonnent sur dix années, à traiter, en des circonstances semblables, un sujet toujours le même, je devais craindre à bon droit la monotonie résultant du rapprochement de ces morceaux.

Au moment de réunir les fragments philosophiques que je publie aujourd'hui, j'ai ressenti la même appréhension. C'est qu'en effet, à travers l'appareil spéculatif qui distingue ce genre d'études, c'est bien une œuvre aussi que j'ai poursuivie. Le but est unique : défendre contre les aberrations pernicieuses de la pensée contemporaine les principes du spiritualisme. Le moyen proposé est constant : revenir à la tradition sans exclure le progrès; redemander à Aristote et à saint Thomas la clef perdue de la vraie métaphysique, et ouvrir avec cette clef les trésors de la science moderne.

C'est au service de cette pensée d'apostolat philosophique que j'ai tenté successivement plusieurs entreprises, trop souvent contrariées, quelquefois interrompues par l'exigence de devoirs plus impérieux. Tout d'abord, en prenant possession de mes fonctions de recteur, j'ai voulu me mêler à l'enseignement de notre université catholique; e j'ai fait pendant trois ans un cours de philosophie. Le loisir m'a toujours manqué pour donner à ces leçons orales la forme définitive qui m'aurait permis de les transformer en livres. Plus tard, lorsqu'il m'a fallu renoncer au travail trop assujettissant d'un cours hebdomadaire, j'ai trouvé, dans les notes qui m'avaient servi à le préparer, un fond d'idées et de recherches d'où j'ai pu, sans trop d'effort, tirer trois séries de conférences données au public, d'abord dans la salle Albert-le-Grand, puis à l'Institut catholique. Enfin les lectures qu'il m'avait fallu faire pour suffire à cette tâche, en me mettant de plus en plus en contact avec la pensée philosophique de notre âge, m'ont souvent sollicité d'y répondre par des écrits de circonstance. J'ai dû, la plupart du temps, résister à la tentation; mais j'y ai cédé quelquefois, et j'ai fourni au *Correspondant* ou aux *Annales de philosophie chrétienne* quelques articles consacrés à la critique des doctrines.

Le présent volume garde la trace des conjonctures variées qui m'ont attiré sur le terrain de la discussion philosophique. Mes trois années de cours y sont représentées seulement par trois leçons d'ouverture. Puis viennent cinq conférences sur Dieu et cinq autres sur l'homme, données à la salle Albert-le-Grand. Une troisième série de quatre conférences, données à l'Institut catholique, a pour objet la valeur scientifique de la philosophie de saint Thomas. Le volume s'achève par quatre morceaux détachés qui ont paru dans divers périodiques.

Ces interventions successives ont été pour moi autant d'occasions nouvelles de recommander chaleureusement la philosophie traditionnelle des écoles catholiques. Je ne craignais pas de me répéter en renouvelant à de longs intervalles, devant des auditoires différents et dans des circonstances changeantes, une revendication que j'estimais nécessaire.

Aujourd'hui que ces fragments sont rapprochés et présentent la trompeuse apparence d'un livre, je suis beaucoup moins rassuré sur les inconvénients de ces redites. Elles sont fréquentes à travers ce volume, et je dois supplier le lecteur de se souvenir qu'il s'agit ici d'une suite de plaidoyers prononcés en divers temps, en divers lieux, pour la défense de la même cause. Chaque morceau en outre son objet propre qui en a motivé la composition, qui en excuse la publication. J'aurais voulu pouvoir, en laissant à chacun ce qu'il contient d'inédit, en éliminer ce qui fait double emploi avec d'autres écrits; mais la pensée qui inspire ces répétitions est trop mêlée à toute la trame du discours pour qu'il soit possible de l'en séparer. Je dois donc me résigner à recevoir de mes lecteurs le reproche que je m'adresse à moi-même.

Il me reste à justifier du moins la préoccupation apologétique à laquelle j'ai obéi dans la poursuite de cette croisade en faveur de la scolastique.

La philosophie a subi, depuis quelques années, une transformation si radicale, que son existence même est contestée. Dès 1880, quand j'inaugurais mon cours, j'ai pu prendre pour sujet de ma première leçon cette interrogation : La philosophie existe-t-elle? Tout récemment, un des maîtres les plus écoutés du spiritualisme universitaire, M. Ollé-Laprune, a repris cette question et l'a traitée avec l'originalité profonde qui caractérise son talent. Mais n'est-ce pas chose étrange qu'on puisse la poser et qu'il soit nécessaire de la résoudre?

Tout le mouvement de la philosophie contemporaine va se perdre dans les sciences purement expérimentales. On nie la métaphysique, ce qui fait évanouir la théodicée; on ne fait plus de psychologie que par le dehors, à la manière des physiologistes; on rattache à cette *histoire naturelle de l'homme* la logique et la morale. Et voilà les philosophes de métier congédiés comme des ouvriers dont l'industrie a fait son temps. S'ils veulent de l'ouvrage, qu'ils changent de profession et se fassent embaucher à l'atelier de la psycho-physique. Ainsi les conducteurs de diligences ont dû solliciter un emploi dans les chemins de fer.

Il n'est pas malaisé d'apercevoir ce que devient le spiritualisme dans cette nouvelle manière de concevoir le rôle de la philosophie. S'il n'y a pas une science de l'âme et de l'absolu, c'est que l'âme n'est qu'une fonction du corps, et l'absolu qu'une chimère.

C'est bien malheureux, dira-t-on, pour le spiritualisme; mais après tout, si c'est vrai, pourquoi nous attarder à pleurer sur une conception vieillie qui a eu ses jours de gloire, qui a rendu des services à l'humanité, mais qui n'a plus la vie en elle?

Ainsi parlent tous ceux qui, sans être savants, cèdent à l'engouement de la science. Et ceux-là sont aujourd'hui le grand nombre.

Voulez-vous défendre contre eux les droits de l'esprit? Commencez par leur présenter une métaphysique qui soit hospitalière à la science.

La métaphysique est nécessaire; les savants eux-mêmes ne peuvent pas s'en passer. Ils s'en font une à l'occasion; et c'est grand dommage, parce qu'elle ne vaut pas l'ancienne. Encore est-il que pour les réconcilier avec celle-ci il faut la leur rendre acceptable.

C'est à cette entreprise de conciliation que nous convoque le grand pape qui a inauguré la série de ses magnifiques enseignements par une encyclique sur la philosophie. Léon XIII, continuant et accélérant un mouvement qu'avait inauguré Pie IX, nous invite à renouer le fil d'une tradition funestement rompue au XVIIᵉ siècle. Il nous montre dans la philosophie de l'école le terrain de rencontre entre la métaphysique et la science.

Déjà fortement pénétré de cette vérité par mes études personnelles, j'ai été très frappé de l'importance que lui donnait une recommandation partie de si haut, et j'ai résolu de contribuer pour mon humble part à faciliter le retour des intelligences contemporaines à la tradition en philosophie. J'y ai travaillé selon les occurrences, et je n'ai pas craint de redire souvent, en des occasions diverses, ce qu'il me paraissait le plus nécessaire de faire entendre.

On me dira que le rôle d'avocat, ou même celui d'apôtre, ne convient pas à qui prétend philosopher; que, pour persuader dans cet ordre de pensées sereines, il ne faut pas avoir l'air trop convaincu; qu'en commençant l'étude d'une question, il faut être indifférent à la solution future, et qu'ainsi un livre où l'on annonce, dès la préface, l'intention de convertir ses lecteurs à une idée, ne mérite pas d'être ouvert par les vrais philosophes.

Cette fin de non-recevoir, je l'avoue, ne m'émeut guère. Ce serait une grande impertinence de s'adresser au public si l'on ne savait pas au juste et d'avance ce qu'on a à lui dire. La raison, j'en conviens, ne relève que d'elle-même dans la recherche de la vérité; mais quand un homme, en exerçant sa raison avec indépendance, a cru trouver la vérité, pourquoi ne s'efforcerait-il pas de la répandre? pourquoi du moins se croirait-il obligé de dissimuler sa conviction? Faudra-t-il qu'un géomètre s'interdise de poser des théorèmes et d'en annoncer la démonstration? Nous connaissons, il est vrai, des philosophes qui suivent une autre méthode. Chaque fois qu'ils publient un nouveau volume, c'est pour nous montrer une nouvelle évolution de leur pensée : que dis-je? Au cours même de la lecture ils nous font assister à leurs hésitations, au besoin à leurs contradictions. Et le public de s'écrier : Voyez comme ils sont sincères! Je ne veux pas nier leur probité. Ce sont des sceptiques honnêtes. Mais la sincérité est-elle donc le privilège du scepticisme? Et l'homme qui, ayant entrevu une fois le vrai, le distingue plus nettement à mesure qu'il le regarde, sera-t-il convaincu d'insuffisance pour n'avoir point passé sa vie à brûler ses anciennes idoles et à en refaire de nouvelles?

En résumé, ce que nous regrettons, ce n'est pas d'avoir dit souvent la même chose pendant dix ans; car nous avions conscience, en le faisant, de servir une grande cause. Nous regrettons de n'avoir pu condenser dans un livre homogène les éléments de vérité épars dans ce recueil. Tels qu'ils sont, nous pensons qu'ils peuvent fournir un aliment utile aux réflexions de nos contemporains, et nous demandons à ceux-ci d'oublier en faveur de l'œuvre les défauts de l'ouvrier.

Paris, le 8 décembre 1891, en la fête de l'Immaculée Conception de Marie, *siège de la sagesse*.

TROIS LEÇONS D'OUVERTURE

D'UN

COURS LIBRE DE PHILOSOPHIE

PREMIÈRE ANNÉE DU COURS
1880

LE ROLE DE LA PHILOSOPHIE
DANS LES CONNAISSANCES HUMAINES

L'enseignement que nous inaugurons aujourd'hui, Messieurs, n'est pas, dans notre Institut catholique, une nouvelle création. Pendant les trois premières années de notre vie universitaire, le R. P. Bayonne a professé la philosophie à la faculté des Lettres, et nos étudiants d'alors n'ont pas oublié ses doctes et piquantes leçons. D'autres devoirs ont éloigné de nous, il y a deux ans, ce digne fils de saint Dominique, ce digne interprète de saint Thomas d'Aquin. Ouvrier de la première heure dans cette entreprise du haut enseignement catholique, il avait déjà droit à notre souvenir affectueux et reconnaissant. Aujourd'hui un titre nouveau le désigne à nos sympathies les plus respectueuses; et, m'inspirant de sentiments qui sont les vôtres à tous, je ne puis reprendre ici sa tâche interrompue sans que ma première parole aille chercher et saluer en votre nom non plus seulement l'ami, mais l'exilé, non plus le religieux qui sert l'Église en cultivant la science, mais celui qui l'honore en souffrant pour la cause de ses institutions proscrites et de sa liberté méconnue.

Je n'éprouve pas, Messieurs, une inclination bien prononcée pour ce qu'on appelle les leçons d'ouverture. Et si j'étais appelé à vous enseigner une de ces sciences nettement classées, dont l'objet propre et précis apparait avec évidence, j'entrerais sans préliminaires dans l'exposition des principes qui la constituent.

Mais, si sobre qu'on soit de préfaces, peut-on s'en passer absolument quand on aborde les études philosophiques? La philosophie est-elle une science? Mérite-t-elle d'être étudiée à part? Par cela même qu'elle touche à tous les ordres de connaissances, n'est-elle pas implicitement et suffisamment comprise dans les recherches de l'esprit humain, quelle qu'en soit la direction? Voilà, Messieurs, une question préalable qui vaut la peine d'être examinée; d'autant plus, vous le savez bien, que dans la bouche de certains savants du jour elle prend le caractère dédaigneux et malveillant de la *question préalable* parlementaire. Pour eux, la philosophie proprement dite est une parasite qui vit aux dépens des sciences positives, qui ne serait rien sans elles, et dont celles-ci sauraient bien se passer. Et si l'un de ces hommes était dans cet auditoire, s'il m'entendait vous dire : Nous allons faire ensemble de la philosophie, il s'écrierait : A quoi bon? Faites donc de la science! Il n'y a pas d'autre philosophie que celle qui ajoute le savoir au savoir.

Eh bien, Messieurs, pouvons-nous passer sans examen à côté de ce verdict qui d'avance taxerait d'inutilité toutes les recherches auxquelles nous avons l'intention de nous livrer? Pour ma part je ne le voudrais pas faire. Je craindrais que, méprisée au début, cette sentence ne reprît créance dans nos esprits aux heures difficiles où la vérité philosophique se fait chercher avec plus de labeur et semble se dérober aux investigations de la raison. Je craindrais que le souvenir de cette condamnation anticipée ne nous poursuivît comme un reproche et ne nous fît regretter la peine prise dans le passé, alors que nous aurions le plus besoin d'être encouragés à de nouveaux efforts.

Voilà pourquoi il m'a semblé nécessaire d'examiner aujourd'hui avec vous la place qu'occupe la philosophie au milieu des connaissances humaines. Si nous constatons qu'elle a vraiment droit à un rang à part, nous sentirons plus de courage pour entrer dans la carrière qui nous est ouverte; et les considérations qui nous auront amenés à cette conviction serviront en même temps à circonscrire d'avance l'objet de nos études.

I

Le besoin de connaître est la loi de notre esprit. Comme la faim et la soif avertissent l'homme de pourvoir par la nutrition à la conservation et au développement de son être physique, ainsi un appétit plus noble stimule sans cesse notre intelligence et l'empêche d'oublier qu'il lui faut, pour vivre, le pain de la vérité.

L'effort intellectuel n'est jamais tout à fait stérile. Même au plus humble degré de son développement, la pensée a pour fruit naturel une certaine somme de connaissances. Mais le caractère qui distingue ce savoir rudimentaire, c'est qu'il s'attache à l'objet sans réflexion sur le sujet.

On peut vérifier cette loi dans l'homme individuel. Il n'est pas douteux que l'enfant ne connaisse d'une certaine façon beaucoup d'objets extérieurs avant de prendre conscience de lui-même. Le progrès de sa connaissance aura pour mesure le progrès de sa réflexion. Et lorsque des perceptions sensibles il devra s'élever plus tard aux conceptions rationnelles, le grand instrument de cette conquête sera l'opération intérieure par laquelle, réagissant sur ses propres pensées, il fera lui-même l'analyse des éléments qui concourent à les former.

L'homme collectif, étudié dans son évolution successive, n'échappe pas à cette loi. Dans les sociétés naissantes, l'effort de la pensée se répand au dehors sur les objets qui sollicitent la curiosité ou provoquent l'activité humaine.

Mais bientôt, sous l'empire du principe de causalité qui régit, quoi qu'on en dise, notre nature intellectuelle, un désir nouveau se fait sentir : celui d'expliquer ce qu'on voit, de répondre à cet inévitable *pourquoi* qui se dresse à côté de chaque phénomène aperçu, de chaque fait découvert.

Alors au besoin de la connaissance vient s'ajouter celui de la science ; besoin tellement impérieux, que l'esprit humain n'attend pas, pour y satisfaire, d'avoir complété le travail de patiente analyse qui doit fournir à l'induction ses données. Toute connexion entre les faits lui suffit pour affirmer et dénommer une cause. Telle est l'allure de la science primitive, dont les conclusions précipitées ont fourni aux positivistes leurs griefs les plus spécieux contre la recherche des causes, et les ont portés à y substituer le simple déterminisme des phénomènes.

Mais l'homme ne se contente pas de connaître les objets et de leur assigner des causes. Quand il a classé et expliqué plus ou moins bien un certain nombre de faits, quand il a fondé de la sorte un certain nombre de sciences, il les compare entre elles et il éprouve un dernier besoin : celui de les relier ensemble, de déterminer les relations qui les unissent, de former *un système général des causes*, et c'est alors que naît la philosophie.

On peut donc distinguer trois phases du mouvement scientifique : la première est l'étude directe des faits, ou la connaissance ; la seconde est la recherche des causes, ou la science; la troisième est la systématisation des sciences, et nous l'appelons la philosophie.

Par là même que ce triple effort de la pensée répond à un triple besoin de la nature humaine, il se produit nécessairement à toutes les époques de l'histoire, à tous les degrés de la civilisation. Mais, en se renouvelant d'âge en âge, il fait aux travaux des générations précédentes de précieux emprunts; il exploite, en les réformant, les résultats acquis et prépare de nouvelles conquêtes.

Pour sortir des généralités par quelques exemples, considérons, si vous le voulez, la science hellénique, la première qui ait dégagé l'élément rationnel du milieu traditionnel et mystique dans lequel est demeurée enveloppée la sagesse de l'Orient. Que font les premiers penseurs de la Grèce? Ils étudient l'homme et le monde, et, par une classification hâtive des phénomènes, par une ambition prématurée de parvenir à la synthèse, ils s'empressent de choisir, un peu au hasard, parmi les réalités qu'ils ont observées, une cause unique de tous les phénomènes. Thalès remarque le rôle important de l'élément liquide dans l'être organique et dans le monde inorganique : il ne lui en faut pas davantage pour affirmer que l'eau est le principe élémentaire de toutes choses et se confond avec la cause universelle, ἀρχή τῶν ὄντων. Anaximène est frappé du rôle vivifiant de l'air, de sa nature subtile et de l'analogie que le vulgaire semble lui attribuer avec l'*esprit* qui lui emprunte son nom; l'air devient à ses yeux le principe infini et primitif. Pythagore s'élève plus haut que l'école de Milet. Par là même qu'il essaye de trouver l'explication suprême des choses, non plus parmi les objets de nos perceptions sensibles, mais parmi nos conceptions abstraites, il fait faire un pas à la recherche philosophique et mérite d'être appelé le père de la métaphysique. Mais, à son tour, il se presse trop de conclure, et, parce que ses études ont porté sur les nombres, parce qu'elles lui ont révélé quelque chose des lois mathématiques auxquelles obéissent les mouvements de l'univers, il pense que le principe arithmétique marque le terme où doit s'arrêter la recherche cosmogonique.

Dans tous ces premiers tâtonnements de la raison, que voyons-nous? Les mêmes opérations qui conduiront un jour Aristote, saint Augustin, saint Thomas d'Aquin, Descartes ou Leibnitz, à ces vastes synthèses qui sont l'honneur de l'esprit humain. Nous trouvons déjà ici l'observation qui accumule les faits, l'induction scientifique qui cherche à en assigner la cause, l'induction philosophique qui essaye de ramener la variété des agents à l'unité de loi et de principe.

La philosophie apparaît donc à l'origine comme une tentative de suprême généralisation. On conçoit que, réduite à ce rôle, alors surtout que les sciences sur lesquelles elle opère sont encore à l'état d'ébauches, elle demeure inséparablement unie à ces sciences elles-mêmes, dont elle représente l'effort le plus puissant et l'expression la plus élevée.

Mais le progrès de la recherche scientifique amène dans les relations entre la philosophie et les sciences une double modification. D'abord les résultats acquis vont se multipliant dans les divers ordres de connaissances, et il devient de plus en plus difficile au même homme de mener personnellement de front les investigations particulières et le travail général d'unification et de synthèse. La première partie de l'œuvre demeurera le rôle des savants, la seconde sera l'apanage des philosophes. Ce n'est pas tout : à mesure que la science apporte au philosophe des matériaux plus nombreux et plus complexes pour servir à la construction de son système, celui-ci, pour peu qu'il mérite le beau nom qu'il emprunte à l'amour de la sagesse, remarque, dans la variété croissante des données qui lui sont soumises, deux éléments constants, dont l'un sert de point de départ, l'autre de terme dernier à toutes ses opérations rationnelles : je veux dire l'élément psychologique et l'élément transcendantal.

Nous assistons alors comme à une seconde naissance de la philosophie. Un premier effort de réflexion avait ramené la science du dehors au dedans pour comparer entre elles les notions acquises et jeter les fondements de la synthèse. Un second effort de recueillement va révéler à la philosophie qu'elle est autre chose encore que cette synthèse et que, aux deux pôles opposés de la pensée, elle a un double domaine qui lui appartient en propre : le sujet pensant et le monde de l'absolu.

Pourquoi l'étude du sujet pensant est-elle soustraite aux sciences proprement dites pour être réservée à la philosophie? Cela tient, Messieurs, au procédé particulier qu'exige cette étude. Sans doute, puisqu'il s'agit d'une réalité, le moyen de la connaître, c'est de l'observer; mais on ne peut pas observer le moi comme on observe un objet extérieur. C'est le moi qui s'observe lui-même en réfléchissant sur son action à mesure qu'il agit, en approfondissant la conscience qu'il a de lui-même. De là la nécessité d'analyser à chaque instant les opérations de l'intelligence en même temps qu'elles se produisent. C'est un état d'esprit tout particulier, et qui n'est pas l'état ordinaire du savant et du chercheur. Dans les autres sciences, plus l'homme s'absorbe en sa recherche, plus il s'oublie; ici il ne peut rien découvrir qu'en redoublant d'attention sur lui-même. L'instrument de la recherche psychologique, c'est la réflexion portée à sa plus haute puissance. Or rappelez-vous, Messieurs, que c'est la réflexion, le retour de l'intelligence sur elle-même, qui a déjà donné à la philosophie ce que nous avons appelé sa première naissance. C'est par là qu'a pu s'opérer cet essai de généralisation des sciences qui a été comme l'essor initial de l'esprit philosophique. Si donc, parmi tant d'objets d'étude qui sollicitent l'observateur, nous en rencontrons un qui ne puisse être observé que par la réflexion, qui appelle un effort de réflexion incomparablement supérieur à celui que demande toute autre science, nous sommes fondés à reconnaître dans cet objet un titre particulier à devenir le domaine propre de la science réflexe par excellence, de la philosophie.

Et maintenant passons au pôle opposé : que trouverons-nous? Encore un objet qui n'appartient à aucune science particulière et que seule peut revendiquer comme sien l'analyse philosophique. Quel est-il, cet objet? Nous aurons à le définir plus tard. Provisoirement appelez-le comme vous voudrez : l'absolu, l'idéal, l'infini, le divin : pour ne rien préjuger, je propose de l'appeler l'*élément transcendantal*.

C'est qu'en effet le philosophe qui se recueille en présence des tributs variés que lui apportent toutes les sciences, ne tarde pas à remarquer qu'aucun de ces résultats ne contient le dernier mot de rien. La géométrie découvre les lois de l'espace : mais qu'est-ce que l'espace? L'algèbre et l'arithmétique déterminent les rapports des grandeurs et des nombres : mais qu'est-ce qu'une grandeur? Comment est-elle variable? Quel est le tronc commun d'où partent l'unité et la pluralité? Espace, grandeur, nombre, tout cela ne peut-il pas croître sans limites? Mais alors nous voici en présence de l'infini. Tout ce que l'observation m'avait montré avait des bornes; et maintenant je conçois quelque chose qui n'a plus de bornes. La physique, la chimie, les sciences biologiques prennent sur le fait des forces innombrables, agissantes et cachées dans les molécules des corps; mais que sont ces forces? Si elles expliquent les mouvements de la matière, qui les expliquera elles-mêmes? Si elles sont subordonnées les unes aux autres, qui les domine? Si elles concourent à un même but, qui est-ce qui le leur assigne et les oblige d'y tendre de concert? Il y aurait donc un moteur suprême à l'origine de ces mouvements, une force maîtresse au-dessus de ces forces soumises, une intelligence dont les conceptions préexistantes auraient pour témoin la finalité partout répandue dans l'univers?

Voilà, Messieurs, des questions bien hautes et devant lesquelles semble pâlir, n'est-il pas vrai? l'intérêt pourtant si grand qui s'attache à la solution des problèmes particuliers aux diverses sciences. Ces questions, nous n'avons pas à les résoudre aujourd'hui. Mais pouvons-nous empêcher qu'elles se posent d'elles-mêmes? Ont-elles jamais cessé de se poser ainsi devant la raison humaine comme pour la provoquer? Ont-elles cessé, à aucune époque, de passionner les plus nobles esprits, et les travaux qu'elles ont inspirés ne restent-ils pas comme les plus beaux monuments du génie de l'homme?

Eh bien, Messieurs, quel procédé faudra-t-il employer pour en poursuivre la solution? Les savants auront beau dire, leurs instruments de recherche ne servent de rien ici. Aucun télescope n'atteint l'infini dans les profondeurs du ciel, aucun microscope ne découvre la force initiale dans les cellules étroites où se pressent les atomes; aucune distillation, aucune dissection, aucune pesée, ne dégagent la grande inconnue de la matière et de la vie.

Le procédé? Je n'en connais qu'un seul, c'est celui qu'ont employé les philosophes de tous les âges : c'est de fermer le livre de la nature, sans rien oublier de ce qu'on y a lu, et d'ouvrir le livre de son âme pour y déchiffrer les signes révélateurs contenus dans les idées que notre puissance rationnelle élabore sous l'excitation des réalités extérieures.

Or qui ne voit qu'en faisant cela, le penseur accomplit une œuvre *sui generis*, qu'il fait des facultés de son esprit un usage particulier, qu'il doit se créer une méthode pour se mouvoir avec sûreté dans ce monde intérieur où il n'a plus de commerce qu'avec l'invisible? L'induction qu'il emploie pour remonter de la variété dérivée à l'unité originelle, du relatif à l'absolu, n'est plus l'induction de Bacon, *l'induction expérimentale*, mais cette induction plus haute à laquelle Platon a frayé la route, dont Aristote a réglé l'essor, dont saint Anselme et saint Thomas, Descartes et Leibnitz, malgré les dissidences profondes qui les séparent, ont maintenu la légitimité, et à laquelle le P. Gratry, dans sa logique, a donné son vrai nom en l'appelant *l'induction transcendantale*.

Objet à part, procédé à part, en faut-il davantage, Messieurs, pour fonder une science qui s'appartienne et mérite de n'être pas confondue avec les autres branches du savoir? Concluons qu'en revendiquant sa place et une place d'honneur parmi les sciences humaines, la philosophie n'est pas une usurpatrice, et qu'elle a droit à un respectueux accueil. C'est ce que nous dit la raison. Est-ce pareillement ce que nous dit l'histoire? Telle est la seconde question que nous avons à examiner.

II

Nous avons vu la science naître en Grèce, six cents ans avant Jésus-Christ, avec les premières recherches de l'école de Milet. Jusque-là, la poésie et la religion avaient gardé tous les trésors de la pensée humaine. Les résultats de l'expérience et les fruits de la réflexion venaient grossir ce patrimoine héréditaire sans altérer la forme traditionnelle sous laquelle les générations se le transmettaient. Le génie grec, curieux et hardi, opéra pour la première fois le divorce entre la croyance et la science ; divorce légitime, s'il ne s'agit que de distinguer dans la pratique des procédés qui sont distincts en eux-mêmes ; divorce périlleux, par l'encouragement qu'il apporte aux tendances orgueilleuses de l'esprit humain, toujours prompt à s'adorer lui-même et à méconnaître sa dépendance : *Labia nostra a nobis sunt : quis noster dominus est* [1] ? Si je ne craignais de m'écarter de mon sujet, il serait intéressant de montrer ici ce que j'oserai appeler le châtiment providentiel de cet orgueil dans l'impuissance et la stérilité qui marquent le dernier stade du mouvement philosophique en Grèce. Entre les éléments sérieux de sagesse spéculative et pratique contenus et cachés dans les mythes de l'Orient et le scepticisme vénal des sophistes d'école, l'hésitation n'est guère possible. Mieux vaut être brahmaniste ou bouddhiste, adorateur d'Ormuzd ou d'Osiris, qu'imitateur de Gorgias ou disciple de Pyrrhon. Et, sans médire de la culture hellénique, on peut affirmer que si la civilisation gréco-romaine a pu résister jusqu'à l'avènement du Christianisme aux éléments de décomposition qu'elle portait en soi, elle en a été redevable, non à sa philosophie qui ne faisait qu'accélérer sa décadence, mais aux fragments de vérités morales dont sa religion, héritière de l'Orient, était demeurée la dépositaire.

Mais l'abus ne donne pas le droit de condamner l'usage, et l'effort de la raison abordant seule la conquête de la science, employant, dans les limites de son domaine naturel, les méthodes qui lui sont propres, ne saurait être reproché à la sagesse antique, puisque la sagesse chré-

[1] Ps. xi, 5.

tienne continue, par l'organe de l'Église, d'approuver et de sanctionner cette liberté [1].

D'ailleurs nous ne faisons pas ici le procès de la philosophie séparée, nous résumons son histoire. Et cette histoire nous montre qu'elle a obéi dans son développement à cette loi de l'esprit humain que nous exposions tout à l'heure. Avec Thalès et son école, la philosophie se répand au dehors et se confond avec l'étude de la nature ; puis elle se replie sur elle-même pour chercher le principe unique et général caché sous la variété des choses sensibles. C'est l'ébauche d'une métaphysique qui a pour base l'induction expérimentale. Avec Pythagore et les Éléates, la philosophie commence à s'élever, non plus seulement du particulier au général, mais du relatif à l'absolu : c'est le second effort de la métaphysique naissante qui correspond à un timide essai de l'induction transcendantale ; mais, chez Pythagore, une intelligence trop étroite de l'absolu qui ne lui apparaît que sous la raison de grandeur ; chez Parménide et Zénon d'Élée, un procédé fort imparfait qui, faute d'abstraction, les laisse désarmés devant les antinomies les plus faciles à résoudre et ne les conduit à l'idéalisme qu'en les séparant de la réalité ; voilà les vices de conception ou de méthode qui enlèvent aux écoles de la Grande-Grèce l'honneur d'avoir donné à la philosophie sa vraie forme.

Deux noms immortels se partagent cette gloire : Platon et Aristote. En les confondant ici dans un même hommage, j'entends bien vous montrer, Messieurs, qu'il ne s'agit pas de personnifier en ces deux grands hommes la vérité philosophique ; car la vérité ne saurait être contraire

---

[1] « Nec sane ipsa (*Ecclesia*) vetat ne hujusmodi disciplinæ in suo quæque ambitu propriis utantur principiis, propria methodo. » (*Const. Dei Filius. Conc. Vatic.*)

à elle-même; et Aristote est souvent contraire à Platon. Mais nous cherchons à délimiter l'empire de la philosophie, et c'est en cela que nous reconnaissons pour nos maîtres ces deux penseurs qui, chacun suivant son génie, ont rendu à cette science supérieure le service de la fixer dans le domaine qui lui est propre. En ramenant la variété des connaissances à l'unité du sujet pensant, en s'élevant ensuite de l'intelligence prise sur le fait, dans l'exercice de son activité rationnelle, à l'universel, à l'absolu qui est le terme de son mouvement, ils ont définitivement fondé ce que nous avons appelé les deux pôles de la philosophie: la psychologie et la métaphysique. Peut-être serait-il plus équitable de faire remonter le mérite de cette découverte jusqu'à celui qui fut directement ou indirectement leur initiateur. Historiquement, c'est bien Socrate qui a ramené la philosophie à l'observation interne. Mais Socrate ne nous a pas laissé d'écrits, et ceux qui l'ont fait parler ne sont pas de simples disciples; nous ne commettons pas d'injustice en leur attribuant l'œuvre qui porte leur nom.

Voilà donc la philosophie engagée dans son orbite. Certes, Messieurs, ce n'est pas pour y demeurer immobile : c'est pour s'y mouvoir à la façon des globes célestes; mais la route est tracée, et pendant de longs siècles l'esprit humain ne s'en écartera pas. La philosophie restera ce que ces maîtres l'ont faite : à l'égard des sciences multiples, un instrument de synthèse; à l'égard du sujet pensant et de l'absolu, une science à part qui a son objet propre et sa méthode. L'étude de la nature n'est plus pour les philosophes, comme à l'origine, le but à poursuivre, mais l'occasion et le stimulant qui provoquent leurs réflexions, le point de départ de leurs inductions métaphysiques.

Il y a donc place à côté du philosophe pour le savant. Je sais bien qu'en fait cette place n'est guère occupée. C'est là un curieux problème que pose devant nous l'histoire de la pensée humaine. D'où vient ce long sommeil des sciences positives, alors que, dans tous les autres ordres, l'activité intellectuelle est le plus éveillée? J'entends d'ici les ennemis de l'Église et du Christianisme accuser de ce retard l'étroite discipline que l'orthodoxie impose aux intelligences, la surveillance jalouse que la hiérarchie catholique a exercée sur les manifestations de la pensée. Mais, de bonne foi, l'antiquité païenne a-t-elle fait plus ou mieux pour le progrès des sciences? De Socrate à Constantin je compte sept siècles : c'est quelque chose pour l'esprit humain, surtout si la période dont il s'agit est celle de la plus haute culture et de la civilisation la plus raffinée. J'ajoute que c'est aussi celle de l'indépendance la plus absolue de la pensée. Épicure et Lucrèce prendront avec les dieux officiels de la Grèce et de Rome bien d'autres libertés que Socrate, et il ne se trouvera pas de tribunal pour leur faire boire la ciguë. Je ne sache pas que durant ce long espace de temps aucun préjugé d'orthodoxie ait pu gêner l'essor du génie scientifique, et cependant qu'a-t-il produit? Aristote, il est vrai, a jeté sur l'échelle des êtres organisés un regard de génie et posé, dit-on, les bases de la classification à venir. Mais quelqu'un s'est-il trouvé pour recueillir son héritage et faire faire un pas à la science de la nature? Archimède a pressenti la méthode qui devait un jour donner naissance à la physique; mais où sont ses continuateurs? Dans l'antiquité, nous voyons des poètes et des orateurs, des métaphysiciens et des sophistes, des historiens et des moralistes, des jurisconsultes et des politiques; nous y voyons encore d'incomparables artistes. Dans tous ces domaines si divers, l'esprit humain excelle; il trouve les vraies méthodes, il atteint rapidement aux sommets. Et quand il s'agit de ce que nous appelons les sciences, que trouvons-nous? Quelques grands mathématiciens; mais les mathématiques ne relèvent pas de l'expérience; en histoire naturelle, quelques vues profondes d'un seul homme; en médecine, les admirables observations d'Hippocrate, si vite délaissées par l'esprit de système et si mal continuées par les *à priori* de Galien; en physique, le principe d'Archimède, vérité isolée au milieu des hypothèses les plus arbitraires; en chimie, rien, rien que des erreurs; pas même un soupçon de la vérité ni du chemin qui y conduit: voilà le bilan scientifique des quatre siècles qui précèdent et des trois siècles qui suivent notre ère, alors que la civilisation antique atteint son apogée, et que le christianisme n'est pas né ou qu'il n'existe que pour subir les violences de cette civilisation même, acharnée à le détruire. En vérité, si l'esprit humain n'a rien su faire de plus pour l'étude de la nature pendant la période la plus brillante de son histoire, a-t-on le droit de s'étonner qu'il n'ait pas fait beaucoup mieux alors que plusieurs siècles de barbarie l'eurent séparé presque entièrement du passé et comme déshérité de ses richesses acquises?

Je laisse à d'autres, Messieurs, la solution du problème historique que je viens de formuler devant vous. Il me suffit d'avoir vengé, chemin faisant, notre foi d'un reproche immérité; car si le dogme chrétien ne nous a pas découvert les lois physiques (et la révélation n'était pas faite pour cela), il n'a jamais gêné l'esprit d'observation qui aide à les découvrir. Cela dit en passant, revenons à la philosophie.

Platon et Aristote l'ont laissée en possession de son vrai rôle, chargée de généraliser les connaissances particulières et de conduire l'esprit au delà du visible par l'observation interne et l'induction transcendantale. A côté d'elle une place est marquée pour l'étude de la nature, mais cette place reste vide; l'antiquité païenne ne sait pas suivre les indications de quelques grands hommes qui avaient entrevu la véritable méthode.

Aux deux grandes écoles de Platon et d'Aristote viennent se juxtaposer celles de Zénon et d'Épicure.

La métaphysique devient de plus en plus le support de la sagesse pratique ou de la morale, que celle-ci demeure avec Zénon la loi de l'honnête, ou qu'elle devienne avec Épicure la consécration du plaisir. Les théories de ce dernier sur la nature et le mouvement des atomes contiennent des vues profondes, qui auraient peut-être avancé de vingt siècles l'éclosion des sciences, si la méthode expérimentale eût fécondé les conceptions du génie.

Les écoles latines, le stoïcisme romain et la nouvelle académie se renferment presque entièrement dans la philosophie pratique. Cicéron y ajoute un éclectisme savant qui fait de lui l'historien et l'abréviateur de tous ses devanciers. Sénèque, Épictète, Marc-Aurèle, semblent ressentir l'influence du christianisme naissant, auquel on dirait qu'ils essaient de disputer sa supériorité morale, en affinant de plus en plus la notion de la vertu et en l'isolant de l'intérêt.

Pendant ce temps, la métaphysique proprement dite reprend une activité nouvelle dans les tentatives audacieuses du néo-platonisme alexandrin. Le dogme juif et chrétien, défiguré par les gnostiques, mais encore séduisant par sa beauté et sa profondeur, fait pénétrer dans les spéculations cosmogoniques de Philon, puis de Plotin, plus tard de Jamblique et de Proclus, les notions altérées de la vie divine, et l'on voit l'idée hiérarchique de la Trinité et le nom mystérieux du *Logos* se mêler aux systèmes aventureux et subtils destinés à expliquer, sans la création, l'origine, l'ordre et le gouvernement de l'univers.

On conçoit la défiance que la philosophie ainsi représentée devait inspirer aux Pères de l'Église, surtout après le tribut qu'Origène avait payé sous leurs yeux aux erreurs alexandrines, et l'on s'explique les jugements sévères que saint Augustin lui-même a portés sur Platon, dont le nom couvrait et semblait autoriser ces dangereuses folies.

Et toutefois, si nous voulons retrouver la métaphysique dans l'exercice fécond de sa méthode et dans la possession légitime de son domaine, c'est à ce même Augustin qu'il faut nous adresser. Génie chercheur et synthétique tout ensemble, il explore avec hardiesse toutes les provinces de la pensée, il a des vues ingénieuses sur les nombres, sur la nature; mais c'est surtout dans le monde intérieur qu'il se joue avec aisance et qu'il semble emprunter à Platon ses ailes pour voler avec plus de sûreté que lui vers cette vérité rationnelle que rend plus visible à ses yeux le reflet de la vérité révélée. Le *Banquet* de Platon n'a rien de plus sublime, la *Somme* de saint Thomas rien de plus scientifique, les *Entretiens* de Malebranche rien de plus profond que ces célèbres passages, tant de fois cités, sur les idées divines[1]. L'absence d'ordre didactique, la forme oratoire de l'exposition et, il faut bien le dire, certaines variations dans la pensée du grand docteur permettront aux différentes écoles de revendiquer tour à tour son patronage philosophique, comme elles ont fait son autorité dogmatique. Mais ce qui, dans son œuvre de logicien et de psychologue, de métaphysicien et de moraliste, demeure accessible à toutes les intelligences, suffit amplement à marquer sa place parmi les grands philosophes.

Avant d'entrer dans la période obscure qui s'étend du cinquième au douzième siècle, il nous était bon d'arrêter un moment nos regards sur cette radieuse figure de l'évêque d'Hippone. Mais voici l'empire romain qui s'effondre en

---

[1] *Lib. de 83 quæst.* qu. 46. — *De Civ. Dei*, l. XI, c. v. — *Retract.* ib. I, c. III, n° 2.

Occident. En quel état la religion du Christ trouve notre vieille Europe lorsqu'elle se voit appelée à en accepter la tutelle, je n'ai pas besoin de vous le décrire. La civilisation païenne est en ruines; la civilisation chrétienne, qui s'était adaptée rapidement aux formes de la société romaine, perd tout d'un coup son support humain et ne sait d'abord où s'appuyer. Provisoirement, c'est la barbarie qui est maîtresse.

De l'art antique, de la poésie, de l'éloquence, il ne reste plus que des éléments épars, dont la collection informe compose, sous le nom des *sept arts libéraux*, le code à bon marché de l'universelle science. Heureux temps pour les pédants, qui aiment à passer pour tout savoir! Les années de l'enfance suffisent à parcourir le *trivium*, qui comprend la grammaire, la dialectique et la rhétorique. Il ne faut pas grand effort pour traverser le *quadrivium*; on en sort breveté en arithmétique, en géométrie, en astronomie (quelle astronomie!) et, pour finir, en musique! Ici, je l'avoue, je ne retrouve plus la distinction entre la philosophie et les sciences. Je vois dans cet amas de notions incohérentes, empruntés à quelques manuscrits antiques, une tentative grossière de synthèse scientifique, qui rappelle de loin le procédé philosophique. Mais il faut dépasser ces siècles obscurs pour retrouver la métaphysique.

Charlemagne, cet ignorant de génie, déclare la guerre à l'ignorance; mais la science que, pour lui obéir, Alcuin inaugure dans les écoles palatines, ne va guère au delà de la grammaire. Peu après, l'audacieux Scot Érigène fait briller au milieu des ombres du neuvième siècle des clartés vraiment scientifiques, tristement obscurcies par de périlleuses erreurs. La métaphysique est retrouvée, mais le panthéisme l'accompagne. Le dixième siècle ramène l'âge de fer; c'est le siècle de toutes les hontes et de toutes les barbaries : n'y cherchons pas les ascensions sublimes de la pensée. Nous voici au onzième, et d'un premier élan saint Anselme ressaisit la puissance, d'aucuns disent : inaugure les excès, du procédé transcendantal, en démontrant l'existence de Dieu par l'*argument du plus parfait*. C'est le génie de Platon qui semble revivre, mais avec la précision du dogmatisme chrétien. Et déjà le règne d'Aristote se prépare au bruit des disputes renaissantes. Quelques lignes de l'introduction de Porphyre à l'*Organon* du stagyrite, lues dans la traduction de Boëce, allument dans l'école de Paris la querelle des universaux. On se bat sur le genre, l'espèce et la différence, sur le propre et l'accident. La postérité ingrate raillera ces arguties; il serait plus juste d'y reconnaître le réveil de la pensée philosophique; car la question qui s'agite entre *réalistes* et *nominaux,* c'est celle de l'objectivité et de la sûreté de nos connaissances. Toutefois le problème était mal posé et la recherche trop circonscrite. Il appartenait à la scolastique d'élargir le cercle et de fixer la méthode. Les travaux des Arabes, en faisant pénétrer dans les écoles des textes plus complets des œuvres d'Aristote, préparent et facilitent ce grand enfantement. Je n'ai pas ici à vous en raconter l'histoire, bien connue de chacun de vous. Mais je vous demande, Messieurs, de vous arrêter un instant devant ce grand treizième siècle, où s'épanouit dans tout son éclat cette nouvelle civilisation, sortie de l'action prolongée du christianisme sur les races barbares. Là nous voyons tous les signes de fécondité auxquels se reconnaît une société parvenue à la pleine possession d'elle-même : un art original, et vous savez quels en sont les monuments; une littérature, une poésie qui en Italie s'appellera le Dante, qui malheureusement en France ne survivra pas à la langue romane, mais qui certainement méritait un meilleur sort. Une telle société devait avoir sa philosophie : elle l'a eue, et sans vouloir faire tort aux grands hommes qui ont concouru à la former, un Hugues de Saint-Victor, un Albert le Grand, un Alexandre de Halès, un saint Bonaventure, je suis sûr de la caractériser comme il convient en la personnifiant dans saint Thomas d'Aquin.

Ici, Messieurs, plus que jamais peut-être dans le passé, la philosophie est chez elle; n'en déplaise aux insulteurs qui, trop heureux d'avoir trouvé une injure de plus à lancer à l'Église, vont répétant, sans y rien comprendre, cette formule de l'école : *philosophia ancilla theologiæ*. Vous entendez d'ici toute la tourbe de ces esprits forts qui n'ont jamais rien pensé par eux-mêmes, qui toujours ont juré sur les paroles d'un maître, mais qui se croient rassurés dans l'indépendance de leur raison, parce que ce maître ne s'appelle ni Aristote ni saint Thomas, mais quelque *sous-Danton* de tribune ou quelque *sous-Voltaire* de journal; vous les entendez, dis-je, applaudir ironiquement à cette formule et s'écrier : Voilà ce que devient la philosophie dans l'enseignement chrétien : *une servante!*

Mais, Messieurs, il y a plusieurs manières de servir, et c'est peut-être parce que ces messieurs ne connaissent par expérience que celle qui est dégradante, qu'ils sont si fort scandalisés du mot. La scolastique est née de cette belle parole de saint Anselme : *fides quærens intellectum*, la foi qui cherche à comprendre. La foi a pour objet la vérité révélée de Dieu; mais elle a pour sujet l'intelligence humaine, et l'intelligence réfléchit sur les données de la révélation, elle y découvre de nombreux points de contact avec les vérités de l'ordre rationnel; de là un besoin nouveau, celui de déterminer les rapports mutuels de ces deux ordres de connaissances : pour cela il faut approfondir et délimiter l'un et l'autre. Par suite, tout ce qu'on fera pour éclaircir les problèmes philosophiques devra profiter à cette science mixte, faite de foi et de raison, qui s'appelle la théologie. La philosophie sert donc la théologie, mais elle la sert en se perfectionnant à son tour; elle la sert en n'employant pour elle-même que les procédés qui lui appartiennent, que les instruments qui lui sont propres, l'induction et la déduction rationnelles; elle la sert comme toute science en sert une autre en lui apportant les principes ou les résultats dont celle-ci a besoin pour pousser plus loin ses recherches, comme la chimie sert la médecine, comme la géométrie et l'algèbre servent l'astronomie, comme la philologie sert l'histoire, c'est-à-dire sans rien sacrifier de son indépendance, sans dénaturer sa méthode, sans aliéner à l'avance les droits qu'elle pourra tenir de ses futures conquêtes.

Sans doute le croyant sait bien que là où la foi et la raison se rencontrent sur un terrain commun, la foi ne peut pas avoir tort, et que si la raison venait à la contredire, elle devrait présumer quelque erreur dans la marche qu'elle a suivie et soumettre à une vérification sévère les procédés qu'elle a employés. Mais ceci ne suffit pas, Messieurs, à proclamer la raison esclave. Nous sommes en présence d'une sorte de *présomption de droit* qui nous fait douter de la valeur de nos premières conclusions et nous invite à recommencer nos recherches. Ce n'est pas seulement au profit de la foi, c'est aussi au profit du bon sens que cette présomption est utile à établir. Quand je vois un philosophe aboutir, par une savante série d'arguments, à mettre en doute, comme Berkeley, l'existence des corps, ou, comme M. Taine, celle même du sujet pensant, je présume qu'il s'est trompé en chemin, parce qu'on n'a pas raison contre le bon sens, et je lui demande de recommencer son voyage. Tout ce qu'il peut réclamer de moi en retour de mon exigence, c'est que, dans ce nouveau parcours, je ne lui impose aucune dérogation aux principes qui régissent légitimement son opération intellectuelle.

Eh bien, Messieurs, j'accepte, au nom de tous les croyants, cette loi de la recherche philosophique, et je déclare que les philosophes chrétiens, même et surtout ceux du treizième siècle, l'ont toujours acceptée. Vous ne trouverez pas, dans saint Thomas d'Aquin, une seule conclusion rationnelle qui contredise à l'orthodoxie, j'en conviens aisément; mais vous n'y trouverez pas davantage une pétition de principes, un argument appuyé directement ou indirectement sur une vérité révélée pour aboutir à démontrer la révélation. Quand saint Thomas fait de la théologie, il a soin de le dire; quand il fait de la philosophie, il en observe la méthode; en lui vous pourrez, suivant vos opinions, saluer un maître ou combattre un adversaire, vous ne surprendrez jamais un sophiste.

Et quel est-il, Messieurs, ce domaine indépendant au milieu duquel se meut librement la philosophie scolastique? C'est le même qu'ont circonscrit Platon et Aristote, c'est tout ce monde rationnel qui tourne autour de l'axe de la réflexion métaphysique et dont les deux pôles sont l'âme et Dieu : l'âme étudiée dans ses opérations, et à travers ses opérations dans ses puissances, et à travers ses puissances dans sa nature intime, par un procédé d'analyse psychologique qui mérite tout autre chose que nos dédains; Dieu, non plus ce Dieu vague, cette essence indéterminée, cette catégorie transcendante où aboutissait, avec les maîtres antiques, l'induction métaphysique; mais le Dieu personnel et vivant, distinct du monde, antérieur au monde, auteur du monde, tel que la raison rendue à elle-même le découvre et le reconnaît aux traces qu'il a laissées de son être dans ses ouvrages. Entre ces deux points fixes, se place la série variable des principes métaphysiques que l'abstraction dégage de l'étude de l'univers; principes d'autant plus stables qu'ils se rapprochent davantage des deux termes dont la connaissance est propre à la philosophie, l'âme et Dieu, comme sont, par exemple, les principes de la morale; — d'autant plus incertains et réformables, qu'ils dépendent davantage de l'étude alors très imparfaite de la nature, comme sont, par exemple, les principes de cosmologie.

Voilà donc, Messieurs, le fort et le faible de la philosophie chrétienne au moyen âge. En tant qu'elle est une psychologie et une métaphysique transcendantale, elle s'appuie sur des principes certains, emploie une méthode sûre et aboutit à une construction scientifique que Descartes a voulu abattre pour la refaire, sans que son entreprise paraisse aujourd'hui beaucoup plus louable que celle d'un de ces vandales policés du dix-huitième siècle qui eussent volontiers démoli Notre-Dame de Paris pour rebâtir Saint-Sulpice. En tant qu'elle est une cosmologie et une métaphysique de la nature, elle tire un parti merveilleux des principes d'Aristote et en fait aux connaissances positives, telles qu'on les possédait de son temps, une application qui mérite notre plus sérieux, notre plus respectueux examen. Toutefois, comme ces connaissances sont à l'état d'enfance, comme la vraie méthode d'investigations dans cet ordre est ignorée ou délaissée, l'*à priori* a trop de part dans la construction des systèmes, et la raison ingénieuse se dispense de soumettre ses hypothèses au contrôle de la réalité expérimentale. Ce défaut s'aggrave avec le temps. Les grands génies qui avaient illustré l'école font place à des métaphysiciens subtils sans profondeur. L'autorité des maîtres est obéie sans être comprise, et leurs principes invoqués dans un esprit bien différent de celui qui les avait dictés. Aristote et saint Thomas avaient devancé leur époque; les scholastiques du quinzième siècle retardent la leur, et la vraie servilité apparaît.

De là le discrédit de la philosophie scholastique. C'est l'excuse de Descartes pour l'avoir dédaignée en masse; mais cette excuse, qui atténue sa faute, ne l'efface pas entièrement ; car c'est le devoir du génie de regarder plus loin que le vulgaire, de démêler le bien sous l'abus qui le recouvre, et de ne jamais déshériter l'esprit humain des vérités acquises sous prétexte que le trésor héréditaire n'est pas pur de tout alliage. Leibnitz, à cet égard, a été plus juste et mieux inspiré ; il a connu la vraie scolastique, il lui a rendu hommage, il lui a fait de larges emprunts.

Nous voici arrivés, Messieurs, au siècle de toutes les gloires. Dans ce ciel lumineux, l'astre de la philosophie n'est pas le moins éclatant. Je n'ai pas à faire ici l'histoire du mouvement cartésien. Je veux seulement faire ressortir à vos yeux un fait capital par rapport à la question qui nous occupe. En reconstruisant sur de nouvelles bases l'édifice rationnel, Descartes et son école n'entendent pas aliéner la moindre parcelle du domaine philosophique. Pour eux, comme pour Platon et Aristote, comme pour saint Augustin et saint Thomas, la philosophie est avant toutes choses la prise de possession de ces deux pôles de la pensée, le moi et l'absolu ; et Bossuet, ce vulgarisateur sublime, qui a su rendre accessible à tous le système cartésien comme il a fait la théologie, a donné pour titre à son œuvre philosophique : *la Connaissance de Dieu et de soi-même*. Descartes parle du moi dans le célèbre enthymème devant lequel s'arrête son doute universel : *je pense, donc je suis ;* et de là, directement, il s'élève à Dieu, remarquant, dit-il, que, par le fait même de son doute, le moi est imparfait, et que l'idée du plus parfait doit lui venir d'un être qui possède cette perfection souveraine. C'est seulement après avoir établi à sa manière ces deux bases de la connaissance, l'homme et Dieu, qu'il étend ses investigations sur les autres objets et s'essaye à former un système de science universelle. Leibnitz condense toute sa philosophie dans deux ouvrages de psychologie et de théologie rationnelle : les *Nouveaux Essais sur l'entendement humain* et l'*Essai de théodicée*. Et encore, bien que ce dernier ouvrage ait un objet très particulier, savoir la *justification de la bonté de Dieu*, l'auteur ne laisse pas d'y renouveler au commencement, dans un admirable résumé de quelques lignes, la démonstration cartésienne de l'existence du souverain Être.

Quant à Malebranche, l'absolu est en quelque sorte son pays natal. L'application qu'il a mise à s'isoler des données sensibles pour considérer dans les choses leur idéal éternel, l'a conduit jusque-là qu'il ne croit plus voir que dans cet idéal les réalités qui l'environnent.

Mais en même temps qu'ils maintiennent la philosophie dans ce que nous avons appelé son domaine propre, les grands penseurs du dix-septième siècle sont loin de négliger l'autre partie de l'œuvre philosophique, qui est de systématiser toutes les connaissances. Pour Descartes même, c'est là le but principal à poursuivre, et s'il s'arrête d'abord à déterminer l'existence et la nature de l'âme et de Dieu, c'est que, selon lui, ce sont les deux objets les plus faciles à connaître.

Il y a plus : les philosophes de cette époque aspirent à cumuler la gloire du savant avec celle du métaphysicien. Ces puissants esprits trouvent les sciences positives à peine éveillées du sommeil où elles languissaient assoupies depuis tant de siècles. Cent années seulement séparent Kopernic de Descartes. Kopernic lui-même n'est qu'un précurseur; Kepler et Galilée, qui continueront son œuvre, ne sont pas encore nés quand il se couche dans la tombe. Le père de la méthode expérimentale, Bacon, n'a que trente-cinq ans de plus que Descartes. Torricelli est exactement son contemporain; Pascal est plus jeune que lui; Leibnitz et Newton sont des enfants quand il meurt. On le voit, l'âge cartésien occupe le centre du mouvement scientifique qui a suivi la renaissance des lettres. On conçoit avec quelle curiosité ardente et généreuse des esprits de cette trempe s'élançaient à la découverte de ces vérités placées si près de l'homme et que si longtemps il n'avait pas su explorer. Pas un d'entre eux ne veut demeurer étranger à l'honneur de ces conquêtes, et les applications pratiques ne leur semblent pas moins dignes de leur génie que les plus hautes spéculations. Pascal, en même temps qu'il ouvre à l'arithmétique et à la géométrie des routes nouvelles, en même temps que au sommet du Puy-de-Dôme, il achève l'œuvre de Torricelli en démontrant péremptoirement la pesanteur de l'air, ou qu'il pose les bases de l'hydrostatique dans son traité de l'*Équilibre des liqueurs*, ne croit pas déroger en appliquant sa science mécanique au perfectionnement de la brouette. Leibnitz unit à ce point la recherche scientifique à la recherche métaphysique que mathématiciens et philosophes se demandent à l'envi s'il n'est pas le premier d'entre eux; et certes, le calcul différentiel, dont il partage avec Newton la paternité, n'est pas un titre moins éclatant, c'est certainement un titre plus incontesté que la monadologie, à la reconnaissance de l'esprit humain.

Quant à Descartes, auquel il faut toujours revenir pour caractériser le mouvement de cette époque, il ne se contente pas de conduire parallèlement les deux ordres de travaux : il semble les confondre. A l'en croire, le philosophe doit tout savoir; et la fameuse méthode qui porte son nom est destinée à le conduire par une voie sûre à cette connaissance universelle. Du moi le penseur s'élève à Dieu; de Dieu il redescend vers l'univers, unissant le procédé expérimental aux idées *à priori* d'ordre et d'harmonie qu'il a rapportées de son commerce avec le souverain Être. Aussi ne faut-il pas s'étonner de rencontrer, même dans cet abrégé qui s'appelle le *Discours de la méthode,* des développements assez longs sur les questions de physique, d'anatomie, de physiologie et d'histoire naturelle que Descartes avait étudiées par lui-même. Mais c'est surtout dans son grand ouvrage intitulé *les Principes de la philosophie* qu'apparaît clairement son dessein de reconstruire toute la science. Il nous en avertit lui-même dans sa préface, où l'extrême modestie du langage s'allie à l'étonnante confiance de l'homme en son propre génie.

J'aurais voulu, premièrement, y expliquer ce que c'est que la philosophie, en commençant par les choses les plus vulgaires, comme sont, que ce mot de philosophie signifie l'étude de la sagesse, et que par la sagesse on n'entend pas seulement la prudence dans les affaires, mais une parfaite connaissance de toutes les choses que l'homme peut savoir, tant pour la conduite de sa vie que pour la conservation de sa santé et l'invention de tous les arts; et qu'afin que cette connaissance soit telle, il est nécessaire qu'elle soit déduite des premières causes; en sorte que, pour étudier à l'acquérir, ce qui se nomme proprement philosopher, il faut commencer par la recherche de ces premières causes, c'est-à-dire des principes, et que ces principes doivent avoir deux conditions : l'une, qu'ils soient si clairs et si évidents, que l'esprit humain ne puisse douter de leur vérité lorsqu'il s'applique avec attention à les considérer; l'autre, que ce soit d'eux que dépende la connaissance des autres choses, en sorte qu'ils puissent être connus sans elles, mais non pas réciproquement elles sans eux, et qu'après cela il faut tâcher de déduire tellement de ces principes la connaissance des choses qui en dépendent, qu'il n'y ait rien, en toute la suite des déductions qu'on en fait, qui ne soit très manifeste. Il n'y a véritablement que Dieu seul qui soit parfaitement sage, c'est-à-dire qui ait l'entière connaissance de la vérité de toutes choses; mais on peut dire que les hommes ont plus ou moins de sagesse à proportion qu'ils ont plus ou moins de connaissance des vérités plus importantes. Et je crois qu'il n'y a rien en ceci dont tous les doctes ne demeurent d'accord.

Ce que la préface annonce, le livre le réalise. Pour s'en convaincre il suffirait de parcourir la table des questions traitées dans cet ouvrage, qui est divisé en quatre parties. La première traite avec une merveilleuse vigueur de l'existence de Dieu et de la légitimité de nos connaissances. C'est à la fois la métaphysique et la logique de Descartes. La seconde partie esquisse sa théorie générale de la matière; la troisième déduit tout son système cosmographique, et l'on y peut tout ensemble admirer la puissance du génie et reconnaître les dangers du raisonnement *à priori* appliqué aux faits, dans la fameuse hypothèse des tourbillons. La quatrième partie est un essai de physique générale, où se mêlent quelques rudiments de chimie, et où de plus en plus l'idée préconçue empiète sur l'expérience. Arrivé au terme de cette longue carrière, Descartes peut se dire qu'il a tenu parole; il a mené de front l'œuvre du métaphysicien et celle du savant. La postérité rendra justice à ce grand effort, mais elle trouvera que la science n'a pas toujours eu à se louer de l'impérieux voisinage de la métaphysique.

Au moment où écrivait Descartes, un génie tel que le sien pouvait entreprendre ce périple du savoir humain, sauf à se heurter à plus d'un écueil. Peu de temps après lui, il devenait impossible non seulement d'y réussir, mais de le tenter. Le branle était donné aux sciences inductives aussi bien qu'aux sciences exactes. C'était partout une ardeur de recherches qui allait jusqu'à l'enthousiasme. Ce serait mal juger l'œuvre scientifique du dix-huitième siècle que de l'apprécier uniquement par ses résultats. Cette période fut celle des réformes fécondes dans la méthode d'observation. Si les conclusions immédiates ont été incomplètes et mêlées encore de beaucoup d'erreurs, du moins l'immense travail opéré dans toutes les directions à la fois a préparé pour l'âge suivant cette belle moisson de découvertes dont nous sommes si fiers, bien que nous n'ayons pas eu la part la plus difficile de la tâche. J'essaierais vainement, Messieurs, de mieux retracer la marche de la science à travers le dix-huitième siècle que ne l'a fait M. Taine dans son livre de l'*Ancien régime*.

Pour la première fois dans l'histoire, les sciences s'étendent et s'affermissent au point de fournir, non plus comme autrefois, sous Galilée ou Descartes, des fragments de construction ou quelque échafaudage provisoire, mais un système du monde définitif et prouvé : c'est celui de Newton. Autour de cette vérité capitale se rangent, comme compléments ou prolongements, presque toutes les découvertes du siècle. Dans les mathématiques pures, le calcul de l'infini inventé en même temps par Leibnitz et Newton, la mécanique ramenée par d'Alembert à un seul théorème, et cet ensemble magnifique de théories qui, élaborées par les Bernouilli, par Euler, Clairau, d'Alembert, Taylor, Maclaurin, s'achèvent à la fin du siècle aux mains de Monge, de Lagrange et de Laplace.

Dans l'astronomie, la suite des calculs et des observations qui, de Newton à Laplace, transforment la science en un problème de mécanique, expliquent et prédisent tous les mouvements des planètes et de leurs satellites, indiquent l'origine et la formation de notre système solaire, et débordent au delà par les découvertes d'Herschell, jusqu'à nous faire entrevoir la distribution des archipels stellaires et les grandes lignes de l'architecture des cieux. — Dans la physique, la décomposition du rayon lumineux et les principes de l'optique trouvés par Newton, la vitesse du son, la forme de ses ondulations, et, depuis Sauveur jusqu'à Chladni, depuis Newton jusqu'à Bernouilli et Lagrange, les lois expérimentales et les théorèmes principaux de l'acoustique, les premières lois de la chaleur rayonnante par Newton, Kraft et Lambert, la théorie de la chaleur latente par Black, la mesure du calorique par Lavoisier et Laplace, les premières idées vraies sur l'essence du feu et de la chaleur, les expériences, les lois, les machines par lesquelles Dufay, Nollet, Franklin, et surtout Coulomb, expliquent, manient et utilisent pour la première fois l'électricité. — En chimie, tous les fondements de la science, l'oxygène, l'azote, l'hydrogène isolés, la composition de l'eau, la théorie de la combustion, la nomenclature chimique, l'analyse quantitative, l'indestructibilité de la matière et du poids ; bref, les découvertes de Scheele, de Priestley, de Cavendish et de Stahl, couronnées par la théorie et la langue définitives de Lavoisier. — En minéralogie, le goniomètre, la fixité des angles et les premières lois de dérivations par Roméo de Lisle, puis la découverte des types et la déduction mathématique des formes secondaires par Haüy. — En géologie, les suites de la vérification de la théorie de Newton, la figure exacte de la terre, l'aplatissement des pôles, le renflement de l'équateur, la cause et la loi des marées, la fluidité primitive de la planète, la persistance de la chaleur centrale; puis avec Buffon, Desmarets, Hutton, Werner, l'origine aqueuse ou ignée des roches, la stratification des terrains, la structure fossile des couches, le séjour prolongé et répété de la mer sur les continents, le lent dépôt des débris animaux et végétaux, la prodigieuse antiquité de la vie, les dénudations, les cassures, les transformations graduelles du relief terrestre, et à la fin le tableau grandiose où Buffon trace en traits approximatifs l'histoire entière de notre globe, depuis le moment où il n'était qu'une masse de lave ardente jusqu'à l'époque où notre espèce, après tant d'autres espèces détruites ou survivantes, a pu l'habiter. — Sur cette science de la matière brute on voit en même temps s'élever la science de la matière organisée. Grew, puis Vaillant, viennent de démontrer les sexes et de décrire la fécondation des plantes; Linné invente la nomenclature botanique et les premières classifications complètes; les Jussieu découvrent la subordination des caractères et la classification naturelle. La digestion est expliquée par Réaumur et Spallanzani, la respiration par Lavoisier; Prochaska constate le mécanisme des actions réflexes, Haller et Spallanzani expérimentent et décrivent les conditions et les phases de la génération. On pénètre dans le bas-fonds du règne animal; Réaumur publie ses admirables mémoires sur les insectes, et Lyonnet emploie vingt ans à figurer la chenille de saule; Spallanzani ressuscite ses rotifères, du Tremblay découpe son polype d'eau douce, Needham fait apparaître ses infusoires. De toutes ces recherches se dégage la conception expérimentale de la vie.

Il est évident, Messieurs, que la science ainsi ramifiée ne peut plus se confondre avec la philosophie. Le moule dans lequel Descartes avait voulu enfermer l'université des connaissances se brise de tous les côtés à la fois. Et, comme il arrive dans toutes les réactions, la science va trop loin dans ses prétentions à l'indépendance. Il semble qu'elle garde à la métaphysique une vieille rancune de l'avoir trop longtemps éloignée de ses vrais procédés en la soumettant à l'*à priori*.

De là à déclarer la métaphysique inutile et nuisible il n'y a qu'un pas, et ce pas, la science moderne ne tarde pas à le franchir. Absorbés dans les recherches positives qui les payent si largement de leurs labeurs, les savants sont portés à faire peu de cas de ce qui ne se résout pas en nombres ou en formules, en analyses ou en pesées. Le matérialisme trouve son compte dans ce dédain de l'invisible. Condillac esquisse une psychologie qui ne relève que de la science du corps, et toute une école médicale se fera au dix-neuvième siècle l'héritière et l'apôtre de son système *idéogénique*.

Sans doute au siècle dernier la *spécialisation* du savoir (qu'on me passe ce mot barbare) est bien moins avancée que de nos jours. Et c'est ce qui permet aux beaux esprits de ce temps d'unir l'étude des sciences à la culture générale. Mais, qu'on le remarque, ceux qui réussissent dans ce cumul, ce ne sont pas des métaphysiciens, le siècle de Voltaire n'en a produit aucun, ce sont des lettrés [1]. Les

---

[1] Non seulement Voltaire expose l'un des premiers l'optique et l'astronomie de Newton, mais encore il calcule, il observe et il expérimente lui-même. Il adresse à l'Académie des sciences des mémoires « sur la mesure de la force motrice », « sur la nature et la propagation de la chaleur. » Il manie le thermomètre de Réaumur, le prisme de Newton, le pyromètre de Muschenbrock. Il a, dans son laboratoire de Cirey, tous les appareils alors connus de physique et de chimie. Il fait de ses mains des expériences sur la réflexion de la lumière dans le vide, sur l'augmentation du poids dans les métaux calcinés, sur la renaissance des parties coupées dans les animaux, et cela en véritable savant, avec insistance et répétition, jusqu'à couper la tête à quarante escargots et limaces pour vérifier une assertion de Spallanzani. — Même curiosité et préparation dans tous ceux qui sont imbus du même esprit. Fontenelle est un mathématicien excellent, le biographe compétent de tous les savants illustres, le secrétaire autorisé et le véritable représentant de l'Académie des sciences. Ailleurs, à l'Académie de Bordeaux, Montesquieu lit des discours sur le mécanisme de l'écho, sur l'usage des

encyclopédistes ont beau s'approprier le nom de *philosophes;* sous leur domination la philosophie s'éteint en France, à tout le moins elle dort d'un profond sommeil. Pour lui trouver quelque vitalité, c'est en Écosse qu'il la faut aller chercher.

C'est de là qu'elle revient chez nous après la Révolution française, pour inspirer d'abord la pâle et timide école de la Romiguière et préparer modestement le règne plus éclatant, mais non moins éphémère, de l'école éclectique.

Je ne voudrais pas, Messieurs, dire du mal de l'école éclectique. Elle se recommande de noms illustres et d'intentions généralement excellentes. D'ailleurs elle a formé notre jeunesse, et bon nombre d'hommes de notre génération lui doivent ce qu'ils ont gardé de spiritualisme. Seulement, Messieurs, à ces esprits de bonne foi qui croient en Dieu et en l'âme immortelle sur la parole de M. Cousin, je donnerais volontiers deux conseils : le premier serait de ne pas trop s'en rapporter à leur philosophie de collège pour s'assurer du Dieu auquel ils croient; car leurs maîtres n'ont jamais osé s'expliquer nettement sur la création, si tant est qu'ils aient jamais eu sur ce point capital une idée claire. Mon second conseil à leur adresse serait de ne pas trop se mêler au mouvement scientifique, d'éviter même le contact avec les faits acquis et les vérités démontrées par la science, de peur de voir

glandes rénales; il dissèque des grenouilles, essaie l'effet du chaud et du froid sur les tissus vivants, publie des observations sur les plantes et sur les insectes. — Rousseau, le moins instruit de tous, suit les cours du chimiste Rouelle, herborise et s'approprie, pour écrire son *Émile*, tous les éléments des connaissances humaines. Diderot a enseigné les mathématiques, dévoré toute science, tout art, et jusqu'aux procédés techniques des industries. D'Alembert est au premier rang parmi les mathématiciens. Buffon a traduit la théorie des fluxions de Newton, la statique des végétaux par Hales; il devient à la fois ou tour à tour métallurgiste, opticien, géographe, géologue, et à la fin anatomiste. (Taine, *l'Ancien régime.*)

s'écrouler leur spiritualisme, qui reposait, ce me semble, sur des fondements de convention. Vous me direz peut-être qu'une philosophie qui ne peut supporter ni l'analyse ni la comparaison n'est pas très solide. D'accord; et pourtant, je le dis sérieusement, les efforts de cette philosophie ont été sincères. M. Taine y voit une renaissance du *préjugé théologique*, et se plaint amèrement que par là l'œuvre de Condillac ait été retardée de cinquante ans [1]. Ce reproche est un éloge. Mais la stérilité de l'école éclectique tenait à son essence même : l'éclectisme était une transaction. Craignant également de paraître ou sacrifier au dogme, ou favoriser le matérialisme, il se réfugiait dans une psychologie sans profondeur, dans une théodicée sans précision et passait à côté de tous les faits : le fait de conscience, le fait transcendant, le fait cosmique, sans se prononcer clairement sur aucun. Tant que la science est restée l'apanage d'un petit nombre d'adeptes, l'éclectisme ne s'est pas senti menacé. La culture générale, demeurée exclusivement littéraire, ne lui apportait que des encouragements; ses doctrines élevées rassuraient les gens bien pensants qui ne voulaient pas aller jusqu'au christianisme. C'était la religion des conservateurs.

A partir de la moitié du siècle, la science est sortie du sanctuaire étroit où elle se révélait à de rares initiés. Par ses applications industrielles surtout, elle est devenue l'intérêt et le besoin du grand nombre; elle a fait irruption dans l'éducation générale. Au contact de ces notions positives, l'esprit des jeunes générations s'est empreint d'une marque nouvelle; la philosophie officielle, qui continuait de s'isoler du progrès scientifique, s'est trouvée dépassée et délaissée de toutes parts.

Depuis quinze ans, il est vrai, quelques hommes formés

---

[1] *L'Ancien régime*, p. 236.

par l'éclectisme[1], mais ayant respiré l'air de la science, ont élargi les horizons philosophiques, et, par des œuvres d'un rare mérite, ont maintenu les doctrines spiritualistes au niveau des exigences contemporaines. Je n'examinerai pas si ces vigoureux esprits ont eux-mêmes complètement secoué le joug du compromis qui arrêtait l'essor de leurs devanciers; peut-être remarquerez-vous, en les lisant, qu'ils craignent encore un peu les expressions décisives lorsqu'il s'agit de la création et du Dieu personnel. Est-ce parce qu'ils rougiraient de paraître trop emprunter aux traditions des écoles catholiques? Est-ce parce que, derrière ces notions trop bien précisées, leur apparaîtrait la question du *surnaturel?* Je ne sais : toujours est-il que leur langage accuse une sorte d'embarras dont le philosophe ouvertement chrétien se sent affranchi. Celui-ci, ayant des ancêtres, ne leur emprunte que librement ce qui lui convient dans leur héritage, mais du moins il n'éprouve aucune gêne à le faire; ayant une foi religieuse qui va plus loin que sa raison, il maintient celle-ci dans ses limites, mais il n'a aucun préjugé contre les vérités rationnelles qui se rapprochent du dogme.

Quoi qu'il en soit, je me borne à constater que les efforts isolés de MM. Janet, Levêque et Caro en faveur de la métaphysique spiritualiste ont plutôt la valeur d'une protestation que celle d'une sauvegarde. Et, sans le réveil inattendu qui a fait revivre dans les écoles ecclésiastiques, d'abord avec plus d'enthousiasme que de prudence, l'ontologisme de Malebranche, puis, par un retour plus

[1] MM. Janet, Lévêque, Caro. J'y joindrais volontiers MM. Fouillée et Lachelier, dont les travaux originaux représentent peut-être ce qu'il y a de plus vigoureux dans le spiritualisme universitaire. Mais le lien qui les rattache à l'éclectisme est bien faible. Le premier est nettement kantien, le second est déterministe, et, s'il croit fortement à l'esprit, on a mille raisons de douter qu'il croie en Dieu.

heureux, l'aristotélisme chrétien, on pourrait dire que, à l'heure actuelle, s'il y a encore une généralisation des sciences, à proprement parler il n'y a plus de philosophie.

Quelle est en effet, Messieurs, la prétention de ceux qui semblent diriger aujourd'hui le mouvement intellectuel? C'est d'élaguer la métaphysique comme une branche parasite du savoir. Plus de principes, plus de causes; s'il y en a, nul ne les peut connaître. Il n'y a de réel que ce qui s'observe, c'est-à-dire les faits et les conditions qui les relient. L'ordre lui-même n'est qu'un fait; si vous y mettez une cause finale, vous introduisez l'hypothèse. Dès lors toute recherche ultérieure touchant la cause première est écartée comme antiscientifique, et voilà le divin qui disparaît. La psychologie subsistera peut-être; car enfin l'existence du moi est une réalité qui s'observe. Non: l'âme, le moi, c'est encore une substance, quelque chose d'existant qui se cacherait sous des phénomènes, par conséquent encore une hypothèse. Il y a des faits psychologiques, faits d'intelligence, de volition, de sentiments; observez, classez ces faits, reliez-les aux conditions physiologiques qui les accompagnent et qui en constituent le *déterminisme,* vous aurez atteint les limites que la science ne permet pas de dépasser. Mais en faisant cela vous n'accomplissez pas une besogne différente de celle du vivisecteur ou du chimiste; plus n'est besoin de noms distincts pour exprimer des opérations identiques : il n'y a plus de psychologie, il n'y a plus de métaphysique, donc il n'y a plus de philosophie.

Que faire alors, Messieurs, de cette puissance inductive que l'observation des faits n'épuise pas, qui tend de sa nature à dépasser l'expérience, qui souvent même, dans les recherches positives, la précède et la guide par je ne sais quel pressentiment de l'ordre caché dans les choses? Qu'en faire? S'en servir sans l'avouer. C'est l'histoire de tous nos positivistes. Ils ont voulu réduire la philosophie au rôle d'*enregistreuse* des résultats et des méthodes. Ah! ce sont bien eux qui ont rêvé d'en faire une servante! Mais la philosophie s'est redressée; elle a pris sa revanche. Elle a fait sentir à ces esprits volontairement abaissés la force invincible de l'élan qu'elle imprime à la pensée humaine. Sous son influence, ils se sont refait une métaphysique de contrebande. Eux qui traitaient dédaigneusement d'hypothèses les causes les plus clairement démontrées, ont été emprunter dans les laboratoires les hypothèses les plus hasardées, ces explications provisoires que l'observateur met tout d'abord derrière un fait en attendant qu'il s'éclaircisse, et ils en ont fait des principes, des axiomes, j'allais presque dire des dogmes, auxquels il n'est pas toujours prudent de toucher. Un jour, Darwin, s'apercevant que les variétés et les races se modifient dans la même espèce par la sélection et par la lutte pour la vie, s'est demandé pourquoi la lutte et la sélection, additionnées de quelques millions de siècles, n'auraient pas également transformé les espèces l'une dans l'autre en partant de la cellule amorphe pour arriver jusqu'à l'organisme humain. On pouvait considérer cette conception comme le rêve inoffensif d'un naturaliste richement doté d'imagination. D'aucuns même étaient prêts à y reconnaître une hypothèse admissible après tout, mais absolument impossible à vérifier. Point du tout : voici que le transformisme devient un dogme. Il fait partie du nouveau catéchisme, et si vous vous permettez à son égard une attitude dubitative, sachez que vous n'avez pas l'esprit scientifique, et tâchez de l'acquérir [1].

[1] Ces lignes ont été écrites il y a onze ans. Depuis lors, tout le développement des recherches expérimentales n'a fait que mettre en lumière le caractère hasardé de l'hypothèse évolutionniste, dont plus d'un indice fait prévoir la faillite prochaine.

III

En résumant dans votre esprit cette histoire que nous venons d'esquisser à grands traits, n'êtes-vous pas frappés, Messieurs, d'un singulier rapprochement entre le point de départ et le terme de ce mouvement? A l'origine, la philosophie grecque se répand sur le monde et se confond avec l'étude de la nature. Aujourd'hui l'étude de la nature absorbe la philosophie. De part et d'autre, c'est l'identification de la philosophie et de la science, dans des conditions, il est vrai, bien différentes. La philosophie vieillissante, comme la philosophie naissante, s'épanche au dehors : celle-ci parce qu'elle ne sait pas encore se recueillir, celle-là parce qu'elle ne le veut plus; celle-ci parce qu'elle ne s'est pas encore élevée jusqu'à la métaphysique, celle-là parce qu'elle la dédaigne.

Entre ces deux termes extrêmes, nous avons vu la philosophie se frayer à elle-même sa route. En même temps qu'elle systématise les notions empiriques, elle se constitue un royaume propre, elle prend possession de l'élément psychologique et de l'élément transcendantal. C'est là surtout qu'elle se sent chez elle et qu'elle peut faire œuvre définitive. Quand l'astronome, le physicien ou le naturaliste lui apportent le tribut de leurs découvertes, elle cherche le lien qui rattache les unes aux autres toutes les lois dont les sciences diverses ont déterminé la formule; mais parce que ces formules sont toujours incomplètes, parce que ce dénombrement est toujours partiel, parce que les savants ne cessent de retoucher l'œuvre de leurs devanciers quand ils ne sont pas contraints de la refondre entièrement, la synthèse philosophique des sciences est elle-même dans un perpétuel *devenir*. Si la philosophie n'était pas autre chose que cette synthèse, il faudrait accorder aux positivistes qu'elle n'est pas une science à part.

Mais le moi et l'absolu forment, nous l'avons vu, comme deux catégories réservées dans l'immense variété des objets de la connaissance. L'une de ces catégories est au dedans de nous, se confond avec l'esprit qui l'observe et n'exige, pour être bien connue, que la réflexion et l'analyse. L'autre est bien plus éloignée de nous, par sa grandeur, que toutes les réalités extérieures; mais en même temps elle est si près de nous qu'elle nous pénètre; sa lumière éclaire toutes nos idées, tous nos jugements; sa réalité mystérieuse est au fond de toutes nos pensées, au terme de tous nos efforts. Un procédé spécial, naturel à notre entendement, nous élève jusqu'à elle, et quand nous l'avons dégagée des représentations sensibles qui tout à la fois l'expriment et la déguisent, nous ne pouvons plus ne pas la reconnaître.

La première catégorie fait l'objet de la psychologie; la seconde, de la métaphysique. Ajoutez-y une double étude des lois qui gouvernent nos facultés, la logique ou législation de l'intelligence, la morale ou législation de la volonté, vous aurez circonscrit tout le domaine propre de la philosophie.

Or, Messieurs, j'affirme, et j'attends qu'on me démente, j'affirme que, pour prendre possession de ce domaine, l'esprit humain n'est pas dans une dépendance nécessaire du courant scientifique, et que, sans attendre que la rivière ait fini de couler, le penseur peut établir sur des bases incontestables la connaissance du moi et celle de l'absolu.

Il suffit pour cela que les résultats provisoires de l'observation excitent sa puissance de réflexion; il suffit qu'une fois excité par ce stimulant des connaissances positives, l'entendement exerce sa faculté d'analyse et d'induction d'une manière conforme aux lois de l'opération intellectuelle.

Sans doute le premier homme venu ne peut pas faire cela sans guide. Les grands génies frayent la route, et eux-mêmes s'égarent parfois dans leurs explorations. D'autres viennent après eux qui redressent la voie, et, quand elle est tracée, il n'y a plus qu'à y marcher. La raison nous dit d'avance qu'il en doit être ainsi, et l'expérience le confirme.

A priori, Messieurs, il est impossible que la solution des questions propres à la philosophie dépende à chaque moment du degré d'avancement des sciences positives. Quoi ! pour se connaître lui-même, pour connaître sa cause, sa fin et sa loi, l'homme devrait tout attendre d'une science changeante qui déclare elle-même qu'elle n'aura jamais fini de naître ? Ah ! Messieurs, je comprends, sans l'approuver, qu'on formule cette théorie désolante quand on se propose de mettre l'esprit, le cœur de l'homme au désespoir, et de les pousser par là à embrasser comme l'unique salut la religion révélée. Si les fidéistes pouvaient encore soutenir leur doctrine sans encourir les condamnations de l'Église, c'est aux positivistes que je les adresserais pour se pourvoir de leurs plus spécieux arguments. Oui, si, tandis que l'esprit, que le cœur de chaque homme réclame impérieusement une réponse à ces poignantes questions de l'être et de la loi, de l'origine et de la destinée, la raison devait attendre cette réponse d'une science qui s'est cent fois démentie elle-même et qui n'aura jamais dit son dernier mot, alors, Messieurs, la Révélation apparaîtrait, non plus seulement comme un souverain bienfait, comme une précieuse libéralité du Créateur, mais comme une nécessité logique, comme la satisfaction essentielle que Dieu devrait au plus pressant de nos besoins, sous peine de nous précipiter lui-même dans le scepticisme et le désespoir.

Mais que des hommes qui relèguent toute révélation parmi les mythologies et tout surnaturel parmi les fables viennent en même temps nous dire que sur les grands problèmes humains la raison ne peut rien nous apprendre, que la science a seule la parole, mais que la conclusion de son discours arrivera peut-être, si jamais elle arrive, dans quelques milliers d'années, voilà, Messieurs, pour moi une énigme indéchiffrable, et je me refuse à croire que telle soit la loi monstrueuse de notre destinée intellectuelle et morale.

J'ai médit de l'*à priori*, tout à l'heure, à propos de Descartes. C'est qu'il s'agissait de construire de fantaisie un système du monde. Ici, Messieurs, il ne s'agit pas des soleils, mais de nous-mêmes; il ne s'agit pas de conceptions fantaisistes, mais d'une impérieuse nécessité de notre nature morale. Quand nous refusons d'admettre que la satisfaction qu'elle réclame dépend d'une condition impossible à remplir, avouez que cet *à priori* a quelque force, et qu'il constitue au moins contre le positivisme la plus solide et la plus légitime des présomptions.

Et maintenant écoutons l'expérience : elle vient à l'appui de cette présomption même. Le tableau historique que j'ai tenté de vous retracer tout à l'heure, vous a montré la philosophie se fixant avec Platon et Aristote dans ce domaine psychologique et transcendantal, logique et moral, qu'elle n'a jamais abandonné depuis. Le christianisme, en affermissant la raison sur ses bases, a donné à l'édifice philosophique une solidité que la métaphysique ancienne n'avait pas connue. Le moyen âge a construit une merveilleuse synthèse de la raison et de la foi; le dix-septième siècle a ébauché celle de la raison et de la science; le dix-huitième siècle a substitué la guerre à l'alliance. Notre âge continue dans cette voie et semble vouloir accabler tout ensemble et la foi et la raison sous la masse confuse des résultats scientifiques.

Messieurs, cette entreprise n'a pas de précédent dans l'histoire de l'esprit humain. Et, si fiers que nous soyons de nos télescopes et de nos électro-aimants, il y a vraiment trop d'orgueil à croire que le progrès consiste à démentir tout le passé de l'humanité. Perfectionner n'est pas détruire, et ce qu'on vous propose c'est une destruction véritable.

Il est temps, Messieurs, de conclure, et je le ferai en deux mots.

Pour nous, la philosophie existe, et son rôle est double.

Elle est, nous l'avons dit, la synthèse des sciences, et de plus en plus le philosophe a besoin de connaître les méthodes et les résultats des sciences. Faute de remplir ce devoir, il ne s'exposerait pas seulement à parler un langage suranné, qui amènerait un sourire de pitié sur les lèvres de ses auditeurs et ferait le vide autour de sa chaire; mais il se priverait lui-même de l'excitant nécessaire à ses réflexions.

L'activité rationnelle appelle une matière sur laquelle elle s'exerce, et cette matière a sans cesse besoin d'être rajeunie. Ce qui faisait songer Platon, saint Augustin ou saint Thomas, ne peut plus nous suffire. Sans doute le savant et le philosophe, quand ils considèrent les mêmes objets, ne les regardent pas du même point de vue. Autre est l'étude que fait le savant de la composition chimique ou de la structure cristallographique des corps; autre celle qu'entreprend le métaphysicien pour établir sa théorie, atomique ou dynamique, touchant l'essence de la matière. Mais qui dira que l'état des connaissances scientifiques soit indifférent au progrès de la spéculation métaphysique? Qui pourrait nier qu'une initiation sérieuse aux procédés et aux résultats des sciences positives influence heureusement l'esprit philosophique en l'attachant aux réalités et en l'éloignant des chimères? Aussi, Messieurs, on ne conçoit plus aujourd'hui de philosophie digne de ce nom qui ne s'appuie sur un fondement scientifique. La vraie place d'une chaire de philosophie est dans le voisinage d'une faculté des sciences, et laissez-moi vous faire remarquer en passant que l'Église n'a pas peur d'un tel voisinage, puisque ici même elle a créé à grands frais ce rapprochement local et intellectuel entre les deux enseignements. Ce que vous voyez réalisé devant vous n'est qu'une pierre d'attente. L'idéal que nous poursuivons (et par ce mot d'idéal je n'entends pas exclure une réalité prochaine), c'est la création, ou plutôt la résurrection en France, d'une faculté de philosophie. Et cette faculté serait constituée de telle sorte que la condition de son accès fût sans doute la culture littéraire, mais que la haute culture scientifique entrât comme un élément essentiel dans les études dont elle accepterait le patronage; à ce point qu'une ou plusieurs licences ès sciences seraient exigées pour concourir aux grades de philosophie.

Ainsi, Messieurs, la philosophie, telle que nous la comprenons, embrasse la synthèse des sciences. Mais ce n'est pas là toute sa tâche; ce n'en est même, à vrai dire, que la préparation. Pour accomplir son œuvre propre, il reste au philosophe à s'approprier le procédé dont l'Évangile a fait la loi de la prière : *Intra in cubiculum tuum, et, clauso ostio suo, ora Patrem tuum in abscondito*[1]. Entrez dans votre chambre réservée, fermez-en la porte et priez votre Père dans le secret. Eh bien! oui, le philosophe a, lui aussi, une chambre réservée; c'est le domaine de la

---

[1] Matth. vi, 6.

méditation rationnelle. Et quand il s'est enrichi de notions vérifiées ou d'hypothèses fécondes, de lois formulées ou soupçonnées, il faut qu'il rentre dans ce sanctuaire intérieur, il faut qu'il ferme sa porte et qu'il poursuive de ses sollicitations pressantes cette vérité qui se dérobe aux sens, mais qui se révèle à la raison. Là, s'il cherche bien, il trouvera l'âme humaine avec ses opérations, avec ses puissances, avec sa nature simple et spirituelle, avec sa destinée immortelle; il trouvera l'infini actualisé, l'idéal réel, le type, la cause, le gouverneur du monde, la fin suprême de l'être raisonnable, le Dieu vivant. Et de là, redescendant vers l'homme, qu'il s'agisse de l'être individuel ou collectif, il trouvera le fondement, la règle et la sanction de la loi morale, le principe et le garant de l'ordre dans la vie sociale.

Tel est, Messieurs, le rôle de la philosophie. Vous trouverez peut-être que je lui fais la part bien belle et que je restreins d'autant celle de la religion. Mais remarquez-le, il s'agit bien plus ici du droit que du fait. Dans l'ordre pratique, il faut beaucoup rabattre, je le sais, de cette suffisance de la raison. En morale, l'homme est libre de résister au mal, et pourtant, laissé à lui-même, il est presque toujours vaincu. En philosophie, l'esprit est capable d'atteindre à la vérité rationnelle, et cependant, par ses seuls efforts, il n'a presque jamais su s'affranchir de l'erreur. L'Évangile demeure donc et demeurera toujours, quoi qu'on fasse, le seul remède universel et efficace aux infirmités de notre nature. Mais l'Évangile se reçoit par la foi, et la foi est une adhésion raisonnable à une vérité qui porte avec soi ses titres de créance. La foi croit Dieu sur parole; il faut donc que l'esprit du fidèle sache déjà que Dieu existe et que sa parole est véritable : *Credere oportet accedentem ad Deum quia est*[1], nous dit saint Paul. Cette

---

[1] Hebr. xi, 6.

préparation rationnelle de la foi admet bien des degrés divers suivant l'état de culture des esprits. Au degré supérieur, il faut que cette préparation soit complète, et elle ne peut emprunter sa perfection qu'à une philosophie ferme et sûre d'elle-même, qui ne doute ni de son domaine, ni de ses méthodes, ni de ses résultats.

Cette philosophie existe-t-elle?

Messieurs, avec l'aide de Dieu, nous essaierons de vous le démontrer... en philosophant.

DEUXIÈME ANNÉE DU COURS

1881

LES PROCÉDÉS LOGIQUES DE LA THÉODICÉE

I

« Entre tant de problèmes que la philosophie n'a pas suffisamment éclaircis, l'un des plus difficiles et des plus obscurs, tu ne l'ignores pas, Brutus, est celui de la nature des dieux; problème pourtant dont l'objet ravit l'intelligence par sa beauté, dont la solution est nécessaire pour donner à la religion sa forme et sa loi. Mais tel est sur cette question, même entre les plus doctes, le partage des sentiments, qu'on y pourrait voir un argument puissant en faveur de l'opinion qui fait de l'ignorance le principe de la philosophie, et qui a inspiré aux adeptes de l'Académie leur prudente abstention de toute affirmation... Dans la question qui nous occupe, obéissant et à la plus haute vraisemblance et à la puissante impulsion de la nature, le plus grand nombre ont établi l'existence des dieux; Protagoras en a douté, Diagoras de Mélos et Théodore de Cyrène l'ont niée. Entre ceux qui tiennent pour l'affirmative, le dissentiment est si grand, qu'on ne saurait sans fatigue énumérer seulement leurs manières de voir. Que n'a-t-on pas dit touchant la forme extérieure des dieux, les lieux qu'ils occupent, leurs demeures et les actions de leur vie? Sur tous ces points les querelles des philosophes prennent le caractère le plus aigu; mais la question qui semble concentrer sur elle-même toute cette controverse est celle qui se pose ainsi : les dieux sont-ils oisifs? n'ont-ils point d'activité? se tiennent-ils en dehors du soin et du gouvernement des choses? ou, au contraire, est-ce par eux que tout a été fait et institué à l'origine? est-ce d'eux que tout reçoit à travers le temps la direction et le mouvement? Si ce procès n'est pas jugé, les hommes se voient condamnés à une erreur fatale et à l'ignorance des vérités les plus nécessaires.

« Il y a en effet actuellement, et il y a eu dans le passé, des philosophes pour qui les dieux ne prenaient aucun soin des affaires humaines. Si leur opinion est la véritable, que pourra être la piété, le culte, la religion? car tous ces tributs sont dus aux dieux, tous doivent leur être payés d'un cœur pur et fidèle, mais à une condition, c'est que les dieux immortels s'en aperçoivent, et qu'antérieurement ils aient été les bienfaiteurs du genre humain. Mais si les dieux n'ont ni le pouvoir ni la volonté de nous être utiles, s'ils n'en ont même nul souci, s'ils ignorent ce que nous faisons, si d'eux à nous il ne se fait aucune communication, quelle raison avons-nous d'offrir aux immortels un culte, des hommages, des prières? Que si ce culte n'est qu'une feinte, il ne s'y trouve pas plus de place pour la piété que pour aucune autre vertu; avec la piété disparaissent et le respect et la crainte religieuse; et quand tout cela s'est évanoui, que reste-t-il? Un trouble profond dans la vie humaine, une effroyable confusion. Qui sait même si, en supprimant la piété envers les dieux, on peut laisser subsister entre les hommes la bonne foi, lien de la société, et jusqu'à cette unique et suprême vertu, la justice [1] ? »

Voilà, Messieurs, des paroles qui ne datent pas d'hier; et si le nom de Dieu ne s'y trouvait pas au pluriel, on dirait aujourd'hui qu'elles sentent fortement le cléricalisme. Cependant elles ont précédé l'Évangile, et celui qui les prononçait n'était pas un simple, encore moins un croyant. C'était un savant et un sceptique. Peu d'hommes ont connu au même degré que Cicéron toutes les ramifications de la pensée philosophique ; ce que Bossuet a dit de Suarez pour la théologie, on peut le dire du grand Romain pour la philosophie : en lui vous entendez toute l'école (ou plutôt toutes les écoles). Aussi ne voudrais-je pas prétendre que Cicéron eût sur la nature de Dieu une opinion bien arrêtée, ni même qu'il s'appropriât, avec une conviction entière, les réflexions si fortes qu'il présente ici dans un admirable langage. Il me suffit qu'en rapporteur impartial il les ait jugées dignes d'être formulées avec cette éloquente solennité. Et parce que la pensée qu'il exprime dans cette première page de son *De natura deorum* est précisément celle qui fournit l'inspiration de ce cours, c'est pour moi une bonne fortune de pouvoir placer sous un patronage aussi honorable et aussi peu suspect la recherche que nous allons commencer ensemble.

L'objet de cette recherche sera double : la nature de Dieu et son action.

L'année dernière nous avons été retenus jusqu'au bout par la question de l'existence de Dieu. Après l'avoir étudiée historiquement dans la philosophie ancienne et moderne, chez les Pères de l'Église et les théologiens, nous l'avons abordée logiquement, et nous l'avons résolue par

[1] Cic. *De naturâ deorum*, I.

une application patiente et laborieuse de deux principes : la finalité et la causalité.

Nous avons terminé cette démonstration par une vue générale de l'être divin. Conduits par l'induction à affirmer l'existence d'un être transcendant, c'est-à-dire antérieur, supérieur et extérieur au système cosmique, nous avons dû lui attribuer un mode d'être correspondant à cette notion, et nous avons développé le concept de la transcendance dans ces quatre propositions :

Dieu est acte pur;

Dieu est perfection éminente;

Dieu est en dehors de tout genre;

Dieu est la synthèse vivante de l'idéal et du réel.

C'était là un aperçu synthétique de la nature de Dieu. Mais cette vue sommaire ne saurait nous suffire. Sans doute, même en usant de toutes ses ressources, la raison nous dira toujours peu de chose du mode d'être de celui qui est au-dessus de toute analogie. Mais que les limites du connaissable dans cet ordre soient très rapprochées du point de départ, ce n'est pas une raison pour demeurer encore en deçà. Il n'y a que les riches qui n'emploient pas tout leur avoir; les pauvres font argent de tout. Si nous sommes pauvres intellectuellement en face de l'infini, ne négligeons aucun de nos moyens.

Cicéron d'ailleurs vient de nous indiquer le motif de nos recherches. S'il nous est utile, nécessaire même, de savoir qu'il y a un Dieu, c'est à la condition d'emprunter à cette première connaissance la révélation de nos devoirs et de nos espérances. Or le moyen de savoir ce que nous devons à Dieu et ce que nous en pouvons attendre, s'il est pour nous l'inconnu total, si rien de ce qu'il est, de ce qu'il fait, par conséquent de ses rapports avec nous, ne peut être pour nous objet de certitude: *Si nec est quod ab his ad hominum vitam dimanare possit?*

Donc le besoin rationnel, moral, religieux qui nous a fait entreprendre la démonstration de l'existence de Dieu, nous impose l'étude de sa nature et de son action.

Dans cette recherche nous resterons fidèles au procédé rationnel. Ne sachant d'abord de Dieu qu'une seule chose, c'est qu'il est nécessaire pour expliquer le monde, nous avancerons pas à pas dans l'analyse de la notion qui nous est fournie par cette induction transcendantale. Nous affirmerons de Dieu tout ce qui est impliqué dans cette notion et dans ses dérivées. Tout notre travail de cette année sera donc un développement analytique de cette proposition établie l'année dernière : il existe une cause transcendante de tout ce qui est.

Mais, en vous annonçant ce programme, il me semble que j'entends une objection qui se formule d'elle-même dans vos esprits. Vous vous souvenez, Messieurs, de la critique sévère à laquelle nous avons soumis les arguments analytiques par lesquels saint Anselme, Descartes, Malebranche et tous ceux que nous avons nommés les intuitionnistes, prétendent établir l'existence de Dieu. Dieu, disent-ils, est l'être parfait; or l'existence fait partie de la perfection; donc Dieu existe. — Qu'avons-nous reproché à ces conclusions? D'être purement analytiques; de développer dans l'attribut ce qui est contenu dans le sujet; de fournir, par conséquent, une vérité logique qui n'est pas nécessairement une vérité ontologique ou réelle.

Oui, c'est vrai, nous avons fait aux cartésiens ce reproche, et nous ne le retirons pas.

Mais alors, direz-vous, n'êtes-vous pas en contradiction avec vous-mêmes? Vous reprochez aux cartésiens le procédé analytique dans la démonstration de l'existence de Dieu, et vous appliquez ce procédé à l'étude de sa nature. Vous allez, dites-vous, analyser le concept de la cause transcendante, en tirer tout ce qu'il contient logiquement et affirmer tout cela de Dieu? A votre tour vous n'aboutirez donc qu'à des conclusions douées de vérité logique, destituées de vérité réelle.

Je ne pense pas, Messieurs, avoir affaibli l'objection; mais je vous avoue qu'elle ne me fait point peur.

Jamais je n'ai prétendu condamner l'emploi du procédé analytique, l'un des plus puissants dont puisse user l'esprit humain dans la recherche de la vérité. Seulement il faut savoir d'où l'on part. Comme l'analyse ne crée rien, les conclusions auxquelles elle conduit sont de même ordre que la notion sur laquelle elle travaille. Si la notion est purement idéale, la conclusion demeurera telle, et le lien qui les unira sera le lien qui unit deux idées, un lien purement logique. Si la notion est le terme d'une affirmation atteignant la réalité, la conclusion sera réelle aussi, et le lien qui unira l'une à l'autre sera tout ensemble et logique et ontologique.

Prenons un exemple. Supposons un centaure, c'est-à-dire un corps de cheval avec un buste et une tête d'homme; j'analyse cette notion, et j'en conclus que le centaure, tout en galopant comme un cheval, pourra lancer des flèches comme un homme. Conclusion logique, mais qui ne donne aucune vérité réelle à cette proposition; un animal peut galoper comme un cheval et lancer des flèches comme un homme. Pourquoi? c'est que le point de départ est une simple conception de mon esprit.

Autre exemple : je remarque qu'un lion a des griffes et une mâchoire puissante; j'en conclus, même sans l'avoir vu faire, qu'il peut saisir, déchirer et dévorer une grande proie. Conclusion logique, mais réelle aussi. Pourquoi? parce que le point de départ est une réalité constatée par l'observation.

Autre exemple enfin : je vois marcher une horloge; non seulement j'affirme qu'il y a un horloger qui l'a construite, mais j'attribue à cet horloger le degré de science et d'art nécessaire à cette construction. Conclusion logique, mais réelle aussi. Pourquoi? parce que le point de départ est une induction légitime fondée sur la constatation et l'analyse d'un fait.

Ainsi le procédé analytique bien employé donne toujours des conclusions logiquement vraies; mais ces vérités logiques sont ou ne sont pas des vérités réelles suivant que le sujet analysé est une simple conception idéale, ou une réalité constatée soit par l'observation directe, soit par l'induction.

Cela posé, revenons à la question de Dieu.

Quand Descartes, après saint Anselme et avec tous les ontologistes, vient nous dire : L'existence est impliquée dans la notion de Dieu, donc Dieu est; que fait-il? Il suppose que la notion de Dieu est dans notre esprit une vision de Dieu, comme la notion d'un corps perçu par nos organes est une vision de ce corps. Si on lui accorde cela, il faut lui donner tout le reste. Si nous voyons Dieu, Dieu est. Mais alors le raisonnement cartésien lui-même, si court qu'il soit, devient inutile. Au lieu d'être insuffisant, il est superflu. Si je vois Dieu, à quoi sert de me dire : Je vois un être nécessaire; or l'être nécessaire doit exister; donc il existe? — Mais puisque je le vois tel qu'il est, je le vois existant, et s'il n'existait pas, je ne le verrais pas. On ne raisonne pas avec la vision.

Seulement il n'est pas vrai du tout que nous voyons Dieu. Et la preuve que nous ne le voyons pas, c'est que nous raisonnons à perte de vue pour établir qu'il doit exister. Je ne puis reprendre ici tout ce que nous avons dit sur ce sujet. Tout se résume dans cette formule : nous induisons Dieu, nous ne le voyons pas.

Dès lors, que peut bien être la notion de Dieu dans notre esprit? Il faut distinguer, suivant que nous considérons cette notion après l'induction faite ou avant qu'elle soit faite. Après l'opération inductive qui nous a amenés à l'affirmation légitime de l'existence de Dieu, la notion de Dieu répond dans notre esprit à une réalité. Nous concevons par la raison cet être transcendant dont l'existence est nécessaire à l'explication du monde. Cette conception reste obscure, mais elle atteint le réel. Si je vois remuer un rideau, j'ai beau ne pas voir la personne qui est derrière, je suis sûr qu'il y a quelqu'un; et si je ne puis découvrir qui c'est, l'obscurité de ma connaissance n'en ébranle pas la certitude.

Est-ce ainsi que Descartes considère la notion de Dieu? Point du tout. Il la prétend primitive, antérieure à toute induction. Il descend dans son âme, fait l'inventaire de ce qu'il appelle ses idées claires, et y découvre entre autres la notion de Dieu. Il l'analyse, reconnaît qu'elle implique l'existence, affirme cette existence, et la démonstration est faite.

Je pourrais bien lui dire qu'il s'illusionne; que cette notion de Dieu n'est nullement primitive; qu'à l'heure où le philosophe entreprend cet inventaire de ses idées, il n'en est pas à ses débuts; qu'il fait de la philosophie plus ou moins consciente depuis qu'il est au monde; qu'aidé par l'éducation, il a réfléchi depuis longtemps à la question des origines et qu'il a maintes fois parcouru la carrière de l'induction transcendante; que c'est parce qu'il s'est mis en situation d'affirmer Dieu qu'il s'est rendu capable de le concevoir, et que le caractère primitif attribué à cette conception est démenti par l'histoire de son âme.

Mais nous ne faisons pas ici la critique de l'argument cartésien. Nous comparons seulement son procédé au nôtre. Supposons donc un instant que la notion de Dieu est primitive. De deux choses l'une alors : ou elle est une vision directe d'un objet réel et perçu, ou elle est une conception purement idéale. Or nous avons établi qu'elle n'est pas une vision directe ; donc elle est une conception purement idéale, donc le jugement analytique qui affirme l'existence de Dieu n'a qu'une vérité logique.

Et maintenant que faisons-nous à notre tour, quand nous cherchons à déterminer la nature de Dieu? Sans doute nous analysons le concept de la cause transcendante. Mais quel est donc notre point de départ? Une conception idéale? Nullement; c'est une réalité découverte par l'induction. Nous ne partons pas de la notion d'une cause transcendante qui pourrait exister, mais de la notion d'une cause qui existe, dont nous avons acquis antérieurement le droit d'affirmer l'existence. La notion que nous en avons implique tout ce qui est nécessaire à cette cause pour remplir sa fonction de principe transcendant. En développant par l'analyse toutes les propriétés dont se compose cette nécessaire aptitude, nous ferons de la logique; mais parce que notre point de départ est réel, nos conclusions le seront aussi.

Ainsi, Messieurs, nous ne méritons pas le reproche de contradiction. Nous avons le droit d'appliquer la critique de Kant à la démonstration cartésienne de l'existence de Dieu; et nous avons le droit de repousser l'application qu'on voudrait nous faire à nous-mêmes de cette critique de Kant dans notre étude de la nature de Dieu. Ayant démontré sans paralogisme un Dieu réel, nous sommes fondés à déduire de la notion de ce Dieu les attributs qu'elle implique, et de les affirmer comme des attributs réels. Entre le procédé cartésien et le nôtre, il y a la même différence qu'entre la mécanique rationnelle et la mécanique appliquée : l'une régit des hypothèses, l'autre des réalités.

Est-ce à dire qu'il n'y ait dans l'analyse de la notion

de Dieu aucun péril d'erreur? Loin de nous cette prétention. La notion dont il s'agit, je vous le faisais remarquer tout à l'heure, est mêlée d'obscurité. J'en demande pardon à Descartes, qui l'appelle une idée claire; mais ma conscience psychologique est plutôt de l'avis de saint Paul, qui l'appelle « indirecte », *per speculum*, et « énigmatique », *in ænigmate*[1]. Or, analyser une conception qui est comme de seconde main et qui renferme beaucoup d'obscurités, c'est évidemment une entreprise délicate et périlleuse. On peut la comparer à la navigation. Dans la monotone immensité des mers la vue ne suffit pas pour s'orienter. Il faut recourir au raisonnement. Le navigateur demande à l'observation astronomique certaines coordonnées sur lesquelles il établit ses calculs, et il conclut qu'il est en tel point du globe et qu'il marche vers tel port.

Dira-t-on que, par cela seul qu'il a mêlé le raisonnement à l'observation, il s'est séparé de la réalité pour se confiner dans l'hypothèse? Point du tout. Son procédé est sûr; seulement il n'exclut pas chez celui qui l'emploie la possibilité de faillir. Une erreur dans une mesure d'angle ou dans l'usage d'une formule mathématique suffit à le faire dévier à son insu, et la vue de la terre ferme pourra seule alors le tirer de son illusion, en mettant sous ses yeux d'autres rivages que ceux où il croyait aborder. Ainsi le métaphysicien s'attache aux coordonnées que lui a fournies, non l'observation directe, mais l'induction transcendantale. Il enferme la notion de Dieu entre ces coordonnées, et il livre ses voiles au souffle de la dialectique. Mais qu'il perde un moment de vue les limites certaines qui circonscrivent l'idée analysée, qu'il permette à l'imagination d'y introduire un élément étran-

[1] I Cor. XIII, 2.

ger, le voilà qui s'engage dans une série de déductions logiquement justes et objectivement fausses, dont les ennemis du spiritualisme ne manqueront pas de triompher.

Le péril d'erreur est double, suivant qu'il s'agit de la nature de Dieu ou de son action.

A l'égard de la nature divine, le danger consiste à trop assimiler l'être de Dieu à l'être créé. Entre l'être transcendant et l'être relatif, entre l'être qui est par soi et celui qui est par un autre, entre l'acte pur et l'acte mêlé de puissance il y a une telle différence qu'aucune commune mesure, aucun genre supérieur ne peut embrasser l'un et l'autre. Ce sont deux sens différents du mot *être* ; et de ces deux sens, un seul, le moins élevé, nous est expérimentalement connu; de là la difficulté de concevoir, même idéalement, l'autre sens. La raison n'atteint pas sans de grands efforts ce qui échappe à toute expérience. Nous avons beau être contraints par l'insuffisance du monde à induire la réalité transcendante du premier être, nous sommes facilement entraînés à une assimilation qui repose sur une équivoque et qui devient, à son tour, une source d'erreurs.

Prenons pour exemple la question de la substance et des modes. Ce qui nous suggère cette idée, c'est la vue des changements qui s'opèrent dans les êtres créés sans détruire leur identité. De là nous arrivons à concevoir deux éléments dans les êtres, un élément de permanence et d'identité, un élément de succession et de changement; le premier est la substance, le second est le mode. Mais il y a un lien étroit entre les deux; l'élément permanent supporte l'élément changeant, il le produit; de là l'idée de puissance et d'acte; il produit même le passage d'un mode à l'autre. Appliquerons-nous ces notions à l'être divin? Il semble que nous ne puissions faire autrement. C'est la nécessité d'un acte créateur qui nous a fait affirmer Dieu; donc Dieu est acte; mais toute acte suppose la puissance d'agir : donc Dieu est puissance. Allons-nous donc distinguer en Dieu la puissance et l'acte? Et puisque nous lui attribuons une puissance infinie et que ses effets sont finis, allons-nous laisser en Dieu quelque chose de potentiel et d'interminé? Non, ce serait le faire déchoir de sa condition transcendante, ce serait le faire retomber dans le système cosmique. Que faire donc? Osciller entre deux limites d'erreurs, affirmer de Dieu tout le positif de la puissance, en nier tout le négatif, opposer entre elles nos propres formules pour les contenir dans l'étroit sentier de la mystérieuse vérité. A cheminer longtemps ainsi entre deux abîmes, qui pourrait se flatter d'échapper toujours au vertige?

A l'égard de l'action divine, le péril est le même, mais il prend une forme particulière; il consiste à trop assimiler, non plus seulement l'être transcendant à l'être créé quel qu'il soit, mais le mode d'agir de cet être au mode d'agir humain, le seul que nous connaissions par le dedans. C'est l'*anthropomorphisme*.

Et cette pente est d'autant plus glissante, qu'on ne peut pas ne pas s'y engager. Il est impossible de parler de l'action divine autrement qu'en figures empruntées à l'action humaine. La métaphore anthropomorphiste est à la fois l'instrument nécessaire de l'analyse qui conduit à la vérité, et le piège tendu à notre esprit pour le faire tomber dans l'erreur. C'est par un emploi incessant d'expressions imparfaites et de corrections mentales que la raison peut avancer pas à pas dans cette périlleuse carrière. Discerner dans l'action humaine ce qui est positif, ce qui implique énergie et perfection, l'affirmer de Dieu en le poussant à l'infini, éliminer de cette attribution à Dieu tout ce qui constitue l'élément limitatif, imparfait, de notre mode d'agir, voilà théoriquement le procédé qui s'impose; mais pratiquement que de difficultés et que d'écueils! Est-il donc toujours aisé de distinguer le positif du négatif dans une énergie mêlée d'acte et de puissance qui prend conscience d'elle-même d'une façon concrète? Le sens intime qui la révèle à elle-même, subira-t-il impunément les opérations de l'analyse? ne perdra-t-il pas toujours, au commerce de l'abstraction, quelque chose de sa véracité? Prenons pour exemple la liberté. Comment acquerrons-nous cette notion? Par la conscience de notre libre arbitre. Or le libre arbitre en nous implique le choix entre le bien et le mal. Et nous sentons que la liberté est un bien, une énergie, une perfection. Le mal moral, d'autre part, est une négation, une limite. Le pouvoir de choisir entre le bien et le mal, supposant la possibilité de mal faire, est donc un mélange de perfection et de défaillance. Ainsi nous devrons affirmer de Dieu la liberté, nier en Dieu la peccabilité. Mais n'est-ce pas limiter le choix de Dieu que de lui interdire un domaine ouvert à notre propre choix? Puisque nous partons de notre liberté pour concevoir la liberté divine, voyons d'abord ce qu'il resterait de la nôtre si nous en ôtions la puissance de mal faire. Et s'il nous semble qu'elle serait par là ou anéantie ou amoindrie, comment chercher dans cet amoindrissement d'une faculté humaine la suréminence nécessaire à une perfection divine? J'indique ici la difficulté; plus tard nous essaierons de la résoudre. Mais vous voyez par ce seul exemple (j'en pourrais citer beaucoup d'autres) et la nécessité et le danger de l'anthropomorphisme dans l'étude de l'action de Dieu.

Résumons-nous. Nous venons d'établir trois choses : il y a de bonnes et pressantes raisons d'étudier la nature et l'action de l'Être transcendant; — cette étude est possible et peut aboutir à des conclusions réelles; — cette étude est difficile et périlleuse. Il nous reste à indiquer comment il convient de la conduire.

II

Puisque nous devons procéder surtout par analyse, il nous faudra tout d'abord concentrer le plus de lumière que nous pourrons sur la notion-mère qu'il s'agit d'analyser. C'est ainsi que nous chercherons à caractériser l'essence de Dieu, sinon telle qu'elle est en elle-même (ce qui supposerait la vision de cette essence), du moins telle qu'elle nous apparaît comme le support nécessaire de la cause transcendante. A la suite des meilleurs guides, nous la ferons consister dans cette propriété d'être par soi, *esse a se*, dont les scolastiques ont fait un substantif barbare, mais d'un emploi fort commode : *ascitas*. Puis nous aborderons successivement l'étude de la nature et celle de l'action de Dieu.

L'*aséité* établissant une opposition primordiale entre l'être divin et l'être créé, nous chercherons dans la comparaison de l'un et de l'autre l'indication des attributs qui conviennent à Dieu ; attributs que nous appellerons positifs ou négatifs suivant que nous en obtiendrons la notion ou en affirmant de Dieu avec suréminence tout le positif qui est dans les êtres, ou en niant de lui toutes les limitations qui sont en eux. Nous dégagerons ainsi les propriétés suivantes : l'*unité* avec tout ce qu'elle comporte, l'infinité de Dieu, son unicité ; la simplicité de son être, son immatérialité ; — la vérité, la bonté de l'être divin ; — l'immutabilité divine, avec ses conséquences : l'éternité absolue de Dieu, ou sa transcendance par rapport au temps, et son immensité absolue ou sa transcendance par rapport à l'espace.

Nous passerons ensuite à l'action de Dieu. Nous trouverons dans notre propre conscience l'idée d'une double action, l'une intérieure, l'autre rayonnant au dehors; cette distinction nous apparaîtra bien plus nécessaire en Dieu, qui est antérieur à tout ce qui est hors de lui et qui pourrait subsister seul, sans relations extérieures. Nous essaierons d'entrevoir quelque chose de l'action interne de Dieu, et la raison ne nous en dira presque rien. Nous verrons seulement qu'elle doit se composer d'intelligence et d'amour. Peut-être sera-ce alors le moment de demander à la théologie un service de bon voisinage, et d'emprunter au dogme de la sainte Trinité des lumières précieuses sur cette source cachée de l'action divine. Mais ce ne sera là qu'une excursion facultative sur un domaine réservé, et la marche de notre étude rationnelle n'en sera pas modifiée. Revenant à l'analyse, nous trouverons en Dieu science, volonté, puissance, et ces attributs nous fourniront le fondement de toutes les relations de Dieu avec le dehors : action créatrice, action conservatrice; éternité, immensité, immutabilité relatives, ou relations de Dieu avec le temps, avec l'espace, avec le changement; — concours de la cause première dans l'action de toutes les causes secondes : providence physique, dont la notion dégage les attributs de sagesse et de liberté, et soulève le problème de l'optimisme; providence morale, dont la notion dégage les attributs de justice et de bonté, et soulève de nouveaux problèmes, les plus graves sans contredit qui aient jamais exercé les penseurs : la question du mal, l'accord de la liberté humaine avec la prescience et avec le vouloir de Dieu; le rapport final de Dieu avec le bonheur de la créature.

Voilà certes une vaste et belle carrière à parcourir. J'ai voulu, Messieurs, vous en donner une vue d'ensemble pour achever de justifier à l'avance le procédé rationnel dont je vous ai proposé l'emploi. Le simple énoncé des questions qui naissent les unes des autres dans cette table des matières, vous dit assez que nous ne quittons pas le terrain philosophique et qu'un philosophe sincère ne saurait reculer devant l'examen de ces redoutables problèmes. Il n'y a qu'un seul moyen de les éviter : c'est de nier Dieu. Quand une relation existe, on ne peut la faire cesser qu'en supprimant au moins l'un des termes. C'est la prétention de la métaphysique contemporaine. Ce qui gêne nos modernes penseurs, ce n'est pas un Dieu inerte et indifférent, comme celui qu'acceptait Épicure; c'est un Dieu agissant et se mêlant de nos affaires : *molestum plenumque negotii Deum*. Mais en même temps ils comprennent que, s'il existe un Dieu, c'est ainsi qu'il doit être, et alors ils suppriment la transcendance, enferment dans le système cosmique sa propre raison d'être, font de Dieu l'idéal du monde sans autre sujet d'inhésion que l'intelligence humaine, cette tard-venue de l'existence, mettent le mécanisme à la place de la finalité et le déterminisme à la place de la providence. Mais ce parti pris ne les affranchit pas de la nécessité à laquelle ils ont voulu se soustraire. La conscience humaine ne se prête pas aussi facilement que les conceptions de la raison aux mutilations volontaires de la pensée. Les formules déterministes n'empêchent pas l'homme de se sentir responsable, de distinguer le bien du mal, indépendamment du plaisir ou de la peine, d'éprouver de la joie dans le sacrifice et du remords au sein de la prospérité mal acquise. Alors tous les problèmes qu'on avait écartés reviennent sous d'autres noms. Bon gré mal gré, on continue à faire de la philosophie à propos des origines, à propos de la liberté, à propos de la vertu, à propos du mal, à propos du bonheur. Seulement on prétend suivre une méthode plus scientifique, parce qu'on ne s'appuie, dit-on, que sur des faits observés. Erreur : à ces faits observés on ajoute un postulatum qui n'est ni constaté ni démontré; c'est que les faits observés se tiennent tout seuls, qu'ils ne se rattachent pas à un principe supérieur.

Et si ce postulatum est faux, s'il y a une cause transcendante de tout ce qui est, comment négliger sa part d'influence dans l'ensemble des relations cosmiques? C'est à peu près comme si un astronome, sous prétexte qu'il ne voit pas le soleil pendant la nuit, essayait de rendre compte du mouvement des planètes sans tenir compte de l'action du soleil.

Ainsi c'est chose entendue : selon qu'on admet ou qu'on rejette l'existence de Dieu, on aboutit à des solutions bien différentes sans doute, solutions toutefois des mêmes problèmes; et dans les deux cas on fait de la philosophie.

Or nous avons passé toute l'année dernière à établir l'existence de Dieu. Nous avons vu que le monde est plein de finalité, plein de causalité, et qu'il faut à cette finalité diffuse un foyer intellectuel transcendant, à cette causalité partielle, mêlée de passivité et de dépendance, le support d'une activité absolue; et qu'ainsi l'existence d'un être qui se suffise et qui suffise à tout le reste est l'aboutissement nécessaire de la plus légitime des inductions.

Donc *l'hypothèse selon laquelle Dieu est* devient notre base *réelle;* c'est d'après cette donnée que nous avons à philosopher. Et nous resterons rigoureusement philosophes en traitant de la nature et de l'action de Dieu.

Est-ce à dire, Messieurs, que nous n'emprunterons rien aux théologiens? Dieu me garde de prendre un tel engagement! Les théologiens ont été pendant longtemps les seuls philosophes. De Charlemagne à la renaissance, la philosophie n'a pas eu d'autre asile que les écoles de théologie. Et comme les données rationnelles sur Dieu sont le *substratum* nécessaire du dogme révélé, il n'est pas un théologien qui n'ait touché, remué, approfondi même, les problèmes philosophiques relatifs au premier être. Sans confondre les deux ordres de vérité, sans mêler la foi à la raison, ils ont reçu cependant des principes révélés un secours précieux dans leurs investigations métaphysiques, et cela de deux manières.

D'abord les conclusions de la théodicée sont tout ensemble objet de certitude rationnelle et objet de foi. Le théologien qui raisonne a donc deux appuis au lieu d'un; il ressemble à un nageur qui serait attaché à un bateau : il nage avec plus d'assurance, parce qu'il sait qu'au besoin il serait soutenu si ses forces le trahissaient. Or rappelez-vous ce que nous avons dit du procédé analytique : il vaut ce que vaut le point de départ. Si la donnée originelle, l'existence de l'être transcendant, vient à s'obscurcir dans l'esprit du philosophe, tout devient problématique dans la suite de ses raisonnements. Il ne sait plus s'il opère sur des abstractions ou sur des réalités. Qui ne voit l'affermissement que lui procure cette adhésion concrète de l'âme à la vérité qui s'appelle la foi, lorsque l'objet de la foi se trouve être le même que celui de l'induction rationnelle?

Voilà un premier service que la théologie rend à la théodicée. Tout à l'heure, en traçant notre programme, je vous en ai laissé entrevoir un autre. La révélation va plus loin que la raison dans l'étude de la nature de Dieu. Elle nous dit le secret de la vie divine, elle nous dit aussi le secret de ses desseins sur l'humanité. Or ces dogmes, surajoutés aux conclusions philosophiques, les développent dans le sens de la vérité. Si la conclusion rationnelle est mal déduite, le supplément révélé ne s'y adapte pas. On a reproché aux théologiens de faire de la philosophie une servante. Je vous ai expliqué, l'année dernière, dans quel sens honorable ce dicton doit être entendu. Si nous adoptons cette figure, nous devrons dire que la théologie est une maîtresse exigeante qui ne souffre point de défauts dans sa servante : quand la théologie est mécontente, c'est que la philosophie a fait quelque péché.

L'histoire de la scolastique nous en fournit de nombreuses preuves. Que de fois, au milieu de ces problèmes ardus où la raison se débat, les docteurs catholiques, qui ne sont pas nécessairement de plus profonds métaphysiciens que les autres, auraient pu faire fausse route! Et pourtant la philosophie chrétienne est restée dans le droit chemin ; elle a donné aux solutions qui lui appartiennent une fixité inconnue jusque-là. Pourquoi? C'est que l'orthodoxie l'a mise en garde contre les écueils. Si, au IXe siècle, la philosophie n'a pas pris avec Scot Érigène l'embranchement du panthéisme, c'est parce que l'hérésie philosophique, malaisée à reconnaître pour des esprits à demi incultes, était doublée d'une hérésie théologique facile à discerner pour les gardiens de la tradition. Si avec Abélard elle n'a pas ébranlé l'objectivité de la connaissance humaine et anticipé de plus de six siècles sur les périlleuses doctrines de Kant et de sa postérité scientifique, c'est qu'Abélard a fait du conceptualisme une application hérétique au dogme de la Trinité. Si plus tard avec Calvin, Baius, Jansénius, la philosophie chrétienne n'a pas cédé à la fascination du déterminisme, c'est que l'erreur de ces sectaires touchant le libre arbitre intéressait les dogmes de la grâce, du mérite et de la prédestination.

Voilà comment les exigences de l'orthodoxie sauvent la philosophie de l'erreur. Il y a plus : les nouvelles données dont la révélation enrichit nos connaissances nous aident à nous mieux rendre compte de ce que notre raison suffit à découvrir. Ainsi l'induction rationnelle qui nous fait affirmer Dieu nous conduit jusqu'à la notion d'un principe tout en acte, qui trouve en soi sa raison d'être et qui ne reçoit de la création, dont il est l'auteur, aucun accroissement de perfection. Mais si nous concluons que cela doit être, nous avons beaucoup de peine à concevoir comment cela peut être. Le dogme de la Trinité survient : il nous fait entrevoir, comme dit saint Paul, l'*intérieur de Dieu*. La théologie nous apprend que cette distinction des trois personnes ne les oppose entre elles que par leurs relations d'origine, nullement par leur nature et leur action au dehors. On conçoit mieux dès lors la suffisance intérieure de Dieu et la contingence du monde. Puisque la Trinité constitue la vie propre de Dieu, on s'explique davantage que l'être de Dieu, avant la création, soit déjà tout en acte et ne contienne rien de potentiel. Puisque toute action extérieure est une œuvre commune aux trois personnes, une œuvre de l'unité divine, on a moins de peine à comprendre que la création n'intéresse pas la vie divine et que le monde ne soit pas un développement de Dieu.

Nous aurons occasion, Messieurs, de revenir sur ces rapprochements; qu'il me suffise aujourd'hui de vous les avoir signalés comme une des ressources que nous comptons employer pour étendre, autant qu'il se pourra, la région lumineuse aux dépens de la région obscure; car c'est là, si je ne me trompe, le rôle véritable du philosophe. Pourvu que nous évitions soigneusement cette pétition de principes qui consisterait à étayer une vérité rationnelle d'une affirmation révélée, laquelle a besoin, à son tour, de cette vérité; pourvu que nous ne disions pas, par exemple : Dieu est parfait parce que l'Écriture nous l'enseigne; et il faut en croire l'Écriture parce que c'est un Dieu parfait qui l'a dictée; — pourvu que nous ne demandions au dogme et à la théologie que des confirmations, des éclaircissements, des vérifications parallèles, jamais des démonstrations et des preuves, nous resterons dans notre rôle de philosophes, mais nous bénéficierons en même temps de notre qualité de philosophes chrétiens.

Cette qualité, Messieurs, vous en êtes jaloux comme moi. Vous ne voudrez pas vous en prévaloir comme d'un mérite, puisqu'elle est un don; mais vous saurez vous en honorer comme d'un privilège. Hélas! qui dira ce que la perte de cette qualité précieuse a coûté au génie de nos contemporains? Nous voyons des esprits élevés, généreux, puissants, errer dans les ténèbres, osciller entre des excès qui leur répugnent et des vérités qui leur font peur, trouver mauvais qu'on ébranle la morale au nom de l'égoïsme du cœur, et ne pas voir qu'eux-mêmes l'ont ébranlée les premiers au nom de cet égoïsme de l'esprit qui s'appelle le subjectivisme. Faut-il prononcer des noms? Pourquoi pas, si nous le faisons avec charité, je dirai plus, avec respect? Nous voyons un homme de la taille de Littré longtemps prisonnier du positivisme; et lorsque son grand cœur l'a déjà presque affranchi, lorsque toutes les aspirations de son âme l'ont porté jusqu'au seuil de la vérité révélée; lorsque par le côté moral, par l'amour du bien, par un besoin de vertus intérieures qui ne sont guère connues en dehors du christianisme, par l'humilité et le repentir allant jusqu'aux larmes, il a déjà franchi les barrières qui le séparaient de nous, savez-vous, Messieurs, ce qui l'arrête encore? Savez-vous ce qui l'empêche si longtemps d'ajouter à son baptême de désir le baptême sacramentel réservé comme une grâce suprême à sa dernière heure? C'est la difficulté de croire à la personnalité divine. « Vous pleurez? lui dit un jour un confident de son âme. — Oui, répondit-il, je pleure, parce que j'ai péché et que je ne sais pas à qui demander pardon! » Et ce qui arrêtait Littré au déclin de sa vie, dans son ascension vers la vérité, est encore ce qui arrête aujourd'hui des hommes dignes comme lui d'arriver à la pleine lumière. Plus d'une fois, l'année dernière, j'ai eu à combattre devant vous M. Vacherot. Est-ce que ces dissentiments philosophiques peuvent me faire méconnaître la portée de ce grand esprit, ou me faire oublier la hauteur de raison et d'équité avec laquelle ce penseur vraiment libre rend hommage au dévouement chrétien et condamne le fanatisme étroit des libres penseurs? Non, Messieurs, je ne veux rien oublier de tout cela. Mais je constate avec tristesse que, pour un homme de cette valeur, la pierre d'achoppement est encore l'idée de création, l'idée d'une distinction réelle entre Dieu et le monde.

Quand le christianisme est venu éclairer l'humanité, cette idée du Dieu transcendant, pour la première fois dégagée avec netteté et avec assurance, a mis fin aux tâtonnements de la raison en quête d'une explication suprême des choses. Aujourd'hui on éteint cette clarté, et on recommence à tâtonner comme autrefois, sans presque rajeunir les vieilles erreurs, sans changer autre chose que les mots, sans y ajouter autre chose que des applications empruntées aux sciences physiques, applications qui d'ailleurs s'adaptent aussi bien à la donnée théiste. Et l'on appelle cela le progrès!

Le progrès, Messieurs, il consiste à découvrir ce qu'on ignore sans oublier ce qu'on sait. Le problème de l'origine des choses est résolu : la solution théiste n'est pas exempte d'obscurités, mais elle est la vraie. Il faut tenir ferme ce bout de la chaîne, comme dit Bossuet, et étendre l'autre aussi loin que nous pourrons. Sans abandonner la vérité connue, marchons, je le veux bien, à la conquête de la vérité cachée. Laissons-nous défier au tournoi de la science; devenons même, s'il se peut, les provocateurs. Les universités libres sont faites pour cela. Mais gardons notre certitude acquise. C'est par là que nous serons des philosophes chrétiens.

« Vous avez donc étudié beaucoup de choses? demandaient les philosophes d'Alexandrie à la vierge martyre que nous honorons aujourd'hui. — Oui, répondit Catherine, la géométrie, la philosophie, mais par-dessus tout Jésus-Christ. » Qu'elle nous serve de devise, Messieurs, cette parole de l'aimable sainte, dont nos pères avaient fait la patronne des écoles de philosophie, et dont notre naissante université empruntait, il y a six ans, l'image au vieux sceau de l'Université de Paris pour placer, sous son invocation, notre enseignement littéraire [1]. Étudions hardiment et vigoureusement toutes choses; mais par-dessus tout Jésus-Christ ! Et parce qu'une philosophie ferme et sûre d'elle-même est le préliminaire obligé de la foi dans les intelligences cultivées que sollicitent en sens divers les changeantes opinions des hommes, allons demander à la philosophie chrétienne le secret de la certitude, comme nous demandons à la morale chrétienne et à la grâce rédemptrice le secret du courage, de l'honneur et de la vertu.

[1] Dans le sceau de l'Université catholique (aujourd'hui Institut catholique) de Paris, sainte Catherine figure comme patronne de la Faculté des lettres; dans le sceau de l'Université de Paris au XIIIe siècle, dont le nôtre est une reproduction modifiée, la même sainte figure comme patronne de la Faculté des arts.

TROISIÈME ANNÉE DU COURS
1882

L'ANTHROPOLOGIE DES ÉCOLES CATHOLIQUES

Messieurs,

Dans un cours de philosophie, comme dans toute entreprise humaine, la fin qu'on se propose doit déterminer la méthode à suivre. Si nous avions en vue de parcourir, avec les mêmes compagnons de voyage, toutes les parties de cette haute synthèse où les sciences diverses viennent se réunir et se fondre, il serait souverainement important de prendre pour point de départ les régions les plus faciles à explorer. Inutile d'ajouter que, dans ce cas, nous n'aurions pas dû commencer notre enseignement par la théodicée. Le monde et l'homme nous auraient offert des horizons plus prochains, plus aisés à mesurer du regard; puis les connaissances acquises, les principes vérifiés dans cette première étude nous auraient permis de nous élever avec plus de sûreté jusqu'à la cause première.

Mais notre situation, par suite aussi notre prétention, est toute différente. Réduit par la nécessité que nous imposent d'autres devoirs, aux proportions étroites d'une leçon hebdomadaire, notre enseignement ne peut parcourir que lentement, à travers les années, la vaste carrière d'un programme philosophique. Dès lors, l'auditoire qui nous soutient de sa bienveillance ne demeurant pas identique à lui-même, l'ordre logique des questions ne conserve son importance que dans les limites d'une année d'études. Au delà, nous ne pouvons nous flatter d'achever devant les mêmes personnes un raisonnement commencé.

Dans ces conditions, notre ambition se borne à présenter chaque année un chapitre de ce que nous avons appelé, dès le premier jour, la philosophie chrétienne. Nous supposons notre auditoire initié par des études plus ou moins récentes à cet ensemble de connaissances réfléchies qui constitue la philosophie, mêlé ensuite au mouvement des idées contemporaines, déconcerté parfois par le conflit des opinions contraires, par l'audace étrange des négations, par les transformations inattendues des systèmes. L'auditeur que j'ai en vue, aura reçu, par exemple, sa première initiation philosophique dans un milieu où régnait le spiritualisme sincère, mais un peu superficiel, de l'école éclectique. Depuis, il a respiré l'air du siècle, tout en gardant ses croyances. L'esprit scientifique, si bien caractérisé par M. Taine dans son étude des causes de la Révolution, a remplacé peu à peu chez lui ce que le même auteur appelle l'esprit classique. Quand le chrétien dont je parle, hanté à certaines heures par le mauvais génie du doute, a voulu faire appel à sa philosophie de collège, il n'a plus retrouvé en elle la force et la solidité qu'il lui avait attribuées jadis. L'analyse sèche et abstraite de Descartes, les fines observations de Reid ou les brillantes généralités de M. Cousin, ne suffisaient plus à ces besoins nouveaux que le commerce des sciences positives et les mœurs d'une société toute pénétrée de leur méthode avaient créés dans son intelligence. Alors il s'est demandé si la philosophie est quelque chose, si elle peut secourir l'esprit humain dans ses défaillances, si l'accord entre les vérités morales qui sont la vie de l'âme et les vérités scientifiques qui assurent le bien-être physique, peut réellement s'accomplir dans le domaine rationnel; si la science et la conscience ont une commune mesure, et si le sage n'est pas désormais placé entre ces deux partis extrêmes : ou le spiritualisme mystique qui cherche Dieu, les yeux fermés; ou le matérialisme savant qui cherche la jouissance, les yeux ouverts.

C'est à ce moment de son histoire intime que nous rencontrons notre auditeur. Nous voulons lui offrir ce qui a manqué, croyons-nous, à sa première formation intellectuelle : les données d'une philosophie chrétienne. Nous sommes persuadés que l'antinomie qu'il croit apercevoir entre la vérité religieuse et la vérité scientifique tient au divorce opéré il y a deux cents ans entre la philosophie et la tradition. Douze siècles chrétiens avaient travaillé à faire l'accord; deux siècles de pensée aventureuse ont si bien réussi à consommer la séparation que, en dehors des écoles théologiques, le souvenir même de la philosophie élaborée par l'Église a péri. On nomme encore avec éloge les grands génies qui ont construit ce monument; mais le monument lui-même est ignoré.

Ce qu'il y a de plus étonnant, c'est que cette œuvre de destruction a été faite par des mains chrétiennes. Descartes, Malebranche, dans une certaine mesure Fénelon même et Bossuet, ont déshérité l'esprit humain sous prétexte de l'affranchir, et la discipline nouvelle qu'ils lui ont imposée devait un jour, contre toutes les prévisions et les intentions de ces grands hommes, le livrer sans défense à l'idéalisme allemand, qui l'isole de toute réalité, puis au positivisme anglais ou français, qui le dépouille de tout idéal.

Comme il arrive toujours lorsque l'humanité fait fausse route, l'Église, par la voix de son chef, a jeté le cri d'alarme. Dans l'ordre politique, Pie IX avait vu les sociétés chancelantes sur les bases nouvelles qu'elles s'étaient données; il leur a dit : Vous chercherez en vain la solidité en dehors des principes de la morale chrétienne, dont le dogme est le nécessaire appui, dont l'Église est la fidèle gardienne. Dans l'ordre scientifique, Léon XIII a vu les esprits déconcertés par les conséquences logiques de certaines négations ou omissions réputées longtemps inoffensives, et il leur a dit : Vous chercherez en vain le repos de la raison et le support de la foi en dehors des principes de cette philosophie tout ensemble traditionnelle et rationnelle dont saint Thomas d'Aquin est l'incomparable interprète.

Avant même que cette grande voix eût retenti dans le monde, l'étude, la réflexion et l'expérience nous avaient convaincu que le remède aux maux intellectuels de notre temps devait être cherché surtout dans un retour à la tradition philosophique des siècles chrétiens, non pas sous la forme d'une imitation servile, mais sous la forme d'un renouvellement de la scolastique, adaptée à l'état actuel des connaissances positives qui sont la précieuse et légitime conquête des temps modernes. Aussi, lorsque les circonstances nous ont appelé à inaugurer notre modeste enseignement philosophique presque aussitôt après l'apparition de l'Encyclique *Æterni Patris*, au bonheur d'obéir s'est ajoutée pour nous la satisfaction de nous sentir affermi dans une conviction déjà ancienne par cette autorité qui non seulement règle la foi, mais, aux heures difficiles, sait encore rassurer la raison et l'empêcher de douter d'elle-même.

Dans ces conjonctures notre rôle est tout tracé : il consiste surtout à exposer les principes de la philosophie chrétienne. Voilà pourquoi nous ne sommes pas obligés de nous tenir à l'ordre logique des investigations rationnelles. L'ordre d'excellence des objets, l'ordre d'utilité pratique des questions, doivent nous préoccuper avant tout le reste.

Cela étant admis, nul ne pourra s'étonner que nous ayons donné le premier rang à la théodicée. Ce qui distingue la philosophie chrétienne, c'est d'abord la place qu'elle fait au premier être dans ses recherches. Celui que les positivistes déclarent *inconnaissable,* les idéalistes *irréalisable,* les panthéistes *inséparable de l'univers,* notre philosophie prétend l'atteindre, et cela par des procédés d'induction assez sûrs pour faire de la connaissance de Dieu un chapitre important et principal de sa synthèse. Nous avons consacré deux années à cette étude, la première à la démonstration de l'existence d'un Dieu personnel, la seconde à la détermination de sa nature et de son action.

Et maintenant, au-dessous de Dieu, quel est l'objet qui vient au premier rang dans l'ordre d'excellence, au premier rang aussi dans l'ordre des recherches utiles? C'est évidemment l'homme. Car ces êtres supérieurs, placés plus près de Dieu par la dignité de leur nature et dont la Révélation nous enseigne l'existence, échappent aux découvertes de la raison.

Sans donc nous demander si l'ordonnance logique d'un système complet de philosophie permet de commencer par Dieu et de continuer par l'homme en laissant de côté plus d'un traité préliminaire, nous nous croyons autorisé à suivre cette marche et nous vous proposons, Messieurs, d'aborder, cette année, l'étude de l'anthropologie d'après les principes de la philosophie chrétienne, en les contrôlant, selon notre pouvoir, par les conquêtes certaines de la science.

Ce serait une erreur de croire que l'étude de l'homme ait été la première en date parmi les recherches de l'esprit humain. Nous avons déjà eu l'occasion de faire remarquer [1] que le mouvement primitif de la connaissance est vers l'extériorité, et que la conscience du moi ne s'éveille qu'au contact de l'objet, qui se révèle comme un obstacle, comme une limite à cette naturelle expansion de l'activité spontanée. Ce qui est vrai de l'individu considéré dans son développement intellectuel, est vrai de l'humanité, si l'on observe la marche générale de sa pensée à travers l'histoire de la philosophie. L'Inde et l'Égypte ne nous offrent pas un champ d'études favorable à la solution de ce problème de psychologie collective; car nous ne savons rien des premiers essais de ces aînés de la civilisation, dont les monuments, à mesure qu'ils se laissent lire, nous montrent, à des hauteurs d'antiquité qu'on ne soupçonnait pas, un état de culture déjà vieux et parfait dans son genre. La religion y apparaît étroitement unie à la métaphysique; mais ce n'est pas chez ces peuples un signe de jeunesse et d'inexpérience, car cette alliance se maintient indissoluble à travers le long développement de leur histoire. Si donc la nature et la destinée de l'homme tiennent une place importante dans la sagesse de l'antique Orient et de l'Égypte, on n'en peut pas conclure que l'étude de ce grand sujet appartienne naturellement aux premières investigations de la pensée.

C'est le contraire que nous constatons là où, pour la première fois, il nous est donné d'assister aux tâtonnements d'une philosophie naissante. L'Asie-Mineure et la Grande-Grèce, ces deux berceaux de la sagesse hellénique, nous montrent l'esprit humain parcourant deux stades successifs de la pensée sans faire à la nature de

---

[1] V. première leçon, p. 5.

l'homme l'honneur d'une étude à part. Les Ioniens, partant de l'observation sensible, cherchent, par une généralisation prématurée, à déterminer le principe substantiel de toutes choses. Les Éléates, dédaignant les faits, demandent à une métaphysique audacieuse et mal informée le secret de l'unité idéale des êtres. Seul, parmi eux, Pythagore inaugure par la morale une certaine psychologie ; mais la théorie de la transmigration des âmes, étroitement mêlée à son éthique, semble accuser une importation orientale et nous autoriser à distinguer dans ce chef d'école deux hommes : le philosophe, qui spécule sur les nombres et ne s'occupe pas de la nature humaine ; l'ascète, qui sert d'écho aux traditions de l'Égypte sur l'âme, le corps et leurs destinées, mais qui en cela n'est pas proprement philosophe.

Il faut descendre jusqu'à Socrate pour voir la philosophie prendre en souci les affaires humaines. Ce fut la prétention avouée et l'entreprise salutaire du maître athénien d'amener ses disciples à s'occuper d'eux-mêmes : Γνῶθι σεαυτόν, et à fonder la sagesse sur la vertu. Bien que le procédé de Socrate fût plus spontané que méthodique, on ne peut cependant lui refuser une place d'honneur parmi les fondateurs de l'anthropologie, à moins de dire que la spiritualité de l'âme et son immortalité n'appartiennent pas à la science de l'homme.

Platon continue l'œuvre et la perfectionne en s'occupant, non plus seulement de la nature de l'âme et de sa destinée, mais de ses facultés et de ses opérations. Pour vague et chimérique que nous apparaisse aujourd'hui, en dépit des beautés et des vérités dont elle rayonne, sa doctrine sur les idées, on ne peut refuser d'y reconnaître une *théorie de l'intelligence*, c'est-à-dire un chapitre important de la psychologie.

Mais, pour trouver la véritable anthropologie, il faut

attendre que les efforts accumulés des siècles et la rencontre merveilleuse, dans un seul homme, des facultés les plus puissantes et des circonstances extérieures les plus favorables, aient préparé au monde un Aristote.

L'homme, en effet, est l'abrégé de l'univers. Pour entreprendre la description de son être physique, pour distinguer et classer les actes propres à son être intellectuel et moral, surtout pour pénétrer le secret de cette union mystérieuse qui relie et hiérarchise entre elles les vies diverses qu'il résume en lui-même, il faut allier la richesse des connaissances à la vigueur de la raison, il faut être un savant et un penseur. Aristote le premier réunit ces deux gloires, et sa philosophie de l'humanité marque, sans contredit, l'apogée de la science anthropologique dans l'antiquité.

Laissons les disciples d'Aristote amoindrir par leurs subtilités la doctrine du maître; laissons l'école du Portique, celle d'Épicure, la nouvelle académie, enfin le néoplatonisme alexandrin ou s'absorber dans la morale, ou n'en sortir que pour favoriser une métaphysique sans relations avec la réalité. La philosophie de l'humanité n'a plus rien à recevoir de la sagesse païenne. Pour remonter la pente de sa décadence, pour renouer le fil de sa tradition scientifique et s'acheminer à de nouveaux progrès, l'anthropologie a besoin du christianisme.

Qu'est-ce en effet que le christianisme? C'est la religion de l'Homme-Dieu. Pour établir, pour développer le dogme chrétien, pour le défendre contre les altérations de l'hérésie, il ne suffira pas de mettre en sûreté une saine conception de la divinité, il faudra protéger encore et préciser plus que jamais la vraie notion de l'humanité. La série des définitions dogmatiques, qui suit le mouvement des erreurs, promène successivement le flambeau de la vérité révélée dans les profondeurs des deux natures du Christ. Nicée et Constantinople rendent témoignage à la consubstantialité du Verbe, à la divinité du Saint-Esprit; Éphèse maintient dans le Christ l'unité de la personne; Chalcédoine, la distinction des natures, distinction que devait confirmer et mettre en pleine lumière la condamnation ultérieure du monothélisme.

A côté de ces jugements dogmatiques, qui sont l'élément formel de la tradition, voici les documents qui en contiennent comme la matière : ce sont les écrits des Pères et des docteurs. Leur témoignage prépare et éclaire les définitions de l'Église enseignante; leurs commentaires les expliquent, les développent, les coordonnent et dessinent peu à peu les grandes lignes de cet édifice scientifique qui s'appellera la théologie. Un mouvement intellectuel d'une prodigieuse intensité naît et s'entretient autour de ces mystères chrétiens qui semblaient faits pour accabler la raison, et qui, loin de là, ne cessent de la provoquer à des spéculations plus hautes, à des analyses plus profondes, à de plus larges synthèses.

C'est donc dans les monuments innombrables de la littérature patristique qu'il faut chercher tout d'abord les éléments de l'anthropologie chrétienne. Nous n'avons pas la prétention chimérique de résumer ici l'enseignement épars dans la triple patrologie latine, grecque et syriaque, touchant la nature de l'homme, son origine et sa fin. Contentons-nous de signaler un fait bien digne de remarque.

Rien de moins homogène que la préparation philosophique qu'apportaient à leurs recherches théologiques les différents témoins de la tradition des premiers siècles. Platon, Aristote, Zénon, l'éclectisme alexandrin, se partageaient leurs préférences. Plusieurs d'entre eux, comme saint Justin au IIe siècle, Origène au IIIe, saint Basile, saint Grégoire de Nazianze au IVe, saint Augustin quelques années plus tard, avaient fréquenté dans leur jeunesse les écoles des rhéteurs et des philosophes païens ou profanes, et l'on sait si l'unité régnait dans ces milieux scientifiques et littéraires. La diversité des opinions et des systèmes qui s'y produisaient a certainement laissé son empreinte sur l'esprit des écrivains ecclésiastiques lorsque, chacun à sa manière, ceux-ci ont entrepris la synthèse des dogmes. Et c'est là ce qui rend plus surprenant encore l'accord inattendu que nous remarquons entre eux sur le fond de la doctrine en ce qui concerne la nature humaine. Tous les Pères sont spiritualistes, cela va sans dire; c'est-à-dire qu'ils reconnaissent dans l'homme deux éléments, dont l'un est de nature immatérielle, d'essence rationnelle, de destinée immortelle. Le dogme imposait cette psychologie, et si l'on se rappelle que Platon n'y est arrivé que par voie conjecturale et que c'est encore une question si Aristote y est parvenu, on trouvera sans doute que la théologie n'a pas fait de tort ici à cette subordonnée qu'on lui reproche d'humilier. Mais ce n'est pas tout. Après avoir mis en sûreté la spiritualité de l'âme par le dualisme de la nature humaine, les Pères ne sont pas moins unanimes à garantir l'*unité* de cette même nature par l'union substantielle de l'âme et du corps. Ici tous se rapprochent d'Aristote; mais il s'en faut que tous obéissent, en le faisant, à une préférence d'école. Beaucoup d'entre eux, s'ils ne voulaient que philosopher, inclineraient vers Platon. Mais, si l'on écoute Platon sur les rapports de l'âme et du corps, on est entraîné bien loin de la vérité chrétienne; l'union disparaît, il n'y a plus que relation de maître à serviteur; encore cette relation est-elle plutôt accidentelle que naturelle; même en commandant au corps l'âme déroge, et cette déchéance est sans doute le châtiment de quelque faute commise dans une existence antérieure; existence que semble attester la puissance rationnelle de l'homme réduite par Platon à une simple réminiscence.

Tout cela est incompatible avec l'orthodoxie ; aussi, le sens chrétien suppléant chez les Pères de l'Église au défaut d'harmonie scientifique, ils désertent la voie platonicienne, où seul Origène persiste à s'aventurer ; mais le sort réservé à ses théories suffirait, au besoin, à instruire les autres. Les controverses monophysites obligent tous les témoins de la tradition dogmatique à tenir ferme pour l'intégrité de la nature humaine, et tous sont d'accord pour faire consister cette intégrité dans l'union substantielle de l'âme raisonnable et du corps vivifié par elle. Le symbole dit de saint Athanase formule en termes familiers et clairs la doctrine universelle sur ce point : *Sicut anima rationalis et caro unus est homo, ita Deus et homo unus est Christus.*

Le VIe siècle ferme, avec le sixième concile, la période proprement patrologique, celle qui appartient tout entière à la détermination du dogme par l'accumulation des témoignages servant d'organe à la tradition apostolique ; avant d'arriver à l'époque scolastique, il faut traverser une période intermédiaire d'inégale longueur et d'aspect fort différent suivant qu'on la considère en Orient ou en Occident. L'Église d'Orient, protégée contre la barbarie par la prolongation du Bas-Empire, ne connaîtra pas alors, comme l'Occident, les jours de sombre ignorance ; mais l'œuvre de la décadence aggravée par le schisme lui enlèvera tout espoir de régénération et de renouvellement scientifique et moral. La science sacrée suivra en Orient une marche descendante. Au VIIIe siècle, elle jette encore un vif éclat, surtout dans les écrits de saint Jean Damascène, le premier des scolastiques, l'initiateur du péripatétisme chrétien. Au IXe siècle, l'homme en qui s'incarne le schisme grec est moins un philosophe qu'un savant et un critique. Après Photius, l'esprit hellénique achève de se perdre dans les subtilités stériles ou dans les curiosités érudites.

En Occident, la science chrétienne suit une marche contraire. Les barbares ont amené avec eux l'ignorance, et il faudra de longs siècles pour soumettre à une nouvelle culture la société qui se forme de tant d'éléments divers. La tentative de Charlemagne ne réussit guère à élever les esprits au-dessus de la grammaire; le savoir au berceau se traîne dans cette ornière à travers deux siècles d'obscurité et de violences, et il faut descendre jusqu'au xie siècle pour voir apparaître la philosophie renaissante. Nous ne faisons pas ici l'histoire de ce mouvement. Notons seulement en passant que cette fois, comme dans l'antiquité, l'anthropologie ne sollicite pas tout d'abord les recherches des penseurs. La philosophie fait sa rentrée sur la scène du monde latin par la question des universaux, question formulée au IIIe siècle par Porphyre dans son *Isagoge*, ou introduction aux œuvres d'Aristote. Boèce, en traduisant ce livre de Porphyre, avait commenté plutôt que résolu le problème. C'est ce passage de Boèce, véhicule insuffisant, mais alors véhicule unique de la tradition philosophique, qui servit de texte à ces discussions célèbres d'où est née la scolastique. Au IXe siècle, un archevêque de Mayence, précédemment fondateur de l'école de Fulda, Raban-Maur, avait déjà rencontré la question dans sa glose sur l'*Isagoge*, mais il l'avait traitée plutôt en grammairien qu'en philosophe. La fin du XIe siècle et le commencement du XIIe nous offrent un tout autre spectacle. La renaissance philosophique se place, dès son début, sous le patronage de noms immortels, Lanfranc et saint Anselme, Roscelin et Abélard, Guillaume de Champeaux et Hugues de Saint-Victor. Tandis que saint Anselme s'essaie du premier coup à résoudre, par un procédé direct, le problème transcendantal par excellence, celui de l'existence de Dieu, les autres s'attardent encore dans une querelle de logique, celle de l'objectivité des notions collectives. Ils dépensent dans ces controverses des trésors d'esprit, d'éloquence et de passion scientifique ; mais ils les dépensent en pure perte, parce que leur logique absolue ressemble à une algèbre où l'on raisonne sur des rapports sans s'inquiéter de la réalité des termes. Le soutien nécessaire d'une bonne logique, c'est une bonne psychologie ; la théorie de la certitude vaut ce que vaut la théorie de la connaissance. En reprenant et en perfectionnant les observations d'Aristote sur le rôle du sens et celui de l'intellect, en analysant avec une sagacité admirable le procédé de l'abstraction, les scolastiques du grand siècle ont résolu indirectement, mais d'une façon décisive, le problème des universaux si bruyamment, si vainement, si périlleusement agité par leurs devanciers.

Il faut donc reconnaître une fois de plus que la philosophie ne devient vraiment scientifique que quand elle aborde cette grande étude de l'homme dont la psychologie n'est qu'un chapitre.

L'honneur d'avoir ouvert la voie aux grands scolastiques nous paraît revenir à l'écrivain que nous avons nommé le dernier parmi les savants du XIe siècle, Hugues de Saint-Victor. Théologien et auteur mystique, il est en même temps philosophe, et sans s'interdire, autant qu'il le faudrait, de mêler à ses observations et à ses analyses les données empruntées à la Révélation, il distingue nettement les deux ordres de connaissance, donnant pour objet à la philosophie la *création* ou la nature, à la théologie la *restauration* ou la grâce.

Ce qui nous intéresse dans l'œuvre philosophique du prieur de Saint-Victor de Paris, c'est son anthropologie. Or c'est précisément sur ce point qu'il nous paraît le plus remarquable. Il consacre un traité spécial à la question de l'union de l'âme et du corps; et si la pénétrante analyse du psychologue avait été mieux servie par les connaissances du physiologiste, sa théorie se recommanderait à la plus sérieuse attention des philosophes. Il part de ce principe qu'entre deux natures aussi différentes que sont l'esprit et le corps, l'union substantielle serait impossible sans un intermédiaire. Ce moyen terme, il le cherche dans une opération partant du corps pour aboutir à l'esprit, empruntant au corps l'image qu'il a reçue lui-même des objets extérieurs et la soumettant aux transformations qui la rendront capable d'être d'abord reflétée dans l'imagination, puis enfin conçue par l'entendement.

L'imagination, faculté mixte, sorte de vestibule entre les sens et la raison lui paraît être le *medium* cherché pour la rencontre des deux natures : le corps s'élève jusque-là par ses opérations les plus hautes, l'esprit y descend par ses actes les plus humbles, et l'union est rendue possible.

Certes, ce n'est pas encore là la vraie science anthropologique; mais la voie est ouverte, l'attention est éveillée sur ce qui est le nœud du problème, et certains principes sont même posés qui contiennent la vérité en germe, notamment touchant le double rôle de l'âme, qui est à la fois le sujet de la vie intellectuelle et le principe informant de la vie végétative et sensitive.

Nous nous sommes arrêté un moment aux essais d'Hugues de Saint-Victor comme on s'arrête au seuil d'un temple pour recevoir une première impression de son aspect. Mais maintenant, franchissant les intermédiaires, c'est au centre même de l'édifice qu'il faut nous transporter pour mesurer du regard le monument élevé par la raison chrétienne à la science de l'homme.

Un nom résume toute cette science au XIIIe siècle, c'est

le nom de Thomas d'Aquin. Sans doute d'illustres devanciers ont préparé son œuvre; mais s'il est vrai qu'une œuvre ne vaut que par son unité, par le rapport de ses parties, il faut reconnaître que la philosophie chrétienne n'est pas proprement l'œuvre d'Alexandre de Halès, ni d'Albert le Grand, ni de saint Bonaventure, mais celle de l'Ange de l'école.

On n'attend pas de nous que nous fassions aujourd'hui l'analyse de ce vaste système; ce sera l'objet de nos travaux pendant toute la durée de ce cours. Notons seulement la place qu'y occupe l'anthropologie et caractérisons rapidement les progrès dont cette science est redevable à un tel maître.

L'étude de la nature humaine vient dans les œuvres de saint Thomas au premier rang d'importance après celle de la nature de Dieu. Le traité de l'homme, si l'on y ajoute celui de la béatitude et celui des passions, représente la septième partie de la Somme théologique et le quart à peu près de la Somme contre les gentils. Ajoutez-y des fragments considérables des commentaires sur le Maître des sentences et sur les œuvres d'Aristote et une grande partie des opuscules tels que les *quæstiones disputatæ* et les *quæstiones quodlibetales* : vous aurez une somme de recherches psychologiques, physiologiques et morales, qui eût suffi à défrayer l'activité intellectuelle d'une vie entière de philosophe.

Mais l'excellence des œuvres de l'esprit ne se mesure pas à l'étendue. Ce qui fait l'incomparable valeur de l'anthropologie thomistique, c'est la profondeur de son analyse et la puissance de sa synthèse.

L'analyse de saint Thomas emprunte beaucoup à celle d'Aristote : elle lui emprunte d'abord son principal instrument métaphysique, la distinction de la puissance et de l'acte; elle lui emprunte encore en grande partie sa classification des facultés sensitives, intellectuelles et appétitives. Mais, sur tous ces points, il s'en faut que l'Ange de l'école se réduise au rôle de disciple ou d'imitateur. Sans accorder aux platoniciens modernes que l'aristotélisme est une philosophie sensualiste, matérialiste même, que saint Thomas a corrigée par une série de retouches violentes pour la mettre d'accord avec le spiritualisme, il faut reconnaître que le philosophe chrétien n'a jamais abdiqué son indépendance ni renoncé à faire une œuvre personnelle. Un éminent métaphysicien, qui est en même temps un érudit de premier ordre, Mgr Talamo, a écrit un livre plein de science pour déterminer la part qui revient à l'aristotélisme dans la formation du système scolastique [1]. L'autonomie scientifique des penseurs du moyen âge et de saint Thomas en particulier y est établie avec évidence. Et de fait il suffit de comparer ses écrits à ceux du Stagyrite pour relever, à première vue, d'énormes différences. Pour les deux philosophes, l'âme est la forme du corps, l'acte dont le corps est la puissance. Mais où trouvera-t-on dans Aristote l'affirmation nette de cette vie supérieure qui est propre à l'âme et dont elle peut rester le sujet, même après sa séparation d'avec le corps? On peut dire, il est vrai, qu'ici la question a un côté théologique, et qu'un chrétien ne pouvait pas échapper à la nécessité de suppléer sur ce point, qui tient de si près au dogme, l'insuffisance du péripatétisme. Mais voici une analyse où l'orthodoxie n'a rien à voir. Il s'agit de décrire le mécanisme mystérieux de l'opération intellectuelle. Avec Aristote, saint Thomas place le point de départ dans la donnée sensible. Mais quand, en compagnie du Stagyrite, il l'a conduite jusqu'à cet instant décisif où l'intellect agent dégage l'idée,

---

[1] *L'Aristotelismo della Scolastica nella Storia della Filosofia,* par Mgr Talamo, préfet du séminaire romain.

il ne se contente pas d'affirmer le fait, il pousse plus loin l'investigation psychologique, il rend compte du procédé par lequel s'accomplit cette transformation de l'image en concept. Comment l'esprit humain peut-il trouver l'universel dans le singulier? Parce qu'il y est contenu. Le singulier réalise l'universel. Il est vrai qu'en même temps il l'emprisonne. Un fait est une idée recouverte de matière. Mais cette enveloppe du concret n'est impénétrable qu'au regard de la brute. L'être doué de raison voit au travers; il aperçoit dans l'objet réel les linéaments du type. Ce travail d'analyse, d'*abstraction*, pour l'appeler de son vrai nom, est actif, mais inconscient; il appartient à l'*intellect agent;* le *résultat* de ce travail, l'idée abstraite, est une vue consciente, mais passive; c'est l'objet de l'*intellect passible*. L'esprit *se fait* une idée, et cette création est spontanée; puis il la contemple, et cette contemplation est réfléchie. Ce n'est pas arbitrairement que je me fais mes idées; je tire l'universel, non d'un singulier qui ne le contiendrait pas, mais d'un singulier où l'être sans raison ne saurait pas l'y reconnaître; de même qu'un voyant perçoit sur une surface éclairée, non pas une image qui en serait absente, mais une image qu'un aveugle ne saurait pas y voir.

Ainsi se concilie la certitude objective de la pensée avec le caractère subjectif de la représentation : *universale percipitur in singulari*. Et la théorie de l'abstraction, inconnue des anciens, inconnue des réalistes et des nominalistes, mise en oubli par Descartes, imparfaitement retrouvée par les Écossais, travestie par Kant, enfin renouvelée par M. Taine, qui n'est pas éloigné de s'en croire l'inventeur, cette théorie, dans sa forme achevée, appartient en propre à saint Thomas d'Aquin.

Ce n'est pas tout. Quand l'intellect a dégagé par l'abstraction les idées universelles, il est capable de juger de leurs rapports. Mais, parmi ces rapports, il en est de primordiaux qui s'imposent à l'assentiment de l'esprit. Pour expliquer cette affinité naturelle de l'intelligence à l'égard des vérités premières, saint Thomas redevient presque platonicien. Il n'introduit pas une réminiscence hypothétique ou une prétendue vision de l'essence divine que la conscience dément, mais il n'admet pas davantage que la raison soit créatrice de la vérité; cette faculté suprême est, dit-il, dans l'entendement humain comme l'empreinte de la lumière divine : *Impressio divini luminis in nobis.* C'est par là que le génie de saint Thomas et celui de saint Augustin se rencontrent.

Ces deux exemples suffisent entre beaucoup d'autres pour attester l'originalité de l'analyse thomistique. Quant à la synthèse, elle a, j'en conviens, le défaut de toutes les synthèses, elle n'est pas définitive. Elle ne réunit que les éléments dont on pouvait disposer au moment où elle s'accomplissait. Une physique pauvre de faits et trop riche de faux principes, une chimie absente, voilà les bases scientifiques sur lesquelles on était alors réduit à construire, sous peine de ne rien édifier du tout. Dans ces conditions, ce qui est surprenant, c'est que l'anthropologie de saint Thomas contienne si peu d'erreurs. Tout ce qu'il a pu observer par lui-même est bien observé : sa biologie, sa physiologie, valent beaucoup mieux que sa physique. C'est que, pour la nature en général, il s'en rapporte aux dires d'Aristote, n'ayant rien à y substituer. Ce n'est pas sa faute si, depuis quinze siècles, l'humanité, sur ce terrain, n'a pas fait un pas en avant. Mais quand il s'agit de l'homme, saint Thomas y regarde par lui-même, et le voilà qui décrit, avec une exactitude relativement surprenante, ce que nous nommerions aujourd'hui les fonctions nutritives et les fonctions de relation.

Quoi qu'il en soit de la valeur des ressources qu'il a

trouvées toutes prêtes et de celles qu'il a créées, on ne peut contester l'usage grandiose qu'il en a fait pour synthétiser toutes les connaissances humaines. L'ontologie aristotélique lui fournit le cadre général de son système par cette grande théorie de l'acte et de la puissance, de la forme et de la matière, qui domine toute la philosophie du Lycée. Mais ce cadre n'est pas inflexible; il change de forme et d'étendue suivant les faits et les notions qu'on y renferme. Or saint Thomas n'est pas réduit aux informations et aux conceptions d'Aristote. Il sait sur Dieu, sa nature, ses relations avec le monde, la destinée de l'homme, ce que ce maître ignorait ou n'entrevoyait qu'à travers les nuages du doute. Quoi d'étonnant si la métaphysique péripatéticienne devient entre les mains du docteur chrétien un instrument d'une tout autre précision? L'échelle des êtres se développe sous son regard depuis la matière informe jusqu'à la forme sans matière, depuis la pure puissance jusqu'à l'acte pur. Le monde angélique, dont l'existence est un fait d'ordre révélé, fournit au philosophe, au moins à titre d'hypothèse, une idée précieuse, un type de créatures qui comble une lacune dans la série de l'être et dont la conception affermit et perfectionne le système général auquel elle se rattache.

L'homme occupe le centre de ce système dont Dieu est le sommet. Par sa double nature il confine aux deux mondes de la matière et de l'esprit. L'union substantielle de l'âme et du corps garantit l'unité de son être et le rend apte aux rôles multiples qu'il est appelé à jouer dans l'univers.

Telle est la synthèse de saint Thomas. Est-ce le dernier mot de la sagesse humaine? Non, Messieurs, mille fois non; car le mérite de cette synthèse est de représenter le plus puissant effort de réflexion que l'esprit humain ait pu faire sur les données acquises à cette époque. Si des faits bien constatés, des lois dûment déterminées nous obligent un jour, nous ou nos successeurs, à réformer sur certains points la métaphysique d'Aristote, que saint Thomas a déjà réformée sur plusieurs autres, nous le ferons en toute liberté. Je n'en citerai qu'un exemple. Au temps de saint Thomas, on croyait qu'un corps déterminé pouvait disparaître pour faire place à un autre sous l'empire d'influences mystérieuses et lointaines, comme, par exemple, l'influence des astres. A cette hypothèse gratuite, dont le crédit trop durable a fait toute la fortune et préparé tous les mécomptes de l'alchimie, la théorie aristotélique de la génération et de la corruption suffisait. Aujourd'hui l'expérience a démontré que la substitution d'un corps à un autre n'a jamais lieu entre corps simples [1], et qu'entre corps composés, ou de corps simples à corps composés, elle ne se fait qu'à la condition d'emprunter le *terminus ad quem* à des éléments qui le contenaient déjà et de restituer le *terminus a quo* à des éléments susceptibles de se l'unir. Est-ce une raison décisive d'abandonner le principe même de la métaphysique de l'école? Non; mais c'est une raison de l'interpréter, et déjà les thomistes les plus purs, dans leurs louables tentatives pour mettre leur ontologie d'accord avec la science, introduisent dans leur théorie de la transformation substantielle des perfectionnements inconnus des anciens parce qu'ils étaient alors inutiles. On nous parle des dispositions préalables qui inclinent certaines propriétés en puissance à s'offrir les premières pour passer à l'acte. Nous reconnaissons là les affinités chimiques. Que cette hypothèse soit conciliable

[1] C'est-à-dire qu'il n'existe aucun moyen de changer, par exemple : du fer en or, de l'oxygène en hydrogène; mais on peut décomposer un corps qui contenait du fer et de l'oxygène et y faire entrer, à la place de ce fer de l'or, à la place de cet oxygène de l'hydrogène, soit qu'on prenne ce nouveau composant à l'état de corps simple, soit qu'on l'obtienne par analyse.

avec la conception thomiste, je suis fort loin de le nier. Mais qui donc l'a fait naître, sinon l'existence des faits[1]?

Cette hypothèse elle-même, qui aujourd'hui encore satisfait aux exigences des chimistes, y satisfera-t-elle toujours? Je n'en sais rien. Les chimistes actuels conviennent qu'ils ne savent pas du tout si dans de l'eau il y a encore de l'oxygène et de l'hydrogène actuellement existant avec leur être propre. De quel droit, lorsqu'ils doutent, viendraient-ils quereller les thomistes qui croient avoir des raisons de se prononcer pour la négative? Mais je suppose que de nouvelles observations conduisent à la longue les savants à la conquête d'une théorie certaine, réduisant, par exemple, toutes les combinaisons chimiques à des variations de groupement et de vibrations moléculaires; que faudrait-il faire? Il faudrait changer dans la métaphysique ce qui ne s'accorderait plus avec la physique. Et le sacrifice ne serait peut-être pas aussi lourd qu'on le pense. La forme substantielle ne serait plus ce *je ne sais quoi* qui détermine le mode d'être et les propriétés d'un corps; elle serait, du moins dans l'ordre des non-vivants, quelque chose de connu et d'explicable, une loi de figure et de nombre, mais qui jouerait, à l'égard des atomes constitutifs de la molécule, le même rôle que la forme aristotélique à l'égard de la matière première. La molécule, fixée dans son entité spécifique par sa structure atomique, peut voir, sous l'action de la chaleur, par exemple, son groupement d'atomes détruit (c'est la *corruption* des scolastiques) et remplacé par un groupement nouveau, support de nouvelles propriétés (c'est la génération de forme substan-

---

[1] Le cardinal Zigliara, dans son beau livre *de Mente concilii Viennensis*, et le R. P. Cornoldi, dans son savant opuscule *la Sintesi chimica*, montrent dans saint Thomas les premiers linéaments de cette théorie; mais elle ne se précise et ne s'éclaircit que si on l'*interprète* par les données de la science récente.

tielle). Enfin les atomes, terme dernier de la décomposition possible, peuvent être considérés en eux-mêmes; ils nous apparaissent alors comme doués de propriétés qui semblent s'exclure : étendus et insécables, inertes et cependant animés d'une force spécifique qui caractérise le *poids atomique;* d'étoffe uniforme et de valences inégales. Pour résoudre ces antinomies dans l'élément ultime de la substance corporelle, les sciences physiques sont impuissantes; si l'on s'adresse à la métaphysique de l'école, elle jettera un certain jour sur ces obscurités, pourvu qu'on applique à l'atome l'hypothèse profonde de la dualité de principes, la matière fournissant l'étendue, l'inertie, l'étoffe commune, la forme maintenant l'unité et servant de sujet aux forces et aux valences qui spécifient les divers atomes [1].

Quant à l'être vivant, je ne crains pas qu'aucun progrès de la science lui enlève ce que chaque découverte biologique oblige plus étroitement le savant de lui attribuer : je veux dire un principe intime d'unité, d'accroissement, de fécondité, dont l'action précède et crée les organes mêmes qu'elle doit employer, obéissant en cela à un type idéal qui la domine et qui maintient la fixité de l'espèce. Or, ce principe, c'est la forme du vivant; et la métaphysique de l'école offre ici à la raison et à l'expérience le meilleur terrain de rencontre qui se puisse concevoir.

Messieurs, avais-je tort de réserver à cette synthèse thomistique le nom de philosophie chrétienne? Elle est chrétienne, oui; car elle a pour ancêtres les grands témoins de la tradition; car elle s'est affinée aux discus-

---

[1] Voir à ce sujet la remarquable étude de M. l'abbé de Broglie à la fin de son beau livre *le Positivisme et la Science expérimentale*, t. II, pp. 577-599. Pour lui, c'est l'atome qui a besoin d'être expliqué par le concours de deux principes, la matière lui fournissant la masse, la forme lui garantissant l'indivision.

sions dogmatiques; car elle offre à la doctrine révélée la base la plus solide, la plus large, la mieux adaptée; car elle lui emprunte à son tour, non des affirmations, ce qui serait un cercle vicieux, mais des indications qui suggèrent la recherche, des avertissements qui signalent l'écueil, des confirmations qui rassurent la raison.

Ainsi son alliance avec la foi ne coûte rien à sa dignité, rien à son indépendance, et lui assure les plus précieux avantages.

Elle est chrétienne, cette philosophie, et c'est à cela qu'elle doit le crédit dont elle a joui dans les siècles chrétiens. Jusqu'à la renaissance, son empire n'est pas contesté. Mais quand l'antiquité classique, rendue au jour, eut développé jusqu'à l'idolâtrie le culte de la forme, le divin Platon recommença d'enchanter les esprits et l'on sut mauvais gré à la scolastique de lui avoir préféré Aristote. La servilité d'ailleurs, injustement reprochée aux maîtres du xiiie siècle, avait envahi les écoles, et avec elle la vaine subtilité qui, dans les intelligences asservies, prend la place de la raison. En même temps la réforme de Luther provoquait dans les âmes une explosion d'indépendance, un esprit de révolte et d'aventure. Plus le dogme catholique trouvait d'appui dans la philosophie de l'école, plus les novateurs devaient s'acharner à discréditer les méthodes et les principes qui servaient si bien la cause de l'orthodoxie. Le monde érudit et lettré, livré presque tout entier à l'influence protestante, organisa contre la philosophie traditionnelle de l'Église la conspiration du mépris, et le succès de ce complot dépassa les espérances de ceux qui l'avaient médité. L'œuvre d'un siècle démolisseur sera continuée par un siècle conservateur. Le xviie siècle, qui sur le terrain des dogmes se montre si jaloux de la tradition, si favorable à l'autorité, n'a que du dédain pour les efforts tentés avant lui par la raison humaine. Et non content, comme avait fait le xvie, de jeter, au travers des principes universellement admis, des doutes frondeurs, il s'applique à remplacer ce qu'il rejette; il entreprend de reconstruire, sur des bases entièrement nouvelles, tout l'édifice de la connaissance.

Là est l'incroyable audace, là est le prodigieux succès; là est aussi, oserai-je le dire? l'étrange candeur de Descartes. Il a entrepris de retourner la pensée de son siècle, c'était plus hardi que sage. Il y a réussi, c'était beaucoup de bonheur. Cela fait, il s'est imaginé que la destruction opérée par lui ne serait pas recommencée par d'autres; c'était presque de la naïveté.

Puissant pour renverser, le prophète de la philosophie nouvelle a pu croire de son vivant qu'il était également fort pour rebâtir. Cent ans après lui, il ne restait rien de son édifice. Il avait voulu sceller l'alliance de la métaphysique et de la science, et voici que la science expérimentale se creuse un lit nouveau et se précipite dans une direction qu'il n'avait pas prévue. Le moule philosophique dans lequel il avait cru enfermer le savoir humain, éclate et se brise. C'est surtout dans l'ordre des sciences biologiques que le divorce apparaît inévitable : la matière, qui n'est qu'étendue et inertie; l'esprit, qui ne fait qu'habiter le corps et le mouvoir; l'animal, qui n'est qu'une machine, voilà bien les principaux articles du *Credo* cartésien. Mais quel savant désormais consentirait à les souscrire? *On ne peut plus être savant et cartésien;* et parce que malheureusement la domination du cartésianisme a été assez universelle pour qu'on en vînt à l'identifier avec le spiritualisme, entendez-vous d'ici la conclusion qui se formule d'elle-même dans l'esprit des hommes qui étudient de près la nature : *On ne peut plus être savant et spiritualiste ?*

Le matérialisme s'imposant au nom de la science, voilà donc où devait conduire ce spiritualisme, si fier, si dédaigneux du passé, si confiant dans ses propres forces. Si la philosophie chrétienne voulait une vengeance, la voilà. Mais la vérité a mieux à faire que de triompher du malheur où se précipitent ceux qui la méconnaissent : elle a à les sauver, et ce sera sa meilleure gloire.

Eh bien, oui, Messieurs, c'est mon espérance, c'est ma conviction même : la philosophie traditionnelle garde le secret de l'accord que Descartes n'a pas su faire entre la raison et l'expérience. La métaphysique élaborée par les plus grands génies de l'antiquité et du christianisme représente le patrimoine rationnel de l'humanité : d'avance, je déclare impossible que la science de l'avenir ait pour mission de répudier cet héritage. Il ne s'agit pas d'immobiliser l'esprit humain, ce qui serait insensé, mais de lui conserver ses richesses acquises. On ne renouvellerait pas impunément la dissipation accomplie par les enfants prodigues du XVIIe siècle. Sans doute la métaphysique a encore plus d'une leçon à recevoir de l'observation : est-ce que ce n'est pas le propre de cette science d'appliquer aux résultats de l'expérience l'effort de la réflexion ? Est-ce qu'elle s'est formée autrement à son origine et dans tout le cours de ses progrès ? Mais si nous accordons cela, et nous le faisons sans peine, nous demandons en retour qu'on reconnaisse tout ce que l'étude de la nature peut attendre d'une saine métaphysique. On ne réduit pas la raison au silence. Quand on lui interdit de philosopher, elle philosophe sous des noms supposés. J'en atteste le positivisme, qui a introduit une métaphysique nouvelle sous couleur d'exclure toute métaphysique. Donc ici, l'indifférence est impossible. A qui peut-il être indifférent que la doctrine spiritualiste, dont la cause est celle de la morale, celle des meilleures espérances de l'humanité, soit déclarée conciliable ou incompatible avec la science de l'univers ?

Or, Messieurs, j'espère vous démontrer, au cours de cet

enseignement, que les scrupules scientifiques qui arrêtent au seuil du spiritualisme les matérialistes de bonne foi, que les tentations intellectuelles qui troublent si profondément plus d'un croyant lorsque son esprit a reçu la discipline des sciences d'observation, surtout des sciences biologiques, que tout cela tient à une fausse manière d'entendre le spiritualisme lui-même. On lui impute des exigences qu'il n'a pas, des principes *à priori* qui ne sont pas les siens. Le rôle de l'âme dans l'être vivant, l'analogie et les différences qui rapprochent et séparent l'âme humaine et celle des animaux; dans l'homme surtout, le concours des sens et de l'intellect pour la formation des idées et le grand principe de l'union substantielle qui accorde aux physiologistes tout ce qu'ils peuvent réclamer, tout en conservant intacts les droits de l'esprit, voilà les données propres à l'anthropologie que j'ai appelé chrétienne et que nos pères, depuis deux siècles, nous avaient fait perdre de vue.

Savants sincères, avant d'excommunier la foi et la raison même au nom de la science; spiritualistes et croyants, avant de vous placer vous-mêmes, par une sorte de désespérance, en dehors de la vérité scientifique pour ne pas demander qu'à votre cœur la lumière de vos voies, je vous en prie, écoutez la science chrétienne, écoutez la philosophie chrétienne. Celle qui a les secrets de Dieu possède aussi le secret de l'homme. Qui n'a pas recueilli son témoignage n'a pas le droit de déclarer insoluble la grande énigme de l'humanité.

CINQ CONFÉRENCES

DONNÉES

A LA SALLE ALBERT-LE-GRAND, EN 1884

SUR

LA CONSTITUTION DE L'ÊTRE HUMAIN

PREMIÈRE CONFÉRENCE

IDÉALISME ET MATÉRIALISME

Messieurs,

Il est des questions toujours jeunes et des soucis qui ne vieillissent pas. L'esprit humain a beau avoir abordé cent fois certains problèmes, les avoir interrogés sous toutes leurs faces, s'être heurté continuellement aux mêmes obstacles : il ne se lasse pas de tenter de nouveau l'escalade. Et ce qu'il y a de plus étrange, c'est que de tant d'efforts successifs, si aucun n'atteint le plein succès, on peut dire aussi qu'aucun n'est stérile, le même travail nous apportant à la fois et la preuve de notre faiblesse et la récompense de notre courage.

Pour prendre ma part dans cet essai de conférences par où s'inaugure la nouvelle destinée de la salle Albert-le-Grand [1], j'ai cru, Messieurs, qu'il me serait permis de choisir une de ces questions vieilles comme le monde, qui se font pardonner leur antiquité et leur difficulté par

[1] Après l'expulsion des religieux en 1880, l'église des Pères Dominicains, au faubourg Saint-Honoré, fut, pendant quelque temps, transformée en salle de conférences sous le nom de salle Albert-le-Grand.

l'intérêt poignant qu'elles nous présentent. Si le passé du globe terrestre, éclairé de toutes les lumières de la science et raconté avec toutes les séductions de la parole, a pu vous charmer [1], le problème de l'âme humaine, où chacun sent engagées sa dignité présente et sa destinée future, saura bien, même à travers les défauts de l'exposition, obtenir votre bienveillante attention.

I

Le regard le plus superficiel jeté sur la nature humaine rencontre la difficulté dont nous allons chercher ensemble la solution. Cette difficulté se pose sous la forme d'une antinomie, d'une apparente contradiction entre les éléments qui concourent à former l'homme. D'une part, l'homme est double; d'autre part, il est un.

L'homme est double.

Si, pour s'observer lui-même, il se sert de ses sens extérieurs, il voit, il touche, il perçoit son corps. Tout d'abord cette perception ne se distingue pas de celles qui lui montrent les autres corps. Il ne semble pas que le petit enfant sache avec précision où finit son être propre, où commence ce qui n'est pas lui. Mais bientôt l'expérience lui fait saisir une différence frappante. Son corps lui obéit, les autres corps lui résistent; toute violence faite à son corps le fait souffrir, celles que l'on fait aux autres le laissent insensible. Ainsi naît la notion du *moi*, à l'occasion de *l'obstacle*.

Mais ce *moi* qui pense, qui réfléchit, qui compare, qui oppose mon corps aux autres corps, qu'est-il, et comment

[1] Conférence faite à la salle Albert-le-Grand, sur le *Passé du globe terrestre,* par M. Albert de Lapparent.

se fait-il connaître? Je ne le vois pas, je ne le touche pas, et pourtant je n'en puis douter. Ma pensée solitaire me le révèle et me fournit ainsi l'idée d'une seconde réalité intime à l'homme et distincte de son corps, invisible en elle-même et manifestement mêlée à tout le visible de la nature et de l'opération humaines.

Il y a donc deux éléments en nous, l'un qui tombe sous les sens, l'autre qui leur échappe. L'élément visible, je lui donnerai le même nom qu'aux réalités analogues, je l'appellerai *corps*. Quant à l'élément invisible, je lui réserverai ce nom traditionnel qui laisse subsister tout entier le problème de son essence, je l'appellerai *âme*.

Les systèmes viendront plus tard, qui essaieront de déterminer la nature du rapport entre les deux éléments; toujours est-il qu'une première inspection de la nature humaine nous l'a montrée double.

Mais elle est une aussi.

Comment ai-je constaté l'existence de l'élément invisible? Par la conscience du moi, de son empire sur mon corps et de sa solidarité avec les impressions de mon corps. Je ne le conçois donc comme distinct du corps qu'en constatant qu'il est lié au corps et que le corps lui est uni; qu'il y a une dépendance réciproque et une communauté de vie qui fait que j'attribue au même sujet, c'est-à-dire à *moi*, les actes, les états, les événements (comme on dit aujourd'hui) de l'âme et du corps. Il y a donc en moi un centre d'unité auquel viennent aboutir les impressions multiples reçues du dehors et d'où partent les motions qui retentissent au dehors. Je vois un tableau, des couleurs variées impressionnent ma vue, mais elles ne se partagent pas entre plusieurs voyants; il n'y a pas en moi un sujet voyant le bleu, un voyant le rouge, etc., il n'y a qu'un voyant. Il y a donc un centre d'unité où aboutit la diversité des sensations. Je délibère en moi-même; plusieurs partis m'ont été suggérés, je les compare; il n'y a pas en moi un sujet pensant qui considère la solution positive, un autre qui envisage la solution négative, un troisième la solution moyenne; il n'y a qu'un seul pensant qui reçoit dans l'unité de sa pensée la diversité des objets proposés, et qui se décide pour l'un en excluant les autres. Je me promène avec un ami et je cause en marchant. Mes jambes se remuent pour la marche, mes lèvres pour la parole, mes bras pour le geste. Il n'y a pas une volonté qui meut les jambes, une qui agite les lèvres, une qui soulève les bras. Il y a la volonté unique d'un homme qui veut marcher et qui veut traduire sa pensée par la parole et par l'action.

Voilà l'unité de l'être humain, non moins réelle, non moins évidente que sa dualité.

Un être double qui est un, un être un qui est double, voilà bien ce qu'on appelle une antinomie, c'est-à-dire une contradiction, au moins apparente, entre deux réalités également constatées.

L'esprit humain ne pouvait pas rester en face de cette antinomie sans essayer de la résoudre.

Trois solutions sont possibles :

Celle qui sacrifie la réalité de l'âme en l'absorbant dans le corps : c'est le matérialisme ;

Celle qui sacrifie la réalité du corps en l'absorbant dans la pensée ou en le réduisant à de pures apparences : c'est l'idéalisme ou le phénoménisme.

Celle qui maintient la réalité des deux éléments et en même temps les subordonne de telle sorte, que la suprématie de l'âme assure l'unité de l'être humain : c'est le spiritualisme.

Depuis qu'on réfléchit, on est spiritualiste, ou matérialiste, ou idéaliste.

C'est donc, je le répète, un problème bien vieux que celui qui se pose devant nous.

IDÉALISME ET MATÉRIALISME

Et pourtant il se pose.

Eh quoi! l'humanité n'a-t-elle pas encore pris son parti dans cette affaire qui est sienne?

On avait pu le croire, grâce au Christianisme; car la divine religion du Christ avait mis fin à l'anarchie intellectuelle qui régnait, sur cette question comme sur tant d'autres, dans la philosophie antique.

Je n'ai ni le temps ni l'intention de parcourir avec vous tous les systèmes des anciens sages sur la nature de l'âme. Mais voulez-vous apprendre en une seule fois leur impuissance? Lisez le *Phédon*, et deux choses vous frapperont : d'abord la multiplicité et l'incohérence des solutions proposées; puis, sur les lèvres même de Socrate, à l'heure où il va rendre à l'immortalité un sublime témoignage, la faiblesse des raisons qu'il en donne et le ton hésitant de ses conclusions : « Que l'âme soit immortelle, dit-il, il y a donc quelque raison de le penser, et la chose vaut la peine qu'on se hasarde à y croire. C'est une noble chance à courir; c'est une espérance par laquelle il faut comme s'enchanter soi-même. »

Le Christ vient, et il apprend à l'homme à ne pas douter de son être spirituel. Comment cela? En lui apprenant à sacrifier la vie de son corps à la dignité de son âme : *Ne craignez pas, dit-il aux siens, ceux qui peuvent tuer le corps, mais qui après cela n'ont plus de mal à vous faire; craignez seulement Celui qui, le corps une fois mort, peut précipiter l'âme et le corps dans l'éternel malheur* [1].

Voilà, Messieurs, un fier enseignement spiritualiste! Voilà une forte manière de faire passer une doctrine dans le tempérament intellectuel de l'humanité. La vérité sur la nature humaine tient à l'essence du dogme chrétien. Nierez-vous l'âme? Vous n'êtes pas chrétien, puisque

---

[1] Matth. x, 28.

vous niez toute la morale chrétienne et le salut éternel. Nierez-vous le corps? Vous n'êtes pas chrétien, puisque vous niez les sacrements, la résurrection de la chair. Nierez-vous l'union ou la distinction de l'âme et du corps? Vous n'êtes pas chrétien, puisque la doctrine chrétienne garantit dans la personne du Christ l'intégrité de la nature humaine avec son corps et son âme, unis substantiellement et soumis hypostatiquement à la personnalité du Verbe.

Sur ce fond dogmatique inébranlable, attesté par les martyrs, formulé par les conciles, il s'était construit une doctrine scientifique admirable : le spiritualisme chrétien.

Et cette philosophie régnait en maîtresse. La vérité sur la nature humaine était chose acquise. On avait beaucoup à apprendre encore, on n'avait plus à chercher sa voie.

Eh bien, alors, pourquoi poser de nouveau la question?

Parce que les hommes se sont lassés de la certitude, comme certains enfants gâtés se lassent du bonheur. Il faut qu'ils aillent courir l'aventure. Heureux si, après de dures expériences, ils retrouvent le chemin de la maison paternelle.

La réforme protestante, qui ne touchait directement qu'aux dogmes révélés, introduisit dans le monde de la pensée un esprit de révolte dont on lui fait bien injustement honneur en le confondant avec l'indépendance de la raison. La raison doit être indépendante du préjugé, soumise seulement à la vérité. Mais la recherche du vrai dépasse les limites d'une vie d'homme ; c'est la tradition qui la perpétue en conservant les résultats acquis. Je veux bien que tout esprit vigoureux ait le droit de contrôler ce que le passé lui transmet. Mais dédaigner de parti pris l'héritage des siècles, c'est faire preuve de présomption et non de force, de fatuité et non d'indépendance.

Au moment où Luther parut, la scolastique absorbait la philosophie. Les novateurs déclarèrent la guerre à cette reine des écoles, qui leur était odieuse autant par ses bons que par ses mauvais côtés. Ils ne lui pardonnaient pas d'avoir formulé le dogme catholique avec une précision de langage et une ampleur de synthèse qui rendaient plus visibles les altérations introduites par l'hérésie. Et ils triomphaient de ces subtilités frivoles ou de ces répétitions serviles, auxquelles le XV° et le XVI° siècle avaient abaissé l'enseignement large et grandiose des maîtres du XIII°.

La réforme cartésienne, œuvre pourtant d'un catholique sincère, emprunta à la réforme protestante son mépris de la tradition. Traitant de haut toute la philosophie de l'École, persuadé qu'il n'y avait là que préjugés à secouer sans aucun mélange de vérités à recueillir, Descartes rompit brusquement avec elle et entreprit de reconstruire à lui seul tout l'édifice de la connaissance. En ce qui touche le problème de l'âme, l'intention du maître était hautement spiritualiste. Mais sa façon de concevoir la nature de l'âme et du corps entraînait son spiritualisme hors des limites du vrai et jusqu'au seuil de l'idéalisme moderne.

Qu'est-ce que l'âme pour Descartes? C'est la pensée. Qu'est-ce que la matière? C'est l'étendue.

Entre une pensée qui n'est que pensée, une étendue qui n'est qu'étendue, aucune communication n'est possible : non, pas même celle du connaissant à l'objet connu. La pensée se connaît elle-même, mais elle n'atteint le corps qu'à travers Dieu. Otez la véracité divine, la perception des sens ne m'apporte que l'idée des corps, et je devrai douter de leur réalité. C'est seulement quand du moi pensant je serai remonté jusqu'à Dieu; qu'après avoir prouvé son existence j'aurai établi ses attributs; c'est alors que, constatant en moi l'invincible penchant à donner créance à mes sens, je reconnaîtrai dans cette loi de ma nature un témoignage du Créateur, et je pourrai dire enfin en philosophe : Je crois à mon corps [1].

Malebranche va plus loin encore. Ce témoignage de Dieu, que Descartes croit entendre dans la raison, ne lui paraît pas assez authentique, car la raison n'est pas entière depuis le péché. (Vous reconnaissez ici la marque janséniste.) La corruption originelle introduit dans le raisonnement humain un perpétuel péril d'erreur. Pour donner à l'existence des corps une certitude absolue, il faut l'appuyer sur la *Révélation* [2]. Ne parlez pas à Malebranche des rapports constants qui s'échangent entre l'âme et le corps et qui rendent le doute impossible sur l'existence de celui-ci : il vous répondra que ces rapports sont fictifs, que seul Dieu meut le corps à l'occasion des volontés de l'âme, ou affecte l'âme à l'occasion des impressions du corps. En sorte que, sans la foi qui nous oblige de croire que le Christ a eu un corps réel, nous aurions le droit de nier le nôtre.

Et voilà comment l'unanimité a été rompue sur la question de la nature humaine !

Descartes a brisé avec la tradition par excès de fierté rationaliste.

Malebranche consomme la rupture par un excès contraire, en asservissant le raisonnement philosophique à une fausse théologie.

Maintenant nous allons voir reparaître toutes les divisions et renaître toutes les erreurs dont seize siècles de Christianisme nous avaient délivrés.

---

[1] V. *Discours sur la méthode*, IVe partie, vers le commencement. — Méditations IIe et IIIe, passim.
[2] VIe entretien métaphysique.

II

C'est l'*idéalisme* qui ouvre la marche.

Il est en germe dans la psychologie cartésienne.

Descartes et Malebranche ont ébranlé le crédit du témoignage des sens. Ils l'ont remplacé par un raisonnement.

Mais ce raisonnement est mauvais.

Berkeley vient et le renverse. Il ne reste plus rien pour appuyer la véracité de nos perceptions.

Berkeley est spiritualiste, lui aussi ; il est chrétien même. Il veut servir la cause de l'âme et de Dieu. Les matérialistes et les athées disent : *Il n'y a que des corps; l'âme et Dieu ne sont pas.* Berkeley prendra les *contraires* de ces deux propositions : *Il n'y a pas de corps ; il n'y a que Dieu et des esprits.*

L'intention est bonne, mais la logique est détestable. En face d'une proposition fausse, si l'on veut trouver le vrai, c'est la *contradictoire* qu'il faut prendre et non la *contraire* : deux contraires peuvent être fausses en même temps.

Berkeley se trompe donc. Mais Descartes n'a rien à dire, car c'est lui qui a enseigné à Berkeley à douter d'une vérité directement connue; et Berkeley a bien le droit de contester à son tour le circuit par où Descartes veut le ramener au but. On a ou l'on n'a pas confiance dans les facultés de l'esprit humain. Il n'y a pas de hiérarchie de certitude entre les diverses sources de l'évidence. La raison, qui est le plus élevé de tous nos moyens de connaître, peut bien servir à analyser les autres, elle ne leur donne pas leur valeur.

Et voulez-vous la preuve du danger des fausses méthodes?

Berkeley va vous la fournir à son tour, car c'est lui qui a frayé la voie à Hume. Il est vrai que les conclusions des deux philosophes sont bien différentes ; mais Berkeley a posé le principe, et Hume, qui le pousse à fond, a la logique de son côté. Le voici qui, anticipant sur les positivistes contemporains, formule en plein XVIII° siècle l'axiome du *phénoménisme* et déclare *inconnaissables* les *substances et les causes*. Remarquez-le : toutes les substances, donc aussi l'âme ; toutes les causes, donc aussi la volonté. Berkeley avait voulu asseoir son spiritualisme sur le fondement de l'idéalisme, et c'est le matérialisme qui trouve cette base à sa mesure et menace de s'y établir.

Cependant le mouvement imprimé par Hume à la philosophie anglaise ne tarda pas à s'arrêter. L'honneur de cette réaction appartient à l'école écossaise, la plus ingénieuse, sinon la plus profonde, des écoles psychologistes. Reid, Dugald-Stewart, Hamilton, aperçurent le danger de l'idéalisme. Berkeley n'eut pas d'adversaires plus persévérants et plus avisés que ces honnêtes et patients observateurs auxquels nous devons, à côté de tant de fines analyses, la distinction capitale de la sensation et de la perception. Cette distinction existait sous d'autres noms dans l'anthropologie scolastique ; mais alors personne ne songeait à la chercher là, et on ne la trouvait pas ailleurs. Qui sait même si les Écossais n'ont pas cru, de bonne foi, l'inventer ? Grâce à la sagesse de leur méthode, la psychologie spiritualiste s'enrichit d'une série d'observations qui lui rendirent ce que Descartes lui avait ôté, le caractère d'une science expérimentale, par suite la force nécessaire pour se défendre contre l'envahissement du matérialisme. Et c'est ainsi que les Anglais, qui nous avaient précédés de cinquante ans dans la voie qui conduit à la négation de l'esprit, nous laissèrent ensuite le triste privilège de les devancer dans le développement de ces abjectes doctrines. Chez nous, à la fin du xviiie siècle, Condillac est bien l'émule de Hume; mais il ne se trouve pas de Reid pour entraver sa marche et empêcher ses disciples de passer de son école à celle de Cabanis et de Broussais.

Pendant que l'idéalisme rencontrait cet obstacle en Angleterre, Kant lui donnait en Allemagne sa forme métaphysique et transcendante. Kant ne s'attarde pas, comme Berkeley, à contester spécialement la réalité substantielle des corps. Son *subjectivisme* embrasse tout le champ de la connaissance. L'esprit peut atteindre toutes choses, mais à la condition de leur imposer sa forme. Il n'est donc jamais sûr de les voir telles qu'elles sont. Ce qui, pour Descartes, était l'essence des corps, l'étendue, n'est plus, pour le philosophe allemand, qu'une catégorie de l'entendement [1].

Sensualisme en Angleterre, métaphysique en Allemagne, l'idéalisme devait chercher la synthèse de ces deux formules. Il l'a trouvée de nos jours dans le *positivisme* ou le *phénoménisme*.

Auguste Comte, Littré, Taine, en France; Stuart Mill, Bain, Spencer, en Angleterre, voilà les patrons de cette étrange doctrine, qui fait consister la science dans une profession d'ignorance et qui s'intitule *positive* en prenant pour formule la négation. Plus de substances, rien que des faits ou des apparences; plus de causes, rien que des lois ou groupements de faits; plus de sujet pensant, le *moi* lui-même est une illusion. L'homme ne peut plus dire: Ma *personne*, mais: Mes *événements*.

Oh! Descartes, frémis dans ta tombe. Tu disais : *Je*

---

[1] Il ne serait pas impossible de trouver dans Descartes lui-même un pressentiment de cette doctrine. — V. Méditation IIIe.

pense, donc je suis. D'impitoyables logiciens t'ont pris ton subjectivisme, et ils disent maintenant : *Je pense, mais je ne suis pas !*

III

De Descartes à Stuart Mill, nous avons descendu le courant de l'idéalisme. Il faudrait maintenant suivre un courant parallèle, celui du matérialisme.

Ici Descartes n'a pas fourni le principe.

Mais c'est à son occasion et un peu par sa faute que d'autres l'ont mis en avant.

S'il est une psychologie favorable au matérialisme, c'est bien celle qui se réclame de Locke et de Condillac, le sensualisme.

Toute connaissance vient des sens, voilà le premier axiome de l'école. Il a un sens vrai.

Et toute pensée n'est qu'une sensation transformée par une impulsion reçue du dehors. Ici commence l'erreur, avec la négation de cette puissance intérieure, la raison, qui seule et par sa vertu transcendante a le secret d'élaborer la donnée sensible et d'en tirer l'idée.

Ce sensualisme n'est en lui-même qu'une psychologie incomplète. Il n'est pas encore le matérialisme. Mais voyez comme il y prépare ses adeptes !

Car enfin la sensation est liée aux sens corporels. Elle naît d'une commotion cérébrale reçue du dehors. On en vient vite à la ramener à un phénomène purement physique, à une variété de la vibration. Sans doute cela encore est une erreur. Mais on s'y laisse glisser aisément. Et voici alors tout le *processus ;* d'une part, la pensée se ramène à la sensation ; d'autre part, la sensation se réduit à un état de la matière. Le corps donc, avec ses propriétés et ses modifications, est le tout de l'homme. Voilà le pur matérialisme. Et il n'y a pas de meilleure initiation pour en venir là que la psychologie sensualiste.

Or cette psychologie, d'où est-elle née au xvii° siècle ? D'une réaction contre le spiritualisme outré, chimérique, antiexpérimental de l'école cartésienne. Locke a été contre Descartes le vengeur des faits ; du moins il a passé pour tel, parce que son rival en avait été le tyran.

Le matérialisme couve en France pendant la première moitié du xviii° siècle. Il éclate vers la fin. La guerre faite aux croyances chrétiennes devait profiter à toutes les négations, surtout aux pires. Condillac n'était formellement que sensualiste. Mais quand on prétend expliquer tout l'homme, âme comprise, en supposant une statue à qui l'on prête une sensation physiologique, on n'est pas loin de nier l'esprit. Cabanis et Bichat, Broussais et Gall, se chargeront de déduire les conséquences. Ils chercheront l'âme au bout de leur scalpel et diront qu'ils ne l'ont pas trouvée.

Le xix° siècle s'ouvrait sous ces tristes auspices. Heureusement pour la philosophie, j'allais dire pour la société française, la renaissance spiritualiste opérée en Écosse se fit sentir alors parmi nous.

La Romiguière et Cardaillac étaient déjà, sous le premier Empire, des sensualistes mitigés. Royer-Collard nous apporta le sel écossais pour nous guérir de la corruption matérialiste. Un souffle généreux se leva sur la France avec la Restauration, et le génie philosophique de notre pays reçut une forte empreinte spiritualiste. Celui qui devait tenir si longtemps le sceptre de la philosophie française alla demander au bon sens écossais et à l'idéalisme germanique un double baptême. Sous ces deux influences il devait être et il fut l'adversaire-né du matérialisme. Il faut savoir gré à l'école éclectique et de ses bonnes intentions, et de la résistance qu'elle a opposée aux doctrines immorales.

Mais son principe était trop mêlé, sa méthode trop incertaine pour assurer au spiritualisme contemporain une victoire durable. Elle eut du moins l'honneur de faire taire pendant quarante ans en France les contempteurs de l'esprit.

La renaissance du matérialisme commença, en Allemagne, par une réaction contre la débauche d'idéalisme où les disciples de Kant avaient entraîné l'esprit germanique. De Kant à Hégel, à travers Fichte et Schelling, la *critique de la raison pure* avait fourni une carrière dont le terme était la *déraison pure*.

Des esprits vigoureux, subitement pris de dégoût pour ces rêves obscurs et ces *à priori* fantastiques, se jetèrent avec passion sur les faits tangibles et refusèrent la réalité à tout ce qui dépasse le champ de l'observation sensible. Comme ce mouvement philosophique coïncidait avec de remarquables découvertes physiologiques touchant la vie des tissus et des cellules, le fonctionnement de l'appareil nerveux, les actions réflexes, etc., le vieux matérialisme trouva le moyen de rajeunir un peu ses formules et fit une nouvelle entrée sur la scène du monde, avec les prétentions hautaines que ne justifiait pas, loin de là, l'appoint fort léger par lui fourni aux théories de Démocrite et d'Epicure ou à celles de Cabanis et de Broussais. Vogt compara tranquillement le cerveau à une glande, la pensée à une sécrétion; Moleschott et Büchner crurent innover fièrement en montrant dans la pensée une *résultante* de la vie nerveuse et des vibrations transmises aux cellules de l'encéphale, oubliant sans doute que Simmias, dans le *Phédon*, comparait déjà l'âme à l'harmonie d'une lyre, harmonie distincte, il est vrai, du bois et des cordes, mais qui *résulte* de leur vibration et ne peut lui survivre.

Cette explosion audacieuse du matérialisme allemand eut en France un retentissement qui dure encore. Longtemps confinée dans les laboratoires de médecine, d'où l'orthodoxie éclectique ne lui permettait guère de sortir, la négation de l'âme osa enfin se produire au grand jour. C'est dans les leçons des plus illustres professeurs de l'école de Paris, c'est dans les pages autorisées du *Dictionnaire de médecine* que Mgr Dupanloup put aller chercher, en 1875, les citations scandaleuses qu'il apporta à la tribune de l'Assemblée nationale et qui déterminèrent le vote de la loi sur la liberté de l'enseignement supérieur.

IV

Nous avons dessiné le trajet des deux courants, l'un idéaliste, l'autre matérialiste, qui, du XVIIe siècle jusqu'à nos jours, sillonnent le champ de l'erreur. Cette étude rétrospective était nécessaire pour faire connaître l'état actuel du grand problème diversement résolu par ces deux écoles opposées, dont l'une dit : *L'esprit est tout*, et l'autre : *L'esprit n'est rien*.

Au point où elles en sont venues, vont-elles s'allier ou se combattre ?

Théoriquement, elles ne sauraient pas s'allier.

Le matérialiste semble croire à la matière, car il ne croit que ce qu'il voit ; et, n'ayant pas pris dans les écoles de métaphysique l'habitude de subtiliser, il admet volontiers que ce qu'il voit c'est ce qu'il croit voir, c'est-à-dire une matière réelle, substantielle. Il ne lui refuse donc pas ce caractère de réalité, il déclare seulement que c'est là l'unique réalité de ce monde et que la pensée en procède comme tout le reste.

Cette conception épaisse paraît inconciliable avec la conception raffinée des phénoménistes, qui ramènent tout, à travers la sensation, à un élément idéal. En effet, pour remplacer les substances dans leur rôle de support des phénomènes, pour donner une certaine consistance à ces trames de faits, à ces files d'images auxquels on réduit tout, même le moi, on est porté à idéaliser ces séries, à les soumettre à la loi supérieure d'un mystérieux devenir, de cet axiome éternel dont M. Taine a été le chantre inspiré. On passe ainsi du monde de la sensation à celui de la formule; le positivisme anglais, sous la conduite de M. Taine, traverse la France en transit et va demander, par delà le Rhin, à l'ombre majestueuse de Hegel un baptême métaphysique. Peut-on rien imaginer de plus antipathique à l'état d'esprit de M. Robin?

Oui, théoriquement, le matérialisme et le phénoménisme sont l'un pour l'autre des étrangers qui devraient se regarder de travers.

Malheureusement ce n'est pas là ce qui arrive. En fait, ils se rapprochent tous les jours; et de leur alliance de plus en plus étroite résulte un état moyen de pensée, qui est celui d'un très grand nombre d'hommes aujourd'hui et qui constitue pour le spiritualisme, pour la vraie philosophie, pour les croyances religieuses, le plus grand danger peut-être qu'elles aient couru depuis l'ère chrétienne.

Quelle est, en effet, la prétention du matérialisme?

Et quelle est la principale difficulté qui l'arrête?

La prétention du matérialisme, c'est de faire rentrer la pensée dans les fonctions physiologiques.

Sa principale difficulté est celle que soulève la conscience psychologique, affirmant, avec une invincible énergie, l'unité, la simplicité du moi, incompatible avec la composition, la pluralité substantielle des organes corporels.

Or que fait le phénoménisme?

Il favorise la prétention matérialiste.

Il atténue la difficulté du système.

Il favorise la prétention matérialiste.

Oui, car toute sa psychologie est sensualiste. Il dérive en cela de Locke, de Hume, de Condillac. Non seulement il admet, comme les aristotéliciens, que le point de départ de toute pensée est dans la connaissance sensible qui a pour origine un ébranlement nerveux; mais il veut encore que la transformation de la sensation en image, de l'image en idée, que les associations d'images et d'idées qui composent les opérations de l'esprit et dont est tissée la trame de la conscience, il veut que tout cela se passe comme mécaniquement par impulsion, par succession de chocs, sans qu'il y ait au dedans une puissance *sui generis* pour élaborer la donnée sensible et en tirer, par une fécondité propre, plus qu'elle ne contient.

Le physiologiste écoute cela et dit : Mais c'est tout à fait mon affaire. Je renoncerai bien volontiers à dire que le cerveau sécrète la pensée, parce qu'il ne m'est pas prouvé que la pensée soit un liquide. Mais je dirai que la pensée est un courant nerveux qui marche en sens contraire du courant sensible. Le cerveau est comme une pile où aboutit sans cesse du dehors le courant négatif ou passif, celui des impressions, d'où part continuellement le courant positif ou actif, celui des pensées et des volitions. Simple affaire d'électricité organique. A la bonne heure. S'il faut de la métaphysique, en voilà une qui me convient; car ce n'est au fond que de la physique.

Remarquez bien, ajoute notre anatomiste, que si j'avais dit cela moi-même, on m'aurait jeté à la tête que je ne suis pas philosophe. Avez-vous fait de l'observation interne? m'aurait-on dit. Avez-vous fréquenté le laboratoire psychologique? Avez-vous lu Maine de Biran, Royer-Collard, Reid, Dugald-Stewart? Non? Alors vous n'entendez rien aux opérations intellectuelles. Et j'aurais courbé la tête. Mais maintenant regardez ces messieurs. Ils ont traversé la psychologie, la métaphysique de part en part. Ils ont même créé une nouvelle philosophie. Ils ont lu et commenté Aristote. M. Bain est un des plus savants interprètes du Stagyrite [1]. Eh bien, ces philosophes parlent enfin un langage que je comprends. Entrez, entrez, Messieurs, nous sommes faits pour nous entendre. Si vous avez besoin d'explications ou de renseignements sur le fonctionnement du système nerveux pour perfectionner votre théorie, je suis prêt à vous les donner. Nous allons ensemble renouveler la science. L'affaire des courants nerveux est une affaire d'or. Combinée avec la loi d'hérédité, on ne saurait dire ce qu'on peut faire sortir de là. Ainsi, voulez-vous savoir ce que c'est que les idées innées de Descartes ou la puissance rationnelle innée, le νοῦς d'Aristote, l'*intellect agent* de saint Thomas d'Aquin? C'est de *l'observation ancestrale condensée, accumulée et transmise par la génération* [2].

Voulez-vous savoir ce que c'est que le principe de contradiction, l'impossibilité intellectuelle, par exemple, de concevoir un cercle carré? Ce sont de simples sillons creusés dans le cerveau par le passage répété de deux courants nerveux, qui auraient pu prendre le même chemin (alors nous aurions vu le cercle carré), mais qui ont pris l'habitude de suivre deux chemins différents, en sorte que désormais, quand le mot *cercle* est prononcé, le courant A se produit; quand le mot *carré* retentit, le courant B s'élance : impossible de se rencontrer; l'habitude est trop bien prise; transmise par l'hérédité, elle devient congénère à l'humanité. C'est ainsi que naissent les axiomes rationnels.

[1] Dans son livre : *les Sens et l'Intelligence,* v. le remarquable appendice sur la Psychologie d'Aristote, 60 pages.
[2] Maurice Vernes, *Discours de rentrée à la Faculté de théologie protestante de Paris*, 1882, p. 27.

Certes, jamais la prétention matérialiste ne s'était vue à pareille fête.

Et maintenant quelle est la grande difficulté à laquelle se heurtait jusqu'ici le matérialisme?

C'est l'unité du moi. M. Taine fait très bien valoir cette difficulté dans son livre *de l'Intelligence*.

Eh bien! et si cette unité n'était qu'une illusion! Oh! alors le triomphe du matérialisme serait complet. L'unité du moi ne serait que l'unité idéale d'un organisme, d'une machine; l'unité d'une locomotive, l'unité de l'appareil nerveux, unité simplement fonctionnelle, — et la conscience, qui semblait accuser l'unité de sujet ou de substance, n'accuserait plus que la convergence des phénomènes, une simple résultante. Le matérialisme est vraiment servi à souhait.

En échange de tant de bons offices, quel sacrifice lui demande le phénoménisme? Un seul, et bien petit. Celui de la substantialité de la matière [1].

[1] Voici comment M. Taine formule cette demande, dans son livre *de l'Intelligence :* « La destruction de ce fantôme métaphysique, le *moi*, abat l'un des chefs survivants de cette armée d'entités verbales qui jadis avaient envahi toutes les provinces de la nature, et que, depuis trois cents ans, le progrès des sciences renverse une à une. Il n'y en a plus que deux aujourd'hui, le *moi* et la matière; mais jadis il y en avait une légion... » M. Taine anéantit le *moi*, dont il fait une *illusion métaphysique;* puis il poursuit : « Cette entité ruinée au sommet de la nature, il reste, à la base de la nature, une autre entité, la matière, qui tombe du même coup. Jusqu'ici les plus fidèles sectateurs de l'expérience ont admis, au fond de tous les événements corporels, une substance primitive, la matière douée de force. Les positivistes eux-mêmes subissent l'illusion; en vain ils réduisent toute connaissance à la découverte des faits et de leurs lois. Par delà la région accessible des faits et de leurs lois, ils posent une région inaccessible : celle des substances, chose réelle et dont la science serait certainement très précieuse, mais vers laquelle nulle recherche ne doit s'égarer, parce que l'expérience atteste la vanité de toute recherche à cet endroit. Or l'analyse qui montre dans la substance et dans la force des entités verbales, s'applique à la matière aussi bien qu'à l'esprit. Dans le monde physique, comme dans le monde

Je dis que ce sacrifice est petit; car au fond, pour le matérialiste, la matière ne sert qu'à se passer de l'esprit. Du moment qu'on peut se passer des deux, il n'a aucun intérêt à défendre la réalité des corps. Après tout, qu'y a-t-il de commun entre lui et la matière? Rien, sinon ses observations, c'est-à-dire ses *événements,* pour parler le langage de M. Taine. Or cela, on le lui laisse. Un monde phénoménal suffit à ses expériences.

Il le croit du moins. C'est pourtant une erreur. Si les savants, qui s'absorbent dans l'étude de la nature, étaient plus accoutumés à réfléchir sur leurs propres méthodes, ils comprendraient que le monde phénoménal ne suffit pas à la science. Ils s'apercevraient qu'il n'est qu'un signe, et que le travail, tous les jours plus hardi et plus heureux, de la science consiste à interpréter ce signe, à lire sous l'apparence une réalité objective toute différente du phénomène. Qu'est-ce, par exemple, que la lumière phénoménale ou l'apparence lumineuse? C'est un ébranlement de mon nerf optique et une sensation d'éblouissement ou de couleur. Qu'est-ce que la lumière pour le savant?

morale, la force est cette particularité que possède un fait d'être suivi constamment par un autre fait. Isolée par abstraction et désignée par un nom substantif, elle devient un être permanent, subsistant, c'est-à-dire une substance. Mais elle n'est telle que pour la commodité du discours, et si l'on veut en faire quelque chose de plus, c'est par une illusion métaphysique semblable à celle qui pose à part le *moi* et ses facultés. Les savants eux-mêmes en viennent involontairement à cette conclusion, quand, munis des formules mathématiques et de tous les faits physiques, ils essaient de concevoir les dernières particules de matière. Car ils arrivent à se figurer les atomes, non pas selon l'imagination grossière de la foule, comme de petites masses solides, mais comme de purs centres géométriques par rapport auxquels les attractions, puis les répulsions croissent avec la proximité croissante. Dans tout cela il n'y a que des mouvements présents, futurs ou possibles, liés à certaines conditions, variables en grandeur et en direction suivant une certaine loi, et déterminés par rapport à certains points. » (*Intelligence,* t. I, pp. 385-387.)

Dirons-nous, avec les phénoménistes, que c'est une simple *possibilité* ou une *nécessité permanente de cette sensation?* Nullement. Le savant ne se paie pas de cette fin de non-recevoir. Il veut savoir ce qu'est *la lumière en soi,* et il y parvient. Il procède par *hypothèses,* et vérifie ses hypothèses par l'expérience et par le calcul. C'est ainsi que les physiciens ont d'abord *supposé* un *fluide émis* par les sources lumineuses; puis que, mécontents de cette théorie, ils ont *supposé* un milieu impondérable, partout répandu, et vibrant sous l'action des foyers lumineux. Les vérifications se multipliant chaque jour en faveur de cette hypothèse, il n'est pas un savant aujourd'hui qui ne croie savoir ce qu'est la *lumière objective :* c'est, disent-ils, la *vibration de l'éther,* c'est-à-dire toute autre chose qu'un phénomène ou une impression; car c'est un mouvement de la matière, mouvement qui resterait ce qu'il est et obéirait aux mêmes lois, quand même il n'y aurait pas au monde un seul organisme doué de vue pour percevoir l'impression lumineuse. — On peut en dire autant de la chaleur. Subjectivement c'est une sensation de chaud; objectivement c'est une vibration moléculaire, et les physiciens décrivent avec rigueur et soumettent au calcul les transformations réciproques de cette vibration interne en force vive et du mouvement local en chaleur [1].

Sous le *monde apparent* il y a donc *un monde réel.* Le premier cache le second, mais aussi il le révèle. Et c'est le second, c'est le monde réel qui est l'objet de la science. Donc les matérialistes ont tort de faire bon marché de la matière. Sacrifier la matière, c'est sacrifier la substance; supprimer la substance, c'est supprimer la réalité. Oter la réalité, c'est tuer la science. A quoi bon tant de fatigues

---

[1] Voir dans le beau livre de M. l'abbé de Broglie, *le Positivisme et la Science expérimentale,* le poétique chapitre intitulé : *le Monde apparent et le monde réel,* t. I, p. 508.

et de recherches ? Brisez donc télescopes et microscopes, quittez vos laboratoires, et, couchés sur le sopha d'un harem, prenez une pastille de *haschich* ou allumez une pipe d'opium. Vous verrez bientôt danser autour de vous tout un monde d'apparences qui vous offrira tout ce que vous pouvez souhaiter en fait de sensations, dont la possibilité *peut devenir* permanente à la condition de renouveler la pastille ou de ne pas laisser s'éteindre le calumet de l'illusion !

Ainsi les savants, même s'ils sont matérialistes, *ne devraient pas* s'entendre avec les phénoménistes. Mais, s'ils sont sectaires, ils n'y regardent pas de si près. Et sans s'inquiéter du danger qu'ils font courir à la science, se fiant d'ailleurs au bon sens et à l'intérêt pour sauver cette partie de la science objective qui sert la cause du bien-être matériel et de la jouissance, ils concluent volontiers une alliance offensive et défensive avec les philosophes *illusionnistes*.

Le vulgaire assiste à ce scandaleux contrat, et qu'en résulte-t-il pour lui ? Une conséquence funeste : le scepticisme.

Et comment en serait-il autrement ?

Voilà un homme intelligent, qui a fait des études ordinaires. Il est engagé dans le courant des affaires. Quelles idées personnelles voulez-vous qu'il ait sur les hautes questions de science et de philosophie ? Il s'en rapporte aux savants et aux philosophes.

Cependant, comme il est intelligent, homme du monde et craignant le ridicule, il veut se tenir au courant ; il s'adresse aux vulgarisateurs.

Ceux-ci, dans la Revue à la mode, le servent à souhait. Il apprend, en les lisant, qu'on a refait la philosophie et que le fin du fin se trouve chez M. Taine et M. Fouillée ; qu'on a refondu la physiologie, et que le dernier mot n'est pas dans Claude Bernard, encore un peu embarrassé de vieux souvenirs, mais dans Moleschott ou Virchow.

Il apprend enfin que les savants qui disent que la matière est tout, et les philosophes qui disent qu'elle n'est rien, sont au fond parfaitement d'accord [1].

Au premier moment cela l'étonne. Mais il s'habitue à cette pensée. Il trouve la théorie élégante et commode. Un jour, dans une solennité académique, un savant et un littérateur se rencontrent. Le savant a sondé les mystères des infiniment petits ; partout il a trouvé la permanence des lois qui président à la transmission de la vie. En ouvrant à la science des champs nouveaux, il est resté spiritualiste ; il vient le dire à l'Académie française, qui le couvre d'applaudissements. Puis le littérateur lui répond. C'est un écrivain délicat, un métaphysicien, un critique, un historien, mais par-dessus tout un *dilettante :* véritable harpe éolienne, il vibre à l'unisson de tous les souffles qui passent, et toutes ces notes discordantes se fondent en lui dans une résultante harmonique. Les affirmations du savant lui ont paru heurtées, sa profession de foi anguleuse. « Pour moi, dit avec un charmant sourire ce poète de l'âme, *je ne sais pas bien si je suis spiritualiste ou matérialiste* [2]. »

On s'en scandalise. — Et cependant il y a une sorte de

---

[1] Voici comment un organe important de la nouvelle école formule cet étrange syncrétisme par la plume de M. Paulhan : « J'admettrais volontiers, dit cet écrivain, que les thèses du matérialisme et de l'idéalisme sont vraies toutes les deux, c'est-à-dire que notre connaissance de la matière est entièrement subjective et que cependant la matière est la base de tout, et que même, si l'on veut, l'esprit n'est qu'une propriété de la matière. Ceci demanderait peut-être un développement, pour ne pas paraître contradictoire ; mon opinion est que c'est là cependant la solution la plus acceptable. » (*Revue philosophique*, mai 1882. Paulhan, *la Renaissance du matérialisme.*)

[2] Discours de réception de M. Pasteur à l'Académie française. Réponse de M. Renan.

bonne foi dans cet aveu. L'état d'esprit qu'il accuse n'est pas rare. On ne sait plus où l'on en est. On est à la fois matérialiste et spiritualiste.

On est matérialiste, car on explique tout par le mécanisme, car on ramène la psychologie à la physiologie, et celle-ci à la physique ; car on adopte avec enthousiasme toutes les hypothèses qui suppriment les séparations entre les êtres ; car on acclame de confiance l'évolutionnisme, le transformisme, pour conclure précipitamment que la pensée ne diffère de la vibration d'une cloche que par la manière de conditionner le mouvement.

On est matérialiste encore, parce que cette conception de l'univers et du rang qu'y tient l'homme ne laisse plus de place pour la liberté, assimile la volonté à un mobile et institue une morale dont le principe est emprunté au théorème du parallélogramme des forces.

Mais on veut être spiritualiste en même temps, pour avoir le droit de parler de ce qui est beau et de ce qui est bien, pour conserver à la vie son charme par le culte de l'art, par les aspirations élevées, par les affections pures et douces, toutes choses qui ne trouvent pas aisément à se loger dans les chapitres d'un traité de mécanique moléculaire. On va demander la conciliation des deux tendances à l'idéalisme allemand. C'est alors que Hegel reparaît à l'horizon, rajeuni par Taine. Son idéal plane au-dessus des évolutions phénoménales. Elles ne sont rien, il n'est rien lui-même : n'importe, il les dirige, il les domine, il attire et retient le meilleur de nous-mêmes par cette beauté fugitive que notre rêve lui confère avant de l'admirer en lui.

Pour rester fidèle à ce culte, il n'est pas besoin d'abjurer le matérialisme. Ce Dieu, si c'en est un, c'est le Dieu de la nécessité. Nier notre libre arbitre, pour nous ranger à un déterminisme grossier, c'est offrir au nouveau Dieu un sacrifice d'agréable odeur. La morale qui survit à cette destruction est une morale commode; elle se trouve à l'aise dans le triomphe des passions, qui n'est après tout qu'une des formes de l'éternel devenir.

Allez interrompre un penseur de cette école au milieu de son rêve d'opium; allez lui rappeler les vieilles notions d'esprit, de corps, de volonté, de responsabilité, de vie future; demandez-lui de prendre parti : il ne comprendra même plus le sens des termes et vous répondra avec une douce sérénité : « Allez, Monsieur; votre montre retarde. Spiritualisme, matérialisme, nous avons brisé tous ces moules, nous n'habitons plus ces compartiments. »

Eh bien, Messieurs, il faut secouer ce sommeil, il faut chasser ce rêve. Il faut poser avec une impitoyable précision le problème : Homme, qu'es-tu ? Une âme ? Un corps ? L'union des deux ?

Et le problème ainsi posé, il faut le résoudre, sans rien sacrifier, ni des réalités de la matière ni des droits de l'esprit.

Cette solution, nous la tenterons ensemble : c'est celle du spiritualisme chrétien !

DEUXIÈME CONFÉRENCE

LA SPIRITUALITÉ DE L'AME

Messieurs,

Dans notre première Conférence nous avons posé la question de l'âme, nous ne l'avons pas résolue. Et même, en faisant l'histoire des solutions diverses que ce problème a reçues dans les différentes écoles, en descendant avec vous les deux courants d'idéalisme et de matérialisme qui viennent se rejoindre aujourd'hui en un confluent de positivisme, nous avons peut-être jeté dans vos esprits plus de confusion que de lumière.

Ce regard en arrière sur la marche de l'erreur n'était cependant pas inutile; nous apprenions par là, du moins, à qui incombe la responsabilité de ces folies. Si de toutes les vérités celle qui nous touche de plus près, l'existence même de notre âme, a pu être voilée de nuages, à qui la faute? A la philosophie qui se dit *indépendante*. C'est elle qui, dans sa crainte maladive de paraître asservie à la tradition et au dogme, s'est affranchie du bon sens, a rompu en visière avec l'évidence et par là s'est exclue elle-même de la certitude. C'est, en effet, le châtiment naturel de ceux qui confinent leur esprit dans l'absurde : l'effet de ce séjour est de les rendre sceptiques.

Craignons nous-mêmes, Messieurs, de respirer trop longtemps cette atmosphère malsaine. De la critique passons à la thèse. En face de ceux qui nous disent élégamment : Je ne sais pas si je suis spiritualiste ou matérialiste, posons nettement et défendons fermement l'affirmation qui rend témoignage à l'esprit.

Nous avons trois choses à faire :

Formuler la thèse spiritualiste;

La prouver;

Répondre aux difficultés qu'elle soulève.

I

Formuler la thèse est moins simple qu'on pourrait le croire. L'*âme est spirituelle*, *l'âme est immatérielle*, c'est bientôt dit; mais il faut encore savoir si l'on est d'accord sur le sens des termes, autrement la discussion menace de tourner en logomachie.

Notre but est d'établir la spiritualité de l'âme contre ceux qui n'y croient pas. Il faut donc d'abord donner à ces deux mots *âme* et *spirituelle* une signification acceptée de nos adversaires eux-mêmes.

J'appellerai *âme ce qui pense en moi*. Qu'il soit matérialiste, ou idéaliste, ou positiviste, aucun philosophe ne pourra me contester ce sens. C'est bien à propos de la pensée que tout le monde parle de l'âme. La pensée est un fait, un *événement*, comme ils disent. L'âme est ce *je ne sais quoi* dont la pensée est l'événement : matière, esprit, simple apparence, nous verrons cela plus tard.

J'appellerai *spirituel ce qui n'est pas corps;* car il s'agit de montrer que le corps ne suffit pas à expliquer la pensée.

Mais sur le sens du second terme, l'accord, même provisoire, est moins facile à établir que sur le premier. Sait-on bien ce qui est corps, ce qui n'est pas corps?

Une définition adéquate de la matière est impossible à donner.

Plus on regarde l'esprit, plus on le voit lié à la matière dans l'exercice de l'activité qui lui est propre.

Plus on regarde la matière, plus elle semble échapper au contact et s'affiner jusqu'à la ressemblance de l'esprit.

Si bien qu'on en vient à douter s'il y a une limite précise où la matière finisse et où l'esprit commence.

La matière, au sens général que tout le monde admet, c'est *ce qui tombe sous les sens*, ce qui se constate par les sens.

L'observation ordinaire nous la montre divisible en une multitude de parties très petites. L'observation microscopique recule indéfiniment les limites de cette division, à mesure que la puissance du grossissement augmente. En comparant par le calcul ces particules microscopiques aux quantités les plus petites que nos sens puissent directement atteindre, nous avons l'idée d'une ténuité qui nous semble infinie. Et cependant, au delà de ce morcellement rendu visible, l'analyse chimique atteint encore un élément ultérieur, objet non d'observation, mais d'induction certaine : c'est la *molécule*.

On appelle molécule, dit M. Wurtz, la plus petite quantité sous laquelle une substance puisse exister à l'état libre. S'il s'agit d'un corps composé, de chaux, par exemple, la molécule sera la plus petite quantité sous laquelle l'oxygène et le calcium puissent réaliser une combinaison. S'il s'agit d'un corps simple, le calcium, par exemple, la molécule sera la plus petite quantité sous laquelle ce métal puisse rester lui-même. S'il y a une division possible au delà, ce sera celle qui répartira les atomes dont cette molécule est formée entre d'autres atomes formant la molécule d'un composé du calcium.

C'est qu'en effet la molécule, bien que ne pouvant être divisée sans changer de nature, n'est pas elle-même le dernier terme du fractionnement matériel. Les chimistes, se faisant métaphysiciens pour la circonstance, puisqu'ils pénètrent par la pensée au delà des réalités observables (μετὰ τὰ φύσικα), conçoivent la molécule comme un groupe d'atomes retenus ensemble par des actions réciproques. Ce n'est pas là une hypothèse gratuite. L'induction y conduit et donne à cette conception une probabilité chaque jour croissante. On a même construit, sous le nom de *théorie atomique*, tout un système destiné à rendre compte des différences spécifiques des corps, de leurs réactions chimiques, de leur cristallisation, par le nombre, les positions et les distances respectives des atomes, éléments supposés, de la molécule.

Que sont ces atomes? Des particules étendues, à trois dimensions, douées de masse, mais physiquement insécables? Ce qu'on pourrait appeler l'unité naturelle de l'étendue concrète? Ou de simples points matériels, inétendus comme des points géométriques, mais centres de force, et produisant l'étendue par le croisement de leurs actions réciproques? Atomistes et dynamistes se battront longtemps, peut-être toujours, autour de ces abîmes où se perd depuis trois mille ans l'investigation métaphysique.

Il n'est donc pas si simple qu'on le croit de dire ce que c'est que la matière.

Allons-nous, pour cela, donner raison aux phénoménistes? Accorderons-nous que la matière peut bien n'être qu'une apparence?

Nullement.

La science expérimentale prouve le contraire, car elle atteint une réalité très différente de l'apparence.

En étudiant les phénomènes, la science constate et détermine l'objectivité. Ainsi, en étudiant la lumière apparente ou l'impression subjective reçue par nos yeux, elle induit l'existence d'une lumière objective, ou d'un éther vibrant que nul n'a jamais vu ; elle en découvre les lois, elle en soumet l'action aux vérifications du calcul ; elle construit de toutes pièces une optique mathématique qui subit ensuite le contrôle de l'expérience sans être prise en défaut. Tant il est vrai que le phénomène suppose et traduit le noumène ! Le monde phénoménal est un livre écrit en chiffres, que l'intelligence *interprète* et à l'aide duquel elle restitue le monde nouménal.

Donc la matière existe. Elle a une nature objective que nous ignorons dans son fond, mais dont nous pouvons affirmer la réalité, dont nous connaissons même plusieurs propriétés caractéristiques, celles que les Écossais appellent *qualités premières des corps.*

Quelles sont ces propriétés indépendantes de nos sensations, bien que l'expérience sensible nous les révèle ?

Il y en a trois :

L'*étendue.* — Quoi qu'il en soit de la nature des atomes, tout ce que nos sens perçoivent a des parties, des dimensions.

L'*impénétrabilité.* — C'est en cela que l'étendue concrète se distingue de l'étendue abstraite ; deux volumes géométriques qui coïncident n'en font qu'un, occupant le même espace ; mais deux volumes de matière réelle ne pourront jamais occuper le même lieu ; toute étendue réelle est exclusive d'une autre masse.

Enfin la *mobilité.* — Tout corps est susceptible de mouvement passif et actif, c'est-à-dire que tout corps peut recevoir et transmettre le mouvement, être mû et mouvoir.

Et c'est bien là l'idée générale que la *physique objective* nous donne de l'*univers :* un ensemble de molécules étendues, résistantes et sujettes au mouvement (soit au mouvement local, soit au mouvement vibratoire).

Toutes les autres propriétés de la matière sont dites *qualités secondes,* parce qu'elles empruntent à nos sensations leur réalité formelle (couleur, saveur, odeur, son, chaleur, etc.). Sans doute elles ont leurs causes objectives, mais ces causes relèvent des qualités premières; elles se ramènent aux variations de l'étendue, de la résistance et du mouvement.

Voilà ce qui caractérise la matière; on peut la définir : *Une réalité étendue, résistante et mobile.*

Notre thèse a maintenant un sens; quand nous disons : *L'âme est immatérielle,* nous entendons dire : Ce qui pense en moi est autre chose que de l'étendue résistante et mobile. Ou : L'étendue résistante et mobile ne suffit pas à expliquer le fait de la pensée.

La thèse est formulée. Il reste à la prouver.

II

Ce qui pense en moi m'est connu directement par ma conscience psychologique, non pas dans son fond (nous ne voyons le fond de rien), mais dans son action. Comme les phénomènes sensibles me révèlent la matière, les faits psychiques me révèlent mon esprit. Je sens, je perçois, je pense, je veux, j'aime. Voilà des faits directement connus; et je ne puis les connaître sans les rapporter à moi, sans affirmer qu'ils sont miens, sans attester par conséquent l'existence d'un *sujet* en qui tout cela se passe.

Or que m'apprend la conscience touchant la nature de ces faits psychiques?

Elle me les montre *différents* des faits corporels et *inexplicables* par le simple jeu des organes corporels.

Les faits psychiques diffèrent doublement des événements du corps.

Ils en diffèrent d'abord par la manière dont ils se manifestent : ceux-ci sont attestés par les sens, ceux-là par la conscience. Laissons de côté la part de l'inconscient, qui est grande dans les deux ordres. Si la pensée ignore une portion considérable de son propre domaine, la vie du corps soustrait à la connaissance du vivant la grande moitié d'elle-même, la moitié intime, toutes les fonctions végétatives, tout ce qui relève du grand sympathique. Ce qui reste connaissable, c'est dans le corps ce que les sens peuvent découvrir ; dans la pensée, au sens large du mot, ce que la conscience atteint. Qui osera dire que ces deux témoins n'en font qu'un ? Que pour un homme blessé, voir couler son sang d'une plaie ouverte, ou se sentir plein de haine pour l'ennemi qui l'a frappé, c'est, sous deux noms différents, une seule et même manière de constater ce qui se passe en lui-même ? Mais si les deux sortes de connaissances sont différentes et irréductibles, comment l'objet de ces deux connaissances serait-il unique ?

Si du mode de constatation nous arrivons aux faits eux-mêmes, la distinction s'accuse plus nettement encore. Que sont les faits corporels ? Ils se réduisent à des mouvements. Prenons, parmi les événements du corps, ceux qui semblent liés le plus étroitement à la pensée, les ébranlements nerveux qui sont la condition de la connaissance. Voyez, disent les matérialistes : toute pensée a un élément sensible, tout élément sensible suppose une sensation ; toute sensation a pour origine une impression cérébrale ; toute impression cérébrale est le retentissement encéphalique d'une commotion des nerfs ; cette commotion, à son tour, n'est qu'une variété de l'action mécanique et du mouvement vibratoire qui est une propriété de la matière ; donc la pensée relève de la matière.

Rien n'est plus faux que ce sorite. On change de genre à chaque proposition. C'est comme si l'on disait : On n'entre chez le roi qu'introduit par le grand chambellan ; le grand chambellan ne vous reçoit qu'annoncé par l'huissier ; l'huissier ne vous accueille que si le concierge vous a laissé franchir le seuil ; donc le roi n'est qu'une variété de l'espèce concierge.

Le mouvement vibratoire se transforme et s'élève en passant des corps inorganiques aux cellules nerveuses ; ce premier saut est même si fort, que les vrais savants doutent encore si le mot de vibration appliqué au courant nerveux exprime une réalité ou une métaphore. Le courant nerveux à son tour monte en grade quand il devient une impression cérébrale. Cette impression se *spiritualise* (c'est le mot du Dr Luys, peu suspect de préjugés spiritualistes) en passant des couches optiques aux cellules corticales. Voilà le dernier terme de l'ascension pour les faits proprement corporels. Eh bien ! nous n'avons pas encore la sensation. La sensation spécifiée et consciente : couleur, son, odeur, etc., résulte de l'impression cérébrale, est déterminée par elle, mais se confond si peu avec elle que même elle ne lui ressemble pas. Quel rapport entre une vibration de cellule grise et la couleur verte, ou le goût du miel ou le son du *la* ? J'admets bien un rapport de causalité, comme j'admets qu'en touchant le *la* du clavier je détermine la production du son. Mais un rapport d'identité ! Dire que la commotion cérébrale et la sensation se confondent, c'est dire que la touche pressée et le son produit ne sont qu'une même chose. Et nous ne sommes pas au bout ; car la sensation et même la perception externe, qui en est distincte et qui lui succède, tiennent encore à la vie organique. Pour passer de là à l'acte intellectuel, pour tirer du fait sensible une idée, pour s'élever du singulier à l'universel, du concret à l'abstrait, de la perception à l'intelligence, il faut franchir un dernier abîme, plus large à lui seul que tous les autres. Quand on admet l'existence de l'âme raisonnable, exerçant sur cette *matière de la pensée* sa puissance formelle, la transformation s'explique parce qu'elle a une cause proportionnée à l'effet. Mais s'il n'y a que des chocs transmis du dehors, qui expliquera cette ascension ? Quand a-t-on vu une force s'accroître en se transmettant ? Quand, surtout, l'a-t-on vue changer d'espèce, monter de degrés en degrés jusqu'à un ordre d'activité incommensurable avec l'activité initiale, et cela sans renouvellement d'énergie, par le seul fait des transmissions multiples qui, en mécanique, usent la force au lieu de l'augmenter? Ne serait-ce pas tirer le plus du moins et renverser non seulement le principe de causalité, qu'on affecte de mépriser tout en l'appliquant sans cesse, mais encore ce *déterminisme des faits* qui n'est qu'un travestissement du vieil axiome : *Tout ce qui est a sa raison d'être ?*

Les plus ardents positivistes ont été obligés de reconnaître dans les faits psychiques un ordre d'événements absolument disparate avec les faits physiologiques. Citons seulement deux d'entre eux, un philosophe et un savant, M. Taine et M. Tyndall.

M. Taine avoue loyalement que « si la *condition* de la sensation est un mouvement, un mouvement quel qu'il soit ne ressemble en rien à une sensation », et que « l'analyse, au lieu de combler l'intervalle, semble l'élargir à l'infini ».

« Supposez, dit-il, la physiologie adulte et la théorie des mouvements cellulaires aussi avancée que la physique des ondulations éthérées; supposez que l'on sache le mécanisme du mouvement qui, pendant une sensation, se produit dans la substance grise, son circuit de cellule à cellule, ses différences selon qu'il éveille une sensation de son ou une sensation d'odeur, le lien qui le joint aux mouvements caloriques ou électriques, bien plus encore, la formule mécanique qui représente la masse, la vitesse, et la position de tous les éléments des fibres et des cellules à un moment quelconque de leur mouvement. Nous n'aurons encore que du mouvement, et un mouvement quel qu'il soit, rotatoire, ondulatoire, ou tout autre, ne ressemble en rien à la sensation de l'amer, du jaune, du froid ou de la douleur. Nous ne pouvons convertir aucune des deux conceptions en l'autre, et partant les deux évenements semblent être de qualité absolument différente ; en sorte que l'analyse, au lieu de combler l'intervalle qui les sépare, semble l'élargir à l'infini[1]. »

Le savant anglais n'est pas moins explicite :

« Admettons, dit M. Tyndall, qu'une pensée définie corresponde simultanément à une action moléculaire définie dans le cerveau. Eh bien ! nous ne possédons pas l'organe intellectuel, nous n'avons même pas apparemment le rudiment de cet organe qui nous permettrait de passer par le raisonnement d'un phénomène à l'autre. Ils se produisent ensemble, mais nous ne savons pas pourquoi. Si notre intelligence et nos sens étaient assez perfectionnés, assez vigoureux, assez illuminés, pour nous permettre de voir et de sentir les molécules mêmes du cerveau ; si nous pouvions suivre tous les mouvements, tous les groupements, toutes les décharges électriques, si elles existent, de ces molécules ; si nous connaissions parfaitement les états moléculaires, qui correspondent à tel ou tel état de pensée ou de sentiment, nous serions encore aussi loin que jamais de la solution de ce problème : quel est le lien entre cet état physique et les faits de la conscience ? L'abîme qui existe entre ces deux classes de phénomènes serait toujours

---

[1] Taine, *l'Intelligence*, 2ᵉ édit., t. I, pp. 353-354.

intellectuellement infranchissable. Admettons que le sentiment amour, par exemple, corresponde à un mouvement en spirale dextre des molécules du cerveau, et le sentiment haine à un mouvement en spirale senestre. Nous saurions donc que, quand nous aimons, le mouvement se produit dans une direction, et que, quand nous haïssons, il se produit dans une autre; mais le pourquoi resterait encore sans réponse [1]. »

C'est donc une chose acquise : les faits de la pensée sont d'un autre ordre que ceux de la vie corporelle. L'induction dès lors semble nous obliger d'attribuer à des phénomènes disparates des principes distincts; cependant nos adversaires, qui ont reconnu la différence, essaient de rétablir l'identité. Il nous reste à déjouer cette tentative en montrant que les faits psychiques sont *irréductibles à des causes matérielles, inexplicables par le jeu des organes corporels.*

Comment s'y prennent les matérialistes pour identifier ce qu'ils ont déclaré hétérogène ? Ils reculent la difficulté et vont chercher dans l'obscurité d'un centre inaccessible à la conscience l'unité des deux ordres de faits. Nul n'a conduit plus savamment l'analyse que M. Taine, dans son livre, déjà cité, de l'*Intelligence :* « Nous savons, dit-il, que la sensation est un composé, qu'elle diffère de ses éléments, que ces éléments échappent à la conscience, qu'ils n'en sont pas moins réels et actifs; et dans cette pénombre intérieure et profonde où naît la sensation, nous trouverons peut-être le lien du physique et du moral. »

---

[1] John Tyndall, *Leçon sur les forces physiques et la pensée* (*Revue des cours scientifiques*, 1868-1869, n° 1). Plus tard, en 1875, dans un article sur *le clergé en Angleterre*, reproduit également par la *Revue des cours scientifiques* du 4 décembre 1875, il dit : « La production de la conscience par un mouvement moléculaire est pour moi tout aussi inconcevable que la production du mouvement moléculaire par la conscience. »

Pour préparer son lecteur à l'escamotage auquel sa thèse le condamne, M. Taine procède par analogie. « Voyez, dit-il, comme nos sens tamisent et diversifient un même mouvement. Les yeux fermés et sans être prévenu, vous voyez un flamboiement; un peu plus tard vous entendez un son, et enfin vous avez dans le bras la sensation d'un coup de bâton : essayez l'expérience sur un ignorant ou sur un enfant; il croira qu'on l'a frappé, que quelqu'un a sifflé, qu'une vive lumière est entrée dans la chambre; et cependant les trois faits différents n'en sont qu'un seul, le passage d'un courant électrique. — Il a fallu faire l'acoustique pour montrer que l'événement qui éveille en nous, par nos nerfs tactiles, les sensations de vibration et de chatouillement, est le même qui, par nos nerfs acoustiques, éveille en nous les sensations de son [1]. »

L'esprit du lecteur étant ainsi préparé, on va lui faire la grande révélation : c'est que la sensation d'une part, le mouvement moléculaire des centres nerveux de l'autre, peuvent bien n'être *qu'un seul et même fait, vu du dedans ou vu du dehors;* comme le son et la douleur au bras, dans le cas du choc électrique, sont un seul et même fait, perçu par l'oreille et par les nerfs tactiles.

Nous avons à cela trois réponses à faire.

D'abord, nous nions la parité. Dans l'exemple du choc électrique, c'est bien un même fait qui est arrivé jusqu'à l'être sensible par deux voies différentes : l'appareil acoustique et l'appareil tactile. L'identité du fait est constatée par la vue et par une foule de vérifications expérimentales. Au contraire, quand il s'agit de comparer la sensation et le mouvement, l'identité n'est pas constatée, puisque c'est cela qu'il s'agit d'établir. Il n'y a donc là tout au plus qu'une vague présomption de possibilité reposant sur une

---

[1] Taine, *loc. cit.*, p. 357.

analogie contestable et superficielle. C'est l'équivalent de rien.

En second lieu, la solution proposée *n'a pas de sens*. On la propose pour remplacer l'âme, pour la rendre inutile. Or, s'il n'y a pas dans l'être humain une âme, c'est-à-dire un sujet substantiel et conscient, centre d'unité, le *dedans* ne peut plus être distingué du dehors. Qu'est-ce qu'un fait vu du dedans? C'est un fait intime à celui qui en est le sujet. S'il n'y a pas de sujet, il n'y a pas de dedans. L'expression même *vu du dedans* appartient à la psychologie spiritualiste. L'autre psychologie supprime le centre, elle réduit la conscience elle-même à une résultante, c'est-à-dire à une superposition de forces; donc elle rend impossible la vue par le dedans. Les faits mécaniques n'ont pas d'intérieur, ils n'ont qu'une face externe. Les chocs ne sont que la rencontre des surfaces.

Donc dire : Les faits psychiques sont les faits corporels vus du dedans, c'est prononcer des mots vides de sens ou rétablir sournoisement, avec le centre intime de l'être humain, l'âme qu'on prétend nier.

Enfin, si la solution de M. Taine avait un sens, elle serait fausse et démentie par l'observation. Les faits psychiques ne sont pas seulement vus sous un autre aspect que les faits matériels, ils sont exclusifs des conditions de matérialité.

Trois caractères distinguent les faits psychiques :

L'unité et la simplicité du sujet;

L'identité persistante;

L'activité autonome.

L'*unité* d'abord. Nous avons déjà constaté que les faits de la pensée supposent un centre d'unité[1]. C'est même cette unité évidente, contrastant avec l'évidente dualité

---

[1] Voir la 1re Conférence : *Idéalisme et Matérialisme*, p. 101.

de l'être humain, qui constitue le problème de l'âme. Sans l'unité du sujet deux sensations simultanées ne pourraient être attribuées au même sentant, à plus forte raison deux idées au même pensant; le jugement le plus simple, affirmant un rapport entre deux termes, serait impossible; le raisonnement qui compare deux propositions se concevrait encore moins; la délibération réfléchie et la résolution d'une volonté choisissant entre plusieurs partis à prendre équivaudraient à la quadrature du cercle.

Aussi personne ne conteste qu'une certaine unité ne soit de l'essence de la pensée.

Mais cette unité, où résidera-t-elle? Dans un sujet substantiel et simple? Alors c'est un esprit. Nierez-vous la simplicité? Alors le sujet n'est plus substantiel. L'unité n'est plus qu'une résultante. Pas de milieu.

Et de fait, c'est bien là qu'en viennent les matérialistes. C'est bien le mot qu'ils emploient. L'unité pensante n'est qu'une résultante de faits. La conscience n'est qu'une résultante de constatations.

Eh bien! cela est inacceptable. La réalité proteste.

D'abord ma conscience m'atteste autre chose. A travers la diversité de mes impressions et de mes pensées, je me sens un réellement, je m'attribue la propriété indivisible de mes modalités. Ma conscience me dit cela aussi clairement qu'elle m'atteste les modalités elles-mêmes. Si je la crois sur un point, de quel droit récuserai-je sur l'autre son témoignage? Est-ce que l'évidence intime peut se morceler?

Ensuite, avec l'unité simplement résultante, le fait même de conscience serait impossible. Qu'est-ce qu'une résultante? Cette expression est empruntée à la mécanique, et elle ne trouve son application légitime que dans le domaine mécanique. Deux forces mesurées tirent le bateau obliquement vers les deux rives du canal. Complétez le parallélogramme dont ces deux directions tracent deux côtés. La diagonale indiquera la direction réelle suivie par le mobile. Qu'y a-t-il là? Unité apparente, mais en réalité composition : composition des forces qui se superposent; composition des directions dont les éléments divergents s'annulent et les éléments convergents s'additionnent. Supposez les deux forces primitives conscientes, je vous défie d'admettre que ces deux consciences se confondent dans la diagonale. *Chacun n'a conscience que de soi.*

M. Taine, en bon sensualiste qu'il est, ne nous parle que de *sensation* quand il s'agit d'attenter à l'unité de la conscience. Tous ses exemples sont empruntés aux impressions sensibles. Ce choix est habile, car ici l'unité psychologique est moins absolue. La philosophie scolastique reconnaît que la sensation a pour sujet le composé: *Sentire est conjuncti;* non pas qu'un principe substantiel simple n'y soit nécessaire, mais parce que le fait de sentir implique *essentiellement* l'union de ce principe à une matière, en sorte que l'esprit pur ne pourrait pas éprouver ce phénomène. Il y a sans doute une grande différence entre cette unité imparfaite du sujet purement sensible de l'animal, par exemple, et l'unité simplement *résultante* des matérialistes.

La première est *substantielle,* quoique non *subsistante.* La seconde n'est pas même substantielle. Toutefois la distance est moins grande qu'entre l'unité subsistante du sujet pensant et celle des forces divergentes confondues dans la diagonale. M. Taine diminue à plaisir la difficulté qui le gêne.

Mais nous n'avons pas à faire son jeu. La question de l'âme des bêtes est un des chapitres les plus épineux de la cosmologie. Nous pourrons y revenir une autre fois. Aujourd'hui nous nous occupons de l'âme humaine. Elle a, ce semble, des privilèges assez évidents pour qu'on lui fasse une place à part. Si elle a, en commun avec les animaux, le pouvoir de sentir et celui de percevoir les choses sensibles, elle a, en propre, le pouvoir de concevoir l'absolu, l'universel, celui de juger, de raisonner et de se résoudre. Voilà le vrai domaine de la pensée. C'est là que règne l'unité supérieure, celle qu'il faut expliquer. Eh bien! essayez de le faire avec votre système de résultante! Je vous en défie. Les sensations, après tout, sont quelque chose de concret; on conçoit à la rigueur qu'elles se superposent et se fondent. Mais les idées abstraites? Mais les propositions formulées en langage abstrait? Mais les motifs d'agir empruntés à l'ordre intelligible, le devoir, l'honneur, le sacrifice? Essayez donc de fondre en une résultante unique ces choses idéales, s'il n'y a pas un sujet substantiel et conscient pour les recevoir, les *réaliser*, les comparer, en tirer des jugements, des raisonnements, des résolutions. En vérité, le mot même de *résultante* appliquée à de tels faits n'offre à l'esprit aucun sens. Si l'unité de la pensée n'est que cela, elle n'est rien. Et si la pensée n'a pas d'unité, la pensée est impossible.

Après l'unité, l'*identité*.

Un des faits psychiques les plus importants, c'est la mémoire.

Il y a, je le sais, une mémoire inférieure qui appartient aux animaux, mémoire de sensations, qui tient de très près à la vie organique, qui n'est que la persévérance des impressions sensibles; la cause extérieure, en disparaissant, a laissé ces impressions engourdies et inconscientes; la même cause ou son image revenant, elles se réveillent. De cette mémoire-là on peut induire le même genre d'unité que des sensations elles-mêmes, rien de plus, rien de moins. Passons donc sans délai à la mémoire supérieure, et, pour la voir en action, considérons-la dans une de ses manifestations les plus hautes et les plus saisissantes, le souvenir du crime, accompagné de remords. Que suppose un tel souvenir? Il suppose non seulement l'unité, mais l'identité du sujet. Le crime a été commis il y a vingt ans, et le remords fait sentir aujourd'hui sa pointe. C'est donc le même sujet qui a péché et qui se repent.

Or cette identité impliquée dans le fait même du souvenir, qu'est-elle, matérielle ou spirituelle?

Elle n'est pas matérielle. L'agrégat corporel ne reste pas identique à lui-même. Le *circulus* vital ne cesse pas un seul instant d'assimiler et de désassimiler les éléments de nos organes. Autrefois on croyait qu'il fallait sept ans pour le renouvellement du corps humain. Les expériences de Flourens ont prouvé que c'est l'affaire de quelques mois. On croyait que le renouvellement était partiel; on sait maintenant qu'il est intégral. Aucune partie, superficielle ou profonde, molle ou résistante, de l'organisme n'y échappe. Le réseau vasculaire fait pénétrer partout les éléments nouveaux charriés par le sang, et l'activité fonctionnelle reproduit partout le phénomène de combustion qui use l'étoffe des tissus vivants.

Nos adversaires le savent bien, et ils n'essaient même pas de défendre cette identité de matière.

Comment échapper alors à l'identité d'esprit?

Ils s'efforcent de trouver des intermédiaires, et ils en proposent deux : l'identité morphologique et l'identité dynamique.

La première pourrait se définir : la persistance du moule organique. Les molécules s'échangent entre le dedans et le dehors, mais celles que la nutrition amène se rangent selon les formes que dessinaient les molécules éliminées. Ainsi se perpétuent et le type spécifique et l'idiosyncrasie de l'être individuel, la taille, la physionomie, le tempérament, le caractère.

La seconde identité, c'est la permanence du mouvement. Les molécules assimilées sont les anches vibrantes de cet *orgue* animé qui s'appelle le *vivant*. Quand l'une est usée, une autre la remplace; mais, en venant s'aligner au rang qui lui convient, elle hérite de l'énergie vibratoire de celle qui l'a précédée. Le rythme vital passe de l'une à l'autre. C'est une gamme commencée sur un clavier et continuée sur un autre. L'oreille de l'auditeur ne perçoit aucune différence, c'est la même gamme.

Avec ces deux identités, celle du moule et celle de la vibration, on croit pouvoir reconstituer l'identité du sujet.

Eh bien, non! Le moule, s'il n'est qu'une forme géométrique, ne peut rien régir; et s'il est, comme nous l'affirmons, nous autres philosophes chrétiens, une *forme substantielle,* un principe directeur de la vie, dominateur des éléments qui concourent à la former, il reste à se demander quel est ce principe. Est-il un, simple, subsistant? Alors il peut expliquer le souvenir, le remords, aussi bien que la conservation du type organique; mais alors aussi il s'appelle l'âme ou l'esprit. N'est-il qu'une résultante? Alors il peut expliquer la permanence morphologique, si *l'on admet* au dehors un créateur soumettant la matière à sa loi spécifique. Mais il est radicalement incapable de conscience, incapable de souvenir, et par conséquent impropre à expliquer le phénomène du remords.

A l'identité du moule ajoutez la conservation du mouvement, vous ne serez pas plus avancé. Le mouvement n'est qu'un état des corps, une modalité; quand on dit que le mouvement se transmet, on veut dire que l'état d'un corps influence l'état de l'autre, que le second prend une *modalité semblable,* mais *non identique* à celle du premier. Il n'y a pas quelque chose de réel qui passe d'une boule de billard dans l'autre par le fait du choc. Quand cela serait, on n'en pourrait conclure qu'une chose, c'est que les cellules cérébrales se transmettent une vibration identique à elle-même malgré le changement de matière. Ceci ne regarde que le mécanisme extérieur de la vie psychique. Il y a loin de là à la conscience morale, qui est le côté le plus intime de la pensée. Confondre ici le fait physiologique et le fait psychique pour s'autoriser à les confondre encore ailleurs, c'est commettre une pétition de principes. L'identité dynamique ne fait pas avancer d'un pas le problème de l'identité morale.

Et cependant cette idée existe. Donc elle est due à la permanence d'un sujet spirituel; car il n'y a pas une cinquième hypothèse à faire. Si les éléments matériels se renouvellent, si la persistance du moule, si la conservation du mouvement n'expliquent pas le jugement invincible par lequel l'homme d'aujourd'hui s'accuse d'un meurtre accompli par des membres qui ne sont plus, il faut dire ou que son âme demeure et fait à elle seule son identité responsable, ou que la conscience se trompe, que la loi se trompe, que le remords est une illusion, la condamnation une injustice, le châtiment un assassinat. Voici un meurtrier qui a su dissimuler son forfait; mais il n'a pas su imposer silence à la voix intérieure qui le lui reproche. Après des années de troubles, de luttes intimes, il n'y tient plus, la vie lui est à charge, l'estime de ses semblables lui semble une ironie cruelle, il vient se livrer lui-même à la justice des hommes. Le fait du crime est bientôt constaté. Mais le jury se compose d'hommes éclairés des lumières nouvelles. L'un d'eux se lève et dit : « L'accusé n'est pas coupable. Le meurtre est constant, mais ce n'est pas lui qui l'a perpétré. Entre l'assassin véritable et l'homme que vous avez devant vous, quel rapport y a-t-il? Une simple ressemblance de traits, une parfaite similitude de tempérament, un rythme vital qui rappelle à s'y méprendre celui qui régissait les organes du meurtrier. Ses remords sont une hallucination sous l'empire de laquelle il croit continuer un personnage disparu. O juges, voulez-vous être aussi fous que lui? Alors condamnez-le, et soyez du même coup de vrais assassins, comme l'a été celui que vous ne pouvez plus atteindre. »

Et tous les jurés d'applaudir; et le président de s'incliner et de dire : « Accusé, vous vous calomniez. Vous êtes innocent. Allez en paix ! »

Eh bien ! Messieurs, il s'en ira, mais il ne s'en ira pas en paix; car il est plus facile à des sophistes de nier l'évidence qu'à la conscience humaine de se payer de leurs mensonges.

L'hypothèse matérialiste rend donc inexplicables les deux premiers caractères de l'activité psychique : l'unité et l'identité. Elle n'est pas plus conciliable avec le troisième caractère de cette activité : l'autonomie.

Deux mots seulement sur ce vaste sujet.

La matière n'est pas dépourvue d'activité, mais elle n'est pas autonome. Elle n'agit pas, elle réagit.

L'être moral agit, il se sent autonome, et même quand il réagit (ce qui est le cas ordinaire), il met dans sa réponse, à l'excitation du dehors, quelque chose qui n'était pas contenu dans la demande.

Si cette différence est concédée, le matérialisme s'écroule. Un être autonome est forcément autre chose qu'un agrégat de matière. Aussi l'école antispiritualiste réunit-elle toutes ses forces pour battre en brèche l'autonomie de la volonté et lui substituer un parfait déterminisme. Des philosophes, qui ne sont pas les ennemis de l'âme, comme M. Alfred Fouillée, apportent leur concours à cette œuvre de destruction. Mais, sans aborder une discussion qui occuperait à elle seule de longs discours, bornons-nous à constater ces quatre faits :

La conscience morale atteste l'autonomie de la volonté.

La moralité individuelle et l'idée même du devoir reposent sur ce témoignage.

La morale collective, le droit public et privé, n'ont pas d'autre fondement.

Enfin ceux qui le renversent reconnaissent qu'ils n'ont absolument rien à mettre à la place et nous renvoient à plus tard pour nous montrer une morale nouvelle dont ils cherchent encore la base.

Donc, jusqu'à meilleure preuve, la cause du spiritualisme est liée à celle du devoir, du droit et de la civilisation.

C'est une garantie de vérité qui en vaut bien d'autres.

III

Resterait à résoudre les difficultés que l'école matérialiste oppose à notre thèse.

Cette tâche serait longue et fastidieuse, si l'on voulait la poursuivre en détail.

Qu'il nous suffise de formuler l'objection principale, la seule sérieuse, et d'indiquer, sans le développer, le principe de solution.

Cette objection se tire de la concomitance constatée entre les faits physiologiques et les faits psychiques.

Quand je vois que les phénomènes de la digestion ne peuvent pas s'accomplir sans l'estomac, j'induis légitimement que c'est l'estomac qui digère. Or les faits de pensée ne peuvent pas s'accomplir sans le cerveau ; donc c'est le cerveau qui pense.

Réponse : Dans le phénomène digestion, l'observation ne me découvre rien que d'extérieur, et le fonctionnement de l'estomac suffit à l'expliquer.

Dans le phénomène pensée, l'observation externe découvre des modifications du cerveau, l'observation psychologique révèle des faits d'un autre ordre, irréductibles aux premiers. Donc ces deux ordres de faits sont à la fois liés et distincts. Donc ils n'ont pas la même cause ni le même sujet.

Voilà l'inébranlable fondement du spiritualisme. Que reste-t-il pour que, non content de se défendre chez lui, il puisse attaquer victorieusement ses adversaires et les ramener, captifs volontaires, dans la citadelle de la vérité?

Une seule chose, Messieurs. Il faut et il suffit que le spiritualisme, non content d'affirmer l'âme et sa distinction d'avec les corps, étudie consciencieusement les conditions de la vie psychique, ses relations avec la vie du corps et avec le jeu des organes. Il faut et il suffit que le spiritualiste, au lieu de se réfugier dans une psychologie ignorante ou dédaigneuse des phénomènes physiologiques, aborde résolument l'examen des conditions corporelles de la pensée et propose, pour en rendre compte, une théorie anthropologique qui accorde à la science expérimentale tout ce que celle-ci a le droit d'exiger.

Cette condition nécessaire et suffisante pour son triomphe définitif, le spiritualisme ne la trouve pas remplie dans toutes les écoles qui se réclament de son nom.

Il faut même l'avouer, le spiritualisme moderne, depuis Descartes, semble avoir perdu la notion de cette nécessité.

On a beau se croire aux antipodes du cartésianisme, comme le patriarche du traditionalisme : on lui emprunte encore sa notion de l'esprit et de ses rapports avec le corps.

Nous avons tous été élevés dans l'admiration d'une formule dont l'auteur est M. de Bonald, mais dont Descartes est l'inspirateur : *l'âme est une intelligence servie par des organes.*

Le moindre défaut de cette définition, c'est d'être très incomplète.

L'intelligence est servie par les organes ; servie, oui, sans doute, mais assujettie aussi. Il est vrai que tout maître de maison est plus ou moins assujetti à ses domestiques.

Mais, en consentant à se servir lui-même, il pourrait s'affranchir de cette dépendance.

L'âme n'a pas cette ressource.

Et la dépendance va loin.

S'il ne s'agissait que de la partie inférieure de la vie psychique, la sensation, voire la perception des corps, on pourrait dire : L'âme dépend des organes dans toutes les opérations qui ont leur point de départ au dehors. Mais dans sa vie propre, dans ses opérations intellectuelles, elle est maîtresse et non servante, elle ne dépend pas du corps.

Malheureusement pour la théorie, il n'en va pas ainsi.

Même dans l'acte le plus pur de l'intelligence, il y a un concours nécessaire, un concours important des organes.

Le cerveau travaille dans le crâne du penseur. Il y a des vibrations de cellules dans la couche corticale du cerveau ; il y a, pour les rendre possibles, un afflux sanguin d'autant plus abondant que l'effort intellectuel est plus intense ; il y a une élévation de température qui en résulte, il y a enfin une combustion de matière organique. Plus l'âme pense, plus le cerveau brûle de sa propre substance. Et c'est ainsi que le travail de tête engendre, autant et plus que le travail des muscles, la sensation de la faim.

Enfin, si ce travail est excessif, il y a fatigue, douleur dans l'encéphale ; et la prolongation de cet excès entraîne un état morbide, quelquefois même des lésions matérielles que l'autopsie pourra reconnaître après la mort, et qui seront comme la signature terrible de l'animalité, laquelle ne permet pas qu'on l'oublie quan on veut faire la part de l'esprit.

Si cela est, que devient la définition de Bonald ? Elle ne répond plus à la réalité.

Et que devient la conception cartésienne de la nature humaine ?

Pour Descartes, l'âme n'est que pensée, le corps n'est que matière.

La vie du corps n'est que mécanisme, la vie de l'âme n'est qu'intelligence.

Le mécanisme corporel est régi directement par Dieu.

L'âme communique avec le corps par des esprits animaux dont la réalité n'a été constatée par aucune expérience. Si encore c'étaient d'utiles hypothèses, rendant bien compte de la difficulté. Mais non ; car enfin Descartes n'admet pas que l'esprit puisse mouvoir la matière, ni la matière affecter l'esprit. Or ces esprits animaux sont esprit ou matière ; la conception cartésienne n'admet pas de milieu. Dans l'un et l'autre cas, leur rôle d'agents intermédiaires est un rôle impossible, et il ne reste que le Créateur pour servir de *médium* entre l'âme et le corps. On va directement et logiquement de l'anthropologie de Descartes à l'occasionalisme de Malebranche.

Comment alors la pensée, acte purement spirituel, peut-elle être placée par Dieu sous la dépendance de phénomènes corporels qui sont sans proportion, sans communication possible avec l'esprit ? Ne sentez-vous pas que nous sommes ici en plein dans l'artificiel, dans le convenu ? Cette intervention de Dieu entre un esprit et un corps à cloisons étanches ne vous fait-elle pas l'effet d'un miracle permanent, et du plus violent comme du plus inutile des miracles ? Car si l'esprit ne peut rien recevoir de la matière et rien lui donner, pourquoi Dieu exige-t-il que les choses se passent comme s'il y avait une dépendance réciproque ?

Pourquoi m'en donne-t-il le sentiment? Pourquoi me fait-il éprouver un grand mal de tête après l'effort de l'esprit, quand il est admis que la tête n'est pour rien dans cet effort? Est-ce que ce n'est pas là une sorte d'illusion dont Dieu serait en moi l'auteur, une étrange comédie dont mon être serait le théâtre, dont ma conscience serait la dupe et dont la cause première serait incessamment l'acteur?

Ah! Messieurs, prenons garde! Un tel spiritualisme met à une rude épreuve la foi de l'homme en sa spiritualité.

Supposez maintenant un savant qui a étudié l'homme par le dehors, qui connaît le jeu des organes et le parallélisme des fonctions corporelles et spirituelles. Supposez cet homme hésitant sur la question de l'âme et peu accoutumé à l'observation psychologique. Son scalpel ne lui a jamais montré l'esprit, mais il est assez éclairé pour reconnaître et assez sincère pour avouer que cela ne prouve rien. Comment faire pour résoudre ce doute: Y a-t-il dans l'homme autre chose que la matière? Il s'adressera aux philosophes de profession, et parmi eux il choisira naturellement les spiritualistes, ceux qui tiennent école de psychologie, ceux qui gardent depuis deux cents ans le sceptre incontesté de la doctrine de l'âme, tranchons le mot: aux cartésiens! Et que lui dira-t-on? Ce que je viens de vous exposer.

Mais notre homme n'a pas plus tôt entendu les premiers mots, qu'il prend la porte et s'enfuit. Comment! dit-il, c'est là ce fameux spiritualisme? Pour croire à l'âme il faut admettre toutes ces énormités? Il faut faire de l'esprit un étranger habitant un hôtel garni, et servi, *en apparence,* par des domestiques qui, en réalité, ne font rien pour lui et ne reçoivent rien de lui; car c'est le propriétaire de la maison (Dieu) qui fait tout sous leur nom, prenant sur les lèvres du locataire l'expression de ses désirs et remuant lui-même, pour exécuter ses ordres, les bras et les jambes des valets? Quel conte des *Mille et une nuits* est donc cela? C'est bon, je suis fixé sur le spiritualisme. J'aime mieux croire que c'est le cerveau qui pense, quoique je ne sache pas trop comment, et je retourne à l'amphithéâtre.

Ah! Messieurs, croyez-le bien, cette identification déplorable qui s'est faite entre le cartésianisme et le spiritualisme a plus fait pour le succès du matérialisme que tous les travaux de Cabanis ou de Broussais, de Büchner ou de Moleschott!

Mais que mettre à la place? direz-vous.

Tout simplement ce que Descartes a fait oublier :

La philosophie traditionnelle des écoles catholiques;

Ce que je ne crains pas d'appeler l'anthropologie chrétienne.

L'exposé de cette belle doctrine fera l'objet d'une prochaine étude.

TROISIÈME CONFÉRENCE

L'ANIMISME DES SCOLASTIQUES

L'âme existe donc.
Elle est autre chose qu'un mot.
Le principe pensant est en moi quelque chose de spirituel.
Le moi humain réside dans un sujet simple, dans une monade pensante qui a son être propre, sa subsistance à elle, qui n'est pas seulement une résultante des actions concertées de l'agrégat corporel.
Voilà l'affirmation spiritualiste.
Nous l'avons prouvée en invoquant le témoignage irrécusable de la conscience psychologique et morale, et en montrant que les faits intimes garantis par ce double témoignage sont exclusifs de l'hypothèse matérialiste.
Mais si le spiritualisme a pour lui une autorité aussi irrécusable que l'est pour chacun de nous la conscience de sa personnalité, comment se trouve-t-il des hommes qui résistent à cette évidence? Comment l'état d'esprit matérialiste est-il possible?
C'est que, si l'existence de l'âme est certaine, son mode d'existence est rempli pour nous d'obscurité.

L'antinomie signalée dès le début de cette étude se dresse de nouveau devant nous et nous déconcerte.

L'homme, qui est double, est un aussi.

Si l'âme n'est pas le corps, elle est unie au corps ; c'est trop peu dire, elle en dépend. Il serait fastidieux d'insister sur le fait trop évident de cette dépendance, qu'un spiritualisme orgueilleux essaie en vain de nier. L'âme ne connaît les objets extérieurs que par les sens corporels. S'élève-t-elle jusqu'aux opérations supra-sensibles, l'idée, le jugement, le raisonnement? Il lui faut des matériaux pour ces constructions de la pensée, et elle les emprunte aux images qu'elle a reçues du dehors. La simple observation psychologique atteste cette concomitance nécessaire des faits physiologiques et des faits psychiques; la science, qui a pour objet propre la structure et les fonctions de l'organisme humain, ajoute à la démonstration un luxe de preuves qui va jusqu'à troubler la foi spiritualiste de plusieurs. Le cerveau, ce sphinx, se laisse arracher peu à peu quelques-uns de ses secrets[1] : chaque progrès accompli dans l'étude de cet organe montre plus intime et plus étroite la solidarité de la vie cérébrale et de la vie intellectuelle. Je ne parle pas ici de la prétendue équation entre le poids du cerveau ou son volume et la puissance de la raison. Cette invention, qui a eu son heure de vogue, est aujourd'hui condamnée par les faits. Mais que d'autres relations plus ou moins bien constatées semblent assujettir les opérations de l'esprit à des conditions physiologiques! La folie, l'idiotisme, les désordres mentaux de l'alcoolisme

---

[1] Depuis l'époque où ces Conférences ont été composées, de nombreux travaux ont paru sur la physiologie du cerveau. Un livre récent, publié par M. l'abbé Farges, de la compagnie de Saint-Sulpice, expose avec sûreté les faits scientifiques connus et leurs relations avec les problèmes d'ordre psychologique. C'est l'ouvrage le plus complet qui ait été publié sur cet important sujet. (*Le Cerveau, l'âme et les facultés*, par Albert Farges; Paris, 1890. Letouzé et Ané.)

correspondent à des lésions ou à une dégénérescence du cerveau et de la moelle. Les cas variés de traumatisme cérébral autorisent les médecins à localiser dans les diverses régions de l'écorce grise les maladies de la mémoire, à classer, à déterminer, à se flatter même de guérir les différentes formes de l'aphasie ou de l'agraphie, de la cécité ou de la surdité verbales. Enfin des expériences ingénieuses, encore qu'imparfaites et prêtant à l'équivoque, permettent de mesurer avec quelque approximation le temps nécessaire à l'accomplissement de certaines opérations sensibles où se mêle un acte de pensée ou une volition ; on va même jusqu'à prétendre mesurer mécaniquement l'intensité de réaction psychique qui répond à une excitation sensorielle donnée. Ainsi ce n'est plus seulement le cerveau pris en bloc qui apparaît comme l'organe de la pensée ; c'est la géographie du cerveau qui semble se confondre avec celle des opérations mentales ; c'est le dynamisme de la substance cérébrale qui se solidarise de plus en plus avec l'activité intellectuelle.

En présence de ces faits, quelle attitude vont prendre les philosophes ?

Le choix des matérialistes est bientôt fait. Une analogie grossière leur suffit pour ramener la vie de l'esprit à un phénomène organique. Toute fonction corporelle a un organe corporel, et tout organe corporel a une fonction du même ordre. Quand nous voyons que les phénomènes de digestion sont liés au fonctionnement de l'estomac et de l'intestin, nous disons : L'estomac, l'intestin, digèrent ; ainsi les poumons régénèrent le sang, le cœur le pousse dans les artères, etc. Or les phénomènes intellectuels sont liés de même au fonctionnement de l'encéphale ; donc le cerveau pense, comme l'estomac digère : « il sécrète la pensée, dit Vogt, comme le foie sécrète la bile. »

Qu'une telle conclusion soit précipitée, qu'elle dépasse

les prémisses, cela n'est pas douteux. Mais on ne peut nier que l'ensemble des faits sur lesquels on prétend l'appuyer n'établisse du moins, entre l'organisme et la pensée, une solidarité bien plus étroite que celle dont le spiritualisme cartésien suggère l'idée. Existe-t-il une autre forme du spiritualisme qui, accordant plus largement à la physiologie ce qu'elle revendique, soit de nature à désarmer les préjugés des hommes de science, à les réconcilier avec la spiritualité du principe pensant ? Oui, disions-nous en terminant notre dernière conférence, cette doctrine existe : elle est ancienne et traditionnelle dans l'Église ; elle remonte au delà même du Christianisme, jusqu'au Stagyrite, et les principes qu'elle pose, mis en contact avec les faits nouveaux que la science découvre tous les jours, en reçoivent, non plus comme le cartésianisme, un démenti, mais une saisissante confirmation. Le moment est venu de justifier cette assertion.

Esquissons donc rapidement les grandes lignes du système péripatéticien perfectionné, épuré par les docteurs chrétiens, formulé dans sa teneur la plus exacte par saint Thomas d'Aquin.

I

L'observation des phénomènes qui tombent sous nos sens nous conduit à cette conclusion :

Tout ce qui est objet d'expérience est sujet au changement. C'est même par le changement seul que les choses se révèlent.

[Les modernes expriment la même pensée en disant : Toute connaissance est une *différenciation*.]

Dans ces changements incessants, tout ne disparaît pas de ce qui était, et ce qui apparaît n'est pas entièrement nouveau. De l'être qui change, quelque chose périt et quelque chose demeure.

D'une façon générale les scolastiques appellent *matière* ce qui ne périt pas, le fond commun qui persiste à travers les mutations des choses sensibles.

Ils appellent *forme* ce qui change, les différentes manières d'être qui se remplacent les unes les autres.

Il y a des formes *accidentelles* qui peuvent survenir et disparaître dans un même être sans changer sa nature et ses propriétés essentielles. Ainsi je prends de la cire. Froide, elle est dure et consistante; je la chauffe, elle s'amollit; je la pétris en boule, puis je l'aplatis, je lui donne la forme géométrique du cylindre. Chaleur ou froideur, dureté ou mollesse, figure sphérique ou cylindrique, voilà différentes manières d'être d'un même morceau de cire; ces manières d'être sont *accidentelles*, elles se succèdent sans changer la nature de la cire.

Mais maintenant je vais soumettre cette cire à l'action de réactifs chimiques qui la décomposeront en éléments hétérogènes. Toutes les propriétés caractéristiques de cette substance vont disparaître et faire place aux propriétés déterminantes des corps composants. Voilà des changements qui ne sont plus accidentels, mais substantiels. Il y a substitution de substance à substance, ou, pour parler le langage de l'école, changement de *forme substantielle*.

Laissons de côté les formes accidentelles, qui ne doivent pas nous occuper en ce moment; considérons seulement la forme substantielle.

Qu'est-elle?

Elle est ce qui fait qu'un être est tel, et non pas un autre; que la cire est de la cire, et non pas du bois.

Dans l'ordre idéal, c'est donc le type de la chose, son essence, ce qui la constitue dans son espèce. On l'appelle la *forme spécifique*. Le mot spécifique s'explique de lui-même; mais pourquoi *forme?* Parce que *forma,* en latin, veut dire modèle. C'est le type que reproduira tout objet réel qui méritera d'être appelé de la cire.

Dans l'ordre réel, ce type idéal, ce modèle est actualisé. Un être concret existe, conforme à l'exemplaire de l'espèce; il en a les propriétés, il en subit les lois. Quand vous connaissez la loi du type, vous savez d'avance comment se comportera la substance en laquelle il se réalise.

Ainsi la forme substantielle est à la forme spécifique ce que le fait est à l'idée. Elle est la forme idéale traduite en acte. Autrement dit, c'est une force réelle obéissant à la loi idéale de l'espèce.

Remarquons, en passant, combien cette notion s'accorde avec l'expérience et avec les conceptions de la science moderne. La forme substantielle ainsi comprise, n'est-ce pas, dans les choses, l'*idée directrice* dont parle Claude Bernard, la *formule créatrice* de M. Taine? Seulement les scolastiques n'admettent pas qu'un idéal reste suspendu en l'air, ni qu'une formule, chose abstraite, ait par elle-même une vertu créatrice. Pour eux, l'idéal qui gouverne les réalités d'ici-bas a lui-même un *sujet d'inhésion,* éternel comme lui-même; il est supporté par la suprême réalité d'en haut qui est l'intelligence divine. La formule qui crée les choses n'est pas un axiome abstrait, mais l'expression de la volonté d'une cause concrète qui préexiste à tout.

Ces notions préliminaires sur la matière et la forme vont nous aider à concevoir le système cosmologique des scolastiques et leur système anthropologique.

II

La matière pure, privée de toute forme, n'existe pas, ne peut pas exister ; ce serait un être qui ne serait ni tel ni autre. La matière n'est que l'élément inférieur et potentiel de l'être ; elle ne devient réelle, actuelle, qu'à la condition de devenir ceci ou cela, d'être spécifiée, déterminée par une forme, ou, comme on dit dans l'école, *informée*.

Au plus bas degré de la matière informée, nous trouvons le minéral. La forme le maintient en son type ; la quantité de matière groupée sous ce type est chose indifférente. Un gramme de fer ou une tonne de fer, c'est toujours du fer. La mer ou une goutte d'eau, c'est toujours de la matière première informée par la forme spécifique de l'eau. Ce qui distingue une goutte d'eau d'une autre, ce n'est pas la forme substantielle, qui est la même : c'est la matière, principe d'individuation ; c'est aussi l'accident, principe passager de différenciation individuelle. Cette goutte d'eau est froide, cette autre est chaude ; celle-ci est pure, celle-là est mélangée de sel ; mais le sel peut en être séparé sans changer la nature de la goutte d'eau.

Au contraire, ce qui distingue une goutte d'eau d'une goutte de vin, c'est la forme, principe permanent de différenciation spécifique, source de propriétés caractéristiques qui révèlent la diversité des substances.

Au second degré, en montant l'échelle de l'être, la matière informée nous apparaît vivante. Un échange perpétuel s'opère entre l'être vivant et le dehors. C'est la forme qui préside à cet échange, qui gouverne le double mouvement d'assimilation et de désassimilation, le *circulus* vital. Par la nutrition et la dénutrition, la forme substantielle conserve un certain temps l'individu en vie ; avant qu'il meure, elle pourvoit à la conservation de l'espèce par la reproduction. C'est le végétal.

Montons un troisième degré. Voici une matière informée par une forme plus haute : elle est sentante, percevante et automotrice. Le dehors pénètre dans le dedans de l'être : il y grave ses impressions par la sensibilité, il y provoque les réactions de l'activité autonome, il y envoie des images de lui-même, qui sont reçues par une faculté nouvelle, capable de les élaborer et d'en faire, dans l'intérieur de la substance, des représentations expressives de l'extériorité. C'est la forme substantielle qui fixe l'animal dans ce degré d'être supérieur ; c'est elle qui préside en lui à ces deux vies superposées : la vie *végétative,* caractérisée par la nutrition et la reproduction ; la vie que l'école appelle sensitive, que les modernes appellent vie de *relation,* caractérisée par la sensation, la perception et l'autonomie du mouvement.

Pour suffire à ce rôle plus complexe, la forme, dans l'animal, s'élève davantage au-dessus de la pure matière ; elle est simple, elle ne tombe pas sous le sens. Toutefois on ne peut l'appeler *spirituelle;* car, faite seulement pour donner à la matière cette détermination spécifique de *corps animal,* elle n'a pas une vie à elle, distincte de la vie qu'elle donne au corps ; et quand la vie du corps s'éteint, la forme a fini son œuvre, elle s'éteint en même temps. C'est ce que l'école exprime en disant que la forme substantielle de l'animal est *immatérielle,* mais non pas *subsistante.*

Voici maintenant un quatrième degré de l'être mixte. La matière informée se présente à l'observateur avec toutes les propriétés de la vie animale ; mais le sujet qui déclare sienne cette vie animale, s'en attribue en même temps une autre, une vie intellectuelle, accompagnée de conscience, et dont l'exercice, encore que lié aux fonctions corporelles, est cependant hors de proportion avec celles-ci ; car la *pensée,* — c'est le nom générique par lequel on désigne cette vie supérieure, — atteint l'idéal, embrasse l'universel, s'étend au permanent; en un mot, elle a pour objet propre tout autre chose que les faits singuliers, concrets, sensibles, transitoires, avec lesquelles la met en relations le jeu des organes du corps.

Dans cet être nouveau, qui est l'homme, la forme substantielle est, comme toujours, le principe unique qui régit et détermine toutes les manifestations de l'activité; mais par-dessus la vie végétative et la vie sensitive qu'elle supporte, elle est encore le sujet d'une troisième vie qui lui appartient en propre, dont l'autonomie est pour elle objet de conscience, et qui, pour dépendante qu'elle soit des fonctions organiques dans les conditions actuelles de son exercice, se conçoit au moins hypothétiquement comme séparable de l'organisme. Cette forme, c'est l'âme raisonnable, spirituelle et subsistante : subsistante, c'est-à-dire se suffisant à elle-même, ayant sa raison d'être indépendamment du rôle qui lui est dévolu comme principe des deux vies inférieures, par conséquent capable, au moins radicalement, de survivre à ces deux vies, que dis-je? naturellement désignée pour leur survivre; car si l'objet qui lui est propre est impérissable, si son activité est proportionnée à cet objet, pourquoi lui serait-il naturel de périr? Et n'est-ce pas à cette capacité de se passer un jour de l'organisme qu'il faut rattacher, même ici-bas, ces circonstances exceptionnelles qui nous la montrent affranchie par instants de sa dépendance envers le corps, soit sous l'action d'une cause surnaturelle et transcendante, comme dans l'extase; soit sous l'empire d'une influence naturelle encore mal connue, mais expérimentalement constatée, comme dans certains états qui relèvent du magnétisme, et qui donnent lieu, par exemple, aux phénomènes de vue à distance.

Là s'arrête l'expérience dans sa marche ascendante le long de l'échelle des formes. Mais l'induction rationnelle nous permet de monter plus haut encore et de supposer, au-dessus de l'âme humaine, un degré supérieur de l'être créé, celui où la forme existerait sans union avec la matière. Ce serait alors une forme pure, sujet d'une vie qui ne déborderait pas au dehors, mais se supporterait seule elle-même dans l'exercice de fonctions exclusivement spirituelles. La révélation vient confirmer cette hypothèse en affirmant l'existence des esprits purs, des créatures angéliques. L'analogie permet de hasarder de belles conjectures sur les conditions essentielles de la vie considérées à ce degré. C'est ce qu'a fait saint Thomas, avec une vigueur de dialectique qui mérite tout autre chose que le dédain ignorant de certains modernes pour ce qu'ils appellent ironiquement sa *psychologie des anges*.

Enfin l'ange lui-même n'est pas le sommet de l'être. Sans doute, en lui la forme est dégagée de toute compromission avec la matière, mais elle reste bornée, et l'acte en elle nous apparaît encore mêlé de potentialité de deux manières; d'abord parce que cet acte n'est pas infini en intensité, on pourrait le concevoir plus grand; il est donc en puissance au moins *obédientielle*[1], comme disent les scolastiques, à l'égard d'une vie plus haute. C'est là une potentialité objective et comme extérieure à l'être. En second lieu, cet acte est successif; ce qui suppose un passage constant de la puissance à l'actualité. C'est là une potentialité intérieure ou subjective.

La forme parfaite, c'est l'acte qui n'est ni limité en intensité, ni borné en durée, ni sujet à la succession, parce que seul celui-là est acte en tout lui-même, sans

---

[1] C'est-à-dire que le Créateur, par son action transcendante, pourrait élever cette vie à un degré supérieur.

aucun mélange de potentialité. C'est ce qu'Aristote a, le premier, appelé l'*acte pur :* c'est Dieu.

III

Vous voyez quelle place occupe l'humanité au centre de ce panorama, et vous pouvez maintenant comprendre quelle est, d'après ce système, la nature du lien qui rattache l'âme au corps dans l'unité de l'être humain.

Un nom, qui appartient en propre à la langue péripatéticienne, désigne ce mode d'union : c'est l'*union substantielle.*

Pour bien en saisir le sens, rappelons les divers degrés concevables dans l'union de deux éléments distincts.

Il y a d'abord l'*union de simple agrégat,* celle en vertu de laquelle plusieurs grains de blé font un tas, plusieurs gouttes font une masse d'eau.

Il y a ensuite l'*union d'action réciproque,* comme celle qui relie le mobile au moteur.

Il y a encore l'*union téléologique ou de finalité.* Ainsi des matériaux hétérogènes concourent à former une maison; des individus groupés pour une œuvre commune font une société, une armée, etc.

Ces trois sortes d'unions sont accidentelles, c'est-à-dire qu'elles ne tiennent pas à la nature des êtres unis ; elles supposent ces êtres déjà constitués et surviennent à leur existence pour leur assigner un état nouveau.

Au-dessus j'aperçois l'*union personnelle* ou, comme disent les théologiens, *hypostatique.* C'est celle que tous les spiritualistes sont obligés d'admettre entre l'âme et le corps dans l'homme, sous peine de détruire l'unité du sujet, qui sans cela ne pourrait plus s'approprier les actes et les états des deux substances, dire : *mon* esprit, *mes* membres, *ma* pensée, *ma* douleur, *mon* mouvement.

Ce genre d'union est pour les chrétiens une vérité de foi, car elle sert de fondement au dogme de l'Incarnation. « Comme l'âme raisonnable et la chair ne font qu'un homme, ainsi Dieu et l'homme ne font qu'un Christ, » dit le symbole de saint Athanase.

Il faut donc accepter au moins ce degré d'union. Si l'on s'en tient là, si l'on admet que l'âme et le corps dans l'homme vivant sont deux substances complètes bien que naturellement unies, nées pour être unies, on est obligé de chercher un lien qui rende raison de cette union. Ce lien sera ou l'action réciproque des deux substances l'une sur l'autre (l'*influxus physicus* d'Euler), ou l'*occasionalisme* de Malebranche, ou l'*harmonie préétablie* de Leibniz. La première explication n'est guère qu'un nouvel énoncé du problème ; les deux dernières font de Dieu seul le lien véritable des deux natures, et la *conscience unique* du sujet humain devient alors bien difficile à expliquer ; car la conscience de la vie appartient à celui qui vit, et si le corps ne dépend de l'âme, l'âme du corps, *qu'à travers l'action d'un autre*, — qui est le Créateur, — ce n'est ni l'âme ni le corps, c'est cet autre qui devrait avoir conscience de l'union.

Venons maintenant à l'hypothèse de l'*union substantielle*. Elle consiste en ceci, que dans l'homme il n'y ait pas *deux substances complètes*, simplement juxtaposées, ou même assujetties l'une à l'autre par le lien d'une personnalité unique, mais bien *une seule substance*, composée de *matière et de forme*. La forme, c'est l'âme ; la matière, c'est, en un certain sens, le corps. Mais, direz-vous, pour les scolastiques, le corps humain, ce n'est déjà plus de la matière première, c'est de la matière informée. Oui, mais informée par l'âme. C'est l'âme qui confère au corps toutes ses déterminations, qui lui donne d'être, et d'être corps, et d'être ce corps, avec cette composition chimique, ces tissus, ces organes, tout ce qui le distingue d'un corps différent. Le corps sans l'âme non seulement ne serait pas vivant, mais ne serait pas spécifiquement ce qu'il est; relevant d'une autre forme, il serait peut-être un corps animal, il ne serait pas un corps humain.

Et l'âme sans le corps? On peut la concevoir ainsi à l'état anormal, accidentel, provisoire; elle peut vivre isolée, puisqu'elle est subsistante; mais elle est faite naturellement pour animer le corps, le dominer, s'en servir. Nous verrons plus tard ce que l'école enseigne touchant l'état de l'âme séparée; le dogme chrétien vient, pour ainsi dire, au secours de cette âme, en lui promettant la résurrection de son corps; mais il se mêle ici un élément surnaturel qui complique le problème. Le philosophe, qui observe la nature humaine telle qu'elle s'offre à lui dans la vie présente, conclut, s'il est disciple d'Aristote et de saint Thomas, qu'un esprit dont la vie serait normale et complète sans un corps, serait d'une autre espèce que l'âme humaine.

Ainsi le concert de deux substances incomplètes, dont l'une est déterminée par l'autre et qui concourent ensemble à former une nature, une substance unique, voilà ce qu'il faut entendre par l'*union substantielle*.

Telle est la base fondamentale du système qu'on peut appeler l'*animisme aristotélicien et scolastique*.

Et voici les conséquences de ce système :

1° L'âme raisonnable est à elle seule, par elle-même et immédiatement, la forme du corps.

2° Bien que jouant ce rôle de forme à l'égard du corps humain, elle n'est pas engendrée avec lui. Elle est l'objet d'une création directe de Dieu, — ceci est de foi; — et cette intervention transcendante du Créateur se renouvelle, pour chaque vie humaine qui commence, à l'appel de l'organisme physiquement engendré. Bon nombre de scolastiques pensent qu'elle n'est pas contemporaine de la première fécondation du germe; il faut que l'évolution du fœtus soit assez avancée pour motiver l'*infusion* du principe pensant. Pendant la période intermédiaire, l'embryon ne peut se passer de forme ; il reçoit, par l'effet de la conception, une forme transitoire, d'abord purement végétative, qui fait place ensuite à une ou plusieurs formes sensitives de perfection croissante ; celles-ci se succèdent, selon la conception aristotélicienne, par voie de *corruption* et de *génération ;* quand la plus élevée de ces formes passagères a fini son rôle, elle s'efface devant l'âme pensante, que Dieu crée et prépose à la vie du fœtus.

S'il y avait quelque chose de vrai dans l'affirmation contestable de certains embryologistes, d'après lesquels l'embryon passerait par des spécifications successives de reptile, d'oiseau, etc., avant d'atteindre à la morphologie humaine, le système scolastique se prêterait sans difficulté à cette conception scientifique.

3° Aucune matière ne pouvant exister sans forme, les scolastiques supposent qu'à l'instant de la mort l'âme humaine est remplacée dans son rôle auprès du corps par une forme provisoire qu'ils appellent *forme cadavérique,* laquelle fait bientôt place elle-même aux formes multiples des nouvelles substances *engendrées* dans le cadavre et qui font cesser l'unité du corps humain.

Cette hypothèse a pour origine l'ignorance où étaient les anciens du travail immédiat qui suit la mort. Il n'y a pas, comme ils le pensaient, une période intermédiaire durant laquelle le corps, bien qu'ayant perdu la vie, garderait son identité organique en attendant la décomposition prochaine. La décomposition est constante, même pendant la vie; elle résulte de l'activité fonctionnelle des cellules;

seulement elle est compensée par la nutrition, qui elle-même est constante. La nutrition cesse avec la vie, les cellules deviennent immédiatement autonomes, et la dissolution s'opère, invisible durant les premières heures, mais réelle déjà. L'unité du cadavre n'est que celle de l'agrégat; son identité n'est qu'apparente. Les faits mieux connus donnent raison à la métaphysique de l'école à travers l'erreur scientifique ; car rien n'est plus conforme à cette métaphysique que l'idée de ces cellules, naguère dominées par la monarchie de la forme substantielle pensante, maintenant affranchies, travaillant chacune pour elle-même, constituant autant de formes indépendantes, et, par la rupture de leur concert, produisant la dissolution du cadavre, *redistribuant* la matière sous des formes nouvelles destinées à disparaître à leur tour.

Relevons aussi, en passant, ce qu'il y a de vrai et de faux dans l'hypothèse du cadavre donnant naissance à des vies nouvelles,— celles des vers, — par voie de *génération spontanée*. L'erreur ici encore est d'ordre scientifique. Les anciens ne savaient pas, et beaucoup de modernes refusent encore d'admettre ce qu'a pourtant démontré M. Pasteur; c'est que, partout où la vie apparaît, il y a eu introduction de germes venus du dehors. Ce sont ces germes qui se fécondent dans le cadavre, à la faveur de l'impunité que leur assure l'absence du principe vital. Ignorant cela, et voyant de nouveaux vivants apparaître dans le corps mort, les scolastiques se tiraient de la difficulté par l'application d'un principe philosophique, plutôt vague qu'inexact, emprunté à la métaphysique d'Aristote : *Corruptio unius est generatio alterius*. Mieux informés des faits, ils n'eussent fait aucune difficulté d'admettre la véritable explication de la germination cadavérique. Mais il reste acquis que l'hypothèse de la génération spontanée, dont les chefs de l'école *transformiste* veulent se faire une arme contre le théisme, était couramment admise par les théologiens; d'où il suit que, si elle pouvait être démontrée, elle ne devrait pas embarrasser les croyants.

5° L'âme pensante étant dans l'homme vivant le principe et le support unique des trois vies superposées, la végétative, la sensitive et l'intellectuelle, il s'ensuit que, selon le système scolastique, elle n'est pas localisée dans un organe, comme le supposait Descartes, mais tout entière présente à toutes les parties de l'organisme : *tota in corpore toto*. La science moderne, plus imbue qu'elle ne pense d'une philosophie peu scientifique, incline encore à concentrer la vie dans les cellules de l'encéphale, réduisant les nerfs au rôle de simples conducteurs. Mais l'expérience donne tous les jours de nouveaux démentis à cette conception. Aux centres encéphaliques il a fallu d'abord ajouter les centres médullaires, foyers des actions réflexes. Et ce n'est pas tout : les nerfs ont besoin d'être nourris et excités sur tout leur parcours par l'afflux sanguin ; le travail de nutrition se poursuit simultanément dans les parties les plus reculées de l'organisme ; tous les tissus dont se composent les organes, toutes les cellules dont la trame forme les tissus, sont le siège incessant de l'échange de matière qui est la condition de la vie. N'est-ce pas une confirmation éclatante du rôle multiple attribué par les scolastiques à un principe unique, exerçant partout à la fois son influence vivifiante ?

6° Enfin l'âme pensante est l'unique suppôt de l'acte intellectuel, qui exige l'unité rigoureuse du sujet. Mais la sensation et la perception sensible ont pour sujet le *composé tout entier*, le corps informé par l'âme ou l'âme unie au corps qu'elle informe : *Sentire est conjuncti*, disent les scolastiques. La raison de cette différence, c'est que dans l'acte intellectuel la fonction organique n'est qu'une condition d'exercice, tandis que dans la sensation ou la perception sensible la fonction organique fait partie de l'acte lui-même. Une âme sans organes ne pourrait pas sentir ni connaître d'une façon sensible. Il est donc légitime de conclure que le sujet de l'acte sensoriel n'est pas l'âme seule, comme le prétendait Descartes.

Les six énoncés qui précèdent résument tout le système scolastique sur l'unité de l'être humain en faisant abstraction des dissentiments de détail qui divisent les diverses écoles du moyen âge, notamment celle de Scot et celle de saint Thomas.

Loin de nous la pensée de soutenir que rien n'ait vieilli dans cette façon de concevoir la constitution de la nature humaine. Même parmi les néo-scolastiques, l'accord n'est pas parfait touchant la manière d'appliquer aux données de la science moderne la conception propre au péripatétisme chrétien. C'est ainsi que quelques-uns, comme l'éminent docteur Freydeau, répugnent à concéder que l'âme pensante soit à ce point la forme unique du corps; que tous les éléments organiques dont celui-ci se compose reçoivent de celle-là leur être et leur détermination. Pour ces thomistes mitigés, les éléments dont il s'agit sont constitués en dehors de l'âme dans leur nature chimique, dans leur essence physiologique; ils reçoivent seulement d'elle l'influence dominatrice qui met en œuvre leurs énergies, maintient leur concert et les assujettit à l'unité d'une commune vie. Les thomistes rigoureux répondent, non sans raison, que cette manière de voir implique l'idée d'autant de formes inférieures qu'il y a d'éléments constitués, en sorte que l'âme pensante ne serait plus *seule et par elle-même* la forme substantielle du corps, mais à travers l'action subordonnée des formes qu'elle domine et régit. N'est-ce point là, disent-ils, s'écarter inutilement de la définition du concile de Vienne? Et pourquoi l'âme raisonnable, dont le pouvoir éminent comprend tous les pouvoirs inférieurs, ne suffirait-elle pas à spécifier à la fois tous les groupements de matière dans le corps humain, en donnant à chacun les déterminations qui le distinguent, les vertus qui répondent à sa destination fonctionnelle ?

Quoi qu'il en soit de ces divergences, nous pouvons conclure que l'*anthropologie* scolastique, considérée dans son ensemble, est nettement spiritualiste, puisqu'elle fait de l'âme le sujet unique de la vie intellectuelle ;

Qu'elle est puissamment *animiste*, puisqu'elle réserve à l'âme pensante le rôle de principe vital ;

Qu'elle rend très bien compte de l'union de l'âme et du corps par la théorie de l'unité substantielle ;

Qu'enfin elle offre le meilleur terrain de rencontre entre la métaphysique et la science expérimentale. L'idée qu'elle donne du rôle assigné à l'âme dans les manifestations complexes de l'activité humaine se prête sans effort à toutes les exigences raisonnables de la physiologie. Qu'on vienne parler à un scolastique des localisations cérébrales, des mesures de l'esthésimétrie, des constatations de la psychophysique ; il répondra : Nous savions depuis longtemps que l'âme, en donnant la vie aux organes, trouve dans leur fonctionnement l'instrument ou la condition nécessaire pendant la vie présente de ses opérations spirituelles. Vous autres savants, vous ne vous contentez pas de ces affirmations générales ; vous en déterminez expérimentalement quelques applications. Soyez les bienvenus, et tendons-nous la main, en restant chacun dans notre domaine. Si l'âme n'était qu'une hôtesse logée dans un corps, si l'esprit et la matière étaient seulement juxtaposés dans l'homme comme deux substances complètes, hétérogènes et même de nature antagoniste, on ne voit pas ce qui justifierait la subordination de l'activité psychique à des conditions organiques constantes. Mais si le corps tient de l'âme son être et sa vie ; si l'âme, à son tour, n'est pleinement caractérisée dans son essence spécifique que par sa relation avec le corps, quoi d'étonnant que l'un des deux éléments intervienne dans les opérations de l'autre? Si un même principe domine et supporte toutes les énergies du vivant, quoi d'étonnant qu'à l'unité du principe corresponde une étroite solidarité des fonctions? Continuez donc, ô maîtres de l'expérience, décrire, à classer ce qui se voit du dehors. Nous resterons en paix avec vous tant que, à votre tour, vous respecterez les limites où s'arrêtent vos moyens d'investigation, abandonnant à la conscience psychologique le champ de cette vision intérieure où ne pénètrent pas vos regards.

C'est ainsi qu'en empruntant à la doctrine traditionnelle des écoles catholiques tout ce qui est d'ordre philosophique, en y remplaçant seulement les erreurs ou les ignorances scientifiques par des données plus exactes, on se maintient en parfait accord avec les enseignements de l'Église, et qu'on tire du trésor de la pensée, selon le mot de l'Évangile, des vérités anciennes et des vérités nouvelles : *Profert de thesauro suo nova et vetera* [1].

C'est la ligne de conduite que nous nous sommes efforcés de suivre en étudiant le problème délicat de la composition de l'être humain. Une vue superficielle de ce composé nous y avait montré une apparente antinomie entre la dualité des éléments et l'unité du sujet. Nous avons suivi, à travers toutes les routes de la pensée, l'effort de l'intelligence humaine pour résoudre cette antinomie. Nous l'avons vue tantôt absorber le corps dans l'esprit pour refaire l'unité sur les sommets nébuleux de l'idéalisme, tantôt absorber l'esprit dans le corps pour établir cette unité dans les bas-fonds du matérialisme. Le spiritualisme cartésien ou éclectique, avec sa psychologie isolée, nous a paru une bien

---

[1] Matth. XIII, 52.

faible défense contre de tels ennemis de la dignité humaine. Alors nous avons prêté l'oreille à la grande voix des siècles chrétiens. Nous avons retrouvé dans l'animisme traditionnel l'indication de la conciliation véritable. Marchons dans cette voie, Messieurs, avec le passé derrière nous pour nous soutenir, avec l'avenir devant nous pour nous attirer.

Tradition et progrès, tradition dans les principes, progrès dans les connaissances, c'est le secret de mettre d'accord la foi qui possède, la liberté qui cherche, la science qui trouve. C'est la méthode de la philosophie chrétienne. Les aventures de ceux qui l'ont désertée nous avertissent de lui demeurer fidèles.

QUATRIÈME CONFÉRENCE

LA VIE ET LA PENSÉE

Nous avons tenté, dans la dernière conférence, de rendre intelligible à tous la doctrine de l'*animisme scolastique*. Mais les bornes d'un seul entretien formaient un cadre bien étroit pour l'exposé, même sommaire, d'un si vaste système. Des questions qui m'ont été adressées de plusieurs côtés, tant de vive voix que par écrit, m'ont déterminé à revenir sur mes pas et à reprendre sous une autre forme l'examen de l'anthropologie du moyen âge, en précisant le rôle qu'elle assigne à l'âme humaine, en sa condition présente, à l'égard de la *vie* et de la *pensée*. J'essaierai, chemin faisant, d'indiquer les relations de cette théorie avec le dogme chrétien. Ces relations sont plus étroites qu'on ne pense ; car, si l'Église respecte l'autonomie de la raison dans le domaine qui lui est propre, elle ne s'est jamais désintéressée des principes philosophiques qui servent de base aux vérités révélées.

Nous avons esquissé, d'après le système aristotélicien, le tableau de la *hiérarchie des formes*. Les docteurs chrétiens se sont approprié cette synthèse. Il serait intéressant de rechercher ce qu'ils y ont ajouté ou ce qu'ils ont amendé pour mettre plus en sûreté la spiritualité de l'âme pensante et ses titres à l'immortalité. Mais cette étude délicate nous entraînerait trop loin et nous engagerait dans des controverses d'école touchant l'interprétation d'Aristote. Les uns l'accusent, en effet, d'avoir trop enfermé l'âme dans sa fonction d'*entéléchie du corps* et de n'avoir pas fait de place à la vie supérieure de l'esprit dans sa célèbre définition [1]; les autres repoussent ce reproche au nom des explications fournies par Aristote lui-même dans le cours de ses ouvrages. Pour couper court à ces discussions, nous prenons la formule de l'animisme dans les écrits des scolastiques, de saint Thomas avant tout, certains de rencontrer, là du moins, un spiritualisme irréprochable.

Donc, en remontant du minéral au végétal, du végétal à l'animal, nous avons rencontré au-dessus de ces trois premiers degrés de l'être un quatrième échelon. L'âme humaine nous est apparue, douée d'une vie propre qui n'a pas pour sujet la matière informée, mais la forme seule. Et en même temps cette âme fait dériver sur l'agrégat corporel qui lui est uni la triple influence de l'être physique, de la vie végétative, de la vie sensitive. C'est en cela qu'elle mérite d'être appelée la *forme du corps*, parce qu'elle le détermine, le spécifie, l'anime et le fait être tout ce qu'il est.

La vie se caractérise par la *nutrition*, qui restaure sans cesse l'individu; la *dénutrition*, qui sans cesse tend à le dissoudre et y réussit à un certain moment par la mort; la *reproduction*, qui perpétue l'espèce.

Est-il vrai que, pour maintenir dans l'agrégat corporel ces conditions de la vie, un principe intérieur et autonome soit nécessaire, ou suffit-il d'un simple agencement des

---

[1] Εντελεχεια πρωτη σωματος φυσικου, οργανικου, ζωην εχοντος εν δυναμει: « L'acte premier d'un corps naturel, organisé, ayant la vie en puissance. »

parties matérielles qui donnerait lieu à l'exercice des forces physico-chimiques? En d'autres termes, existe-t-il une différence irréductible entre le vivant et le non-vivant? Le principe vital est-il une réalité nécessaire ou une hypothèse superflue?

Le litige est ancien et n'est pas encore résolu entre philosophes.

Démocrite, Leucippe, Épicure dans l'antiquité, Descartes et Malebranche chez les modernes, ont nié la nécessité d'un principe *sui generis* pour expliquer la vie. Ils n'ont vu dans les phénomènes vitaux qu'un pur mécanisme : pour Épicure, simple effet du hasard, résultat de la rencontre fortuite des atomes; pour Descartes, œuvre savante et concertée du mécanicien éternel.

Inutile d'ajouter que les matérialistes modernes ont emprunté à Descartes sa théorie mécanique de la vie en l'isolant de son déisme et en la ramenant dans les voies d'Épicure. C'est pour eux, pensent-ils, le plus sûr moyen d'en finir avec Dieu et avec l'âme humaine : avec Dieu, parce qu'on pose alors la nécessité des atomes et de leur mouvement, ce qui permet de se passer d'un Créateur pour rendre compte des combinaisons de la matière ; avec l'âme, parce que la vie n'est plus désormais qu'une *résultante*, et la pensée une forme supérieure de la vie.

Malgré l'abus qu'en font les matérialistes, cette explication purement mécanique de la vie doit-elle être considérée comme essentiellement hétérodoxe?

S'il ne s'agissait que de sauvegarder les droits de Dieu, il ne serait pas nécessaire d'assigner à la vie un principe formel distinct de celui qui préside aux combinaisons inorganiques. Prouvez, si vous le pouvez, qu'un degré supérieur de complication dans le jeu des forces physico-chimiques suffit à rendre compte des phénomènes caractéristiques de la vie, vous n'aurez pas même effleuré le problème, d'ordre métaphysique, autour duquel se rencontrent les athées et les théistes. Ceux-là diront que l'atome doué d'un mouvement initial peut suppléer le rôle du Créateur, de l'ordonnateur transcendant. Ceux-ci répondront qu'il n'en est rien, parce que l'intelligence est nécessaire au développement cosmique, et que, si elle ne se trouve pas dans l'être initial, elle n'apparaîtra jamais, le *plus* ne sortant pas du *moins*. C'est une discussion philosophique, et les théories mécaniques de la vie ne servent de rien pour la faire aboutir. Forts des exigences de la raison, nous continuerons de dire qu'un être étranger et supérieur à la série des choses qui évoluent est indispensable pour en motiver et en diriger l'évolution. Et si l'on nous accorde cet être, l'orthodoxie théologique ne peut plus invoquer les droits de Dieu pour combattre la doctrine qui ramène la vie à une formule de chimie.

En est-il de même si nous considérons ce que j'oserai appeler les droits de l'âme? Un catholique peut-il, à ce point de vue, se désintéresser de la solution qu'on réserve au problème de la vie?

On eût bien étonné Descartes et Malebranche en soulevant ce doute. Ils se croyaient parfaitement orthodoxes en rompant avec toute la tradition des écoles catholiques sur ce point. La fortune de leur système a été si grande, qu'ils ont réussi à faire oublier même à Bossuet et à Fénelon qu'il y avait une définition de deux conciles œcuméniques qui touche indirectement à cette question : la définition du concile de Vienne en 1311, et celle du Ve concile de Latran en 1513.

Ces définitions ont été mises dans une nouvelle lumière et rappelées à l'attention des philosophes chrétiens par deux brefs de Pie IX, l'un à l'archevêque de Cologne (15 juin 1857), et portant condamnation des erreurs de Günther; l'autre à l'évêque de Breslau (30 avril 1860), et portant condamnation des mêmes erreurs renouvelées par Baltzer.

Or il est certain que ces actes de l'autorité doctrinale ne visent pas directement le problème de la vie. Mais il est évident aussi qu'ils le supposent préalablement résolu dans le sens vitaliste, et qu'ils s'occupent d'assigner à l'âme raisonnable sa place véritable dans le composé humain, en faisant d'elle l'unique principe vital.

La question générale de la vie, nous le disions tout à l'heure, est celle-ci : La vie a-t-elle un principe qui lui soit propre ? ou les phénomènes appelés vitaux peuvent-ils être ramenés à des phénomènes physico-chimiques et, ultérieurement, à un simple jeu de mécanique moléculaire ? Cette question générale, les définitions de l'Église ne l'ont pas eue pour objet formel. L'accord existait entre toutes les écoles catholiques pour la résoudre affirmativement, d'après les principes généraux de la philosophie traditionnelle.

La question spéciale de l'anthropologie chrétienne est celle-ci : L'âme raisonnable est-elle, dans le composé humain, le principe unique de toutes les vies qui s'y superposent, ou faut-il admettre un ou plusieurs principes vitaux intermédiaires entre l'âme et le corps pour expliquer ces vies superposées ? La célèbre école de Montpellier adoptait cette seconde solution.

La question ainsi posée me paraît évidemment, sinon tranchée, du moins touchée par les actes des conciles et des papes. Citons le bref de Pie IX à l'évêque de Breslau : « Ce sentiment qui met dans l'homme un seul principe vital, savoir l'âme raisonnable, de laquelle le corps reçoit à la fois et le mouvement et toute espèce de vie et la sensibilité, est le plus commun dans l'Église de Dieu, et les docteurs les plus nombreux et les plus autorisés l'ont regardé comme si étroitement lié à l'enseignement dogmatique de l'Église, qu'il en est à leurs yeux la seule interprétation légitime et ne peut, par suite, être nié sans erreur dans la foi. »

Nous pouvons donc résumer en deux assertions la doctrine des écoles catholiques touchant la vie :

1° La vie a un principe propre. 2° Dans l'homme ce principe de vie est immédiatement l'âme raisonnable.

1° *La vie a un principe propre.* — Les scolastiques le démontraient facilement, une fois admise la théorie aristotélicienne sur la hiérarchie des formes.

Du moment que tout être qui tombe sous les sens est composé de deux éléments, l'un qui lui est commun avec tous les corps, l'autre qui l'actualise et le spécifie (matière et forme), l'élément spécificateur ou la forme est dans chaque être le principe de tout ce qui lui est propre. Or les êtres vivants ont des caractères qui les distinguent comme tels; donc la forme substantielle est en chacun d'eux le principe de ces propriétés qui servent à les discerner des non-vivants, le principe des propriétés vitales, le principe de la vie. Dans le végétal, la forme substantielle est le principe de la vie végétative; et, *dans telle espèce de végétal,* qu'il s'agisse de l'hysope ou du cèdre, la forme est le principe de cette mesure et de cette détermination de vie végétative qui caractérise et détermine l'espèce.

Quand on admet cette décomposition métaphysique de l'être en deux éléments, la matière et la forme, l'existence du principe de vie dans le vivant ne fait pas une difficulté particulière. Le végétal ou l'animal est vivant par sa forme substantielle, comme le minéral est non vivant par sa forme substantielle.

On conçoit donc que dans l'école, où cette théorie métaphysique était incontestée, on ne s'attardât pas à démontrer la nécessité d'un principe de vie dans le vivant.

Aujourd'hui que cette théorie est abandonnée du grand nombre, la preuve est à faire en faveur de l'existence d'un principe autonome pour expliquer la vie.

Nous croyons qu'on peut la faire victorieusement. Les efforts des *organiciens* pour ramener les phénomènes vitaux à de simples actions physico-chimiques et, ultérieurement, à un simple mécanisme, n'ont jusqu'ici abouti à supprimer aucune des difficultés qu'on leur oppose.

Sans doute le détail des opérations vitales se résout en phénomènes physico-chimiques.

Mais la persistance de ces opérations, mais leur concert, mais l'unité idéale qui régit les faits physiologiques, la fixité du type spécifique, sa permanence à travers les phases de l'individu en formation, sa transmission par voie de génération, tout cela constitue un ensemble de faits profondément différents des phénomènes inorganiques.

Or l'induction exige qu'à des faits hétérogènes entre eux on assigne des causes distinctes, ou qu'on montre derrière l'hétérogénéité apparente une réelle homogénéité.

Mais on n'a jamais réussi à montrer cela pour les actions vitales.

Donc les lois de l'induction exigent qu'on leur assigne un principe propre.

2° *Le principe unique et immédiat de la vie dans l'homme, c'est l'âme raisonnable.* — Le concile de Vienne condamne comme hérétiques ceux qui nient que l'âme raisonnable (*anima rationalis seu intellectiva*) soit par elle-même et essentiellement la forme du corps.

Le v° concile de Latran renouvelle cette définition dans les mêmes termes.

On peut dire, il est vrai, que *per se* et *essentialiter* ne veut pas dire *immediatè*, mais s'oppose seulement *accidentaliter*.

Il serait donc seulement de foi que l'âme humaine est faite par essence pour animer un corps.

Mais le bref à l'archevêque de Cologne ajoute le mot *immediata,* comme commentaire de ce que Pie IX appelle la *doctrine catholique : Noscimus iisdem libris lædi catholicam sententiam de homine, qui corpore et anima ita absolvatur ut anima eaque rationalis sit vera per se atque* IMMEDIATA *corporis forma.*

Un tel commentaire a une si grande autorité, qu'on ne voit guère comment se soustraire à cette conclusion ; quelle que soit la théorie philosophique qu'on adopte pour expliquer les rapports des êtres entre eux et la hiérarchie de leurs perfections respectives, qu'on admette ou non l'hypothèse métaphysique d'Aristote et de saint Thomas sur la matière et la forme, la doctrine catholique exige qu'on rapporte toute la vie de l'homme à un principe unique qui est l'âme raisonnable.

Quel est donc, dans cette donnée, — la seule vraiment orthodoxe selon nous, — le rôle de l'âme?

Il est multiple.

L'âme est le principe de la vie du corps, ou vie végétative.

L'âme est le sujet de sa vie à elle-même, ou vie intellectuelle et morale.

L'âme est, conjointement avec le corps, le sujet de cette vie mixte qui s'appelle la vie sensitive et qui comprend la perception par les sens.

Et d'abord l'âme est le principe de la vie des corps. Comment et en quel sens? En ce sens qu'elle est l'unité directrice qui préside aux fonctions variées de la vie physique.

On fait à cela une double objection.

La première, c'est que l'âme n'a pas conscience de ce rôle; que par conséquent c'est gratuitement qu'on le lui attribue.

Mais l'âme n'a pas davantage conscience de la totalité de sa vie spirituelle. Ainsi la pensée formée est consciente; mais qui dira comment se forme la pensée? Saisissons-nous sur le fait toutes les associations lointaines qui, à un moment donné, amènent telle conception réfléchie sous le regard du sens intime? En toutes choses les origines nous échappent, et quand on parle de la conscience, il y faut distinguer plusieurs degrés. La vie physique elle-même est objet de conscience d'une façon très inégale. Les physiologistes distinguent un double système nerveux : le *cérébro-spinal*, qui préside à la vie de *relation;* le *grand sympathique*, qui régit la vie de *nutrition.* Le fonctionnement du premier est objet de conscience claire, le second, d'ordinaire, paraît soustrait à la conscience. Cependant il est plus vrai de dire qu'il est objet de *conscience sourde,* comme disait Leibniz, et cette conscience par moments se réveille : elle atteint chez les malades, à certaines heures de travail intime, une clarté assez vive; on se sent atteint dans les profondeurs où s'élabore la vie. D'ailleurs, faites aussi grande que vous voudrez la différence des deux vies au point de vue du sentiment qu'on en peut avoir, la science constate que l'une et l'autre, malgré cette différence, procèdent d'un même centre, qui est le cerveau et ses annexes, bien qu'elles aient des foyers partiels distincts et des conducteurs séparés. Donc l'âme aussi peut avoir deux vies, l'une clairement, l'autre obscurément consciente, et ne laisse pas pour cela d'être le principe commun de l'une et de l'autre.

Enfin le reproche fait à la théorie animiste se retourne contre la théorie vitaliste; car, s'il y a un principe vital intermédiaire entre l'âme et le corps et régissant seul la vie du corps, certes la conscience ne nous en dit rien; c'est une hypothèse philosophique. En malgré ce caractère d'inconscience, vous persistez à soutenir la réalité d'un tel principe. Donc l'absence de conscience ne prouve rien contre le rôle vitaliste de l'âme raisonnable.

La seconde objection se tire de l'origine de l'âme. Selon la doctrine orthodoxe, l'âme raisonnable est objet de création immédiate, elle n'est pas engendrée avec le corps; donc elle ne peut pas être le principe naturel de cette vie physique qui se transmet de vivant à vivant par la génération corporelle.

La réponse se tire de la théorie exposée dans la dernière conférence touchant l'*animation du fœtus*. D'après cette théorie, l'embryon humain est d'abord informé par un principe non subsistant, peut-être même par une série ascendante de formes qui font place, lorsque le développement est assez avancé, à l'âme raisonnable créée par Dieu. A ce moment la vie physique de l'embryon tombe sous la domination de l'âme, qui comprend dans sa vertu supérieure l'équivalent, et au delà, des énergies propres aux formes inférieures. C'est ainsi que, sans être engendrée avec le corps, elle devient le principe de la vie du corps.

Nous avons dit, en second lieu, que l'âme est le sujet unique de sa propre vie intellectuelle et morale.

Cette conclusion se justifie d'abord par la conscience. En nous sentant penser et vouloir, nous sentons en même temps que ce genre d'opération a son siège dans la partie immatérielle de nous-mêmes. Les théories artificielles du matérialisme ne peuvent prévaloir contre ce témoignage intérieur, et ceux mêmes qui sont imbus des préjugés de laboratoire retombent, dès qu'ils cessent de se surveiller, dans l'expression, commune à tous les hommes, d'une conviction intime qui distingue la vie de l'esprit de la vie des sens, et conçoit la première comme radicalement capable d'être séparée de la seconde.

En outre, toutes les raisons apportées par les spiritualistes pour établir l'existence de l'âme raisonnable, exigent qu'elle soit seule le support de sa vie intellectuelle. L'unité du *moi* prouvée par la faculté d'abstraire, de généraliser, de comparer, de juger, de raisonner; l'autonomie de la volonté, la responsabilité des actes moraux, la permanence de la personnalité à travers le renouvellement, même intégral, de l'étoffe organique, tout cela suppose et appelle un sujet simple en qui une telle unité réside.

Enfin l'âme raisonnable est conjointement, solidairement avec le corps, le sujet de cette vie mixte qui se manifeste par la sensation et la perception sensible.

Ce qui revient à dire que l'âme humaine *en ceci* joue le même rôle que l'âme des animaux.

Mais elle le joue autrement, à cause de la diversité de sa nature.

Elle joue le même rôle, c'est-à-dire qu'elle fournit un sujet conscient aux phénomènes de sensation et de perception. Nous avons signalé précédemment l'infranchissable abîme qui sépare les ébranlements organiques, objet des constatations de la science qui voit du dehors, et les faits psychiques, objet du sens intime qui les saisit par le dedans. Autre chose, disions-nous, est le déchirement des tissus, autre chose est la douleur. Autre chose est l'impression subie par la rétine et transmise aux cellules cérébrales, autre chose la *vue* d'une image. Le fait organique est une commotion des molécules de l'agrégat. Le fait psychique est un état de conscience qui suppose l'unité de sujet.

Dans l'homme comme dans l'animal, il y a une âme, c'est-à-dire un sujet conscient de la vie psychique, un principe formel qui ramène à l'unité la variété des modifications sensibles imprimées aux parties étendues de l'organisme.

Mais, avons-nous dit, l'âme humaine ne joue pas ce

rôle de la même façon que l'âme de l'animal, parce qu'elle est d'une autre nature.

En effet, dans l'animal, rien ne révèle une âme subsistante, ayant sa vie à elle, autonome et séparable du corps. Ce qu'il y a de plus élevé dans l'opération animale, c'est la perception par les sens et certaines associations d'images s'enchaînant de manière à former des jugements et des raisonnements pratiques. Mais tout cela est confiné dans le sensible, dans le singulier, dans le transitoire; tout cela est compris, comme dit saint Thomas, sous la détermination d'un seul lieu et d'un seul temps : *sub hic et nunc*. Il n'y entre rien d'universel, de permanent, rien qui puisse survivre à l'action passagère qui a excité la faculté sensible, rien qui puisse être mis à part, comme la pensée intellectuelle, dans les réserves du langage et transmis d'individu à individu comme un capital de connaissances acquises. Le principe immatériel qui intervient dans la sensation ou dans la perception animale, est comme emprisonné dans la matière organisée. L'analogie autorise donc à induire qu'il s'évanouit avec l'organisation. L'âme de la bête n'est pas une substance complète, elle n'est pas subsistante. On pourrait presque dire qu'elle est une *résultante;* cependant cette expression ne serait pas rigoureusement exacte, la résultante ne fournissant qu'un centre idéal d'unité aux éléments d'où elle *résulte,* tandis que le principe immatériel non subsistant leur fournit un centre d'unité réel, quoique impossible à isoler.

L'âme humaine, au contraire, parce qu'elle a une vie supérieure qui lui est propre, est dite *subsistante*. Une fois douée de cette autonomie, elle ne peut plus la perdre. Elle la porte donc avec soi dans ce rôle moyen d'âme sensitive, comme dans le rôle inférieur d'âme végétative, qu'elle a en commun avec l'âme des animaux. Elle remplit les mêmes fonctions, mais d'une manière *éminente;* de même que le savant sait ce que sait l'ignorant, mais selon un mode supérieur. Cauchy a une façon de connaître les éléments de l'arithmétique qui n'est pas celle d'un enfant de dix ans.

Telle est la théorie scolastique, liée si étroitement avec le dogme qu'il faut presque oublier les enseignements de l'Église pour adhérer en sécurité à des principes diamétralement opposés, comme sont ceux de l'école cartésienne.

Cette théorie ne résout pas toutes les difficultés. Le rôle d'un principe immatériel subsistant, et qui pourtant n'est pas une simple résultante, est quelque chose de bien subtil et de passablement obscur.

Mais qu'est-ce qui n'est pas obscur dans l'étude de ces mystères profonds qui s'appellent la vie, la pensée et les rapports de l'un à l'autre?

Il n'y a guère qu'un moyen d'être simple et clair, c'est de construire de toutes pièces un système artificiel duquel on a soin d'éliminer les difficultés. Mais gare à la rencontre de l'expérience!

Et c'est là précisément, à notre avis, la supériorité du système scolastique sur ceux qu'on a voulu y substituer : c'est sa conformité aux données expérimentales.

L'expérience ici a deux domaines distincts : l'un psychologique, l'autre physiologique.

Or que nous dit l'expérience psychologique? Elle nous dit que l'âme raisonnable embrasse le monde entier dans l'unité de son opération; qu'elle fait entrer l'extériorité dans le champ de sa vision intellectuelle; mais que ce travail rationnel a pour matière la donnée sensible qu'elle élabore, qu'elle idéalise, qu'elle fixe par les signes du langage et les représentations de l'imagination. Or c'est précisément là le *processus* que nous décrit la psychologie scolastique.

Que dit l'expérience physiologique? Elle nous dit que

toutes les opérations dites d'intelligence et de volonté sont, comme celles de l'ordre sensitif, liées à des conditions organiques; que telle lésion du cerveau entraîne tel trouble mental, qu'à telle ablation de substance cérébrale correspond l'oblitération de telle faculté (langage, mémoire, etc.); qu'un simple reflux du sang se retirant du cerveau arrête le fonctionnement de la pensée. Le fait de cette dépendance de l'âme raisonnable à l'égard du corps demeurera toujours un mystère. Mais avouons que le mystère est bien plus épais pour ceux qui font de l'âme et du corps deux substances complètes, simplement juxtaposées pour vivre ensemble. L'anthropologie de l'école nous montre, au contraire, le corps humain comme une substance incomplète, c'est-à-dire n'ayant pas en elle-même la raison de sa spécification, et recevant de l'âme les propriétés qui la font corps humain : *To esse corporeum*. Elle nous montre l'âme raisonnable substance incomplète aussi, mais subsistante: incomplète en ce sens qu'elle a besoin du corps pour opérer, même intellectuellement; subsistante pourtant, puisqu'elle a sa vie propre et pénètre, par son opération supérieure, dans le domaine de l'universel et du permanent, où rien de physique ne trouve sa place ; à cause de cela, pouvant être accidentellement séparée de ce corps auquel elle est naturellement unie.

Dans cette donnée, la liaison étroite de l'âme et du corps n'a plus rien qui déconcerte. Le physiologiste peut pousser aussi loin qu'il voudra l'étude des coïncidences entre les faits physiologiques et les faits de conscience, jamais il ne nous rencontrera comme adversaires à moins que, non content de noter la coïncidence, il ne supprime l'un des deux ordres de faits. Et il sera moins tenté de tomber dans cet excès arbitraire parce qu'il ne nous aura pas vus prendre à l'égard des faits qu'il observe une attitude défiante, dédaigneuse ou alarmée.

En d'autres termes : l'anthropologie scolastique considérée dans ses grandes lignes et fixée dans cette formule générale : *l'union non seulement personnelle, mais substantielle de l'âme et du corps,* a sur tout autre système spiritualiste cet avantage, qu'elle fait la part plus large aux exigences de la physiologie ; que, par suite, elle est moins suspecte aux hommes de laboratoire, et rend la fréquentation des laboratoires moins dangereuse pour le psychologue.

« L'homme n'est ni ange ni bête ; quand il veut faire l'ange, il fait la bête, » a dit Pascal. En retouchant un peu cette spirituelle sentence, nous trouverions aisément l'épilogue de ce discours : L'homme n'est ni ange ni bête. Tout système qui en ferait un ange, donne envie aux hommes de science d'en faire une bête. La philosophie traditionnelle de l'Église a su éviter cet écueil ; et c'est pour cela que, en dépit du reproche qu'on lui fait de confiner au matérialisme, on peut dire hardiment qu'elle a bien mérité du spiritualisme.

CINQUIÈME CONFÉRENCE

L'IMMORTALITÉ

Nous nous sommes occupés jusqu'ici de la constitution de l'être humain tel qu'il se montre à nous dans sa condition présente. Mais peut-on dire qu'on connaît l'homme quand on ne tient pas compte de l'invincible instinct qui le porte à jeter ses regards au delà de la tombe? La thèse de la spiritualité de l'âme n'a qu'un intérêt spéculatif, si on l'isole de celle de l'immortalité. Libre à ceux qui veulent réduire l'étude de notre nature à un problème d'histoire naturelle, de rétrécir ainsi le champ de leurs investigations. Mais, qu'ils le veuillent ou non, la question de l'*au delà* se pose; et c'est déjà la résoudre négativement que de l'écarter au nom de la science. La philosophie spiritualiste n'acceptera jamais cette fin de non-recevoir. Ce n'est pas une simple curiosité qui pousse l'homme à se demander si, par une partie de lui-même, il s'élève au-dessus de la matière; ce n'est pas non plus un sentiment d'orgueil: c'est que la terre ne lui suffit pas, et que son bonheur est engagé dans la solution du litige.

Aussi bien, supprimez la préoccupation de la survivance après la mort, que reste-t-il pour départager spiritualistes et matérialistes? Ceux-ci ne nient pas l'intelligence, ni aucune des facultés supérieures qui nous sont propres ; ceux-là ne contestent pas l'étroite dépendance du principe pensant à l'égard de l'organisme, ni la réaction puissante de la vie psychique sur la vie animale. Si toute notre destinée est enfermée dans les quelques années de notre existence ici-bas, si notre être tout entier se dissout avec notre corps, qu'importe après tout que, pendant ce rapide passage, l'âme ait été substantiellement distincte de ce compagnon sans lequel elle n'a pu rien faire et auquel elle ne doit pas survivre ?

Mais introduisez la question d'outre-tombe, aussitôt le problème de la spiritualité de l'âme prend un intérêt poignant. Car si, pendant cette vie, l'âme n'a qu'un même être avec le corps, si elle n'est qu'une fonction du corps ou une résultante de ses opérations, elle ne peut pas lui survivre. Et ainsi le matérialisme de la vie présente devient la négation de la vie future.

Aussi les matérialistes cherchent-ils des alliés dans le camp idéaliste pour donner aux hommes, en amusement, un semblant de pérennité qui les empêche de réclamer la survivance de l'âme. Ils vont demander à Cicéron les ressources de son éloquence pour prêter quelque apparence de réalité à ces vagues promesses qui offrent en pâture à nos désirs l'immortalité de la gloire. Ils invitent les interprètes de la pensée moderne, un Hégel, un Taine, un Renan, à nous bercer de ce rêve, plus littéraire encore que philosophique, qui s'appelle l'immortalité impersonnelle. Travaillez, luttez, nous dit l'orateur ancien, tout ne sera pas perdu ; la postérité s'occupera de vous et préservera votre nom de l'oubli. Cherchez, espérez, souffrez, nous disent les nouveaux maîtres, tout ne sera pas perdu ; l'humanité s'enrichit du fruit de vos efforts ; vous contribuez aujourd'hui à ce qui sera sa grandeur et sa félicité de demain.

Ces deux formes de l'immortalité ont cela de commun, qu'elle n'intéresse la personne humaine que par anticipation. Elles n'ajoutent pas un jour à nos jours, elles nous font vivre par avance les siècles futurs; mais, quand elles seront devenues une réalité, nous ne serons plus là pour en jouir. « La conscience, dit M. Renan, disparait avec l'organisme, d'où elle sort; mais l'âme, la personne, doivent être conçues comme choses distinctes de la conscience. » Il semble jusqu'ici qu'en arrêtant la conscience aux confins de l'existence terrestre, le philosophe que nous citons accorde à la personne une survivance véritable; mais la suite va nous dire ce que peut être une telle immortalité. « La conscience a un lien étroit avec l'espace; l'âme au contraire, la personnalité de chacun n'est nulle part... La place de l'homme en Dieu, l'opinion que la justice absolue (?) a de lui, le rang qu'il tient dans le seul vrai monde, qui est le monde selon Dieu, sa part en un mot de la conscience générale, voilà son être véritable. Cet être moral de chacun de nous est si bien notre moi intime que les grands hommes y sacrifient leur vie selon la chair, abrégeant leurs jours et endurant au besoin la mort pour leur vraie vie, qui est leur rôle dans l'humanité[1]. »

N'en déplaise au grand styliste, ce sont là jeux de parole. Ma part dans la conscience générale n'est vraiment ma part plutôt que la vôtre que si je la sens mienne, c'est-à-dire si elle fait l'objet d'une conscience particulière. Et qu'est-ce donc, au fond, qu'une conscience générale, qui n'est la conscience de personne, sinon une conscience qui n'en est pas une? Non, ce n'est pas à cette chimère que les grands hommes ont sacrifié leur vie selon la chair, c'est à l'espoir d'une survivance consciente et

---

[1] Renan, *les Sciences de la nature et les sciences historiques*, lettre à M. Berthelot. (*Revue des Deux-Mondes*, 15 octobre 1863.)

individuelle. Et de fait, nous ne voyons pas que le goût de se sacrifier, « d'abréger ses jours et d'endurer au besoin la mort, » soit en progrès chez les partisans d'une doctrine qui décourage l'espérance en lui ôtant le support d'un moi véritable.

I

Cette question générale : Existe-t-il pour l'homme une vie future? se décompose en une série de problèmes intermédiaires :

L'âme survit-elle au corps?

Sa destinée d'outre-tombe, si elle en a une, a-t-elle une relation définie avec le mérite et le démérite accumulés pendant son existence terrestre?

Cette survivance est-elle éternelle et justifie-t-elle ce beau nom qui nous fait tressaillir : l'immortalité?

Entraîne-t-elle la permanence de la personnalité et de la conscience de soi?

L'état de l'âme, après la mort, est-il immédiatement un état définitif, ou comporte-t-il une série d'existences diverses et successives?

En face de ces grands problèmes qui la sollicitent et la tourmentent, l'humanité hésite et se partage. Écoutons successivement les réponses de la philosophie et celles de la religion.

Parmi les philosophes, les matérialistes nient toute survivance; nous en avons apporté la raison. Simmias, dans le *Phédon,* lui a donné sa forme la plus expressive. Si l'âme n'est pas une substance distincte du corps, elle n'est que le concert des puissances vitales; ce que les modernes appellent une *résultante.* Or, dit le sophiste grec, brisez la lyre, que reste-t-il de l'harmonie?

Les panthéistes éludent la question et se sauvent par une équivoque. L'être humain est une des formes changeantes que revêt l'immortelle unité de l'être. La forme passe, l'unité reste.

Les spiritualistes anciens se divisent. Pythagore et Platon sont pour la survivance de l'âme dans une série d'existences heureuses ou malheureuses, selon le mérite moral de l'existence actuelle; c'est la doctrine de la métempsycose. Aristote devrait être compté parmi les tenants de l'immortalité définitive, si son spiritualisme était plus franc et plus net. Les stoïciens, plus moralistes que métaphysiciens, voient dans la récompense une superfétation inutile à la vertu; dès lors ils négligent la question de la vie future.

Le Christianisme survient et, du premier coup, donne à la philosophie spiritualiste une consistance qui, aujourd'hui encore, fait sa force en présence de l'agnosticisme désespérant des écoles positivistes.

Celles-ci sont d'accord pour nier l'au delà; mais, dissimulant leur négation sous les équivoques dont nous parlions tout à l'heure, elles traitent de chimère la survivance de la personnalité et prétendent nous consoler de ce grand espoir perdu par la promesse décevante d'une immortalité qui serait celle de la race, mais qui ne serait pas la nôtre.

Voici maintenant les religions, qui apportent à l'homme un témoignage venu de plus haut que lui-même.

Toutes sans exception lui parlent d'une certaine survivance après la mort.

Le dogme de l'immortalité personnelle, consciente et définitive, se retrouve dans la religion de l'antique Égypte, bien que voilée d'équivoque : il semble que le corps, pas plus que l'âme, ne meure tout entier; que quelque chose de lui subsiste qui profite des offrandes faites aux morts, qui est associé au jugement d'outre-tombe et à la destinée heureuse ou malheureuse que fixe ce jugement.

C'est encore la doctrine de la vraie survivance qui paraît inspirer l'hindouïsme primitif, tel qu'il s'exprime dans les hymnes du Rig-Veda, le mazdéisme de la Perse, et, malgré un fort mélange de panthéisme naturaliste, les religions anciennes de la Chaldée. La religion hellénique cache sous le voile de la mythologie une profession très nette de la survivance personnelle avec le caractère de récompense ou de châtiment.

La religion d'Israël offre à l'historien impartial de curieux problèmes à élucider. On y trouve l'alliance inattendue d'un spiritualisme profondément religieux et même mystique, avec un attachement à la vie présente qui semble indiquer la crainte de déchoir en franchissant le passage de la mort. Toutefois le *scheol* est manifestement autre chose que la prison silencieuse de la chair ; c'est un séjour mystérieux où descendent ceux qui quittent ce monde et où ne cesse pas pour eux le commerce de confiance ou de crainte avec le Maître de l'univers. A mesure qu'on se rapproche des temps messianiques, l'affirmation de la survivance devient plus précise ; elle se soude étroitement avec la doctrine de la résurrection. Depuis les Machabées jusqu'au Christ, elle règne sans conteste et sans obscurité [1], elle a ses martyrs et ses héros [2] ; elle ne rencontre d'adversaires que dans la secte mal famée des sadducéens. Le Sauveur et les apôtres font appel à cette croyance de la synagogue pour établir le dogme chrétien de la vie future avec ses précisions et ses conséquences morales. La parabole du mauvais riche semble bien rendre l'immortalité de l'âme indépendante de

---

[1] II Mach. xii, 43-44. Judas Machabée, le héros de l'indépendance d'Israël, offre un sacrifice pour les morts. Et l'historien ajoute que s'il n'avait pas cru à leur résurrection, il eût fait œuvre vaine en priant pour eux.

[2] II Mach. vii, 7. Martyre d'Éléazar, des sept frères Machabée et de leur mère ; discours de la mère à ses fils.

la résurrection du corps; mais saint Paul, tenant compte sans doute de l'état d'esprit de ceux à qui il s'adresse, s'exprime encore souvent comme si les deux choses étaient inséparables. La résurrection passée du Christ, la résurrection future de chacun de nous, les espérances de l'au delà, tout cela parait ne faire qu'un dans sa prédication : « Si les morts ne ressuscitent pas, le Christ n'est pas ressuscité; si le Christ n'est pas ressuscité, notre foi est vaine... Si notre espérance se borne à la vie présente, nous sommes les plus misérables des hommes [1]. »

Pour achever cette exploration des grandes religions favorables à la survivance consciente et définitive, il ne reste plus qu'à mentionner le mahométisme, qui donne de la vie future une conception grossière, mais nettement affirmative de l'immortalité, sous l'alternative d'un paradis sensuel et d'un enfer de supplices.

La métempsycose fait partie du dogme hindou depuis qu'il a pris la forme du brahmanisme; elle constitue à peu près tout le fond dogmatique du bouddhisme, courbant ainsi sous le joug d'une superstition bizarre une fraction considérable du genre humain.

II

Nous avons passé la revue des solutions diverses données au problème de la survivance. La seule véritable est celle du spiritualisme chrétien, qui promet à l'homme une immortalité véritable, consciente, définitive et en relation avec ses mérites.

Mais, pour établir la vérité de cette solution, il importe

---

[1] I Cor. xv, 16-19.

de faire le départ de ce qui appartient à la philosophie et de ce qui est propre à l'enseignement révélé.

Cette analyse est bien délicate, tant les deux domaines sont voisins.

Commençons par explorer la région philosophique. Quand nous rencontrerons la limite de l'effort rationnel, nous demanderons à la révélation de nous aider à la franchir.

Toutes les écoles de philosophie spiritualiste tiennent pour démontrable l'immortalité de l'âme humaine. Elles en donnent trois sortes de preuves : métaphysiques, psychologiques et morales.

Les preuves métaphysiques se ramènent toutes à celle qu'on tire de la simplicité de l'âme. Le corps vivant, dit-on, périt par la dissolution de ses parties ; mais les atomes constituants ne périssent pas, ne perdent pas leurs propriétés. Or l'âme, pas plus que l'atome, n'a de parties; elle ne peut donc se dissoudre. Elle est l'atome parfait, la vraie monade. Donc elle ne peut périr que par anéantissement.

Les scolastiques adaptent ce raisonnement à leur théorie. Pour eux il n'y a pas d'atomes matériels, mais seulement une matière première, successivement informée par diverses spécifications. Dans l'homme vivant, il y a la matière première organisée et informée par l'âme. La mort entraîne la corruption du corps par la perte de sa forme substantielle ; mais cette forme substantielle de l'être humain ne s'évanouit pas, parce qu'elle était *subsistante*. Elle avait une raison d'être en dehors de ce rôle qui lui appartenait d'animer et d'actualiser le corps. Cette raison d'être survit au corps et l'âme, par conséquent ne trouve pas dans la mort du corps une raison de périr.

C'est une application légitime du principe de la raison suffisante de Leibniz.

Écoutons saint Thomas : « Une chose peut être détruite de deux manières : en elle-même, ou dans sa relation avec autre chose. Mais un être subsistant ne peut être engendré ou détruit par accident à l'occasion de la production ou de la destruction d'autre chose ; car on acquiert et on perd l'existence de la même façon qu'on la possède. Une chose qui possède l'être en soi ne peut pas naître ou périr par autrui. Les choses non subsistantes, comme sont les accidents ou les formes substantielles toutes matérielles, naissent et périssent par la production et la destruction des composés... Ainsi les âmes des bêtes (qui ne sont pas subsistantes) périssent par la dissolution de leurs corps ; mais l'âme humaine ne pourrait périr que si elle était détruite *en elle-même.* Or c'est ce qui ne peut arriver ni pour elle ni pour aucun être subsistant qui soit une pure forme, car on ne peut évidemment séparer d'une chose ce qui lui convient essentiellement ; or l'être convient essentiellement à la forme qui est acte. Aussi la matière n'acquiert-elle l'existence en acte qu'autant qu'elle acquiert une forme, et la destruction d'une chose matérielle consiste en ce que sa forme quitte sa matière. Mais la forme ne peut pas se séparer d'elle-même. Donc une forme subsistante ne peut pas cesser d'être [1]. »

En disant cela, saint Thomas ne nie pas la possibilité de l'anéantissement, qui ne serait, pour l'âme comme pour toute autre créature, que la soustraction de l'action conservatrice du Créateur. Mais cette soustraction n'est pas naturelle ; elle accuserait une intervention transcendante de la cause première, en dehors du cours des phénomènes cosmiques.

Ce passage de saint Thomas résume toute la métaphysique de l'école sur l'immortalité essentielle des esprits.

Tout ce que le Docteur angélique en dit beaucoup plus longuement dans la *Somme contre les gentils,* toutes les

[1] Saint Thomas, *Sum. theol.* I^a p., qu. 75, art. 6.

formes variées qu'il donne à ses arguments, ajoutent peu de chose à cet exposé si profond et si lucide.

Quelle en est la valeur ?

Il s'y rencontre un élément que certains penseurs pourront qualifier de conventionnel, celui qui est emprunté à la théorie de la matière et de la forme.

Mais il s'y trouve aussi un élément absolu. Toute philosophie spiritualiste doit reconnaître que l'âme est *simple* et *active*. Or unité et activité sont deux propriétés essentielles de l'être. On ne voit donc dans l'âme que des titres à exister ; on ne voit pas en elle de titres naturels à périr, comme dans les choses composées et passives. Appliquez à cela le principe de la raison suffisante, et, selon votre tournure d'esprit, vous y verrez ou une probabilité ou une certitude en faveur de la survivance de l'esprit.

Mais il faut avouer que c'est bien froid, bien vague, et que cela ne nous instruit guère de l'état réservé à l'âme après la mort.

Voici maintenant les preuves psychologiques, tirées, non plus, comme les premières, de la considération ontologique de la nature des esprits, mais de la conscience que notre âme a de ses opérations et de la connaissance qu'elle a de leur objet.

« Chaque être, dit saint Thomas, possède à sa manière le désir naturel d'exister. Mais ce désir, chez les êtres doués de connaissance, est proportionné au mode de connaître. Or le sens ne connaît l'être que sous la raison de l'instant présent et du lieu déterminé : *sub hic et nunc*. L'intelligence, au contraire, saisit l'être absolument et indépendamment du temps. Aussi tout être doué d'intelligence a le désir naturel d'être toujours. Or un désir naturel ne peut être vain. Toute substance intellectuelle est donc impérissable[1]. »

---

[1] Saint Thomas. Fin de l'article déjà cité (qu. 75, art. 6).

Nous retrouvons le même argument dans le *Traité des anges* et dans la *Somme philosophique*. On peut le résumer ainsi :

« L'intelligence est le propre de l'esprit, c'est son opération naturelle ; mais l'opération est ce qui fait connaître la nature ; si donc l'intelligence est de soi immortelle, l'immortalité appartient à la nature de l'esprit. Or l'intelligence est en effet immortelle de soi ; car ce qui caractérise une opération, c'est son objet ; on ne saisit pas la différence entre deux actes spécifiquement distincts (concevoir et sentir par exemple), si l'on ne connait pas leurs objets respectifs (vérité et plaisir) : l'opération se mesure donc sur l'objet. Mais l'objet de l'intelligence est impérissable, parce qu'il est la vérité absolue et universelle ; donc l'acte de l'entendement est par soi-même affranchi des conditions du temps ; donc aussi la substance intelligente, une fois mise en fonction de connaître, ne s'arrêtera pas naturellement ; il faudrait que Dieu l'anéantît. L'immortalité appartient à sa nature [1]. »

Ici je commence à être plus remué. Le principe invoqué est encore celui de la raison suffisante. Mais l'application qui en est faite me touche de bien plus près, parce qu'il s'agit, non des propriétés de l'être en général, mais de moi, de mon être, de mes facultés. Je me compare aux animaux ; je vois que leur vie se passe à répéter les mêmes actes, à recommencer les mêmes raisonnements de fait pour arriver à la même possession transitoire des mêmes biens sensibles. Moi aussi j'obéis à cette loi quand je cherche à satisfaire le besoin de nourriture et le besoin de sommeil, etc. Mais j'ai d'autres besoins, je les satisfais autrement, j'entre en possession d'idées qui demeurent et qui me survivent, je les fixe par le langage, par les

---

[1] *Sum. theol.* 1ª p., qu. 50, art. 5. — Cf. *Sum. contr. gent.*

œuvres de l'art, par les productions de mon génie. Ces idées sortent de moi, et cependant elles me dominent : pourquoi ? C'est que j'y reconnais l'image d'une réalité plus haute que tout. Écoutons Diotime révéler à Socrate, dans le *Banquet* de Platon, le mystère de l'absolu :

« Celui qui se sera élevé jusqu'au point où nous sommes, après avoir parcouru, selon l'ordre, tous les degrés du beau, parvenu enfin au terme de l'initiation, apercevra tout à coup une beauté merveilleuse, celle, ô Socrate, qui était le but de tous ses travaux antérieurs : beauté éternelle, incréée et impérissable, exempte d'accroissement et de diminution, beauté qui n'est point belle en telle partie et laide en telle autre, belle seulement en tel temps et non en tel autre, belle sous un rapport et laide sous un autre, belle en tel lieu et laide en tel autre, belle pour ceux-ci et laide pour ceux-là ; beauté qui n'a rien de sensible comme un visage, des mains, ni rien de corporel ; qui n'est pas non plus dans un discours ou une science, qui ne réside pas dans un être différent d'elle-même, dans un animal par exemple, ou dans la terre, ou dans le ciel, ou dans toute autre chose, mais qui existe éternellement et absolument par elle-même et en elle-même, de laquelle participent toutes les autres beautés, sans que leur naissance ou leur destruction lui apporte la moindre diminution ou le moindre accroissement, ou la modifie en quoi que ce soit... O mon cher Socrate, si quelque chose donne du prix à la vie humaine, c'est la contemplation de la beauté absolue [1]. »

Oui, certes, entrevoir la beauté absolue, c'est le plus noble usage de ma puissance de connaître. Mais à quoi bon cette puissance, si cette apparition fugitive doit s'éteindre dans l'éternelle nuit ? si ma raison, si mon

---

[1] *Banquet* (vers la fin), traduction Cousin.

cœur, après être montés jusque-là, retombent et disparaissent dans le néant de la pensée? si, pareille au flot que le vent soulève, puis replonge dans la masse liquide, mon âme n'élève un moment sa cime vers la lumière que pour s'affaisser et se perdre, l'instant d'après, dans l'océan ténébreux de l'inconscience? Quelle dérision et quelle inutilité !

L'argument psychologique a commencé de nous émouvoir : nous sommes prêts maintenant à recevoir l'impression de l'argument moral.

Deux sentiments plongent leurs racines plus avant que tous les autres dans les profondeurs de notre nature : le désir du bonheur et le besoin de justice, c'est-à-dire le besoin de rattacher le bonheur à la vertu. Je veux être heureux, c'est le cri de tout mon être. Je me sens obligé au bien, non seulement parce que c'est le moyen d'être heureux, mais parce que c'est le devoir, parce que c'est l'ordre. Ce sont là deux faits primitifs, et souvent le second semble en conflit avec le premier. Je ne puis poursuivre ce qui me semble conduire au bonheur sans trahir le devoir ; je ne puis embrasser le devoir tout entier sans sacrifier quelque chose du bonheur. Eh bien, voici une troisième évidence qui se fait jour au fond de moi-même : c'est que ce désaccord n'est qu'apparent, accidentel ; qu'il y a là une épreuve, un état passager ; qu'en elles-mêmes ces deux choses, vertu et bonheur, sont faites l'une pour l'autre ; que le bonheur sans la vertu est une iniquité commise ; que la vertu sans le bonheur est une iniquité subie.

Qu'on oppose à ces sentiments humains, profonds, indestructibles, toutes les subtilités qu'on voudra ; qu'à la place du Dieu juste et bon, capable de réparer les injustices d'un jour, on mette au-dessus des choses la formule indifférente, implacable, cruellement sereine, dont M. Taine a chanté la souveraineté; l'esprit pourra s'arrêter, embarrassé dans les nœuds du sophisme; la conscience, le cœur, l'homme tout entier, resteront fidèles à cette vérité morale plus haute, plus forte, plus ancienne, plus durable que tous les systèmes : j'ai pour devoir d'être juste et pour droit d'être heureux.

Or cependant ici-bas le juste est souvent malheureux, l'homme heureux est souvent injuste. La description de ce contraste, la peinture de ce scandale a défrayé toutes les littératures; c'est le lieu commun de la poésie, de l'histoire et de la morale.

Donc le dernier mot de ma destinée ne se prononce pas ici-bas. Il y a, au delà de cette vie fugitive, un domaine ouvert aux réparations nécessaires, un royaume absolu de la justice. « Eh quoi ! s'écriait Jouffroy, je vois la convenance, la nécessité, la grandeur de l'ordre dans l'hypothèse d'une autre vie, et cette hypothèse ne serait qu'une chimère impossible, absurde ? La plus grande absurdité serait, au contraire, que cette vie fût tout; donc il y en a une autre. »

Que dire de cette preuve morale ? Dans les termes généraux où nous venons de la poser, elle est irréfutable. Pour en contester la valeur, il faut nier l'absolu, réduire toute la pensée de l'homme au mirage des phénomènes. Si j'atteins le vrai, si ma raison ne le crée pas, mais le découvre, l'ordre est nécessaire et l'ordre appelle la vie future.

Mais quel sera le caractère de cette vie future ? Jusqu'ici nous ne le voyons pas encore clairement.

Prenons, par exemple, la doctrine de la métempsycose. Est-elle inconciliable avec la conclusion de notre argument ? A première vue il semble que non. L'idée de réparation est contenue dans l'hypothèse des transmigrations de l'âme à travers des destinées successives, proportionnées à ses mérites.

Mais, à la réflexion, on ne tarde pas à reconnaître qu'un élément essentiel manque ici à la justice : c'est la survivance de la conscience. Si c'est la même âme qui, pour avoir péché dans le corps d'un homme, souffre dans celui d'une bête et revient ensuite recevoir sous la forme d'un homme heureux le prix de ses expiations, elle n'en sait rien, elle l'ignorera toujours. Dès lors souffrance et bonheur, tout restera pour elle immérité, inexplicable; le sentiment qu'elle a de la justice demeurera lésé.

Il faut donc à mon âme une réparation qu'elle reconnaisse; pour cela il faut que sa personnalité et sa conscience demeurent.

Voilà un premier trait de lumière. Rapprochez maintenant de la preuve morale l'argument psychologique. Rappelez-vous que votre raison est capable de saisir le bien absolu, le bien qui ne passe pas. Eh quoi! vous pouvez l'entrevoir, et vous cesseriez de le désirer? Mais l'avoir une fois contemplé à découvert et le perdre bientôt pour retomber au pays des ombres ou s'évanouir dans le néant, ne serait-ce pas la pire des morts? Étrange récompense, que celle qui aiguiserait le désir pour le frustrer éternellement! Non, s'il me faut un prix de mes efforts et de mes souffrances, je le veux aussi haut, pour le moins, que ma nature et mes puissances. Or ma nature et mes puissances atteignent le permanent; rien de ce qui passe ne les contentera jamais. « Vous nous avez faits pour vous, Seigneur, et notre cœur n'a point de repos qu'il ne s'arrête en vous [1]! »

Voilà donc jusqu'où nous conduit l'effort de la raison, secondé par le témoignage simultané de toutes les facultés

[1] Saint Augustin, *Conf.*, I, I.

humaines : nous pouvons affirmer la survivance de l'âme après la mort, la permanence de sa personnalité consciente, l'éternité de la vie future, enfin l'étroite relation de notre destinée d'outre-tombe avec la valeur morale de notre existence ici-bas.

Au delà, c'est la nuit.

De quoi sera fait le bonheur d'outre-tombe ?

Le châtiment sera-t-il éternel comme la récompense, ou laissera-t-il encore place au pardon ?

Le corps aura-t-il sa part des joies et des peines de la vie future ?

Sur toutes ces questions qui se posent d'elles-mêmes, la philosophie est muette. Dans son beau livre de *l'Idée de Dieu*, le regretté Émile Caro en a dit tout ce qu'on peut dire sans dépasser le domaine purement rationnel : et qui sait si la foi chez lui n'a pas, sans qu'il y prît garde, prêté de sa précision au langage du philosophe ?

« Que nous promet, dit-il, la philosophie spiritualiste, réduite à elle-même ? Un peu plus, un peu moins, voici ce qu'elle nous offre : nous ressuscitons dans toute notre âme ; elle conserve après la mort ses facultés essentielles, mais dans des conditions nouvelles : comme elle est affranchie de tout lien corporel et que le temps de ses épreuves est passé, elle n'a plus de lutte à soutenir, et ses facultés s'appliquent directement à leur objet sans être détournées par les douleurs et les défaillances de la vie mortelle. Notre cœur, qui a tant aimé et des objets si divers, si fragiles et si indignes, n'aimera plus que Dieu ; notre esprit, débarrassé de ses inutilités et de ses chimères, ne pensera plus que l'éternelle vérité ; notre amour et notre intelligence, ayant trouvé l'objet qui leur est propre et le possédant pleinement, nous rempliront de tout le bonheur que comporte un être fini. Nous n'aurons plus qu'une seule idée et qu'un seul amour. Notre liberté sera d'autant plus parfaite, que nous ne connaîtrons plus la lutte entre les passions ennemies. Tout notre être pacifié, réconcilié avec lui-même, tendra de toutes ses forces vers Dieu. »

M. Jules Simon, qui, s'il n'est pas un croyant comme l'était Caro, a toujours professé un spiritualisme inconsciemment pénétré de l'idée chrétienne, a tenu à peu près le même langage dans le livre où précisément il essaie de montrer l'inutilité d'une révélation pour les sages de ce monde. L'auteur de la *Religion naturelle* a prouvé, croyons-nous, le contraire de sa thèse. La conception qu'il nous donne de la vie future est de celles qui appellent les éclaircissements de la foi au lieu de montrer qu'ils sont superflus.

Le moment est donc venu d'écouter cette maîtresse nécessaire du genre humain, la religion.

III

Mais, au seuil de cette nouvelle étude, nous rencontrons une complication qui en accroît la difficulté : c'est la question du surnaturel.

Quand on parle de la religion en général, on peut la considérer comme l'ensemble des relations existant entre la créature raisonnable et son Créateur.

Mais si l'on veut savoir comment ces relations s'établissent, deux hypothèses se présentent : ou bien l'homme, par l'usage légitime de ses facultés, parvient à trouver Dieu et détermine, selon ses lumières naturelles, la série des actes qui lui serviront à entrer en communication avec son auteur : l'adoration, l'action de grâces, la prière et même l'expiation pourront trouver place dans cette religion naturelle, qui n'est que la philosophie spiritualiste en action. Et toutefois les deux derniers éléments peuvent être contestés. Qui nous dit que Dieu consente à écouter nos prières? Qui nous dit qu'il accepte nos réparations?

Tout autre sera ma confiance si je ne suis pas laissé à moi-même dans le monologue que j'engage en face d'un Dieu invisible et muet; si ce Dieu me répond, s'il me prévient même par la manifestation de ses desseins; s'il m'éclaire sur ce qu'il attend de moi et sur ce qu'il me promet en retour. Pourvu que j'aie des raisons décisives de croire à la réalité de ce témoignage, la religion devient alors un dialogue avec l'Invisible, et je me sens attiré vers cet honorable et avantageux commerce de mon indigence et de ma petitesse avec la grandeur et la richesse de Dieu.

De fait, c'est bien ainsi que l'humanité dans tous les temps a compris la religion. A l'origine de tous les cultes nous retrouvons la donnée, vraie ou fausse, d'une révélation qui a fait connaître aux hommes comment la Divinité veut être honorée et servie.

Nous ne pouvons embrasser ici l'immensité d'un tel sujet ni tenter de résoudre, à propos de l'immortalité, le vaste problème de la révélation. Il nous faut le supposer résolu, et admettre qu'entre tant de religions diverses qui se sont partagé l'adhésion des hommes, il en est une qui est la vraie et que les autres n'en sont que la contrefaçon ou la dérivation. Cette religion vraie est unique; elle est primitive, elle est constante, elle se continue depuis l'origine, se développant sans s'altérer, s'enrichissant d'éléments nouveaux selon le progrès d'un dessein magnifique que les ingratitudes et les révoltes de l'homme ne suffisent pas à renverser, mais qui se transforme à la rencontre de l'obstacle et trouve dans la lutte même les éléments d'une perfection nouvelle. Saint Augustin, dans sa *Cité de Dieu;* Bossuet, dans la seconde partie du *Discours sur l'histoire universelle*, ont admirablement montré cette *suite de la religion*. La phase dernière, la plus parfaite et la plus durable de celles que la religion doive traverser ici-bas, c'est le christianisme.

Toutes les données du spiritualisme le plus pur se rencontrent dans la solution que la foi chrétienne apporte au problème de la destinée. Mais autant il est facile de dire ce qu'elle nous enseigne touchant la vie future, autant il est malaisé de démêler avec précision ce qui, dans ces affirmations révélées, appartient en propre à la révélation surnaturelle, de cette part de vérité qui reste accessible à la raison.

Aussi bien le philosophe ne trahit pas sa mission lorsque, parvenu aux extrêmes frontières de l'investigation rationnelle, il prend, pour aller plus loin, le fil conducteur que la religion lui présente.

Pour achever l'inventaire des doctrines spiritualistes touchant la vie future, nous ne pouvons donc mieux faire que de prendre en bloc la doctrine révélée, sachant d'avance qu'elle ajoutera beaucoup à nos certitudes sans contenter toutes nos curiosités.

Tout d'abord le dogme chrétien nous affermit dans la croyance en une destinée éternelle et définitive après la mort. Cette affirmation, pleine des plus radieuses promesses et seule capable de contenter notre soif inextinguible de bonheur, est facilement acceptée de l'esprit humain quand il s'agit de la récompense; elle rencontre de vives répugnances quand on en fait l'application au sort des coupables. Les théologiens discutent entre eux la question de savoir si l'éternité des peines est une vérité démontrable par la raison. Ce qui est certain, c'est que beaucoup de philosophes en douteraient, c'est que fort peu oseraient l'affirmer si le témoignage de la révélation était moins précis. C'est un des points sur lesquels les fausses religions, par ce qu'elles ont conservé de la tradition primitive, restent plus fermes dans leur témoignage que la philosophie la plus épurée.

Un second enseignement qui semble avec évidence appartenir à l'élément révélé, est celui qui nous assure que le bonheur ou le malheur éternel se décident, non d'après la somme des actions bonnes ou mauvaises accomplies pendant la durée de l'épreuve, mais d'après l'*état* bon ou mauvais où l'âme se trouve au moment précis de la mort.

Cet idée d'un *état* distinct de l'*acte* lui-même suppose toute la doctrine de la grâce sanctifiante. L'âme est juste ou coupable selon qu'elle est revêtue ou dépouillée de cette modalité qui la rend chère à Dieu.

A cette doctrine est liée celle du pardon. Si l'âme du pécheur peut être trouvée juste à l'heure de la mort, c'est qu'il y a un moyen pour elle de recouvrer l'innocence perdue. Et ainsi la notion chrétienne de la vie future est inséparable de la doctrine de la rédemption.

Sans doute l'idée du pardon est très conforme aux vues de la raison. Mais la raison elle-même nous dit que le pardon est, de la part de celui qui pardonne, un acte libre, une concession gracieuse. C'est donc à Dieu seul qu'il faut demander le secret de sa miséricorde et des conditions qui peuvent nous en assurer les effets.

Au delà de cette vie, le dogme chrétien nous montre la béatitude consistant essentiellement dans la vision intuitive de l'essence divine. Cela encore est d'ordre révélé et implique toute la théorie du surnaturel; car la raison et la foi sont d'accord pour déclarer l'essence de Dieu inaccessible à tout regard créé. « Nul n'a vu Dieu, dit saint Jean [1]. — Il habite, dit saint Paul, une lumière inaccessible [2]. — Personne, dit Jésus, ne connaît le Père, sinon le Fils et

---

[1] Joan. I, 18.
[2] I Tim. VI, 16.

celui à qui le Fils voudra le montrer[1]. » Et comment verrait-on Dieu? ajoute le philosophe. Son action seule le manifeste, et son action, qui procède d'une essence immuable, qu'aucune vicissitude ne ride, qu'aucun accident ne modifie, passe tout entière au dehors dans ses effets et ne laisse deviner qu'à la dérobée la source d'où elle émane. La théologie survient et apporte ici, par le dogme de la Trinité, des clartés inattendues. Dieu a sa vie à lui, qui n'a rien à voir avec son opération au dehors. Cette vie s'épanche du sein du Père dans le Verbe, qu'il engendre en lui-même éternellement; c'est dans son Verbe que le Père se voit; se voyant infiniment aimable, il s'aime d'un amour infini, substantiel comme lui-même; cet amour s'échange entre l'un et l'autre et devient l'origine d'une troisième conscience, d'une troisième personnalité qui s'épanouit sur la tige unique de la divine substance et clôt le cycle de la vie divine. Voir l'essence de Dieu serait voir cela. Aucune créature n'y peut prétendre, car aucune n'entre en rapport avec Dieu que par l'effet de l'acte créateur, et l'acte créateur est commun à la Trinité tout entière.

Oui, mais ce qui dépasse les puissances, les aspirations, les besoins et les rêves de toute nature existante ou possible, ne dépasse pas les ambitions de l'éternel amour. Dieu destine à sa créature plus qu'elle ne pouvait désirer ou concevoir. Il fortifie sa faible vue, soutient par un secours miraculeux sa force défaillante et lui fait contempler sa face intérieure d'où rayonne la lumière incréée. S'éclairer à ce foyer, boire à cette source l'amour et les délices, voilà le sort des bienheureux; ils entrent et se baignent, sans toutefois s'y perdre et s'y anéantir, dans la félicité de Dieu même.

[1] Matth. xi, 27.

Que les âmes grossières s'inquiètent maintenant de savoir quelle sera l'occupation des élus dans la gloire, et si ce bonheur, fait d'un seul acte, toujours le même, ne laissera point de place à l'ennui; que, pour se rassurer contre ce péril imaginaire, elles aillent demander aux viles expériences du bonheur terrestre des symboles et des images, et cherchent à égayer de ces couleurs d'emprunt le fond monotone du tableau qu'elles ont essayé de se peindre: nous leur répondrons que leur souci est puéril, et qu'une destinée qui comble en Dieu même des désirs infinis ne saurait être insuffisante à défrayer les nôtres. Pour nous, sans être plus capable que les autres hommes de nous représenter une telle béatitude, nous irons avec une confiance entière, et de toute l'ardeur de nos aspirations, au-devant des contentements qu'elle nous promet. Eh quoi! dirons-nous avec le psalmiste, « celui qui a planté l'oreille sera-t-il sourd? celui qui a formé l'œil manquera-t-il de clairvoyance[1]? » Dieu, auteur de nos facultés, a de quoi les remplir; principe de tous les biens, il les ramasse en lui-même. Celui qui a semé la beauté, la vérité, l'amour dans le monde, possède en son être des trésors meilleurs. Il nous plaît de nous abreuver aux ruisseaux, et nous craindrions de manquer quand il nous sera donné de boire à la source? Arrière ces inquiétudes frivoles! La promesse de Dieu nous suffit. « Nous le verrons comme il est, face à face, dit l'Écriture[2]. Nous serons enivrés de l'abondance de ses délices, et nous étancherons notre soif au torrent de ses voluptés[3]. Quand viendra ce jour? Quand paraîtrons-nous, Seigneur, devant votre visage? Mon âme altérée soupire après le Dieu fort et vivant[4]. »

---

[1] Ps. XCXIII.
[2] I Joan. III, 2. — I Cor. XIII, 12.
[3] Ps. XXXV.
[4] Ps. XLI.

La doctrine de la vision intuitive achève de mettre en sûreté le caractère définitif et permanent de la vie future dans la conception chrétienne. Toutefois, par la hauteur même de la destinée qui nous est promise, elle appelle et rend comme nécessaire une doctrine complémentaire, celle d'une purification temporaire après la mort pour les âmes justes qui n'ont pas achevé sur la terre l'expiation des fautes pardonnées, ou qui n'ont pas atteint, par l'exclusion héroïque des fautes les plus légères, le degré de pureté parfaite que suppose l'union divine.

Le dogme du purgatoire, l'un des plus consolants et pour les espérances qu'il laisse à notre faiblesse, et pour le commerce de prières et d'assistance qu'il nous permet d'échanger, à travers le voile de la tombe, avec les êtres chéris qui nous ont quittés, contente la raison comme il apaise le cœur. A ce titre il mérite d'être appelé souverainement raisonnable, bien que, traduisant en une institution précise le vague pressentiment de notre esprit, il relève essentiellement d'un libre vouloir de Dieu et ne puisse être connu que par un témoignage révélé.

Il reste un dernier doute que la philosophie spiritualiste est impuissante à lever : la vie future n'intéresse-t-elle que l'âme seule? Affranchie par la mort, la substance spirituelle abandonne-t-elle pour toujours son enveloppe de chair à la poussière du tombeau?

Il y a contre cette hypothèse une double protestation. C'est d'abord celle de la raison, qui hésite à croire que le corps, ici-bas instrument nécessaire des opérations de l'âme, associé de si près aux actes moraux qui fixent notre destinée, n'ait plus de rôle à jouer dans l'état définitif où cette destinée nous fait entrer. Pourquoi Dieu, créant l'homme au-dessous de l'ange, et lui faisant, à l'heure présente, une condition si différente de celle des esprits purs, effacerait-il cette différence de nature dans l'économie d'outre-tombe? Pourquoi, s'il devait le faire, a-t-il tenu l'âme, au cours de son épreuve, dans une si étroite dépendance à l'égard de son compagnon terrestre? C'est ensuite et surtout la protestation du cœur, qui appelle pour notre être sensible une compensation des douleurs dont il a été le sujet, des sacrifices qui l'ont immolé. Ne faut-il pas une réhabilitation à ce condamné, à cette victime une apothéose?

Et toutefois ces raisons de convenance ne sauraient créer l'évidence. On peut dire même que la tendance de la philosophie spiritualiste, laissée à elle-même, est plutôt de décourager l'espoir instinctif de la résurrection. Il est naturel à la vie organique de se dissoudre et de prêter ses éléments matériels à de nouvelles combinaisons; comment lui serait-il naturel de renaître de sa mort et, cette fois, pour ne plus mourir? Que pourrait être cette vie nouvelle où le corps aurait sa part et où la mort n'aurait plus d'entrée? Si ce grand fait vient à se produire, ce ne peut être que par l'effet d'un libre dessein de Dieu, ajoutant au jeu spontané des forces cosmiques un dynamisme transcendant et surnaturel; de *nouveaux cieux*, de *nouvelles terres* [1], voilà ce que nous annonce l'Écriture, et il ne faut pas moins que cela pour justifier l'attente d'une palingénésie corporelle.

La révélation nous montre, en effet, la destinée de l'âme après la mort comme provisoirement incomplète jusqu'à l'heure de sa réunion avec le corps. La condition de cette âme séparée demeure un mystère. Naturellement faite pour être unie à un organisme, il faut qu'elle reçoive de Dieu, tant que dure l'exil du corps, un secours supplémentaire pour s'en passer. Il faut que les puissances dont elle usait pour plier le corps à son service s'exercent

---

[1] Is. LXV, 17; LXVI, 22. — II Petr. III, 13. — Apoc. XXI, 1.

seules dans des conditions exceptionnelles dont aucune expérience ne peut nous suggérer l'idée. La vision intuitive remplit déjà et satisfait pleinement ses facultés supérieures si elle est bienheureuse; la privation de ce bien, désormais unique, fait déjà son tourment si elle est condamnée. Mais il y a comme un appel de sa nature à la reconstitution totale de son être complexe pour parfaire la plénitude de son contentement ou de sa misère.

Le dogme de la résurrection répond à cet appel, non sans soulever des difficultés nouvelles. La plus frappante est celle qui se tire de l'échange incessant de matière qui se fait entre les corps inanimés et le reste de l'univers visible. Cette difficulté serait insoluble dans la donnée du spiritualisme cartésien, qui ne veut voir dans le corps que la prison de l'âme. Que restera-t-il de mon individualité physique quand la circulation chimique aura redistribué entre de nouveaux groupes de matière l'étoffe dont mon corps était formé? Certains théologiens répondent que Dieu, par sa Providence, sauvera de cette absorption destructive une partie au moins des éléments qui appartiennent à chaque organisme humain, la réservant pour répondre au signal de la résurrection générale. Mais rien n'est moins certain que cette hypothèse, et le doute qu'elle laisse subsister pèse d'un poids accablant sur la croyance à l'immortalité future de mon être corporel.

L'objection s'évanouit quand on adopte la conception propre au spiritualisme traditionnel des écoles catholiques. D'après cette donnée, c'est l'âme qui, même durant la vie présente, donne au corps l'être et la vie. Principe formateur de son enveloppe, elle en assure l'identité malgré le renouvellement rapide et total des éléments de masse qui le constituent. C'est elle qui préside, par le double jeu de la nutrition et de la désassimilation, à l'échange de substances qui est la condition de la vie organique. Quand l'homme meurt, on peut douter qu'il reste dans son corps une seule parcelle des éléments qui le composaient à l'heure de sa naissance. Si l'identité de l'âme et sa fonction animatrice ont suffi pour maintenir, pendant la vie terrestre, l'individualité permanente de l'organisme, pourquoi les mêmes causes ne suffiraient-elles pas à reproduire cette individualité en s'assujettissant, dans le moule primitif, les éléments nouveaux qui doivent composer le corps ressuscité?

Ainsi le dogme chrétien, soutenu par une philosophie plus exacte et plus scientifique que toutes les autres, réunit toutes les conditions nécessaires à la confirmation de nos espérances. Appuyé sur le témoignage divin, je puis me livrer aux joies qu'elles m'apportent dans la tristesse de mon exil. « Je sais que mon rédempteur est vivant; je crois fermement que, revêtu de ma chair, je verrai mon Dieu. Cette conviction reste inébranlable dans les profondeurs de mon être avide de bonheur [1]. »

Telle est la majestueuse doctrine que la foi du chrétien met au service de la vertu pour le provoquer à l'effort. Un dernier trait en achève la beauté. La récompense se trouvera dans la vision radieuse de la divine essence; mais ce sera le prix de l'effort moral, et non le privilège du génie. Dieu paiera le mérite obscur par la révélation de ses clartés. Le ciel chrétien n'est pas l'Élysée des sages, le séjour réservé à l'aristocratie des intelligences; c'est la patrie de la volonté droite qui trouve dans la contemplation du vrai le juste salaire du bien. L'humble femme, qui a cherché Dieu par l'amour, le trouvera dans la lumière.

Il est temps de conclure ce discours. Un chant d'action de grâces nous en fournira l'épilogue. Honneur au Dieu

---

[1] Job XIX, 27.

juste et bon qui ne nous a pas laissés ici-bas sans témoignage de lui-même[1] ! Il nous en a donné un premier qui retentit dans notre raison naturelle, pourvu qu'elle reste fidèle à sa loi. Si nous voulons le recueillir, attachons-nous à la philosophie spiritualiste qui nous garantit la dignité de notre âme, sa supériorité sur notre corps, sa survivance au delà du tombeau. Mais si nous voulons que ces nobles affirmations ne soient pas stériles, si nous voulons qu'elles profitent à notre destinée d'outre-tombe, appelons à notre secours le second témoignage; confions nos espérances à la plus pure des religions, à la plus haute, à la plus rationnelle, à la plus morale, à la plus humaine et, à cause de cela, à la seule divine : demandons à la religion du Christ la loi de la vie présente et le secret de la vie future. Elle détient l'un et l'autre, et ses promesses n'ont jamais trompé la confiance de l'humanité : *Promissionem habens vitæ quæ nunc est et futuræ*[2].

[1] Act. xiv, 16.
[2] I Tim. iv, 8.

TROIS CONFÉRENCES

DONNÉES

A LA SALLE ALBERT-LE-GRAND, EN 1885

SUR

LE VRAI DIEU

PREMIÈRE CONFÉRENCE

LE VRAI DIEU ET L'ORDRE DU MONDE

M. Vacherot, dans son dernier et important ouvrage : *le Nouveau spiritualisme,* commence ainsi son chapitre sur Dieu :

« Dieu. — C'est le plus grand mot des langues humaines. Aucune ne l'a oublié! Toutes, même les plus barbares, l'ont célébré, en le définissant avec plus ou moins de justesse, de précision, de profondeur et de pureté. Il est le problème par excellence des plus grandes philosophies... De tout temps l'homme a trouvé dans son cœur ou dans sa raison le sentiment ou l'idée de Dieu... L'homme ne s'est pas senti faible, misérable, imparfait, périssable, sans penser à quelque chose de fort, de grand, de parfait, d'éternel. Dieu est donc un de ces mots qui resteront dans la langue des hommes parce qu'il répond à un sentiment indestructible aussi bien qu'à une pensée immortelle. »

Voilà de belles paroles, Messieurs, belles par ce qu'elles expriment, et aussi par le courage qu'elles révèlent. Car aujourd'hui plus qu'en d'autres temps les opinions sont devenues une carrière, et c'est se montrer courageux que de rendre hommage aux vérités qui ne font pas recette. Or, parmi ceux qui dirigent le mouvement des affaires et celui des idées, aucune vérité n'est moins en faveur que l'existence de Dieu. Les architectes patentés de la société à venir en sont encore à la destruction.; et quand on leur demande pourquoi, au lieu de bâtir enfin, ils continuent à démolir, ils répondent que l'idée de Dieu les gêne et qu'il n'y a rien à faire tant qu'on ne l'aura pas arrachée de partout. Il faut leur rendre cette justice qu'ils n'y épargnent pas leur peine, tantôt attaquant ouvertement les croyances formées, cherchant à les ébranler par le sophisme, à les déconcerter par la négation, à les décourager par l'ostracisme; tantôt, — et c'est là la vraie guerre, — tuant dans leurs germes les croyances à naître, organisant autour de ce grand nom de Dieu la conspiration du silence et, sous l'étiquette de la neutralité, instituant autour des générations qui grandissent le blocus intellectuel qu'aucune pensée religieuse ne devra forcer.

« N'est-ce pas triste, s'écrie M. Vacherot, résumant dans une dernière phrase tout son livre et toute sa vie, n'est-ce pas triste pour un vieux libre penseur qui a vécu dans la pensée de l'Infini et ne veut pas mourir sans murmurer son nom? »

Oui, c'est triste pour lui; mais qu'il nous permette de le lui dire, avec toute la sympathie que nous inspirent ses généreuses aspirations et le concours précieux qu'il apporte à la bonne cause : Il est triste aussi pour nous de voir un esprit de cette portée déployer ce qu'il appelle son dernier effort au service d'une thèse infirme et d'une conciliation illusoire. Pourquoi nier Dieu ? dit-il aux athées du jour. Vous allez découronner la pensée de l'homme, isoler et désoler son cœur, ébranler la morale et tout livrer aux appétits. Pourquoi vous attarder au vieux dogme de la création ? dit-il aux chrétiens, c'est « une abstraction inintelligible que la pensée ne comprend pas mieux que l'imagination ne la conçoit ». Quelle solution apportez-vous donc?

La doctrine de l'immanence divine ; Dieu cause et fin de l'univers, mais n'ayant pas d'autre vie que son ouvrage ; Dieu idéal du monde ; le monde développant Dieu ; l'évolution cosmique marquant les phases de la vie divine. En vérité est-ce là tout ? Mais c'est vieux comme l'histoire de la pensée ; c'est, sous une forme tempérée, l'antique panthéisme. Et si, par une résistance, plus morale que logique, aux exigences de la doctrine *émanatiste*, vous ne faisiez une place à la liberté humaine dans ce *cosmos* issu de la fatalité divine, je ne vois pas en quoi le *nouveau spiritualisme* se distinguerait des antiques erreurs.

Tandis que M. Vacherot fait ainsi du vieux neuf, les athées ne reculent pas devant des hardiesses vraiment nouvelles. Vous avez entendu parler de cette société des *antidéistes* qui vient de se former, *avec l'autorisation du gouvernement*. Il paraît que ce n'est pas là une société dangereuse comme celle des Jésuites. Jugez-en par cet extrait de ses statuts :

Art. 2. — Le but de la société est de faire supprimer le mot de Dieu dans toutes les langues du monde. Dieu n'étant qu'une fiction, son nom n'a aucune signification ; il n'a donc pas sa raison d'être.

Art. 3. — Tout écrivain, publiciste et poète, membre de la société, ne devra employer les mots Dieu, Puissance divine et Providence, que pour les combattre, jamais pour les invoquer ; car invoquer ces mots, c'est perpétuer l'erreur, en faisant supposer une puissance surnaturelle. Il en sera de même pour tous les membres de la société dans leurs correspondances et dans leurs conversations.

. . . .
. . . .

Art. 5. — Toute citoyenne, tout citoyen, peuvent faire partie de la société *depuis leur naissance*. Le père signera pour ses enfants, les protecteurs pour les mineurs et les orphelins.

Voilà donc où nous en sommes, Messieurs. Un courant

scientifique et social entraîne les esprits vers l'athéisme. L'orgueil prend la tête du mouvement, et toutes les passions poussent par derrière ; et pour arrêter cette course folle, voici la philosophie séparée qui vient nous proposer quoi ? De maintenir le nom de Dieu en lui ôtant son vrai sens ! Les athées disent : A quoi bon ? l'univers suffit. Et on leur répond : Dieu et l'univers c'est la même chose. — Si j'étais athée, cette profession de déisme ferait parfaitement mon affaire ; je la crois même, contrairement aux excellentes intentions de son auteur, beaucoup plus profitable à l'athéisme que les bravades impies des antidéistes. Annoncer qu'on va effacer un mot du vocabulaire de tous les peuples, c'est se rendre un peu ridicule. Une comédie comme *Rabagas* peut servir de réponse à cette sottise. Mais énerver ce mot divin, lui ôter sa signification véritable, fondre la théologie dans l'histoire naturelle, c'est habituer l'humanité à ne pas tenir compte de l'invisible, c'est la préparer à dire : Le visible seul est réel.

L'année dernière, à cette même place, je combattais avec vous cette tendance dans le matérialisme contemporain. Je vous disais : L'âme ne se voit pas, et l'âme existe. Cette année, nous monterons plus haut encore. Puisque les uns nient Dieu, puisque d'autres le défigurent, je vous parlerai du *vrai Dieu*, de celui qui nous a faits et que nous n'avons point fait nous-mêmes : *Ipse fecit nos*, du Dieu qu'on adore, du Dieu qu'on prie, du Dieu qu'on aime, du Dieu vivant.

Cette conception, la plus rationnelle de toutes, que la raison pourtant, quand elle a été laissée à elle-même, n'a jamais su dégager nettement ; que la raison, depuis qu'elle répudie l'alliance de la foi, ne sait plus ni conserver ni défendre, nous la mettrons en lumière, nous la comparerons aux conceptions contraires, et nous demanderons hardiment si elle représente un recul ou un progrès dans l'explication des choses et dans l'intelligence de l'univers.

Si toutes les langues possèdent le nom de Dieu, ce n'est point par hasard. On parle de Dieu parce qu'on est conduit à y penser. On pense à Dieu à propos du monde et à propos de soi-même.

Le vrai Dieu, c'est l'intelligence qui met l'ordre dans le monde.

Le vrai Dieu, c'est la puissance qui donne l'être au monde.

Le vrai Dieu, c'est le terme où tendent toutes les puissances de l'homme, et qui fournit enfin une réalité à notre idéal.

Tels seront, Messieurs, et l'objet et le partage des trois entretiens que nous aurons ensemble.

Parlons aujourd'hui du Dieu de la nature.

Le monde est un spectacle, objet pour l'être pensant d'une curiosité invincible. Qui dit spectacle dit succession de scènes et groupes d'acteurs.

La scène changeante du monde, c'est la variété des phénomènes.

Les acteurs, ce sont les êtres que nous regardons comme agents de ces phénomènes.

Parlons sans figure. Une foule d'événements s'accomplissent sans cesse sous nos yeux.

Nous voulons savoir ce qui se passe : c'est l'observation;
Comment cela se passe : c'est l'étude des lois;
Pourquoi cela se passe ainsi : c'est l'étude des causes.

Il y a donc deux manières d'interroger la nature, selon qu'on veut analyser la manière d'être ou l'être lui-même.

La manière d'être des choses présente un arrangement, un ordre ; de là l'idée d'un ordonnateur.

L'être des choses est soumis au changement, et la vue de ces transformations pose devant nous la question d'origine, de commencement ; de là l'idée de cause. Et parce que les causes naturelles sont elles-mêmes des effets, l'esprit remontant sans cesse cette chaîne d'agents subordonnés, cherche une cause qui suffise à tout et qui se suffise à elle-même ; de là l'idée d'une cause première.

Étudié dans sa manière d'être, le monde accuse la finalité. Étudié dans son être, il accuse la contingence. La finalité et la contingence sont les deux témoins incorruptibles de la Divinité, présente et cachée dans ses ouvrages. Les sophistes ont beau faire, ils ne peuvent arracher de la nature ces deux traces de Dieu ; ils ne peuvent arracher de l'esprit humain le désir d'interpréter la grande énigme de l'univers, de dire comme Moïse à l'aspect du buisson ardent : *Vadam et videbo visionem hanc grandem*[1]. Ils ne peuvent faire taire la grande voix qui sort des œuvres de Dieu pour inviter l'homme à reconnaître ses merveilles : *Venite et videte opera Dei, quæ posuit prodigia super terram*[2].

Il y a, je le sais, d'autres façons, réputées plus savantes et plus sublimes, de s'élever jusqu'à Dieu : le fameux argument intuitif de saint Anselme dans son *Proslogium*, celui de saint Bonaventure dans son *Itinerarium mentis ad Deum*, celui de Descartes, de Malebranche, de Bossuet, de Fénelon, de tout le XVIIe siècle. Voilà de grands noms, Messieurs ; mais les grands noms ne font loi en philosophie que quand ils ont raison. Saint Thomas, un grand nom aussi et, j'ose le dire, un plus grand, ne s'est pas déclaré satisfait de cet idéalisme objectif. Devançant de cinq siècles, avec une rare vigueur d'esprit, la critique de Kant, il a montré que dans l'argument intuitif on confond l'ordre de la réalité avec l'ordre de la pensée, qui est

---

[1] Exod. III, 3.
[2] Ps. XLV, 9.

inverse. Ainsi, dans la pensée de l'agent, la fin vient la première et les moyens ensuite, parce qu'ils sont pour la fin ; dans l'exécution c'est le contraire, les moyens précèdent, et l'effet qui suit réalise la fin. De même en Dieu, dans la réalité objective, l'essence entraîne l'existence ; mais dans la pensée de l'homme, *qui ne voit pas l'essence divine,* c'est l'existence qui se révèle la première par ses effets, et l'essence est induite quand l'existence est connue. « Ne dites donc pas, ajoute saint Thomas : Dieu est évident *par lui-même,* dites : Il est évident *en lui-même,* évident pour qui le verrait par le dedans, ce qui n'est donné qu'à lui seul. » — « Le nom de Dieu, dit saint Anselme, exprime l'être qui est tel qu'on n'en puisse concevoir un plus grand ; donc il exprime un être existant ; car, s'il n'existait pas, un autre qui existerait serait le plus grand. » — « Oui, répond encore saint Thomas, l'être plus grand que tout doit exister ; quand je sais déjà qu'il existe, je comprends que c'est son infinité, sa perfection qui sont la raison de son existence ; mais si je ne connais pas cette existence par les effets qui la trahissent, comment oserai-je attribuer une réalité à ce pur concept de mon esprit [1] ? » On dit enfin : C'est en Dieu que nous connaissons tout le reste, donc il est lui-même la première vérité, la première évidence. — Distinguons, répond saint Thomas ; Dieu est ce par quoi nous connaissons toutes choses (*id quo*), non pas dans ce sens que nous ne puissions rien connaître qu'après l'avoir connu, comme il en est des premiers axiomes par rapport aux vérités dérivées, mais

---

[1] Nous ne prétendons pas que l'argument de saint Anselme soit sans force ; nous disons seulement qu'il est dangereux de commencer par cet argument, à plus forte raison de vouloir le substituer aux autres, comme ont fait Descartes et Malebranche ; car la certitude que procurent les autres est nécessaire à qui veut manier celui-là sans danger. C'est ce que nous expliquons plus clairement au début de la 3ᵉ Conférence, sur *Dieu et l'âme humaine.*

en ce sens que c'est son action illuminatrice qui produit en nous toute connaissance; et cette action n'est connue de nous qu'après que nous avons découvert qu'il existe. Ainsi mon œil ne voit les objets que par la lumière, et cependant il connaît les objets avant de connaître la lumière.

En un mot, nous induisons Dieu, nous ne le voyons pas. Son existence est pour nous objet de jugement (*per compositionem intellectus*), non objet de perception.

Telle est la doctrine de l'Ange de l'école. Le passé de la tradition chrétienne lui donnait déjà raison de son temps; car ni l'Écriture, ni les Pères, jusqu'à saint Anselme, — je n'excepte même pas saint Augustin [1], — ne nous montrent jamais la raison parvenant jusqu'à Dieu par un autre chemin que celui des créatures : *Deum nemo vidit unquam* [2]; *invisibilia ejus per ea quæ facta sunt intellecta conspiciuntur* [3]. Et la suite de la tradition a confirmé cet enseignement du Docteur angélique; car le Saint-Siège a censuré l'ontologisme de Malebranche, et le concile du Vatican, en définissant la *démonstrabilité* rationnelle de l'existence de Dieu, a nettement tracé la route à suivre à travers la création pour arriver au Créateur [4].

Laissons donc de côté un procédé à tout le moins contestable; tenons-nous-en à cette sentence inspirée : *A magnitudine speciei et creaturæ cognoscibiliter poterit creator horum videri* [5].

---

[1] Saint Augustin sans doute a des tendances platoniciennes et intuitives, mais le sens de la tradition le garde des excès où sont tombés plusieurs de ceux qui se réclament de son patronage.

[2] Joan. I, 18.

[3] Rom. I, 20.

[4] *Si quis dixerit Deum unum et verum, Creatorem et Dominum nostrum,* PER EA QUÆ FACTA SUNT, *naturali rationis humanæ lumine certo cognosci non posse, anathema sit.*

[5] Sap. XIII, 5.

Notre intention n'est pas de vous présenter ici une démonstration véritable de l'existence de Dieu par le double argument de causalité et de finalité. Deux ou trois discours ne pourraient pas suffire à une telle tâche. Mais je voudrais seulement, pour fortifier vos esprits contre l'influence dissolvante des sophismes contemporains, vous rappeler brièvement en quoi consiste cette double démonstration et vous faire voir ce qu'elle devient au contact de la conception nouvelle qu'une science plus avancée nous donne aujourd'hui de l'univers.

Commençons par la finalité, qui suffira largement à défrayer ce premier entretien.

Trois questions se posent devant la raison.

Y a-t-il de l'ordre dans l'univers?

Cet ordre accuse-t-il nécessairement une pensée ordonnatrice?

Où réside la pensée ordonnatrice?

I

Y a-t-il de l'ordre dans l'univers?

Ainsi formulée, la question ne comporte pas deux solutions. L'affirmative s'impose; aussi est-elle unanime, sauf du côté de l'école kantienne, qui soutient que l'ordre est une loi de l'esprit, une condition *à priori* de la pensée. A vrai dire, ce serait déjà de l'ordre. Seulement on pourrait douter qu'il se trouvât dans les choses comme il est dans notre intelligence. Mais la science peut nous aider à résoudre ce doute; car la science n'est pas seulement observation, elle est aussi expérimentation. Quand le savant suppose ou devine un certain ordre dans les choses, il soumet son hypothèse, son idée *à priori*, aux vérifications d'une expérience dont il a d'avance déterminé les conditions, dont il gouverne volontairement la marche ; et, quand l'hypothèse est juste, cette expérience lui donne raison. Or ceci ne peut plus être une simple loi de l'esprit ; car alors la vérification se produirait toujours. M. Frémy suppose que la fermentation peut apparaître sans germes ; M. Pasteur prétend que, là où elle se produit, il y a toujours introduction de germes venus du dehors. Si la loi de l'esprit imposait quand même sa forme aux choses, les deux savants devraient aboutir à deux vérifications contradictoires. Il n'en est rien ; M. Pasteur prouve que, dans l'expérience de son confrère, toute issue n'a pas été fermée à l'introduction des germes ; il bouche l'entrée, et M. Frémy, comme M. Pasteur, constate que la fermentation n'a pas lieu. N'est-ce pas la preuve que l'esprit humain ne légifère pas dans le vide et que l'ordre rationnel est calqué sur le réel ?

Kant et son école mis à part, tous les philosophes, sans excepter les positivistes, sont ici d'accord avec le vulgaire. Les phénomènes cosmiques obéissent à des lois. Le progrès des sciences ne fait que rendre cette vérité plus éclatante. Le berger qui, par une belle nuit d'été, contemple la voûte étoilée, est frappé de l'harmonie qui préside au mouvement des cieux ; chaque soir ramène sous son regard les mêmes constellations à la même place et les lui montre entraînées par une révolution constante. Mais l'astronome qui applique à ces apparences la loi de la gravitation universelle, n'a-t-il pas de l'ordre qui régit le monde sidéral une idée plus haute, une conviction plus forte et plus appuyée ? La science est avant tout l'étude des lois. Elle est aussi, quoi qu'on en dise, et nous le prouverons, l'étude des causes. Mais si, lui ôtant les causes, comme font les positivistes, on s'avisait de lui ôter aussi les lois, que lui resterait-il qui la distinguât du regard vulgaire ? Sans doute les lois que formule la science ne sont pas toujours l'expression adéquate de l'ordre qui régit les choses. Mais tout l'effort de la science n'est-il pas de corriger sans cesse l'imperfection des formules ? Et ce travail de retouche, fondé sur une observation plus exacte, n'est-il pas l'acte de foi du savant en la valeur absolue des lois objectives ?

Pour développer cette assertion : Il y a de l'ordre dans l'univers, il me faudrait parcourir avec vous tout le domaine des sciences d'observation. Les anciens ont entrepris ce voyage avec les ressources expérimentales que leur fournissait la science de leur temps. Nous aurions à recommencer le périple, et l'ordre alors nous apparaîtrait plus certain, plus visible, plus parfait, parce que la nature nous est mieux connue.

Tout d'abord les sciences cosmographiques dessinent devant nos yeux le plan général de l'univers. Elles nous montrent toutes les masses sidérales soumises à une loi unique, dont l'hypothèse de Newton est au moins l'équivalent, et dont la simplicité suffit à rendre compte de la prodigieuse complication des mouvements cosmiques.

Les sciences physiques pénètrent plus avant dans l'étude intime de la matière. La physique proprement dite détermine les forces générales qui la régissent ; la chimie analyse les éléments qui la composent, et vérifie ses formules par la *synthèse,* qui est comme la preuve de l'opération ; la cristallographie décrit les dispositions de l'architecture moléculaire.

Même considérées dans cet état de division, d'apparente séparation, les sciences physiques présentent déjà un caractère frappant d'unité, en ceci du moins que, dans chaque système de faits, une loi très simple préside à l'incroyable variété des résultats ; en ceci encore que les variations des phénomènes sous l'unité de la loi peuvent être soumises au calcul mathématique ; et mieux les phénomènes sont connus et classés, plus évidente apparait la subordination de la matière aux lois du nombre et de la quantité.

Prenons pour exemple la pesanteur. Tous les corps tombent : voilà le phénomène. Les différents corps tombent avec des vitesses inégales dans l'air et dans l'eau, avec une vitesse égale dans le vide : voilà la complication du phénomène. L'inégalité de vitesse provient de l'inégalité de résistance des milieux. Dans un milieu quelconque, la chute des corps est un mouvement uniformément accéléré, tel que les espaces parcourus sont entre eux comme les carrés des temps. Voilà la loi une et simple, voilà aussi l'élément mathématique qui apparait. Combinez maintenant les effets de la pesanteur avec les autres forces mécaniques qui peuvent mouvoir les corps, vous aurez les complications prodigieuses de la balistique ; mais au milieu de ce dédale le calcul saura se retrouver, pour ramener tout à l'unité du principe.

Je pourrais emprunter des exemples aux autres parties de la physique, à la théorie du son, de la lumière, de la chaleur, de l'électricité ; et nous constaterions alors qu'une science est à l'état d'enfance quand elle ne fait qu'enregistrer et classer les phénomènes ; qu'elle se forme quand elle a trouvé la loi ; qu'elle s'achève quand elle est en état de soumettre au calcul et de ramener à l'unité par le calcul toute la complexité des effets. C'est ainsi qu'en physique le chapitre de la pesanteur présente une science à peu près achevée, ceux qui traitent de la lumière, du son, de la chaleur, une science qui s'achève ; ceux de l'électricité, du magnétisme, une science qui se fait ; la météorologie enfin, une science qui bégaie encore.

En chimie nous trouvons également, sous la variété des phénomènes, des lois fort simples : la loi des proportions définies, la loi des proportions multiples, donnant lieu à la théorie provisoire des équivalents; le groupement des combinaisons par séries croissantes, binaires, ternaires, quaternaires, qui donne lieu à la nomenclature; par-dessus tout, le principe de la permanence du poids dans les différentes transformations des éléments, ce qui permet de soumettre au calcul les éléments transformés.

En cristallographie, nous voyons un triomphe plus éclatant encore de la loi mathématique sur la matière dans cette géométrie merveilleuse qui dessine les formes des arrangements moléculaires et dans cette mécanique intérieure qui oblige les molécules à s'étager suivant ces formes.

Si maintenant nous considérions les sciences physiques non plus séparément les unes des autres, mais dans leurs rapports réciproques et dans leur majestueux ensemble, nous verrions se fortifier sous nos yeux l'empire de l'unité et la domination de l'élément mathématique. Depuis quinze ans, la recherche scientifique a pris un magnifique essor. Réunissant en un faisceau toutes les découvertes particulières accumulées depuis soixante ans, l'esprit scientifique a pressenti l'unité cachée sous cette variété apparente. Les fluides multiples, les agents mystérieux que l'hypothèse avait placés derrière les phénomènes, anciennement ou nouvellement connus, pour les expliquer, ont fait place à une cause unique de toutes les modifications, de tous les états de la matière : le mouvement. La chaleur est un mouvement moléculaire, le son une vibration de molécules pondérable; la lumière, l'électricité, sont des vibrations de matière impondérable; les affinités chimiques correspondent à des groupes spécifiques de mouvements. Par là les lois physiques qui régissent la matière sur notre globe apparaissent identiques à celles qui gouvernent les révolutions sidérales; la gravitation demeure vraie comme loi de mouvement; comme force, elle attend une explication qui la fasse entrer dans le concert de ces actions éthéro-dynamiques qui semblent de plus en plus concentrer en elles la raison des choses. L'analyse spectrale nous fait découvrir dans les étoiles les vapeurs des métaux que notre chimie a depuis longtemps isolés dans les corps terrestres. Plus que jamais, par conséquent, c'est l'unité qui préside au monde, unité savante et ordonnée, qui se révèle, à travers la multiplicité des effets et des combinaisons, par la vérification du calcul.

Voici maintenant les sciences biologiques. L'ordre qu'elles accusent est d'un degré plus élevé, d'une évidence plus indéniable encore. Car si les groupements de la matière inorganique font déjà apparaître à notre esprit la puissance de l'unité régissant la diversité, que sera-ce là où la diversité est plus complexe et l'unité plus concentrée?

D'abord il y a plus de diversité. Ce ne sont plus seulement des éléments analogues qui se combinent, des molécules avec des molécules, ce sont les éléments les plus disparates, sans aucune proportion entre eux quant à la forme, à la masse, à la composition, à la structure, qui se rapprochent et conspirent à un acte commun; des os et des muscles, des vaisseaux et des nerfs, des tissus d'une variété qui décourage l'énumération, voilà ce que le vivant nous présente.

Et si l'on me dit, au nom de la science la plus récente, que ces éléments sont eux-mêmes formés d'un élément identique, la cellule, mon étonnement ne fait que s'accroître. J'admire que des cellules semblables puissent se grouper si habilement que de former des tissus muqueux, fibreux, osseux, etc.; que ces tissus puissent se mouler en formes organographiques si diverses et, ces organes exécuter des fonctions si dissemblables, secréter des sucs, charrier des liquides, accomplir des mouvements qui ont si peu d'analogies entre eux. Voilà certes le maximum de la multiplicité.

Oui, mais voici le miracle de l'unité : Ces éléments sont-ils simplement rapprochés et maintenus en contact, comme dans le minéral? Loin de là. S'il en est ainsi quelque part, ce n'est pas dans le corps vivant, c'est dans le cadavre; et voilà pourquoi le cadavre se désagrège. C'est si peu la cohésion pure qui rapproche les éléments du corps vivant, que la cohésion naturelle est bientôt vaincue dans le corps mort par les forces désagrégeantes. Quelle est donc cette unité du vivant? Ah! Messieurs, nous voici au vif du problème : c'est une unité de subordination. Il semble qu'il y ait dans le vivant un maître caché à qui obéissent les parties, pour qui travaillent les organes, au service de qui s'accomplissent les fonctions. Le maître caché n'est peut-être qu'une hypothèse, mais la subordination est certaine. Subordination à qui? Je puis l'ignorer. Subordination à quoi? Je ne puis le méconnaître, c'est la subordination à la vie elle-même, c'est-à-dire à l'entretien des parties et de l'ensemble, à la restauration continuelle des parties, et par là à la conservation de l'ensemble. Ce qui fait dire excellemment à Kant : « L'être organisé est l'être où tout est réciproquement but et moyen. »

Qu'ai-je dit? But et moyen. Voilà donc le grand mot lâché. Je ne voulais pas le prononcer encore; mais, malgré moi, il s'est échappé de mes lèvres comme le seul commentaire de cet admirable spectacle que nous venons de contempler. Quelle est-elle cette unité du vivant, cette unité subordonnante, impérative, gouvernante, protectrice? C'est l'unité téléologique, l'unité de dessein, la *fin*. Quelle est-elle cette multiplicité qui, par l'effroyable complexité de ses éléments, semble avoir tout ce qu'il faut pour engendrer la confusion, mais qui, par sa docilité parfaite envers l'unité, produit l'ordre, le concert des fonctions, la permanence de la vie? C'est la multiplicité soumise, c'est *un système de moyens*.

Qu'on se défie, je le veux bien, de la tendance *anthropomorphique*, qui nous porte à projeter, trop facilement parfois, nos conceptions subjectives dans la réalité extérieure. Qu'on soumette à une discipline sévère l'exercice de cette puissance inductive qui s'éveille en nous au contact des choses observées, j'y consens, je le demande. Mais est-ce une raison pour refuser à mon intelligence, *dans tous les cas*, le droit de reconnaître une finalité qui s'impose avec la clarté de l'évidence? Or cette évidence éclate à mes yeux à la rencontre de l'être vivant. Qu'on m'amène un positiviste; je veux bien qu'il soit savant, je lui accorde des préjugés, un esprit rétréci par des études partielles, toujours dirigées dans le même sens et concentrées sur un même ordre de faits; je consens même qu'il soit Anglais; je lui demande seulement de la bonne foi. Je le place en présence de ces phénomènes biologiques que Claude Bernard appelait lui-même l'*évolution d'une idée directrice*, en face de ces adaptations, de ces rapports, de ces jeux combinés, de cette permanence, de cette domination de l'unité; je l'interroge enfin : Est-ce que cet être-là n'est pas fait pour vivre? Je le défie de me répondre négativement.

Remarquez-le, Messieurs, je ne demande pas encore pourquoi cet être vit. Je ne vais pas chercher le but de son existence au dehors. S'il y a une cause intelligente, extrinsèque, qui a créé et qui gouverne les êtres vivants, elle a pu avoir une fin ultérieure. Mais ce n'est pas là présentement ce qui nous occupe. Il y a *une fin immanente* du vivant, c'est la vie. C'est cette fin qui se manifeste quand je considère sa structure, ses organes, ses éléments premiers, ses fonctions, ses relations. C'est cette fin qui dirige l'embryon vers la perfection de l'organisme, c'est cette fin qui maintient l'unité et la permanence de l'espèce, c'est cette cause fuyante qui se présente à chaque instant devant l'être individuel ou collectif comme pour le provoquer à se nourrir, à s'accroître, à se perpétuer, et cela non pas au hasard, mais conformément au modèle idéal qu'il ne connaît pas et qu'il copie sans cesse.

Nier cette cause fuyante, dire que la cause efficiente mécanique, ou moins que cela encore, le déterminisme des conditions d'existence, suffit à expliquer la vie, c'est faire outrage au bon sens. L'hypothèse classique de l'*Énéide* qui se composerait d'elle-même par le jeu des lettres de l'alphabet jetées en l'air et retombant au hasard est sans doute un type d'impossibilité, et pourtant je la trouve plus vraisemblable que la formation fortuite d'un œil de mouche. Que sera-ce si l'hypothèse se complique de l'adaptation de l'œil de la mouche au reste de son corps, des relations de la mouche avec les trois règnes, et de tout ce réseau inextricable dans lequel se trouve enlacé tout être qui participe aux conditions de la vie? On arrive à un degré d'impossibilité morale qui est presque aussi fort qu'une impossibilité métaphysique, ou plutôt qui revient à une impossibilité métaphysique, en heurtant le principe de causalité; car cet ordre apparent, c'est autre chose que la juxtaposition des faits, c'est leur concordance; et si les faits ont besoin d'être expliqués par une cause, leur concordance aussi; et là où la concordance est comme multipliée à l'infini, le hasard ne suffit plus.

J'ai peut-être insisté trop longtemps, Messieurs, sur la démonstration d'une proposition qu'on ne conteste guère : *Il y a de l'ordre dans l'univers*. J'ai voulu, par les développements qui précèdent, montrer le supplément d'évidence que le progrès des sciences expérimentales apporte à cette constatation. Mais chemin faisant, et malgré moi, je me suis laissé entraîner hors des limites de cette première assertion, j'ai empiété sur la seconde, celle qui rapporte l'ordre du monde à une intelligence ordonnatrice.

Le lien entre l'une et l'autre paraît si étroit, qu'il est difficile de les isoler rigoureusement. Et pourtant bon nombre de ceux qui nous accordent la première, reconnaissant le fait matériel d'un certain ordre existant, nous contestent la seconde et nous disent : Il y a de l'ordre, il n'y a pas d'ordonnateur. Il nous faut donc avancer d'un pas et serrer de près la seconde question :

L'ordre du monde peut-il se passer d'une intelligence ordonnatrice, préexistante aux choses ordonnées ?

II

Précisons d'abord l'objection ; elle emprunte son importance moins à sa valeur qu'à l'impression qu'elle produit sur bon nombre d'esprits contemporains.

La doctrine finaliste voit dans les adaptations biologiques une marque de dessein, un but. C'est la marche inverse qu'il faut suivre, dit-on, on y verra un résultat.

La vie n'est possible qu'à de certaines conditions de concordance ; ces conditions peuvent se rencontrer fortuitement. En admettant une durée infinie ou indéfinie du monde dans le passé, quelques-unes au moins de ces conditions de concordance ont pu, ont dû même, se rencontrer ; de là l'apparition de la vie, au moins au plus humble degré. Les vivants primitifs ont rencontré autour d'eux certaines circonstances favorables à l'existence, d'autres défavorables ; par la tendance naturelle de l'être, ils ont lutté contre les unes, profité des autres. Plusieurs, beaucoup d'entre eux, ont dû succomber dans la lutte ; quelques-uns, les plus forts, ont survécu ; ils se sont unis ; la vie s'est multipliée, la lutte s'est perpétuée, les plus faibles ont continué de succomber, les plus forts de survivre, et ainsi il y a eu une ascension continue de la vie vers la force, la mort des individus faibles, la disparition des espèces faibles opérant une sélection naturelle comparable à la sélection qu'opère l'industrie humaine de l'élevage. La longueur indéfinie du temps a suppléé à l'infériorité de l'élection naturelle par rapport à l'élection artificielle.

Ainsi peu à peu les organismes dans lesquels se rencontrait une somme croissante de conditions favorables à l'existence se sont multipliés, et la vie s'est fixée par l'hérédité dans des types spécifiques de plus en plus puissants contre la mort.

Lors donc que l'observateur constate l'adaptation des organes aux fonctions, des fonctions aux besoins et de tout cet ensemble au milieu, il ne fait que découvrir le résultat nécessaire du conflit séculaire entre la mort et la vie. Partout où il y a vie il retrouve ces adaptations, parce que partout où elles ont manqué la vie n'a pu apparaître ou n'a pu durer.

Ainsi, à l'origine des choses, point de but : des forces qui se heurtent; une bataille éternelle, fatale, inconsciente; beaucoup de vaincus, quelques vainqueurs. Les vainqueurs sont les vivants. Ils nous paraissent nombreux ; par rapport aux possibles ils sont une poignée. Leur victoire n'a pas été prévue, elle *résulte*. La finalité n'est qu'un mot.

Nous ne pensons pas avoir affaibli l'objection. Nous y opposerons une double réponse :

1° La théorie des conditions d'existence n'exclut pas la finalité.

2° Elle ne suffit pas sans la finalité.

1° *Les conditions d'existence n'excluent pas la finalité.*

Nous disons : L'être vivant vit parce qu'il est fait pour vivre.

On nous répond : Il vit parce qu'il réunit les conditions favorables à la vie.

Où est l'opposition?

Avons-nous jamais dit que l'être vivant était un miracle? qu'il vivait en dehors des conditions vitales? que la finalité immanente à son organisme était un triomphe de l'idéal sur les circonstances matérielles qui l'environnent?

Nullement, et tout au contraire.

Nous avons dit que dans le vivant tout est disposé pour la vie. Par là nous avons affirmé la réunion et la concordance des conditions d'existence.

Nous avons dit : L'œil est fait pour voir.

On nous répond : L'animal voit parce qu'il a un œil.

Les deux propositions sont vraies.

Nous avons dit : Les poumons du mammifère, de l'oiseau, sont faits pour respirer dans l'air; les branchies du poisson, pour respirer dans l'eau.

On nous répond : L'oiseau, le mammifère, peuvent respirer dans l'air parce qu'ils ont des poumons; le poisson dans l'eau, parce qu'il a des branchies.

Encore une fois où est l'opposition? Et qui ne voit que ces deux sortes de propositions sont comme les deux faces d'une même vérité?

Ainsi il ne suffit pas de montrer l'accord des conditions d'existence pour avoir le droit de nier la finalité. Cet accord est conciliable avec la finalité; il est même nécessaire, si la finalité existe. Toute la question est de savoir s'il peut subsister et expliquer la vie sans la finalité.

C'est la seconde question. Nous la résolvons négativement.

2° *Les conditions d'existence ne suffisent pas sans la finalité.*

Quelles seraient ces conditions d'existence qui devraient suffire à expliquer la vie? Ce seraient des conditions purement fortuites, résultant du jeu fatal des causes efficientes aveugles. Voilà bien l'hypothèse ; car, si l'on s'en écarte pour introduire de l'intelligence, un but, un plan dans le jeu de ces forces, la finalité rentre aussitôt, et c'est elle qu'on veut exclure.

Eh bien ! je dis que l'accord purement fortuit des conditions d'existence favorables à la vie est impossible.

Prenons un exemple entre mille, celui de l'œil.

Il est bien certain que la vision distincte exige tout cet ensemble de conditions que détermine la science de l'optique et de l'oculistique : épanouissement de la rétine au fond du globe oculaire, dispositions harmoniques de la cornée transparente en face de la rétine, de la pupille au centre de l'ouverture, du cristallin par derrière, densité convenable de l'humeur aqueuse et de l'humeur vitrée, courbure convenable du cristallin, propriété contractile de l'iris et du cristallin pour modifier la réfraction des rayons et maintenir le foyer sur la rétine, etc. Qu'un seul de ces éléments soit altéré, la vision devient confuse ou même nulle.

Et l'on vient nous dire : Cet ensemble prodigieux d'adaptations réciproques était possible, puisqu'il est réel ; rien d'étonnant que, avec le temps, il se soit produit par hasard.

Eh bien ! non, c'est impossible. Ce ne sont pas seulement des rencontres de formes géométriques qui font l'œil capable de voir, ce sont des rencontres de conditions empruntées à tous les ordres des lois naturelles : formes des organes, composition chimique, disposition cellulaire des milieux et, par-dessus tout, adaptation de tout cela aux lois inflexibles de la propagation et de la réfraction de la lumière, c'est-à-dire, en un mot, un ensemble souverainement scientifique. Eh bien, pour expliquer ce qui est souverainement scientifique, que nous apporte-t-on ? Ce qui est la négation de la science, le hasard ; et pour justifier cette monstrueuse contradiction, on ajoute : le hasard *et le temps*. Mais le temps ne fait rien à l'affaire, car le temps ne met pas dans les choses l'intelligence qui n'y est pas; il n'y aurait qu'un seul moyen de suppléer l'intelligence par le temps, ce serait d'ajouter au temps la nécessité. Ah! si l'on pouvait établir que la durée de la vie a été infinie en arrière, et que dans une durée infinie toutes les combinaisons possibles doivent apparaître l'une après l'autre, alors l'intelligence deviendrait inutile à l'origine des choses pour expliquer ce que les choses contiennent actuellement de scientifique.

Mais qui prouvera cela? Personne.

Je prétends même prouver le contraire.

S'il s'agissait de combinaisons fugitives sans fixité, comme celles des lettres de l'alphabet qu'on jetterait en l'air à intervalles égaux et qui feraient, en retombant, des assemblages fortuits, on serait peut-être fondé à dire qu'avec le facteur du temps indéfini, on arrivera nécessairement à produire tous les assemblages possibles entre ces caractères.

Et encore! Qui empêche la répétition fréquente des mêmes combinaisons au détriment de quelques autres qui ne se produisent jamais? J'ignore, Messieurs, si le calcul des probabilités permet d'écarter ce doute et d'affirmer l'échéance nécessaire de toutes les combinaisons dans un délai suffisant; mais ce que j'affirme, à mon tour, au nom du bon sens, c'est que le calcul des probabilités ne peut porter que sur des éléments homogènes, et sur des combinaisons transitoires, détachées les unes des autres, de telle sorte que la chance se renouvelle à chaque nouvel essai.

Il faut en outre admettre une cause extrinsèque à la série des essais pour les renouveler ainsi périodiquement et épuiser, l'une après l'autre, toutes les rencontres. Autrement l'essai d'un assemblage n'implique nullement la succession d'un autre essai.

En est-il ainsi des phénomènes cosmiques et, surtout des phénomènes vitaux? Non, trois fois non.

1° D'abord les éléments appelés à se combiner diversement dans des essais successifs n'ont rien d'homogène. Quand vous assemblez des caractères d'imprimerie, ils peuvent former au hasard quelques mots, parce qu'ils contiennent les éléments homogènes destinés à composer les mots. Si vous jetiez en l'air des clous, des bâtons et des gouttes d'eau, à peine peut-on dire que ces objets disparates, en retombant au hasard, formeraient des combinaisons. Pour faire naître l'idée de combinaison, il faudrait les ranger sous un genre commun, objets étendus et figurés par exemple, et étudier les formes géométriques qu'ils pourraient dessiner sur le sol en se juxtaposant : c'est-à-dire qu'il faudrait ajouter volontairement, intentionnellement, un élément idéal qui manquait à leur combinaison fortuite. Et maintenant revenons à l'hypothèse de l'univers, du monde vivant, qui se serait formé par un essai fortuit. Voyez-vous l'effrayante variété des éléments hétérogènes, disparates, qui ont dû se rencontrer de telle sorte que vous soyez forcé, vous spectateur adventice, d'y reconnaître un ordre parfait, une merveilleuse unité? Et quand tout en moi se soulève contre une impossibilité aussi manifeste, pensez-vous avoir éclairci ce mystère par la comparaison d'un jeu de lettres? Mais il n'y a aucune parité !

Seconde disparité : Les éléments du monde actuel, surtout du monde vivant, ne forment pas, comme les assemblages de lettres, une combinaison transitoire, détachée du passé et de l'avenir. Nous y voyons apparaître un élément nouveau : la fixité. Quand on a essayé un jeu de lettres, on en essaie un autre, et il ne reste rien du premier. Dans la nature, les jeux sont fixes : je ne dis pas qu'ils sont immuables, mais ils durent longtemps. Le jeu de notre système solaire dure depuis des centaines de milliers d'années; la vie, sur notre planète, obéit aux mêmes lois et se propage dans des espèces fixes depuis une époque impossible à déterminer, mais dont l'antiquité est certainement prodigieuse. Et, remarquez-le, depuis que la gravitation fonctionne, aucune autre combinaison de mouvements sidéraux n'est possible; depuis que la vie se transmet dans les espèces, aucune autre hypothèse d'adaptations organiques n'est possible. Voilà les essais arrêtés, arrêtés depuis des millions et peut-être pour des millions d'années; car si notre monde solaire s'use et marche vers son terme, il y a des nébuleuses irrésolues qui ont à parcourir la même voie, et probablement suivant les mêmes lois; il faut avouer qu'elles ont devant elles un assez bel avenir de durée.

Et maintenant voyez-vous la conséquence? Quoi ! notre système actuel, considéré dans son ensemble, dans la prodigieuse variété de ses parties et dans la corrélation plus prodigieuse encore de ces parties entre elles, constitue seulement une combinaison, une seule entre des milliards de milliards qui étaient possibles; et cette seule combinaison arrête le jeu des essais pendant des millions d'années; et rien ne prouve qu'elle ne l'arrêtera pas indéfiniment, sinon quant à telle ou telle partie qui évidemment aura son temps, du moins quant à l'ensemble qui peut combler indéfiniment ses vides. Et l'on vient nous dire *qu'il est nécessaire* que toutes les autres combinaisons soient arrivées avant, ou arrivent après celle-ci. Que cela est nécessaire, entendez-le bien! Mais où voyez-vous cette nécessité? Pour que toutes les formes viables réussissent, il faut que toutes les formes possibles soient essayées. Mais si l'essai d'une seule donne naissance à un système fixe et durable, qui me garantit qu'une autre forme pourra être essayée après des millions d'années? Qui me prouve surtout que de tant de milliards de formes possibles il n'en est pas une qui ne doive avoir son jour?

Troisième disparité : Où est la force extrinsèque qui essaierait successivement les combinaisons? On ne veut plus du Créateur. Faudra-t-il donc admettre une somme de mouvement initial qui, brassant continuellement la matière cosmique, oblige les atomes à se combiner diversement? Nous voici revenus au *clinamen* d'Épicure. Mais alors ce qui serait nécessaire, ce serait la combinaison actuelle; ce serait la seule dont on pourrait affirmer la nécessité; et dès lors comment admettre la possibilité de combinaisons antérieures et différentes?

Ainsi la nécessité est absente; elle fait place même à une excessive invraisemblance. Et nous voici toujours en face de ce problème : les conditions qui président *de fait* à l'épanouissement de la vie offrent un ensemble rigoureusement et souverainement scientifique; pour expliquer cette science cachée dans les choses, on met à l'origine la force aveugle; on y ajoute le temps; on est forcé de reconnaître que cette force inintelligente agit dans le temps sans nécessité et contre toute vraisemblance; et ainsi se justifient les merveilleuses et savantes corrélations du monde vivant avec lui-même et avec la nature inorganique? O Molière, nous te regrettons. Tu faisais dire à ton médecin : « L'opium fait dormir parce qu'il a une vertu dormitive. » C'était naïf, mais raisonnable. Nos positivistes n'en sont plus là. Je leur demande : Pourquoi le monde est-il plein d'ordre et d'harmonies? Ils me répondent : Parce que le chaos d'où il sort n'a aucune vertu ordonnatrice; d'où il suit qu'avec le temps l'ordre devait nécessairement naître du chaos. Je veux bien que ceci ne soit plus naïf; mais on m'accordera que ce n'est pas raisonnable.

III

Nous venons de répondre, d'une façon générale, à ceux qui veulent faire des conditions d'existence la cause aveugle de l'ordre, et de la vie un résultat fortuit.

Cette hypothèse a paru à M. Stuart Mill lui-même *moins probable* que celle de la finalité. A nous elle s'est révélée comme une contradiction, un effet sans cause; car celle qu'on attribue à l'ordre du monde est radicalement incapable de le produire.

Nous sommes donc fondés à tirer cette conclusion : Il y a une pensée ordonnatrice.

Mais où réside-t-elle? C'est notre troisième question.

Elle réside dans un sujet;

Dans un sujet antérieur aux choses ordonnées;

Dans un sujet transcendant, placé en dehors de la série changeante qu'elle gouverne.

1° Elle réside dans un sujet. Dire qu'une pensée suppose un pensant, c'est ce qu'on eût appelé autrefois un *truisme* ou, si l'on veut, une tautologie. Et cependant l'état d'esprit d'un grand nombre nous oblige d'insister sur cette vérité. Hegel a introduit dans le monde des intelligences une conception que j'ose appeler le poison de la pensée contemporaine ; cette conception peut se formuler ainsi : L'abstrait précède le concret. Là encore la contradiction éclate jusque dans les mots, car qui dit *abstrait* dit *tiré de quelque chose*. L'abstrait est un *extrait de réalité*, c'est le résultat d'un travail fait par l'esprit sur la chose existante pour en isoler les propriétés et les considérer à part, idéalement. N'importe. On veut que l'idée des choses ait précédé leur être sans résider elle-même dans aucun être, au moins tant qu'il ne s'est pas rencontré un cerveau humain dans l'univers. Le *cosmos*, nous l'avons vu, est plein d'intelligible; il justifie surabondamment ce beau nom que les Grecs ont trouvé pour le désigner, et qui exprime la beauté résultant de l'harmonie. Cet intelligible, est-ce notre pensée qui l'a créé? Non, elle le trouve, elle le déchiffre comme elle peut; ce qu'elle en saisit la ravit, et elle sent qu'il la dépasse. L'intelligible existe donc; et comme il ne peut pas se soutenir en l'air, pas plus qu'un acte sans agent, qu'une figure sans chose figurée, il faut bien qu'il réside dans un sujet. Le seul moyen d'échapper à cette conclusion, c'est de revenir sur ce qu'on a concédé, de nier l'objectivité de l'intelligible, de dire qu'il n'est tel que par rapport à nous; qu'en soi l'ordre du monde est un pur résultat, une rencontre. Mais autant il est facile d'aligner ces quelques mots dans une proposition sommaire, autant me semble-t-il impossible de la soutenir devant les raisons que nous avons fait valoir tout à l'heure. Non, l'unité de chaque science; non, surtout le concert des sciences; non, les adaptations que le monde de la vie recèle en lui-même; non, les harmonies qu'il révèle dans ses rapports avec le monde inorganique; non, tout cela ne devait pas, ne pouvait pas sortir du conflit brutal des masses élémentaires. Quand on entre dans le détail, quand du détail on revient à l'ensemble, on ne peut plus, de bonne foi, faire honneur de ces merveilles à cette *absence de causes* qui s'appelle le hasard. On a beau me dire, — et on me l'a dit: — Vous raisonnez avec votre esprit qui a ses lois, et vous les imposez aux choses. Je réponds : Avec quoi voulez-vous que je raisonne, si ce n'est avec ma raison? Et à quoi voulez-vous qu'elle me serve, si ce n'est à interpréter les choses? Et vous, comment prétendez-vous combattre ma thèse, si ce n'est par des raisons? Et qui décidera entre vos raisons et les miennes, si ce n'est la commune raison?

2° En développant ma première assertion : La pensée ordonnatrice réside dans un sujet, j'ai d'avance démontré la seconde : Ce sujet pensant doit être antérieur aux choses que sa pensée ordonne. Tout au moins doit-il être contemporain des plus anciennes et précéder, par priorité chronologique ou par priorité de puissance, la première apparition de l'ordre dans l'univers. Car si l'ordre a pu commencer sans ordonnateur, il a pu continuer de même.

On me dira : Mais n'est-ce pas la loi des êtres de tendre toujours vers une perfection future? Il semble dès lors que l'idéal soit en avant des choses pour les attirer, non en arrière pour les pousser. S'il vous plaît d'appeler Dieu cet idéal vers lequel tout gravite, auquel, selon la sublime expression d'Aristote, *tout est suspendu par le désir*, soit, nous vous accorderons Dieu; mais nous dirons, avec M. Renan, *qu'il n'existe pas encore*, qu'il est à peine commencé depuis qu'il y a des cerveaux qui pensent, qu'il a reçu de la pensée de l'homme sa réalité initiale, qu'il ira se perfectionnant avec le progrès des pensées créées, sauf à trouver dans le lointain indéfini des âges un sujet capable de le recevoir et par là même de le réaliser tout entier.

Je ne nie pas qu'il y ait là matière à de belles images et à de jolis effets de style. Au fond, c'est pure logomachie. Oui, c'est la loi des choses de passer du moins bon au meilleur relatif; mais pourquoi? Parce qu'il y a quelque part un meilleur absolu, qui est cause en elles du bien initial qu'elles possèdent, et qui leur assigne leur fin dans l'acquisition d'un bien plus achevé. Avec cet idéal concrétisé dans un sujet antérieur à tout, je conçois le progrès des réalités et leur tendance vers le meilleur. Sans cela je n'y vois plus qu'un effet sans cause, une nouvelle insurrection d'intelligences malades contre le principe de contradiction.

3° Or cet être réel qui sert de sujet à l'idéal universel, ce pensant dont la pensée a précédé les premières manifestations de l'ordre, ce *bon* qui sert de support au *bien absolu*, je ne puis le chercher dans l'enchaînement des choses qu'il doit expliquer. Il faut qu'il soit en dehors de la série, qu'il se pose par lui-même, qu'il soit transcendant.

Non pas, dit M. Vacherot. Il y a une autre issue possible. L'intelligence ordonnatrice peut bien n'être pas un anneau de la chaîne sans être pour cela en dehors de la chaîne. Elle peut être, elle est certainement immanente à la chaîne.

Ici encore tout va bien, tant qu'on s'en tient aux formules abstraites agrémentées de poésie :

> Mens agitat molem et magno se corpore miscet.

Mais si l'on précise un peu, tout s'évanouit. Prenons la série cosmique depuis l'origine jusqu'à l'homme exclusivement. L'ordre y règne partout ; où est l'intelligence ? Elle n'est, par hypothèse, dans aucun des êtres de la série, puisque nous arrêtons celle-ci avant l'homme. Et elle se trouve néanmoins dans la série. Aucun des termes ne pense, mais la somme des termes est pensante. Qu'est-ce qu'une somme qui pense ? Des mots, des mots...; des abstractions tenant lieu de sujets. Décidément c'est la maladie des cerveaux contemporains.

Notre conclusion se tire d'elle-même.

Ou il faut nier l'ordre dans l'univers, et c'est nier la science ;

Ou il faut dire que l'ordre subsiste sans une pensée ordonnatrice, et c'est faire violence à la raison ;

Ou il faut dire que la pensée ordonnatrice subsiste sans un sujet qui la pense, et c'est tomber dans la contradiction ;

Ou il faut faire du monde lui-même le sujet de la pensée qui le régit, et c'est prononcer des mots vides de sens;

Ou il faut placer dans un être parfait indépendant du monde, antérieur au monde, la pensée dont le monde est l'expression, et c'est rendre hommage au *vrai Dieu*, le seul qui mérite ce nom incommunicable. Il n'y a pas d'autre Dieu que celui qui, étant distinct de son ouvrage, est maître de son ouvrage : *Non est Deus præter te, Domine* [1].

[1] Eccl. xxxvi, 5.

DEUXIÈME CONFÉRENCE

LE VRAI DIEU ET L'ORIGINE DU MONDE

Nous avons regardé le monde, et nous y avons trouvé de l'ordre.

Cet ordre est intelligible, car il est objet de science.

Cet intelligible réside dans un sujet pensant.

Ce sujet est antérieur au monde et transcendant.

Ainsi se dégage l'idée de l'ordonnateur suprême.

Regardons de nouveau le monde.

Nous y trouverons un perpétuel changement.

Ces changements ont des causes.

Ces causes sont elles-mêmes des effets.

De là l'idée de la cause première.

Mais dès qu'on serre de près cette idée, dès qu'on la soumet à l'épreuve des diverses conceptions écloses dans l'esprit humain, les difficultés naissent de toutes parts.

Ces difficultés sont vieilles comme le monde.

C'est à peine si les modernes leur ont donné une forme un peu nouvelle, en les rajeunissant au contact des faits scientifiques.

Il serait sans doute intéressant de comparer le vieil athéisme au nouveau. Mais nous n'avons pas le temps de faire du dilettantisme. C'est un ennemi vivant et menaçant qui nous attaque. C'est celui-là qu'il faut regarder en face. Les ennemis morts ne font pas de mal.

Il y a plusieurs manières de nier le Dieu créateur.

On peut nier *les causes* en général ou les déclarer inconnaissables. C'est le cas des *agnostiques*.

On peut réserver cette qualification à la cause première. C'est l'état d'esprit de beaucoup de savants et d'hommes du monde.

On peut déclarer la cause première immanente au monde. C'est le cas des panthéistes, dont le plus éminent interprète est aujourd'hui parmi nous M. Vacherot.

Passons rapidement en revue ces trois solutions du problème des origines.

Quand nous les aurons éliminées toutes trois, il nous restera à établir la solution créatrice et à repousser les fins de non-recevoir qu'on lui oppose.

I. SOLUTION DES « AGNOSTIQUES »

Qu'est-ce qu'une cause ? C'est ce qui produit une chose, ce qui la fait commencer d'être. Nous appliquons, à propos de ce qui arrive sous nos yeux, l'idée que chacun porte en soi, de *vertu productive* ou de *causalité*.

Une telle vertu ne se voit pas. L'acte qu'elle exerce pour produire ne se voit pas davantage. On voit l'état des choses dans les deux instants successifs, celui qui précède et celui qui suit la *causation*. Ainsi je frotte une allumette contre un corps dur. Je vois l'allumette froide et sans feu, puis je la vois en ignition, et j'entends le bruit de la petite explosion qui accompagne le phénomène. Je n'ai pas vu passer *l'acte d'inflammation*, pas plus que je ne voyais dans l'allumette inerte la *puissance de s'enflam-*

mer. C'est ainsi, disent les *agnostiques* (ceux qui font profession d'*ignorer* tout ce qui est derrière les faits), c'est ainsi que la causalité, en puissance ou en acte, échappe à toute expérience. Et comme, ajoutent-ils, l'expérience est l'unique source du savoir, la causalité est *inconnaissable*.

S'il en est ainsi des causes que nous voyons ou croyons voir agir autour de nous, à plus forte raison une prétendue cause première, invisible par définition, et dont l'intervention précéderait toute expérience, devrait-elle échapper à nos prises. Essayer de l'atteindre, c'est poursuivre l'inaccessible. Contentons-nous donc de constater ce qui est à notre portée, les phénomènes d'abord, objet d'observation brute, puis le système déterminé d'antécédents auxquels ils répondent invariablement à titre de conséquents, ce qu'on appelle aujourd'hui *le déterminisme des phénomènes*. C'est là tout l'objet de la science. Le monde ne nous laisse voir que des faits et des lois. Les substances qui supporteraient les apparences, les causes qui les feraient surgir, tout cela s'affirme gratuitement; encore une fois, c'est l'*inconnaissable*.

La réponse à cette interdiction jetée sur la curiosité de l'esprit humain demanderait de longs développements[1]. Nous ne pouvons qu'en tracer ici l'ébauche.

Non, la science ne s'arrête pas aux apparences : elle va aux substances, considérées comme support et comme raison des phénomènes. Prenons un exemple entre mille : ce sera, si l'on veut, la loi de Torricelli, qui s'applique aux pompes aspirantes, au baromètre, etc. Les anciens connaissaient l'usage des pompes; ils voyaient l'eau monter dans le vide, et ils expliquaient ce fait par le vieil adage :

---

[1] Elle fait l'objet du beau livre de M. l'abbé de Broglie, *le Positivisme et la science expérimentale* (2 vol. in-8°, Palmé; 1880).

La nature a horreur du vide. C'était une explication purement verbale. Qu'a fait la science moderne ? A-t-elle supprimé cette explication sans la remplacer ? Nullement. Elle a mis quelque chose à la place. « Oui, diront les agnostiques, une simple loi : l'eau ou le mercure montent dans le tube jusqu'à la hauteur voulue pour que la colonne liquide fasse équilibre au poids de la colonne atmosphérique. » C'est vrai, telle est bien la loi. Mais pourquoi en est-il ainsi ? La science ne renonce pas à vous le dire. C'est parce que l'air est pesant, parce qu'il presse la nappe d'eau ou la cuvette barométrique et que ces deux poids se font équilibre. Il y a là une action, une action efficace et mesurable. C'est une cause.

La science expérimentale ne s'arrête jamais au déterminisme des phénomènes. Elle cherche la raison du fait, et pour cela lui *suppose* une cause ; puis elle vérifie la supposition ; enfin elle mesure la force qu'elle a définie. Il y a donc trois procédés de la science qui impliquent la causalité : l'hypothèse, la vérification, la mesure.

L'hypothèse naît de l'idée *à priori* que j'ai de la nécessité d'une cause. Je prends cette idée dans la conscience que j'ai de mon activité personnelle, qui est productive d'effets ; puis je l'étends hors de moi, selon la tendance naturelle de ma raison. Ainsi je remarque que je puis maintenir une colonne d'eau en suspension, si je presse sur la surface liquide de laquelle elle se détache. J'ai conscience d'agir efficacement par cette pression, d'être cause de l'équilibre de la colonne. Puis je suppose que l'air atmosphérique, s'il était pesant, pourrait remplacer ma main appuyant sur le piston. Voilà l'hypothèse.

Voici maintenant la vérification. Si l'air est pesant, comme il est en même temps compressible, il doit s'accumuler de haut en bas en couches de plus en plus denses, parce que les pressions superposées s'additionnent. Donc, à une grande hauteur, la pression atmosphérique doit être plus faible. Vérifions, disent Torricelli et Pascal. Ils montent sur le Puy-de-Dôme, ils constatent que la colonne barométrique descend dans le tube. Donc l'explication est véritable. La nature interrogée a répondu à l'expérimentateur en confirmant l'hypothèse.

C'est alors qu'intervient la mesure, dernière consécration de la causalité. Comme je crois naturellement à l'efficacité des causes, je crois aussi qu'elles n'agissent pas capricieusement, qu'il y a une proportion croissante entre l'énergie dépensée et la quantité d'effet produit. Je me dis par exemple : La densité du mercure est à peu près quatorze fois celle de l'eau, puisque le poids d'un volume de mercure est sensiblement quatorze fois celui d'un égal volume d'eau. Si donc c'est le poids de la même colonne atmosphérique qui fait équilibre et à la colonne d'eau dans une pompe aspirante, et à la colonne de mercure dans le baromètre, il faudra que la colonne barométrique soit à peu près le quatorzième en hauteur de la colonne d'eau dans une pompe. Or c'est précisément ce qui arrive. La hauteur moyenne de la colonne barométrique (0^m 76) est sensiblement le quatorzième de la colonne d'eau dans une pompe (10^m 66). La loi est vérifiée par le calcul. Mais le calcul ne porte pas sur de simples enchaînements d'apparences ; il porte sur des énergies mesurables. Donc la *cause* est prouvée.

Tel est le procédé de la science. Le savant a foi dans la causalité. Il ne croit pas connaître scientifiquement une loi de la nature quand il se borne à constater que tel effet se produit dans telles conditions. La qualité de l'effet ne lui suffit pas ; il veut pouvoir en déterminer la quantité. Ainsi je ne connais pas scientifiquement la force élastique de la vapeur, si je puis dire seulement qu'elle est capable de mouvoir un piston ; il faut que j'aille plus loin, que je puisse annoncer d'avance que telle quantité d'eau, chauffée par telle quantité de charbon, donnera, en tant d'heures, une force motrice qui fera parcourir tant de kilomètres en une heure à un train de tel poids, étant donné que la roue motrice aura tel rayon, et la voie tel frottement. Alors, alors seulement je connais bien la cause du mouvement d'un train; pourquoi? parce que je ne suis plus seulement le spectateur d'un phénomène; j'entre, pour ainsi dire, dans le secret de sa production, j'en détermine et j'en mesure la cause. Qu'est-ce que cela, sinon la démonstration scientifique de la causalité?

Donc la cause n'est pas inconnaissable. Il est vrai qu'elle ne se voit pas, mais elle s'induit. Quand un homme est caché derrière un rideau, je ne le vois pas; mais je le devine par les mouvements qu'il imprime, par la forme qu'il donne à la draperie.

Quelquefois je puis voir la chose qui est cause, puis l'effet qu'elle produit, sans voir jamais l'action productrice. D'autres fois je ne vois que l'effet, et je me borne d'abord à affirmer une cause cachée; puis peu à peu, par l'étude qualitative et quantitative de l'effet, j'arrive à en préciser la nature. C'est ainsi qu'en présence des phénomènes lumineux, les physiciens hésitaient entre l'*émission* et l'*ondulation*. Le phénomène des interférences ayant été observé, le calcul a prouvé que l'*ondulation* en rendait compte, et non pas l'*émission;* celle-ci a été abandonnée.

Il est donc faux que les causes secondes, *en tant que causes*, se dérobent à la connaissance. Que dire maintenant de la cause première?

II. LE MONDE SANS DIEU

Jusqu'ici nous avons eu à faire aux agnostiques. L'agnosticisme est un raffinement de philosophes. Les savants, qui ne se piquent pas de métaphysique, et la masse des esprits cultivés s'intéressent médiocrement aux dogmes négatifs de la philosophie dite *positive*. Laissés à eux-mêmes, à la pente de leur esprit, ils croient volontiers à l'existence, à l'efficacité des causes qui sont derrière les phénomènes cosmiques. Mais beaucoup d'entre eux ne voient pas ce qui empêcherait de s'en tenir là. Nous pouvons, disent-ils, connaître une partie des causes qui agissent en ce monde, une petite partie, si l'on veut, mais une partie de jour en jour moins petite, parce que ces causes travaillent sous nos yeux, se trahissent par leurs effets, se prêtent à la vérification de nos hypothèses et au contrôle de nos mesures. Mais la cause première, si elle existe, est intervenue antérieurement à toute observation possible; car c'est elle qui a produit et les observateurs et les choses observables. Comment constater une telle action? Nul n'a jamais vu le premier commencement des choses, comme on voit ces commencements secondaires qui se succèdent dans l'univers et ne sont que des suites. La création serait un acte *surnaturel*[1], et la science a pour objet les phénomènes de la nature. Donc une cause première est, par définition, hors des prises de la science. —

---

[1] Cette qualification, fort usitée aujourd'hui, est très inexacte. Le surnaturel suppose la nature créée, puisqu'il la dépasse. La création précède la nature, elle la *fonde*; elle n'est ni naturelle ni surnaturelle; elle est, si l'on veut, *prénaturelle*, mais son effet propre est d'*instituer* l'ordre naturel.

De la science, si l'on veut, au sens restreint qu'on donne à ce mot aujourd'hui, mais non pas hors des prises de la raison, qui est l'âme de la science.

Nous avons vu tout à l'heure que l'*induction expérimentale* nous fait remonter des phénomènes observés aux causes immédiates qui les déterminent. Une induction plus haute, d'un caractère plus exclusivement rationnel, celle que le P. Gratry appelait *transcendantale,* nous fera remonter de la série des causes relatives à la cause absolue qui précède la série. La légitimité d'une telle induction peut s'établir par deux preuves : l'une de fait, qui n'est peut-être qu'un préjugé favorable; l'autre de droit, qui emprunte sa valeur à la constitution même de l'esprit.

La preuve de fait, c'est que depuis qu'il y a des hommes on s'est toujours occupé de rechercher et de qualifier la cause première. Si la métaphysique est le privilège d'un petit nombre, la religion est le besoin universel de l'humanité, à ce point qu'on a pu donner l'*aptitude religieuse* comme le trait caractéristique de notre espèce, à l'égal de la raison elle-même. Or la religion, sous toutes les formes qu'elle a revêtues à travers les états de civilisation les plus divers, c'est toujours l'effort de l'homme pour se mettre en rapport avec l'auteur de la nature; et si la philosophie est intervenue, ç'a été uniquement pour conduire, — bien ou mal, — cette recherche, pour l'élever au-dessus des causes immédiates, objet du grossier fétichisme, pour l'acheminer vers une cause plus universelle, plus idéale, plus absolue. Un nom a été trouvé dès l'origine; il s'est reproduit dans tous les idiomes, il a inspiré toutes les littératures, vivifié tous les cultes, rempli toutes les histoires; il s'est mêlé à toutes les manifestations de la vie morale des peuples : c'est le nom de Dieu. Ce nom, l'idée qu'il exprime, la direction qu'il donne à nos plus hautes facultés, tout cela tient trop de place dans la conscience du genre humain pour qu'on puisse sans témérité n'y voir qu'un mot vide de sens. Ceux qui, à toutes les époques, ont cru pouvoir s'accorder cette licence sont restés isolés au milieu des hommes. Et, en face d'un fait aussi imposant, on vient nous dire : Dieu est inconnaissable. Mais qui êtes-vous donc pour taxer de folie tous ceux qui ont cru le connaître ?

La preuve de droit est plus rigoureuse.

Quand j'ai parcouru tout le domaine scientifique connu, que sais-je du monde ? C'est qu'il est un enchaînement de causes et d'effets, et que chaque terme de la série est à la fois cause et causé. Plus ma science est étendue, plus j'ai confiance dans cette loi de mon esprit, exigeant que toute réalité trouve sa raison d'être dans une réalité voisine qui l'appuie, la *détermine*, comme on dit aujourd'hui. Il y a plus. Cette dépendance des causes cosmiques n'est pas *circulaire*, le cercle serait vicieux. Il faudrait plutôt dire qu'elle est *pyramidale*, se rétrécissant de la base au sommet. Qui ne voit que la science marche vers la simplification des lois, et par conséquent des causes ? Car les lois ne sont que la manière d'agir des causes. Supposons qu'on en vienne un jour à démontrer expérimentalement ce qui n'est encore qu'une hypothèse, à savoir que toute la machine cosmique dûment démontée se réduit à ces deux pièces : matière et force, mobile et moteur, atome et mouvement. Arrivé là, croyez-vous que l'esprit humain s'arrête ? Quoi ! il est monté à cette hauteur de pourquoi en pourquoi, et il n'irait pas plus loin ? il ne demanderait pas : D'où vient cette matière et d'où vient ce mouvement ? Impossible d'arrêter cette question sur mes lèvres. Tous les *vétos* des agnostiques n'y peuvent rien, et, la question une fois formulée, il n'y a que deux réponses possibles : Cette matière et ce mouvement sont par eux-mêmes ou par autrui.

S'ils sont par eux-mêmes, ils sont l'être nécessaire, la vraie cause première ; car d'eux dérive tout le reste. C'est la réponse de Démocrite, d'Épicure dans l'antiquité; c'est celle de l'évolutionnisme contemporain.

Et s'ils sont par autrui ?... Mais il n'y a plus d'*autrui* dans le système, puisqu'il s'agit de trouver la cause du système. *Autrui* alors doit se trouver en dehors du *Cosmos;* c'est la cause transcendante, c'est le moteur qui n'est pas mû, c'est le Créateur.

Il n'y a pas de milieu.

Et maintenant que penser de la première solution ? La matière et le mouvement peuvent-ils être par eux-mêmes ?

Les anciens métaphysiciens dissertaient *à priori* sur la nature de la matière; ils comparaient ses propriétés aux attributs qui doivent appartenir à l'être nécessaire, et ils déclaraient la matière inférieure à ce rôle. Ils disaient : L'être nécessaire ayant l'existence par lui-même doit aussi avoir par lui-même sa manière d'être; donc il est immuable. Or la matière change d'état, donc elle n'est pas l'être nécessaire.

Je ne dis pas que ce raisonnement soit mauvais, mais il semblera trop métaphysique aux esprits contemporains. Et pourquoi, diront-ils, le changement lui-même ne serait-il pas nécessaire ? Pourquoi ce qui se passe sous nos yeux, ce qui s'est passé depuis des millions de siècles, ne se serait-il pas passé toujours ?

Il faut trouver une forme plus saisissante et plus adaptée aux habitudes expérimentales des esprits modernes.

L'hypothèse du monde éternel est-elle admissible ?

Avec un Créateur, peut-être ; du moins il n'est pas démontré que ce soit impossible. La foi nous dit que cela n'a pas été; la raison dit-elle que cela ne pouvait pas être ? Il serait téméraire de l'affirmer. Saint Thomas[1] se contente de démontrer *qu'il n'est pas nécessaire* que le monde ait été créé de toute éternité. Quand il en vient à la thèse

---

[1] *Sum. cont. gentes*, II, XXXI-XXXVIII.

opposée : *Il était impossible que le monde fût créé de toute éternité*, il donne les raisons qui ont cours dans les écoles ; mais il ajoute : *Has autem rationes, quia usquequaque non de necessitate concludunt, licet probabilitatem habeant, sufficit tangere solum, ne videatur fides catholica in vanis rationibus constituta et non potius in solidissima Dei doctrina*. Et quand à ces raisons contestables il veut en ajouter une meilleure, il ne lui donne pas d'autre force démonstrative que celle d'une souveraine convenance : *Hoc enim convenientissimum fuit divinæ bonitati ut rebus principium durationis daret*[1].

Ainsi à cette question : Peut-on supposer l'infini du passé derrière le monde actuel ? la raison ne répond ni oui ni non ; elle voit de grandes difficultés à l'admettre, mais elle n'ose pas le déclarer impossible. Eh bien, accordons un moment la possibilité. Une condition s'impose, c'est qu'une cause possédant de toute éternité le pouvoir créateur, l'exerce éternellement et donne aux choses de l'être le mouvement et la vie.

Mais sans Dieu, que vaut l'hypothèse du monde éternel ?

Non seulement elle est contraire à la raison, mais elle est antiscientifique. L'esprit de la science la repousse.

Voilà une assertion qui étonnera sans doute, et pourtant elle est vraie.

Le mystère des origines cosmiques restera toujours impénétrable à la science, parce qu'il échappe à l'observation. Néanmoins la loi de continuité qui préside au développement des phénomènes dans le temps, autorise le savant à remonter, par des inductions hardies, jusqu'aux époques primitives ; l'état présent des choses et la courbe que suit leur évolution sous le regard des hommes, depuis que la science est née, fournissent au génie des hypothèses

---

[1] Luc, II, 38.

qui enserrent la réalité dans des cercles de plus en plus étroits et, à défaut de certitude, donnent à l'esprit humain une approximation croissante de la vérité.

Telle est la célèbre hypothèse de Laplace, qui depuis un siècle, à la différence de beaucoup d'autres, n'a reçu des faits mieux connus que de constantes confirmations. Ceux mêmes qui, comme M. Faye, croient l'avoir prise en défaut sur un point de détail [1], lui apportent une force nouvelle en la perfectionnant d'après son propre principe. Sans exagérer la valeur d'une conception qui, après tout, demeure hypothétique, on peut dire que *tout l'esprit de la science moderne* est pénétré de cette conception dans sa façon d'interpréter la marche générale de l'univers.

Eh bien, quelles sont les grandes lignes de cette hypothèse? A l'origine une matière élémentaire, uniforme, une poussière d'atomes dissociés; et pour soulever cette masse, pour la différencier, pour y créer des noyaux, des systèmes, des complications croissantes tendant vers l'ordre, vers l'harmonie du *Cosmos*, une chaleur initiale intense, un mouvement en acte.

Dire que cette matière en mouvement n'a ni commencement ni fin, est-ce scientifique? Voilà la question.

Déjà les savants admettent que le monde, ainsi conçu, tend à finir par voie de refroidissement; les chaleurs inégales s'échangent à la longue, et l'équilibre universel de chaleur ce sera l'universel repos, la mort [2].

---

[1] Le mouvement rétrograde de certaines planètes.

[2] C'est bien à tort que certains croyants s'émeuvent de cette assertion scientifique, qui leur paraît contredire la parole de l'apôtre saint Pierre annonçant la destruction du monde par le feu: *Elementa calore solventur; terra autem et ea quæ in ipsa sunt opera exurentur* (II Petr. III, 10), car saint Pierre parle évidemment ici du monde terrestre, ou du moins des conséquences qu'aura pour le monde terrestre le bouleversement final. Or la perturbation amenée dans la gravitation par le refroidissement du soleil peut fort bien faire sortir la terre de son orbite et la

Sans doute la fin d'un système ne sera pas la fin de tout ; mais les nébuleuses qui commenceront à se résoudre quand notre monde solaire entrera dans la mort, suivront la même évolution, pour aboutir au même terme. Le caractère de l'hypothèse, c'est sa généralité absolue. Il faut donc en pousser l'application jusqu'au bout, et là on trouve la suppression finale de tout mouvement, la réduction de l'être à l'inertie et à la mort. Ne dites pas que des systèmes nouveaux pourront naître indéfiniment sur les ruines des systèmes détruits, cela supposerait une nouvelle création de matière ou de mouvement ; si la quantité initiale n'en est pas augmentée, si grande qu'elle soit, il faut bien qu'elle s'épuise.

Mais, si l'hypothèse de Laplace appelle une fin des mondes, elle en suppose aussi le commencement.

Car enfin cette matière initiale, cette nébuleuse universelle, pourquoi s'est-elle différenciée, distribuée en systèmes ? pourquoi a-t-elle évolué vers l'organisation cosmique ? Parce que l'état où elle se trouvait, la chaleur qui la faisait vibrer, le mouvement dont elle était le sujet, exigeaient cette évolution.

Elle a donc *commencé à évoluer*.

Mais, si elle n'a pas *commencé d'être*, que faisait-elle avant d'évoluer ?

---

précipiter soit sur le soleil, soit sur une des grandes planètes : elle se brûlerait alors dans le soleil, ou se briserait sur la planète, avec un énorme dégagement de chaleur résultant du choc. Ceci soit dit pour ceux qui voudraient à tout prix voir dans la prophétie de saint Pierre l'annonce d'une fin naturelle du monde. Mais il nous paraît évident qu'il y faut voir, au contraire, la prédiction d'un événement surnaturel, d'une intervention de Dieu arrêtant violemment le cours des choses. Dès lors quoi d'étonnant que les savants disent : Le monde, s'il est laissé à lui-même, sera détruit par le froid ? et que la révélation ajoute : Oui, mais Dieu ne le laissera pas à lui-même ; avant que le refroidissement final ait pu se produire, Dieu brisera le moule de l'univers et le détruira par la chaleur ?

Était-elle froide et inerte comme on se représente les mondes éteints? Mais alors qui l'a échauffée? qui lui a donné son mouvement?

Impossible de recourir à d'autres soleils pour donner l'impulsion à cette masse. Nous nous sommes placés à l'origine absolue, antérieurement à tous les soleils.

Une masse inerte, sans propriétés, sans mouvement, sans lois, sans acte, a-t-elle pu exister de toute éternité? L'intelligence ne le conçoit guère [1], et la science, en tout cas, n'aurait pas à s'en occuper, car la science commence avec les phénomènes. Donc *ce qui est l'objet de la science, le mouvement et ses lois, a eu un commencement et aura une fin*. Et c'est l'esprit de la science qui veut cela.

Et maintenant que nous avons écouté la science dans son domaine, dépassons son domaine et écoutons la raison.

Voilà donc la nébuleuse universelle qui commence à évoluer. Elle va d'un état simple et uniforme à des états variés et complexes. Qui la lance et qui la guide dans cette marche ascensionnelle vers une perfection croissante, vers une croissante complexité?

Elle-même ou un autre. Il n'y a pas de milieu.

Si c'est *un autre*, cet autre est Dieu; car il s'agit, ne l'oublions pas, non plus de l'origine de tel système, de tel monde en particulier, mais du système général des mondes. Voilà ce qu'il faut expliquer. Or en dehors du système général des mondes rien ne peut exister, rien ne peut être conçu, sinon l'être transcendant, absolu, qui trouve en soi sa raison d'être; et cet être, c'est Dieu. C'est celui-là que l'athée veut exclure. Il est donc vrai, si c'est *un autre* qui lance la matière initiale dans la voie de son évolution, *Dieu existe*.

---

[1] S'il y a une distinction métaphysique réelle entre la masse et le mouvement, il y a aussi une liaison nécessaire, la masse étant par essence *réceptive* de mouvement.

LE VRAI DIEU ET L'ORIGINE DU MONDE 259

Et si c'est elle-même qui se lance ainsi, je demande quelle est la raison suffisante de cet élan. On me répond : C'est sa nécessité. Nécessité étrange, puisque précédemment elle n'agissait pas. Eh quoi ! on accorde que l'évolution a commencé, et l'on prétend que c'était nécessaire ? Mais pourquoi ce commencement ne commençait-il pas l'instant d'avant, et encore l'instant d'avant et ainsi à l'infini ? La raison de nécessité est bonne pour tous les instants, donc elle exclut tout commencement.

Mais supposons le premier élan donné. Je demande en outre quelle est la raison du progrès dans l'évolution. Cette raison ne peut se trouver dans le premier instant, alors que tout est encore simple et homogène : une seule masse, une seule force, une seule loi. Dire que toutes les merveilles du *Cosmos* doivent *nécessairement* sortir de là, sans intervention étrangère, c'est dire qu'elles y sont contenues; car le plus ne sort pas du moins[1]. Mais par hypothèse elles n'y sont pas contenues, car c'est précisément l'absence de toutes ces différenciations qui constitue l'état initial ; donc il n'est pas *nécessaire* qu'elles en sortent. Dira-t-on que la *raison du progrès*, qui n'est pas dans le premier instant, est dans les instants subséquents ? Mais avant le premier développement ces instants subséquents ne sont pas encore, ils ne peuvent influer sur celui qui les précède.

Donc la matière initiale ne peut pas trouver en elle-même la cause de son évolution.

Ce qui fait illusion aux métaphysiciens de l'athéisme, c'est que, après avoir refusé à la matière initiale toute autre propriété que la masse et le mouvement, ils lui restituent furtivement par la suite toutes les propriétés

[1] Si l'on dit qu'elles y sont contenues à l'état dynamique, alors c'est le pouvoir créateur qui est caché dans les choses : c'est la doctrine de l'immanence divine, dont nous aurons à nous occuper tout à l'heure. Au fond c'est la seule qui mérite examen.

de la cause première. On a cité cent fois l'éloquente conclusion du premier ouvrage de M. Taine : « Au suprême sommet des choses, au plus haut de l'éther lumineux et inaccessible, se prononce l'axiome éternel, et le retentissement prolongé de cette formule créatrice compose, par ses ondulations inépuisables, l'immensité de l'univers. …L'indifférente, l'immobile, l'éternelle, la toute-puissante, la créatrice, aucun nom ne l'épuise ; et quand se dévoile sa face sereine et sublime, il n'est point d'esprit d'homme qui ne ploie, consterné d'admiration et d'horreur [1]. » Cette formule est purement idéale, me direz-vous ; ce n'est pas la matière. Mais s'il n'y a pas d'esprit transcendant et incréé, comme à l'origine du monde il n'y a pas non plus d'esprit créé, il faut bien que tout se trouve dans la matière. Elle n'est qu'une masse agitée d'un mouvement uniforme, et on lui prête les attributs sublimes que nous adorons dans le Créateur. Ce n'est pas merveille alors qu'elle se tire d'affaire et se dégage du chaos. Seulement cela ne s'accomplit qu'au prix d'une grossière contradiction.

En résumé, la matière initiale ne peut pas expliquer l'origine de l'univers pour deux raisons : d'abord, parce que la matière a dû entrer en acte à un certain moment, c'est-à-dire commencer d'être ; or rien ne commence par soi ; ensuite, parce qu'elle a suivi la loi d'un développement *ordonné*, qui suppose une intelligence, et qu'à l'origine l'intelligence n'était pas en elle.

Il y a donc une cause transcendante, antérieure à tout, principe et raison de tout. Constater sa nécessité, c'est d'une certaine façon la connaître ; et pas plus que l'agnostique n'est recevable à écarter les causes secondes du champ de la connaissance humaine, l'évolutionniste

---

[1] *Les Philosophes classiques du XIXᵉ siècle.*

athée n'a le droit de déclarer inconnaissable la cause première.

Toutefois entre ceux qui nient Dieu et ceux qui l'affirment il y a place, sinon dans la logique des idées, du moins dans l'histoire des intelligences, pour une solution intermédiaire : celle qui met Dieu dans l'univers et substitue à la cause transcendante une cause immanente de toutes choses.

L'immanence divine, voilà une dernière forme de l'erreur qu'il faut écarter pour arriver jusqu'au vrai Dieu.

III. LE DIEU IMMANENT

La doctrine de l'immanence est vieille comme la philosophie, comme la pensée elle-même. De tout temps, il s'est trouvé des esprits trop vigoureux pour se contenter des solutions frivoles de l'agnosticisme ou de l'athéisme, et pourtant impuissants à dégager la transcendance divine. Ceux-là ont cherché Dieu dans l'univers. Ils lui ont reconnu les attributs du vrai Dieu, l'éternité, l'omniprésence, l'intelligence, la volonté ; seulement ils l'ont confondu avec la nature. Le monde, disent-ils, manifeste Dieu ; il est sa vie, son acte multiple. Dieu est la pensée du monde, son support, son unité, sa loi, la force intérieure qui l'anime, le fait durer, progresser, évoluer.

Naturellement cette conception obscure a pris des formes bien diverses, tantôt épaississant Dieu au contact de la matière, tantôt l'allégeant de toute réalité substantielle pour le reléguer dans l'idéal. Si c'était ici le lieu de faire l'histoire du panthéisme, nous y pourrions distinguer trois grands courants : l'un *unitaire*, l'autre *émanatiste*, le troisième *idéaliste*.

Unitaires nous apparaîtraient et le vieux Parménide et le moderne Spinosa. L'être est un ; les différences ne sont que des apparences, des modalités qui naissent et meurent sur le fond immobile de la substance unique et universelle.

L'émanatisme a l'Inde pour berceau ; il a trouvé dans l'école d'Alexandrie des interprètes brillants, mais subtils à l'excès. Dieu est l'unité primordiale qui produit le monde en se dédoublant ; et l'opération une fois commencée se poursuit à travers une série de générations métaphysiques dont la notion paraît empruntée au phénomène physiologique de la *scissiparité*.

L'idéalisme simplifie le système. Pas d'émanation ; l'unité partout, mais l'unité à deux faces, l'une réelle, c'est le monde ; l'autre idéale, c'est Dieu. « Dieu est l'idée du monde, le monde est la réalité de Dieu. » *Deus, mundus implicitus ; mundus, Deus explicitus.*

En distinguant ainsi trois formes principales du panthéisme, nous n'avons pas la prétention de les isoler entre elles. L'échange est fréquent de l'une à l'autre. L'obscurité de la doctrine amène aisément l'équivoque des formules ; et les catégories qu'un critique croit pouvoir instituer marquent plutôt des tendances diverses qu'elles ne classent des systèmes.

Dans son ensemble, la doctrine de l'immanence fait figure sérieuse en philosophie. C'est l'erreur la plus scientifique, la plus séduisante pour les esprits élevés. C'est par conséquent la plus difficile à réfuter et la plus dangereuse. Nous ne pouvons ici qu'indiquer d'un mot les raisons décisives qui nous obligent de la repousser.

Aux unitaires de l'école d'Élée, au logicien Spinosa, qui a mis les déductions géométriques au service d'un *postulatum*, nous répondrons d'abord au nom de la conscience : si la substance est une, si tous les êtres changeants n'en sont que les manières d'être, alors je ne suis moi-même qu'un mode : ma personnalité s'évanouit ; mes actes ne sont pas mes actes, ils sont ceux du grand Tout. Il n'y a pas en moi de sujet subsistant, il n'y a que des phénomènes. On peut dire, écrire ces choses, à la condition de tromper les autres ; on ne peut les penser qu'en se dupant soi-même, en donnant successivement aux mots deux sens différents, en appelant *phénomènes* d'abord les actes, puis l'agent qui les accomplit. L'unité qui résulte de cette logomachie est une unité purement verbale.

Nous répondrons encore au nom de la raison : Si la substance est une et nécessaire, son mode primitif a dû être, comme elle, un et nécessaire. Dès lors comment a-t-il pu changer? La variété des phénomènes est un fait d'expérience ; la logique de l'unité la condamne. Si l'on fait brèche au principe *à priori* pour écouter l'expérience, il faut l'écouter jusqu'au bout, sous cette forme intime qui s'appelle la conscience, et qui atteste la substantialité du moi.

La réponse à l'émanatisme est assez simple. Ce Dieu, dont l'unité originelle se dédouble, est-il parfait dans son unité, alors pourquoi éprouve-t-il le besoin de se diminuer en se divisant? Est-il imparfait, alors comment se perfectionne-t-il en se multipliant? Il ne peut rien ajouter à l'être en en variant les formes. Dans les deux hypothèses, la *raison suffisante* de l'émanation fait défaut. Et comme le résultat de l'émanation, c'est par hypothèse l'univers, l'univers à son tour manque de raison d'être. Singulière façon d'expliquer la nécessité des choses que de leur ôter toute raison d'exister !

L'idéalisme est plus difficile à étreindre. Comme Protée, il échappe en se transformant. Toutefois il est possible de l'acculer dans une impasse. Si Dieu et le monde ne sont que les deux faces, idéale et réelle, d'un même être universel, l'une n'a jamais pu exister sans l'autre. Si la réalité est éternelle, l'idéalité l'est aussi. Mais l'idéalité suppose l'intelligence. Où était l'intelligence dans le monde avant l'homme? Ce n'est pas répondre que de dire : Elle était partout; car il faudrait ajouter : A l'état inconscient. Or l'intelligence inconsciente est une intelligence qui n'entend pas, un pouvoir d'entendre qui est lié et comme assoupi. L'idéal n'était donc qu'en puissance, *à l'état abstrait*, alors que la réalité battait son plein depuis des millions de siècles? Comment un tel idéal a-t-il pu régir l'évolution de cette réalité? C'est toujours le même paralogisme. On prend une abstraction *qui n'est rien* hors du sujet pensant, on élimine le sujet pensant, et l'on prête à cette abstraction des qualités directrices qui en feraient un Dieu existant et véritable; on dit alors : Vous voyez bien que l'abstrait suffit. Oui, à la condition de devenir concret.

La doctrine de l'immanence a trouvé de nos jours un interprète bien fait pour lui redonner du crédit. Savant comme Gœthe, profond comme Kant, obscur comme Hégel, mais par l'élan de son cœur s'approchant sans cesse du christianisme, dont il adorerait les plus touchants mystères s'il pouvait croire en Dieu, M. Vacherot a résumé, dans un livre récent [1], toutes les tentatives de sa vie pour mettre d'accord le spiritualisme le plus élevé et l'impersonnalité de Dieu. Le résultat de cet effort est difficile à déterminer. Nous avons beau chercher à dégager l'unité du système, nous n'apercevons guère qu'une succession d'énoncés qui semblent s'exclure et dont la synthèse s'opère dans un obscurité impénétrable. Tantôt on croit entendre un pur idéaliste : « Qui dit perfection, dit idéal; qui dit idéal dit une pensée pure, c'est-

---

[1] *Le Nouveau spiritualisme* (Paris; Hachette, 1884). Cette œuvre importante et sincère nous a paru mériter une étude à part. On la trouvera plus loin, dans ce recueil.

à-dire un type supérieur à toutes les conditions de la réalité.¹ »

D'autres fois, il semble que Dieu existe, qu'il soit même distinct du monde : « Dieu est la puissance infinie, éternellement créatrice, dont l'œuvre n'a ni commencement ni fin. Il n'est pas le monde, puisqu'il en est la cause. Il ne s'en distingue pas seulement comme le tout de ses parties. Le tout n'est que l'unité collective de l'infinie variété des êtres finis qui existent à un moment donné. Définir Dieu par le tout, c'est le confondre avec l'univers. Ce n'est pas seulement entrer dans le panthéisme, c'est tomber dans l'athéisme pur. »

Ainsi, d'une part, Dieu c'est l'idéal, et l'idéal exclut l'existence. D'autre part, Dieu existe, et le monde réel est son ouvrage. Il faut concilier ces contradictoires. Voici un essai de synthèse : « Dieu n'est pas distinct du monde, comme le sont les êtres qu'il a créés ; il reste distinct de ses créations, non pas comme une cause étrangère et extérieure au monde, mais en ce sens qu'il garde toute sa fécondité, toute son activité, tout son être, après toutes les œuvres qu'il crée sans les faire sortir de son sein². Il en reste distinct, en demeurant au fond de tout ce qui passe, non pas immobile dans la majesté silencieuse d'une nature solitaire, puisque sa nature est l'activité même, mais toujours avec la même énergie de création, en sa qualité de puissance infinie. Ainsi disparaît le mystère de l'existence d'un être absolu conçu sous deux faces contra-

---

¹ Admirons, en passant, cette pensée pure ; est-elle réelle, comme pensée du moins? Si elle ne l'est pas, elle n'est pas une pensée ; si elle est réelle, pourquoi son objet ne le serait-il pas? Pourquoi serait-il donné à un pensant réel de penser quelque chose de plus que ce qui peut être?

² Nous admettons bien cela ; mais c'est précisément parce que Dieu est transcendant, étranger au monde, qu'il ne s'épuise pas en le produisant.

dictoires, la substance et la cause; immuable en tant que substance, mobile en tant que cause. L'expérience intime a détruit ce préjugé d'une métaphysique scolastique. Si l'essence de l'être est l'acte, si être c'est agir, pour Dieu est-ce autre chose que créer? Est-il possible à la pensée de séparer dans le Créateur ce que la science et la conscience s'accordent à confondre dans la créature? Être, agir, créer, c'est donc tout un pour la cause première, comme pour les causes secondes[1]. »

Il y aurait beaucoup à dire sur ce passage. M. Vacherot, de la meilleure foi du monde, y dénature entièrement la métaphysique qu'il appelle scolastique. Nous ne faisons pas Dieu « immobile en tant que substance, mobile en tant que cause ». Nous le faisons immobile en tout, même dans sa causalité; toute la mobilité est dans l'effet. Mais ce n'est pas de nous qu'il s'agit en ce moment, c'est de M. Vacherot et de sa synthèse. S'il y trouve quelque chose de clair, c'est ceci : Que Dieu agit nécessairement, et que cet acte, *qui est son être et sa vie*, c'est le monde. Je ferai bien comprendre cela en disant que le monde semble être pour le Dieu de M. Vacherot ce que le Verbe est pour le Père dans la Trinité chrétienne, ce que l'Esprit-Saint est pour le Père et le Fils. Mais alors comment dire que Dieu reste distinct du monde? Dans la Trinité, la nature est commune, la distinction tient aux personnes. Pour M. Vacherot, Dieu n'est pas une personne; il faut alors chercher la distinction dans la nature, et il le fait en opposant « le Créateur, qui est éternel, à ses œuvres qui sont éphémères; le Créateur, qui est partout, à ses œuvres qu'enferme un espace limité; le Créateur, infini dans sa puissance et dans sa perfection finale, à ses œuvres bornées dans leur action, leur perfection et leur durée ». Rien

---

[1] *Le Nouveau spiritualisme*, pp. 308-309.

de plus orthodoxe ; mais alors comment, de deux natures opposées, l'une peut-elle être l'acte nécessaire de l'autre? Nous cherchons une synthèse, nous trouvons une antithèse. Réunir les contraires dans un énoncé verbal, ce n'est pas les mettre d'accord dans la réalité.

Tel est le dernier mot de la doctrine de l'immanence. On a voulu concilier cette erreur fondamentale avec les principes essentiels du spiritualisme ; on aboutit à un système obscur et bâtard qui s'évanouit dès qu'on le serre de près.

Ce Dieu *qui n'est pas le monde, et dont le monde est l'acte nécessaire*, — voilà bien la formule, — est-ce *quelqu'un*, oui ou non? M. Vacherot n'ose dire *oui*, de peur de rapetisser Dieu en en faisant une *personne*. — Cependant c'est une intelligence? — Assurément. — C'est une volonté? — Sans aucun doute. — Une volonté libre? — Non, dit M. Vacherot. Et cependant le même auteur soutient, contre les déterministes, le libre arbitre de l'homme. N'est-il pas étrange que Dieu, dont le vouloir est fatal, puisse donner la liberté au vouloir humain?

Mais passons. Cette intelligence, cette volonté, résident quelque part ; ce sont des puissances actives ; il leur faut un sujet. Où résideront-elles? Dans le *Tout?* — Mais le Tout est un agrégat, dont l'unité est purement logique ; il ne peut servir de sujet à une pensée, à un vouloir réels. — Dans telle ou telle partie du Tout? — Dans laquelle? Ce ne sera pas dans les parties inférieures, dans les basses régions de l'inconscience. Ce sera tout au plus dans l'âme humaine, qui est ce que nous connaissons de plus élevé dans l'univers. Mais l'homme est né d'hier, et Dieu est éternel. L'intelligence, la volonté divine, résideront-elles, en dehors du monde, dans un être à part? Mais un être à part, non engagé dans la série créée, éternel, tout-puissant, parfait, infini, doué d'intelligence et de volonté consciente, c'est *le Dieu personnel*, ou ce n'est rien. Que sert de le nier au début pour l'accorder à la fin? Que sert de le nier en paroles pour l'accorder en pensée?

Si nous serrons de près M. Vacherot dans la première partie de son système, nous le rejetons dans le panthéisme; si nous le poursuivons dans la seconde partie, nous l'attirons à nous, nous en faisons un partisan malgré lui du Dieu personnel. Et cependant quelque chose nous sépare encore, c'est l'idée de la *création*. M. Vacherot emploie souvent le mot, mais il nie la chose; car il n'admet pas la seule création véritable, la création *ex nihilo*.

Loin de nous la prétention de dissiper les ombres qui enveloppent cette notion! Nous avouons sans détour que la création est un mystère. Mais nous ajoutons aussitôt: Bien que mystérieuse elle n'est pas impossible; et rien n'est possible que par elle.

La création n'est pas impossible. Qu'est-elle donc, en effet, à supposer qu'elle soit, sinon le *maximum* de l'énergie? Toute énergie limitée s'épuise ici-bas à produire, à changer les modalités de l'être. L'action des causes secondes est purement modificatrice. L'action de la cause première doit s'élever plus haut, elle doit dépasser l'énergie bornée de toute la hauteur de l'infini. Pourquoi donc ne serait-elle pas, elle seule, *productive de substance*? Ce serait alors la création *ex nihilo;* non pas qu'on doive se représenter le néant comme une matière infime, voisine du rien, un réceptacle presque vide, rempli cependant d'une sorte de puissance d'où le Créateur tirerait quelque chose; non, c'est tout le contraire. Le néant, c'est l'absence d'être, l'*absence de substance;* et là où la substance manquait, la puissance infinie la fait commencer d'être, comme là où tel accident manquait (le chaud, le mouvement, etc.), une cause seconde peut le faire apparaître (en chauffant, en agitant un corps). Cette conception est-elle contradictoire? Je défie qu'on le prouve.

Est-elle en elle-même beaucoup plus mystérieuse que celle de la causalité vulgaire, qui change les modes de l'être? Je n'oserai ni l'affirmer ni le nier. Mais la différence principale tient sans doute à ceci : que nous connaissons *par expérience* la causalité qui modifie, tandis que la causalité créatrice de substance échappe, par définition, à toute expérience. Nous le disions en commençant, le *quomodo* de toute causalité se dérobe à l'observation. Seulement, quand il s'agit de la causalité seconde, nous voyons un être sous le mode A; l'instant d'après nous le voyons sous le mode B; entre les deux états une action a passé; nous ne l'avons pas vue passer, mais il nous a semblé la voir, elle s'est comme révélée à nous dans la succession du second mode au premier. Cette expérience, renouvelée à chaque instant, nous familiarise avec la causalité seconde et nous persuade que nous la comprenons; si nous nous mettons à réfléchir, nous sommes obligés d'avouer qu'elle demeure un mystère, le mystère du *devenir*. Mais le devenir mystérieux des manières d'être étant reconnu possible, puisqu'il est constaté, de quel droit déclare-t-on impossible le devenir mystérieux de la substance?

La création *ex nihilo* n'est donc pas impossible. Alors il faut l'admettre, car sans elle rien n'est possible.

Otez la création *ex nihilo*. Dieu alors sera la cause du monde comme je suis l'auteur de mes actes; les phénomènes du monde seront *les événements de Dieu*. Dès lors ils introduisent en Dieu toute leur imperfection, leur mutabilité! Qu'est-ce qu'une cause nécessaire qui change? une cause nécessairement bonne qui fait nécessairement des choses mauvaises? une cause fatale qui fait des choses libres?

M. Vacherot s'en tire en empruntant à Aristote l'idée de l'attraction du bien. L'action se développe selon la double loi de fatalité et de finalité. Évolution fatale, évolution finale, voilà le secret de la création. Dieu, cause immanente, exerce son activité nécessaire dans la série des événements de ce monde ; c'est l'évolution fatale. Mais ce qui meut et dirige son action, c'est *l'attrait du meilleur* qui est au terme du progrès ; voilà l'évolution finale.

Est-ce là tout ce qu'on nous apporte pour nous tenir lieu de la création véritable ? Mais tout cela la suppose, loin de la suppléer. Oui, si Dieu est complet en lui-même, s'il a son acte propre, indépendant du monde, sa vie intime et parfaite avant toute apparition de la créature, j'admets alors qu'il fasse *librement* des œuvres à la fois bonnes et imparfaites : bonnes, parce qu'elles portent la ressemblance éloignée du souverain bien ; imparfaites, parce qu'elles n'en sont que la ressemblance. Je conçois également que, parties d'un degré inférieur, ces œuvres divines gravitent, sous l'action de Dieu, vers une perfection plus haute. Mais ce Bien qui les attire est le même qui les a produites ; c'est le principe et le terme, l'A et l'Ω. Et sa perfection à Lui n'est pas compromise par les insuffisances de ses créatures, parce que celles-ci sont son œuvre purement extérieure et contingente ; elles ne tiennent pas à son acte intime et nécessaire, elles sont *l'ouvrage*, et non le *développement* de Dieu.

Étant donnée la création *ex nihilo*, qui exclut *l'évolution fatale*, j'admets donc et je proclame *l'évolution finale*. Mais dans l'hypothèse d'un Dieu immanent, si l'évolution fatale est de rigueur, l'évolution finale est impossible. Pourquoi cette gravitation vers le *meilleur* ? Est-ce pour compléter Dieu ? Il était donc imparfait ? Et cependant il était infini et nécessaire. Et quel est ce meilleur vers lequel tend l'action de Dieu ? N'est-ce pas le Bien suprême, c'est-à-dire le Dieu parfait ? Ainsi le Dieu imparfait qui a fait le monde gravite vers le Dieu parfait qui l'attire et l'attend ? Mais alors c'est celui-ci qui est le vrai Dieu puisqu'il est le vrai moteur ? Oui, seulement *il n'est pas réel, parce qu'il est idéal*. Nous voici rejetés en plein idéalisme. Un instant, avec M. Vacherot, nous avions cru trouver un Dieu existant ; plutôt que d'admettre la création véritable, notre guide a changé de route ; il n'a plus devant lui qu'un *cosmos* imparfait, et un Dieu imaginaire, « à qui sa perfection coûte la réalité. »

Veut-on savoir la cause dernière et profonde de ces contradictions où se débat la théologie de l'immanence? Elle se trouve dans une confusion que le dogme chrétien a seul réussi à dissiper. On confond la *vie de Dieu*, ou *son acte immanent*, avec l'opération créatrice qui est extrinsèque à Dieu. On ne veut pas comprendre que, dans la causalité, tout l'effet se pose hors de la cause ; que, plus la causalité est puissante, moins la cause est modifiée par la production de l'effet ; que lorsqu'on monte jusqu'à la causalité parfaite, infinie en intensité, celle qui est productive de substance, la contingence de l'effet laisse intacte la parfaite immutabilité de la cause, en sorte que l'apparition de l'univers, éclos sous le souffle créateur, ne ride pas même d'une ombre de vicissitude la surface immobile de l'être divin : *Apud quem non est transmutatio, nec vicissitudinis obumbratio*[1].

Immobile au dehors, Dieu a cependant son activité propre, intérieure à son être, indépendante de ses opérations au dehors, identique dans les deux hypothèses de la création ou de l'éternel repos du Créateur. Cet acte, Aristote l'a entrevu ; il lui a donné son vrai nom, l'*acte pur*, sans mélange de potentialité ; il en a indiqué, par une divination sublime, le caractère spécifique : c'est une pensée qui se pense elle-même, νοήσεως νόησις. Il n'a pu aller plus loin.

La révélation est venue ; elle nous apporte la formule

[1] Jac. I, 17.

mystérieuse de la vie divine avec le dogme de la Trinité. Dieu principe pense tout l'être qu'il est, c'est-à-dire l'infini ; sa pensée procède de lui et se pose au dedans de lui comme le miroir de sa beauté, l'empreinte de sa substance : *Splendor gloriæ, figura substantiæ ejus, imago bonitatis illius* [1] ; c'est son Verbe ou son Fils, engendré de Dieu et en Dieu avant l'aurore des siècles : *Deum de Deo, lumen de lumine* [2]. *Ex utero ante luciferum genui te* [3]. Le Père et le Verbe se contemplent, ils s'aiment ; l'amour qui s'échange entre eux est infini comme la source d'où il procède : c'est l'Esprit-Saint, dont l'éternelle origine épuise et consomme la perfection de la vie divine.

Que ce principe, ce Verbe, cet amour, possèdent en commun la divinité unique et néanmoins demeurent distincts par leur triple personnalité ; qu'ils s'opposent entre eux par leur origine et se fondent dans l'unité d'une nature sans commencement, c'est là sans doute un mystère impénétrable que la révélation propose à notre foi, que la vision intuitive montrera un jour à nos yeux ravis. Mais si obscure que soit la formule du dogme, elle jette un jour éclatant sur la doctrine philosophique de la création. Elle précise dans notre esprit la notion d'un Dieu qui ne dépend pas du monde pour vivre et agir, la notion d'une *immanence* qui n'est pas celle de l'acte créateur, la notion enfin d'une création qui n'ajoute rien à la vie de Dieu et qui le glorifie sans le compléter.

Cette notion, notre raison a le pouvoir de la dégager ; laissée à elle-même, elle n'y réussit qu'avec peine ; elle se trouble et s'égare au seuil du mystère ; et parce que Dieu réside au fond de tout être créé [4], le soutenant par l'énergie

---

[1] Hebr. I, 3.
[2] Symbole de Nicée.
[3] Ps. CIX.
[4] *In ipso enim vivimus et movemur et sumus.* (Act. XVII, 28.)

de sa vertu créatrice, *portans omnia verbo virtutis suæ*[1], elle se laisse persuader que c'est la vie même de Dieu qui s'écoule dans les créatures. Une fois engagée sur ce chemin, elle se perd dans un dédale et n'échappe aux dernières conséquences de l'erreur que par d'étonnantes contradictions.

Nous n'en sommes pas réduits là, Messieurs. La foi chrétienne demande à notre esprit quelques sacrifices d'orgueil, aucun sacrifice de raison, et elle rend avec usure à la raison ce qu'elle en exige, car elle l'affermit dans la possession de son patrimoine ; elle lui suggère, par delà les bornes de son domaine, une conception qui l'aide à dégager la véritable figure du Dieu vivant.

Cette figure adorable, nous l'avons aujourd'hui regardée du dehors ; nous avons reconnu le Dieu créateur, caché derrière ses ouvrages, mais nécessaire à les expliquer. Ni l'ignorance affectée des agnostiques, ni les hypothèses de l'évolutionnisme athée qui fait sortir le plus du moins, ni les équivoques du panthéisme qui ôte à Dieu tour à tour sa perfection ou sa réalité, n'ont pu nous satisfaire. Dieu n'est pas inconnaissable, Dieu n'est pas inutile, Dieu n'est pas immanent ; ses œuvres le proclament, elles ont besoin de lui, elles dépendent de lui et vivent de lui ; il ne dépend pas, il ne vit pas d'elles. Il est la cause transcendante de tout ce qui existe ; il est, avant toute la création, la plénitude de l'être et la perfection infinie. Voilà le vrai Dieu, et il n'y en a point d'autre : *Non est similis tui in diis, Domine*[2].

---

[1] Hebr. I, 3.
[2] Ps. LXXXV, 8.

TROISIÈME CONFÉRENCE

LE VRAI DIEU ET L'AME HUMAINE

L'homme trouve le vrai Dieu dans l'ordre du monde pour en expliquer l'harmonie. Il le trouve dans le fait même de l'existence du monde pour en expliquer l'origine. Mais il le trouve aussi sans sortir de lui-même, dans sa propre pensée, dans sa conscience, dans sa prière, dans son amour. Le Dieu de la raison, le Dieu de la morale, le Dieu de la religion, le Dieu du cœur; pour tout dire en un mot, le Dieu de l'âme humaine, voilà, Messieurs, ce qu'il me reste à vous montrer. Si j'établis dans ce dernier entretien que vous ne pouvez sans le vrai Dieu ni penser, ni vouloir, ni prier, ni aimer, j'aurai achevé ma tâche et emporté l'assentiment de tout votre être.

I

Commençons par la raison. C'est elle déjà qui nous a guidés dans les tâtonnements d'une induction laborieuse à travers les symboles et les vestiges que Dieu a laissés de lui-même dans la création ; mais après avoir pris, pour arriver au premier être, le chemin le plus long, qui est aussi le plus sûr, il nous est bien permis de tenter l'ascension directe, soutenus que nous sommes par l'heureux résultat de nos précédentes explorations. Si nous eussions dès le début abordé l'âpre sentier qui monte droit vers la cime, le vertige aurait pu nous prendre, je veux dire un doute mortel touchant l'issue du voyage. Mais déjà, par de prudents détours, nous avons touché une fois le but. La confiance nous est venue, et nous pouvons substituer aux procédés patients de la raison discursive les rapides élans de la raison intuitive.

Toutes les fois que l'homme s'enferme dans sa pensée, il ne tarde pas à rencontrer l'absolu. C'est en effet la forme native de l'être. Toute limite est une négation, toute imperfection un manque d'être. La plus légitime des affirmations est bien celle-ci : *L'être est;* mais si je l'émets sans restriction, je dis par là même : L'être est parfait; car s'il ne l'était pas, en ce qui manquerait à sa perfection, il ne serait pas. Personne n'a exprimé cette vérité comme Bossuet : « L'impie demande : Pourquoi Dieu est-il ? Je lui réponds : Pourquoi Dieu ne serait-il pas ? Est-ce à cause qu'il est parfait, et la perfection serait-elle un obstacle à l'être ? Erreur insensée ; au contraire, la perfection est la raison d'être. Pourquoi l'imparfait serait-il, et le parfait ne serait-il pas [1] ? »

Pourquoi ? répondra l'athée, parce que le parfait c'est l'idéal, et que l'idéal n'est pas réel.

J'accorde volontiers que le parfait c'est l'idéal. En effet, je ne rencontre nulle part le parfait dans le champ de mon expérience ; pour le trouver, il faut que je m'enferme avec ma pensée ; je ne le constate pas, je le conçois. Il m'apparait à la limite extrême de toute connaissance, comme le terme dont se rapproche tout être à mesure qu'il grandit,

---

[1] *Élévations sur les mystères;* 1re Élévation.

qu'il devient plus fort, plus beau, meilleur. Je juge des valeurs relatives des êtres par le plus ou moins de distance qui me paraît les séparer de ce terme ; et cependant je sais bien qu'entre le plus rapproché du parfait et le parfait lui-même la distance est encore infinie.

Mais cet idéal existe-t-il ailleurs que dans ma pensée ? A-t-il en lui-même une réalité ?

On l'a contesté dans tous les temps ; aujourd'hui on le nie hardiment. Non, disent d'une commune voix les matérialistes, les positivistes, les partisans du nouveau spiritualisme ; non, l'idéal n'est pas réel, il ne peut pas l'être, car l'idéalité se trouve dans chaque être en raison inverse de la réalité. Prenons pour exemple une des propriétés les plus simples de l'être, la forme géométrique. Il n'y a de formes *réelles* que dans la nature, mais là elles sont toujours approximatives et imparfaites ; où trouver dans les corps existants la ligne droite pure, le cercle parfait, etc.? Les objets qui frappent nos sens ne nous donnent de ces formes que des approximations grossières ; la main de l'homme en fait apparaître de plus exactes dans les œuvres de l'art, parce que l'idéal qui est dans sa pensée en dirige l'expression ; toutefois les lignes que l'architecte dessine avec la pierre, celles plus précises encore que le géomètre trace avec la règle et le compas, sont bien loin de répondre à l'idéal géométrique. Où est le point sans dimensions, la ligne sans largeur, le plan sans épaisseur, etc. ? Pour éliminer les dernières imperfections incompatibles avec l'idéal, il faut supprimer les derniers supports de la réalité, cette craie ou cette encre qui donnait du corps aux lignes et qui, en leur donnant du corps, leur enlevait la perfection idéale.

Autant faudrait-il en dire de toute autre qualité de l'être. Toute force est mêlée de faiblesse, toute grandeur a des bornes, toute vertu a des défaillances. Si la limite est effacée, la réalité s'évanouit, il ne reste plus qu'un concept à la fois lumineux et vide : lumineux, puisqu'il éclaire tous les objets réels et permet d'en mesurer la perfection relative par leur ressemblance avec lui-même ; vide, puisqu'il ne reste ce qu'il est qu'à la condition de ne pas exister.

Voilà l'objection ; elle paraît insoluble à nos contemporains. Elle suffit pour arrêter au seuil du théisme non seulement des intelligences prisonnières du positivisme, mais des esprits métaphysiques comme MM. Vacherot et Fouillée.

Et pourtant qu'a-t-elle donc de si fort ? A la regarder de près, ce n'est pas même un raisonnement, c'est une simple constatation. Oui, dans le domaine où se meut notre expérience, les choses se passent ainsi : L'idéal et le réel s'excluent, puisqu'il y a d'autant moins de réalité dans un être qu'il se rapproche davantage de l'idéal, et réciproquement.

Mais ce n'est pas être philosophe que se borner à constater un fait, il faut l'interpréter.

Essayons de construire le raisonnement qui prouverait la thèse de nos adversaires.

Si on lui donne la forme d'un enthymème, il peut encore séduire :

L'idéal n'est dans les choses qu'en raison inverse de leur réalité.

Donc l'idéal est la négation du réel.

Mais un enthymème n'est qu'un syllogisme dont la mineure est sous-entendue ; et trop souvent, si on la sousentend, c'est qu'elle n'est pas bonne à produire.

Essayons de la restituer. La voici :

Or cette proposition inverse ne peut s'expliquer dans les choses observables que si l'idéal est en lui-même et absolument la négation du réel.

Donc l'idéal est la négation du réel.

Le syllogisme ainsi complété, il faut reconnaître qu'il

est bien déduit; on peut accorder la majeure, qui énonce une vérité de fait, mais il faut nier la mineure.

Il y a une autre explication possible de cette proportion inverse que l'expérience constate entre l'idéalité des choses et leur réalité.

C'est précisément l'explication théiste.

Supposez que nous ayons raison : que Dieu soit, qu'un être antérieur à la série cosmique existe par lui-même de toute éternité; supposez que dans son essence infinie soit comprise éminemment toute la hiérarchie des essences limitées, comme les nombres inférieurs 7, 8, etc., sont compris dans le nombre supérieur 100 ou 1,000, comme la science des quatre règles de l'arithmétique est comprise dans le savoir mathématique d'un Cauchy; supposez que ce Dieu voie tous ces possibles en lui-même par le regard intérieur qui lui montre ce qu'il est, et qu'il décide d'en réaliser quelques-uns par l'efficacité de son vouloir; voilà bien, dans sa forme authentique, ce que nos adversaires appelleront l'*hypothèse théiste*. Eh bien, dans cette hypothèse, le Dieu dont il s'agit sera la première des réalités, le plus nécessaire, la seule nécessaire, celle qui non seulement existe, mais ne peut pas ne pas exister, par conséquent la *plus réelle*. Mais en même temps il sera l'*idéal* par excellence, puisque son essence vivante, réalisée, est le type universel dans lequel sont contenus tous les types réalisables de l'être. En lui les possibles vivent comme dans notre pensée à nous-mêmes, mais d'une façon bien plus haute et tout ensemble bien plus intime; car il ne va pas chercher hors de lui l'objet de sa pensée, il le trouve en lui-même. *Il se pense*, et, en se pensant, il pense toutes les participations, toutes les imitations possibles de son être. C'est ce qu'a merveilleusement exprimé saint Augustin lorsque, dans son commentaire sur le premier chapitre de saint Jean, il propose de changer la ponctuation ordinaire de ce passage : *Sine ipso factum est nihil quod factum est. In ipso vita erat*, et de lire : *Sine ipso factum est nihil. Quod factum est in ipso vita erat* : « Sans le Verbe, rien n'a été fait au dehors. *Et ce qui a été fait au dehors, était d'avance vie en lui.* »

On aurait alors en Dieu, mais en Dieu seul, cette coïncidence de l'idéal et du réel qui est impossible ailleurs. Et il faudrait dire de ces deux termes de l'antinomie ce qu'un homme d'État [1] a dit du pouvoir spirituel et du pouvoir temporel à propos de la souveraineté politique du Pape : « Il faut qu'ils soient réunis à Rome pour être mieux séparés ailleurs. » Il faut que l'idéal et le réel soient confondus en Dieu pour être distingués hors de Dieu ; parce que Dieu a mis son empreinte sur toutes ses œuvres, il m'est impossible d'en considérer une seule, si imparfaite qu'elle soit, sans y trouver une trace d'idéal ; mais parce que toute imitation de Dieu est nécessairement imparfaite, aucune créature n'épuise l'idée de perfection qu'elle éveille ; toute réalité est au-dessous de son type.

Voilà donc une hypothèse qui n'a rien de contradictoire, qui a rallié pendant des siècles les plus grands génies de l'humanité, qui a contenté un Augustin, un Thomas d'Aquin, un Képler, un Pascal, un Descartes, un Leibnitz, un Newton, un Cuvier, un Ampère, un Biot, un Cauchy : l'hypothèse du Dieu transcendant. Cette hypothèse non seulement admet, mais exige l'union en Dieu de l'idéal et du réel, et par là explique leur distinction, leur proportion inverse hors de Dieu. Donc il n'est pas vrai de dire que cette proportion inverse soit inexplicable autrement que par l'antinomie absolue et irréductible de l'idéalité et de la réalité.

La mineure du syllogisme était fausse. On avait raison

---

[1] Odilon Barrot.

de la dissimuler dans un enthymème. Il a suffi de la faire apparaître pour ruiner la conclusion.

Or, remarquez-le bien, ce que nous avons appelé modestement l'*hypothèse théiste* n'est plus une simple hypothèse. Par la voie discursive, par la double induction de finalité et de causalité, nous en avons éprouvé la valeur objective, et nous l'avons trouvée véritable. Je puis donc maintenant rentrer en moi-même en oubliant l'univers ; et quand je trouve au fond de ma raison cette affirmation si simple, si évidente, si décisive : *L'être est,* j'ai le droit d'en conclure : *Le parfait existe,* car s'il n'existait pas, l'être ne serait pas tout entier ; une partie de l'être ne serait pas, et il faudrait dire pourquoi ; et ce pourquoi est introuvable, car la non-existence de l'être est une absurdité, et Bossuet a divinement raison quand il dit : « La perfection est la raison d'être. » Et si l'on veut m'arrêter court en m'objectant que le parfait ne peut exister *parce qu'il est l'idéal,* je réponds : Qu'importe ? Prouvez-moi que l'idéal ne peut pas être réel. Et je passe outre, bien assuré qu'on ne me le prouvera jamais.

Il est donc vrai, Dieu est au fond de toutes mes pensées puisqu'elles se terminent à l'être et que Dieu est le support de l'être, la pleine réalisation de ce que je conçois en concevant l'être. Sans doute, pour concevoir l'être, même à ce degré infini d'intensité qui passe tous les degrés, j'ai besoin de recourir à l'abstraction. C'est l'infirmité de mon esprit qui, noyé dans les sens, ne se dégage du sensible qu'à la condition d'éliminer les conditions d'existence. Cette faculté d'abstraire est pour moi une force, puisqu'elle m'élève jusqu'à la conception de l'essence ; mais elle est aussi une faiblesse puisqu'elle dépouille l'objet de ma pensée, le vide, le dessèche et, pour le rendre intelligible, lui ôte la vie. Mais l'être que je conçois à l'aide de l'abstraction garde en lui-même la réalité vivante que ma pensée lui ravit. Si je pouvais le voir tel qu'il est, tel qu'il se voit lui-même, je le verrais vivant; et si j'écoute bien ma raison, je reconnais que c'est ainsi qu'il doit être, idéal parfait et réalité première.

Je n'allais donc pas trop loin quand je vous disais, en commençant, que vous ne pouvez penser sans trouver Dieu.

II

Ma raison appelle Dieu. Ma conscience aussi l'appelle. Le monde moral, comme le monde intelligible, comme le monde physique, crie vers son auteur : *Res clamat Domino.*

La conscience est un fait. Ceux qui n'adorent que les faits sont bien obligés de reconnaître celui-là. C'est un phénomène irréductible que le sens du devoir. Il faut renoncer à le contester, et nul ne le conteste. Le dissentiment n'éclate entre les philosophes que lorsqu'il s'agit de l'interpréter.

Je ne puis songer à embrasser, dans cet entretien, une étude complète des fondements de la morale[1]. Qu'il me suffise de marquer ici en deux mots les positions respectives du spiritualisme véritable et des écoles antithéistes en face de ce grand problème du devoir.

Pour anéantir le témoignage que la conscience humaine rend au vrai Dieu, tout l'effort des antithéistes tend à rendre la morale indépendante de l'absolu. Qu'on lui donne pour racine, comme l'a fait Kant, les dictées d'une raison autonome, ou, comme l'essaie M. Renouvier, le *sentiment*

---

[1] C'est l'objet des conférences de Notre-Dame pendant le carême de 1891.

de la liberté et *l'orientation spontanée de la volonté vers le meilleur,* ou encore, comme le tente M. Ravaisson, la *recherche du beau dans l'action humaine,* il reste toujours à expliquer ce qu'il y a *d'obligatoire* pour l'homme à obéir à sa raison, c'est-à-dire à lui-même, ou à l'orientation spontanée d'une volonté qui se croit libre de s'y soustraire, ou à un sens esthétique qui peut être sacrifié à de plus basses tendances. Si nous écoutons Schopenhauer, il nous dissuadera de suivre l'intelligence, faculté toute formelle qui voit les choses du dehors, pour nous mettre à l'école de la volonté, faculté primitive et profonde qui seule atteint la chose en soi. La volonté inconsciente donne le *vouloir-vivre.* La réflexion, opérant sur les données de l'expérience, nous convainc que la vie est mauvaise, que par conséquent le vouloir-vivre est une faute; travailler à le vouloir tuer en nous, voilà le devoir. Est-il besoin de longs raisonnements pour reconnaître ce qu'il y a d'arbitraire dans cette obligation étrange, fondée sur une métaphysique ennemie de l'être, et qui exigerait de nous le sacrifice de ce qui fait le fond de nous-mêmes?

Restent les écoles purement positivistes, qui tirent le devoir de l'épuration des instincts. A l'origine, la loi de l'action est l'égoïsme pur sous sa forme la plus grossière, la recherche de la jouissance, dont la nutrition est le type physiologique. L'expérience de la vie apprend à l'homme que son bien-être s'étend, gagne en surface, en hauteur, en durée, quand il tient compte des êtres semblables à lui; alors les instincts individuels se *socialisent;* l'altruisme, dont le type physiologique est la faculté reproductrice, naît à côté de l'égoïsme, grandit à ses dépens; dans l'avenir on nous montre une humanité si éclairée que chaque individu y préférera le bien de tous à son bien particulier; cette évolution vers le parfait altruisme marque la direction du progrès et par conséquent l'orientation de la conscience.

Spencer, Littré, Guyau, qui nous disent toutes ces belles choses, oublient de nous démontrer qu'il est obligatoire pour chacun de nous de marcher dans le sens de ce progrès. Ils sont même incapables de prouver que ce soit un progrès absolu; car pour cela il faudrait établir la supériorité absolue de l'altruisme, et ils ont biffé l'absolu. La morale devient alors affaire de goût et de préférence facultative. Les raffinés iront vers ce que le commun des hommes appellent le *meilleur;* la masse longtemps encore prêtera l'oreille aux conseils plus positifs et plus pressants de l'égoïsme sensualiste. A qui appartiendra le dernier mot? Il est difficile de le prédire. En attendant, la morale reste à construire, et le devoir n'est pas né.

On peut réduire au silence tous ces inventeurs de systèmes, en énonçant ces deux propositions incontestables : Toute morale est infirme, inefficace, incapable de se faire obéir si elle manque d'un sujet vraiment libre, d'un précepte vraiment impératif, d'une sanction infaillible. Sans Dieu, sans l'absolu idéal et réel, toute liberté est illusoire, tout impératif est contestable, toute sanction est douteuse.

Il faut à la morale un sujet vraiment libre; sans quoi le déterminisme envahit le monde de la conscience, il le tyrannise comme il fait le monde physique. Il n'y a pas plus de devoir pour l'homme à suivre la loi morale, que pour la pierre à tomber. La pierre tombe parce qu'elle ne peut pas faire autrement; supposez-la consciente, elle ne pourra s'approuver intérieurement de subir cette contrainte. Et qu'importe la liberté apparente? Si l'homme croit bien faire parce qu'il se croit libre, il se trompe en croyant bien faire comme il se trompe en se croyant libre. La même philosophie qui lui révèle la seconde illusion lui montrera bientôt la première, et il ne restera rien de la morale.

Il faut un précepte vraiment impératif, car l'intérêt bien

entendu ne peut créer qu'une nécessité de moyen; si tu veux être heureux dans le grand sens du mot, combats tes passions. Mais si je réponds qu'il me plait mieux d'être heureux dans le sens mesquin du mot, comment me prouvera-t-on que je suis obligé de préférer le grand sens?

Il faut une sanction infaillible, car la raison n'est pas tout dans l'homme; la vertu est un conflit perpétuel entre la raison et les appétits. Et si, par une voie indirecte, par l'espoir de la récompense ou la crainte du châtiment futur, mon être sensible n'est pas intéressé dans les sacrifices que le devoir lui demande, trop souvent je me rangerai du côté de l'instinct pour récuser l'autorité du précepte.

Et maintenant cherchez, en dehors de la donnée théiste, l'accomplissement de ces trois conditions. Vous ne le trouverez nulle part.

Il n'y a pas de liberté dans l'homme si la liberté du Créateur n'est pas à l'origine des choses; car alors tout naît de la force aveugle, et le développement de la force aveugle ne saurait enfanter la liberté.

Il n'y a pas d'impératif autorisé dans la conscience humaine si Dieu n'est pas; car alors tout ce qui n'est pas l'homme lui est inférieur; il ne saurait être obligé d'obéir à ce qui ne le vaut pas, et c'est jouer sur les mots que de répondre qu'il est obligé de s'obéir à lui-même. Il y a plusieurs parties dans *ce lui-même*. Si vous dites qu'il doit subordonner l'inférieure à la supérieure, le sens à la raison, l'égoïsme à l'altruisme, vous reconnaissez par là qu'il y a une hiérarchie absolue des choses; or cette hiérarchie suppose Dieu qui en est le support. Sans Dieu, il n'y a qu'un conflit fortuit et fatal entre des nécessités disparates dont aucune n'a de titre pour exiger le sacrifice des autres.

Enfin il n'y a pas de sanction infaillible sans Dieu. Toutes les sanctions tirées de la nature des choses et des conséquences de nos actes sont incomplètes, intermittentes, sujettes à exceptions, et laissent passer le mal en lui assurant, en mainte rencontre, la plus scandaleuse impunité.

Donc ou la morale n'est rien, ou Dieu est au fond. Essayez de réduire la conscience au silence, ou reconnaissez son cri : elle appelle Dieu.

III

Voici dans l'âme humaine un troisième besoin : le besoin du culte et de la prière. Cela encore est un fait. Les ennemis de Dieu voudraient bien l'anéantir; ils se flattent d'y réussir dans l'avenir par les procédés rigoureux d'une éducation athée. Mais la nature ne se laisse pas détruire. Depuis qu'il y a des hommes, il y a des religions. Et si l'on en parle au pluriel, c'est qu'on s'en tient à une observation superficielle. Les formes, le détail des doctrines et des pratiques, peuvent varier. Mais il est facile de découvrir sous ces diversités une unité latente dont un signe, entre beaucoup d'autres, ne saurait être méconnu par les historiens et les psychologues : c'est l'institution universelle du sacrifice.

Or le sacrifice implique quatre mouvements de l'âme humaine : l'adoration, qui s'adresse à la grandeur de Dieu; l'expiation, qui s'adresse à sa justice; la prière, à sa puissance; l'action de grâce, à sa bonté.

Là encore la philosophie orgueilleuse voudrait donner tort à l'instinct profond dont la religion est l'expression. Elle dit à celui qui adore : Ne fléchis pas le genou, tu es le vrai Dieu de ce monde. Mais l'adorateur répond : Je ne suis qu'un roseau; toutes les forces de la nature me dominent et me brisent; si je les dépasse d'un côté, parce que je suis un roseau pensant, cette pensée qui vit en moi m'oblige à chercher au-dessus de moi celui qui est à la fois le droit et la force et à lui faire hommage de mes chétives puissances.

L'athéisme dit à celui qui expie : Ton crime a retenti dans le néant; ne cherche pas dans l'infini une justice illusoire; le ciel est vide, et ses foudres sont éteintes. Mais le pécheur repentant répond : *Mon péché est toujours contre moi*[1]. Je me sens débiteur, et je n'aurai point de repos que ma dette ne me soit remise.

Voici un spiritualiste incertain qui voudrait bien prier, mais *qui n'ose*, ne pouvant se persuader que le désir de son pauvre cœur puisse infléchir le cours du destin. Mais l'humble femme qui vient pleurer sur le parvis du temple est sûr d'avoir raison contre ce philosophe, s'appelât-il Vacherot ou Jules Simon; car elle a pour elle tout le passé de l'humanité qui a peuplé la terre de temples et d'autels, qui a porté à tous les sanctuaires du monde ses soupirs et ses vœux, et qui a toujours trouvé dans cette effusion de ses désirs le contentement d'un besoin aussi profond que son être. Non, tant d'appels jetés vers l'au delà n'ont pu se perdre dans le vide. Et qui donc empêche le souverain maître de l'univers de faire entrer dans le concert de ses desseins une réponse miséricordieuse aux invocations de ses enfants?

Enfin voici les victimes d'actions de grâces, les ex-voto suspendus aux murailles des demeures sacrées. Ne dites pas à ces affligés, dont les larmes ont été séchées, que leur reconnaissance est vaine. Comme ils ont eu raison d'appeler à leur aide la puissance souveraine, ils seraient coupables aujourd'hui de payer d'ingratitude la suprême bonté qui les a exaucés.

Il est vrai, l'adoration peut s'égarer sur des idoles, la

---

[1] Ps. L.

réparation peut être offerte à des dieux complices du crime ; la prière, l'action de grâce, peuvent se tromper d'adresse et monter vers des divinités sourdes ou impuissantes. Mais le sentiment qui a dicté ces appels ou inspiré ces offrandes, reste vrai et infaillible ; il va droit au vrai Dieu, au Dieu substantiel, au Dieu vivant.

Philosophes idéalistes, c'est en vain que vous prétendez offrir en pâture à l'âme religieuse le rêve que votre pensée élabore. Le Dieu que j'adore et que j'invoque ne saurait être le Dieu que j'ai fait moi-même. Le sublime Isaïe a flagellé de son ironie vengeresse l'idolâtre antique qui se fabriquait des dieux de pierre ou de bois. « Le bûcheron, dit-il, est allé dans la forêt ; il a coupé le cèdre, il en a débité la ramure ; des fragments tombés sous sa hache, il a chauffé son four et fait cuire son pain ; avec ce qui reste il s'est sculpté une image, et le voici qui se prosterne en disant : Sauve-moi, car tu es mon Dieu[1]. » O vous, pour qui Dieu n'est que la catégorie de l'idéal, ne raillez pas cet homme. Votre divinité est aussi votre ouvrage, l'ouvrage de vos pensées et de vos rêves ; elle n'a d'être que ce que vous lui en avez donné. Parce qu'elle est sortie de votre cerveau, vous n'avez rien à en attendre, et vous n'obtiendrez pas du reste des hommes qu'ils se prosternent devant cette creuse idole. Ils continueront de prier quand même ; mais leur prière attestera l'invincible croyance de l'humanité à la réalité, à la puissance, à la bonté du Dieu vivant.

[1] Is. XLIV, 15.

IV

La raison cherche l'idéal, et elle trouve Dieu; la conscience cherche la loi du bien, et elle trouve Dieu; la religion cherche au-dessus de l'homme la grandeur, la puissance, la justice et la bonté, et elle trouve Dieu. Le cœur cherche l'amour, et que trouvera-t-il?

Le besoin qui le tourmente est un mystère; car il creuse, au fond de l'être qui en est possédé, un abîme plus grand que cet être lui-même. Oui, je suis borné en toutes mes puissances, borné même dans la plus haute et la plus noble de toutes, ma puissance d'aimer; un alliage d'égoïsme se mêle à mes plus pures affections. Il semble donc qu'à cette puissance restreinte une satisfaction limitée devrait suffire. Eh bien! non, il la lui faut débordante, infinie. L'amour que mon cœur appelle va plus loin que tous les objets créés. Il rencontre les beautés visibles, il s'en repaît, et il est encore affamé. Il passe de là aux charmes que les sens ne peuvent plus percevoir, douceurs de l'amitié, fascination de l'héroïsme, splendeurs du génie; il les dévore, et sa faim n'est pas assouvie. Parfois on s'étonne de voir un cœur ardent se passionner pour une personne vulgaire. Cet homme est-il un insensé? Non; mais il avait besoin d'aimer à l'excès, il a voulu se persuader qu'il avait devant lui un objet capable d'épuiser ses désirs; il a versé sur lui de son trop plein et lui a prêté ce qu'il y voulait trouver. Quand il reconnaît son erreur, l'amour déçu retombe douloureusement sur lui-même. Ah! c'est que le cœur de l'homme a été à l'origine blessé d'un trait qui partait de l'infini. Nul ne guérira cette blessure que Celui qui l'a faite. Écoutez Augustin raconter au Dieu qu'il a retrouvé, l'histoire de ses égarements dans l'amour: « Je me passionnais pour les honneurs, l'argent, le mariage; et vous, Seigneur, vous vous moquiez de mes soupirs : *Inhiabam honoribus, lucris, conjugio, et tu irridebas.* D'étranges amertumes se mêlaient à mes désirs, et c'était l'œuvre de votre tendresse, d'autant plus miséricordieuse que vous m'empêchiez davantage de goûter ce qui n'était point vous : *Patiebar in eis cupiditatibus amarissimas difficultates, te propitio tanto magis quanto minus sinebas mihi dulcescere quod non eras tu*[1]. »

L'homme qui sait comprendre, comme Augustin, la leçon contenue dans ces déceptions de son cœur, finit par se tourner vers la seule beauté capable de le satisfaire. Il commence à aimer en lui-même Celui qu'à son insu il aimait dans ses symboles. Il le cherche laborieusement dans les tâtonnements de la vertu, en attendant l'aurore du jour qui le lui montrera dans l'éclat de sa lumière. Alors, alors il le verra tel qu'il est, et il s'enivrera d'un amour si fort, que sa nature infirme succomberait à cette ivresse si le Bien qui le charme ne venait lui-même à son secours pour l'empêcher de défaillir.

Parfois Dieu anticipe, dès la vie présente, sur la révélation promise à l'au delà. On voit alors un cœur dédaigneux de toute affection terrestre, obstiné dans la poursuite héroïque de l'invisible, l'atteignant par instants, soulevé, en ces rencontres ineffables, au-dessus des conditions misérables de son exil, transfiguré dans l'extase et jetant à la terre étonnée des cris qu'elle ne comprend pas : *Ou souffrir ou mourir !* Martyrs du sang, vous qui avez demandé à la mort et à la douleur le secret d'aimer jusqu'à l'excès; martyrs de la charité, vous qui avez trouvé dans le sacrifice intérieur le secret de devancer l'heure de la délivrance, c'est vous, vous seuls qui pourriez nous dire

---

[1] *Conf.* lib. VI, au commencement du chapitre VI.

ce qu'il faut au cœur de l'homme pour se déclarer content, pour répéter avec l'épouse du sacré Cantique : « J'ai trouvé Celui que j'aime ; je le tiens, je ne le quitterai pas [1]. »

Même au-dessous de ces degrés sublimes, il y a pour le commun des hommes une attraction affective du souverain Bien. Le cœur se sent intéressé dans les choses de la vertu, qui sont pour lui, par excellence, les choses de Dieu. S'il s'élève au-dessus des passions mauvaises, il sait qu'il s'approche de Dieu ; s'il descend à leur niveau, c'est de Dieu qu'il s'éloigne. Et ce sentiment est si naturel, qu'on le provoque aisément chez l'enfant. Un maître de la philosophie spiritualiste a décrit excellemment cette éducation religieuse du cœur : « Voilà l'enfant introduit dans la région de l'invisible. Lui qui est tout entier, ce semble, aux impressions des sens ; lui que la nature visible paraît dominer par les charmes ou les mille causes d'effroi qu'elle répand autour de lui, il s'arrête, respectueux, troublé devant une loi invisible. Invisible aussi est le maître, invisible le juge dont cette loi lui fait sentir la présence : Dieu, nom auguste et sacré qu'il prononçait avec docilité, mais presque sans intelligence ; maintenant réalité mystérieuse dont l'invisible sourire ou les secrètes menaces sont pour lui le plus précieux objet d'espérance ou le plus grand objet de crainte ; Dieu, qu'il ne voit pas, mais qui le voit ; Dieu, qu'il connaît si peu, mais dont il est parfaitement connu ; Dieu, à qui il ne pense que par instants, mais qui pense toujours à lui ; Dieu tout-puissant, sage, bon, toujours bon, complètement bon, meilleur qu'un père, meilleur qu'une mère, bon parfaitement, et juste et saint ; et quel soin ne faut-il pas prendre pour ne pas déplaire à Dieu ! quel malheur n'est-ce pas de l'offenser ! Comme il faut être bon soi-même, dire la vérité, être juste pour

---

[1] Cant. III, 4.

tous, faire du bien! car tout cela c'est ce que Dieu aime, c'est ce que Dieu commande, c'est ce que Dieu fait lui-même à sa manière sublime, et il faut ressembler à Dieu. Invisibles grandeurs, invisibles beautés ! l'enfant qui entre dans la vie avec tous les sens ouverts et avides d'aliments en quelque sorte, peut cependant s'éprendre de ces objets inaccessibles aux sens, aspirer à les mieux connaître un jour quelque part, et enfin regarder la joie de les posséder alors comme la meilleure récompense de la volonté bonne, la douleur d'en être privé comme le plus grand châtiment d'une volonté mauvaise. C'est ainsi que commence la vie morale et religieuse [1]. »

Cette émotion affective qu'éveille en mon cœur le nom de Dieu me porte à sa rencontre ou me fait fuir à son approche, suivant que je crois être ou non digne de lui. Alors ce Dieu s'anime, je le sens vivre, mes rapports avec lui se multiplient, et chaque rapport nouveau est un nouveau témoignage de sa présence, partant de sa réalité. Tout à l'heure je découvrais sa main dans ses ouvrages, maintenant je ne vois pas encore sa face; mais je lui compose un visage, et j'y mets les traits qui répondent à cette action plus intime et plus sentie qui s'insinue dans les profondeurs de mon être. Selon que j'ai fait ce qu'il approuve ou ce qu'il blâme, je vois ce visage s'assombrir ou s'éclairer. Ses attributs de justice et de bonté ne sont plus des lois abstraites, elles sont les formes vivantes de sa relation avec moi et avec tous ceux qui me ressemblent ; et je saurai m'en souvenir quand les besoins de ma nature morale ne trouveront pas dans ce monde inférieur leur satisfaction légitime. Si je suis malheureux, si chaque jour m'apporte une déception nouvelle et rend plus sensible la disproportion entre ma condition et mes désirs, je franchirai les bornes de cet

---

[1] Ollé-Laprune, *Certitude morale*, pp. 38-39.

univers pour aller chercher au delà cette bonté parfaite d'où dérivent sans doute les petits biens d'ici-bas, mais qui ne peut pas avoir dit par eux son dernier mot. Si je suis opprimé, si je souffre, non pour mes fautes, mais pour mes vertus même, je ne serai pas déconcerté par cette apparente défection de la justice; j'invoquerai la justice éternelle, et ma plainte et ma prière iront rejoindre au delà de ce monde l'appel irrésistible que les victimes innocentes ne cessent d'interjeter contre les abus de la force, et rien n'ôtera de mon cœur la confiance d'être entendu.

Alors je sais que Dieu est vivant; je l'atteins par toutes les puissances de mon être, et je ne suis plus exposé à le confondre avec le Dieu des rêveurs et des sophistes. L'être unique et nécessaire, le Créateur intelligent, puissant et libre, devient pour moi le Dieu juste et bon, le père et le juge, et quand on viendra me parler d'un Dieu qui n'est *vrai* qu'à la condition de n'être pas *réel*, je répondrai : Ce n'est pas là mon Dieu. Ce n'est pas le Dieu de ma raison, car cela ne peut pas être le Dieu de mon cœur.

Messieurs, nous avons cherché au fond de l'âme humaine, et nous y avons trouvé Celui qui remplit les cieux et que les cieux ne peuvent contenir, Celui qui porte la terre et que la terre n'enferme pas dans son orbite, Celui qui est la raison de l'ordre, la cause de l'être, la source de la vie, le principe caché derrière toutes les origines, l'attrait mystérieux contenu dans toutes les fins. C'est ce Dieu-là qui nous sollicite. L'ayant rencontré en nous-mêmes, n'allons pas plus loin. Le vivant suprême n'habite point parmi les morts : *Quid quæritis viventem cum mortuis*[1] ? Le vrai Dieu ne réside point parmi les abstractions glacées des sophistes. Venez, tressaillez d'allégresse à son contact :

[1] Luc. XXIV, 5.

Venite, exultemus Domino. Chantez à sa gloire un cantique d'amour : *Jubilemus Deo salutari nostro.* Anticipez par vos hommages sur l'heure radieuse où il doit vous montrer sa face : *Præoccupemus faciem ejus in confessione.* Prosternez-vous dans l'adoration, et si le sentiment de votre indignité vous arrête, joignez les larmes à la louange: *Venite, adoremus et procidamus ante Deum, ploremus coram Domino qui fecit nos.* Car celui qui nous a faits est notre Dieu ; il est à nous, et nous sommes à lui : *Quia ipse est Dominus Deus noster, et nos populus pascuæ ejus et oves manus ejus*[1].

[1] Ps. xciv.

QUATRE CONFÉRENCES

DONNÉES

A L'INSTITUT CATHOLIQUE DE PARIS

SUR LA VALEUR SCIENTIFIQUE

DE LA PHILOSOPHIE SCOLASTIQUE

1886

PREMIÈRE CONFÉRENCE

LE PROGRÈS EN PHILOSOPHIE

Messieurs,

Nos conférences du jeudi sont un essai. Nous voudrions familiariser l'opinion contemporaine avec une philosophie discréditée depuis deux siècles. Vous avez apprécié tout ce que les deux conférenciers qui m'ont précédé ici ont mis dans cet essai de talent et de clarté, de conviction et de chaleur. En renouvelant, cette année, une tentative qu'un premier succès avait couronnée l'an dernier, ils m'ont demandé de me joindre à eux. Après les avoir attirés, pouvais-je leur refuser mon concours? Bien des raisons, sans doute, m'eussent conseillé de me tenir à l'écart. Les mêmes causes qui m'ont obligé d'abandonner, après trois ans, un enseignement philosophique où je trouvais tant de charmes, sont toujours là pour m'interdire les studieux loisirs. Mais je me suis dit que des raisons, si bonnes qu'elles paraissent, sont toujours mauvaises dès lors qu'elles conseillent une défection. Et j'ai pris, à la suite de MM. Gardair et de Vorges, l'engagement imprudent de venir alternativement avec eux vous entretenir de philosophie.

Toutefois, par le choix des sujets, vous avez déjà pu

apprécier la différence des tâches. Aux hommes qui ont pu se faire une compétence propre, les sujets précis, les questions techniques. M. Gardair, par exemple, après avoir étudié la nature du composé humain, aborde franchement la psychologie de saint Thomas ; M. de Vorges, qui l'année dernière vous avait fait pénétrer dans les profondeurs de la métaphysique générale en interrogeant la constitution de l'être, s'engage maintenant dans les questions de métaphysique spéciale, le temps, l'espace, le mouvement.

Que font-ils en ressuscitant devant vous ces doctrines ensevelies dans l'oubli ? Est-ce de leur part pure curiosité archéologique, ou faut-il voir dans cet essai la promesse d'une restauration utile ? Telle est l'interrogation qui se formule d'elle-même dans l'esprit de quelques-uns de leurs auditeurs. C'est à cette interrogation que j'ai entrepris de répondre. Par sa généralité même, elle effrayait moins un philosophe de rencontre qui apporte à ses auditeurs plutôt des réflexions que des solutions.

Pour aujourd'hui, Messieurs, nous examinerons seulement deux questions :

Quelle marche a suivie la philosophie depuis son origine jusqu'à nos jours ? — Cette marche a-t-elle été constamment progressive ?

I

La philosophie a traversé des fortunes bien diverses. Elle est en un sens la plus ancienne des sciences, parce que, au berceau du savoir humain, la spécification des connaissances n'existait pas encore. Les hommes qui savaient échapper à l'étreinte des besoins matériels pour commencer le défrichement du domaine de l'esprit, ne rencontraient sur ce champ vierge ni concurrents ni limites; leur science rudimentaire s'aventurait dans toutes les directions. Or une science universelle, au moins par ses prétentions, c'est ce que nous appelons la philosophie. Aussi l'histoire nous présente-t-elle ces premiers savants sous le nom de philosophes.

A mesure que le savoir progressait, la philosophie tendait à se concentrer, pareille à une nébuleuse obscure et diffuse qui se forme par condensation et devient lumineuse en se serrant sur elle-même. Le détail des connaissances expérimentales fut abandonné peu à peu aux physiciens, aux naturalistes ; la philosophie se réserva deux tâches : l'une synthétique, l'autre analytique. La première, c'est la synthèse des sciences, la construction d'un système général des choses dont la conception se dégage de l'ensemble des résultats acquis dans les diverses provinces du savoir. Le second domaine réservé à la philosophie, ce fut l'étude analytique de deux réalités qui échappent à l'observation externe, à l'expérimentation sensible : le moi et l'infini, l'âme et Dieu, ou, si vous voulez encore, le sujet de la raison et son objet ; étude à laquelle vint s'ajouter celle des lois de l'intelligence et de la volonté, autrement dit la logique et la morale [1].

Les choses en étaient là, il y a deux cents ans. Et vraiment il semblait bien que la philosophie eût suivi, pour arriver là, une marche progressive. Les sciences positives étaient comme les anneaux qui se détachent d'une nébuleuse en formation et constituent autour du noyau stellaire des planètes et des satellites. Seulement ces planètes n'avaient pas eu le sort privilégié de celles qui tournent dans les cieux : au lieu de se former les premières, en

[1] V., au commencement du volume, la première leçon d'ouverture d'un cours de philosophie.

avance sur l'astre central, elles étaient restées plus longtemps que lui à l'état d'indétermination.

Comparez, Messieurs, l'état d'avancement des sciences expérimentales à celui de la philosophie proprement dite, dans l'antiquité d'abord, puis au moyen âge. Chez les anciens, vous trouverez de puissants efforts, quelques riches découvertes, que personnifient les noms d'Archimède en physique, d'Aristote en histoire naturelle, d'Hippocrate et de Galien en médecine. Le moyen âge ajoute peu de chose à ces conquêtes; s'il observe la nature, c'est avec des yeux prévenus par le système. Comment mettre en balance cette science enfantine avec la perfection de l'analyse philosophique que nous admirons dans Platon et dans Aristote, dans Albert le Grand, saint Bonaventure ou saint Thomas d'Aquin?

J'ai déjà signalé ailleurs à l'attention des psychologues ce problème étrange. Comment les mêmes époques qui ont vu éclore les chefs-d'œuvre de la pensée humaine et de l'art humain, ont-elles pu demeurer inactives et stériles dans l'ordre de la recherche scientifique? On a fait quelques pas dans le vrai chemin, puis on s'est arrêté.

Pourquoi? Je ne me charge pas de l'expliquer. Mais le fait est là. Et c'est bien à tort qu'on accuse la Révélation ou l'autorité de l'Église catholique d'avoir retardé le progrès des sciences; car ce contraste entre l'enfance scientifique et la haute culture philosophique, artistique et littéraire, n'éclate pas avec moins d'évidence aux plus beaux temps de la civilisation païenne.

Le XVIe siècle commença l'œuvre de réparation. L'esprit novateur, si funeste à la religion, et qui selon nous ne le fut guère moins à la philosophie, eut, il faut l'avouer, une tout autre influence sur le développement des sciences. Copernic, Tycho-Brahé et Képler en astronomie, Harvey en physiologie, Van Helmont et Bernard Palissy en chimie, posent des principes révélateurs. D'autres, à côté d'eux, comme Paracelse, s'égarent dans l'hypothèse, mais secouent avec puissance les préjugés séculaires, s'avancent sur les confins de la vérité et préparent efficacement l'avènement définitif des vraies méthodes.

Le XVII° siècle voit éclore *la science moderne*. Descartes, Huyghens, Newton, Gassendi, Leibnitz, Pascal, Torricelli, Mariotte, pour ne nommer que les plus grands, poussent la science dans toutes les directions à la fois et prennent possession en même temps de l'idéal par la création des grandes méthodes mathématiques, et du réel par les applications les plus fécondes de la méthode expérimentale. Quel temps et quels hommes ! Ils sont mathématiciens et astronomes, physiciens et naturalistes ; ils sont jurisconsultes, politiques, moralistes ; par-dessus tout ils sont philosophes. Notre admiration pour leur œuvre scientifique ne connaît pas de bornes : nous admirons également leur génie en philosophie ; mais leur œuvre philosophique est loin de nous inspirer le même enthousiasme. Pourquoi ? dans l'un et l'autre domaine, ils furent novateurs. Mais là où tout était à changer, l'innovation c'était le progrès véritable ; là où les principales vérités étaient trouvées, la fureur d'innover ressemblait au progrès comme y ressemblent les utopies collectivistes en matière de science sociale . c'est de la révolution, ce n'est plus du progrès.

Un nom résume cette révolution philosophique : c'est celui de Descartes. Le créateur de la géométrie analytique fut aussi un grand destructeur ; il ruina dans l'esprit de ses contemporains et de tous ceux qui l'ont suivi, le règne philosophique d'Aristote. Si en géométrie sa création lui a survécu, sa philosophie n'a duré que dans sa partie négative ; impuissant à retenir la pensée humaine dans le moule nouveau qu'il avait façonné, il réussit à la tenir désormais en dehors du moule ancien. Depuis Descartes on a vu fleurir autant et plus que par le passé la variété des systèmes philosophiques ; on a vu le spiritualisme cartésien provoquer à la fois et les imitations qui l'exagèrent et les réactions qui le ruinent. Malebranche, Berkeley, Kant, Hegel, ces noms marquent les étapes du mouvement idéaliste dont Descartes est le point de départ. En même temps Locke, puis Condillac, puis Cabanis et Broussais ; tout près de nous Virchow et Moleschott, Vogt et Büchner, jalonnent la route qui du sensualisme conduit au matérialisme en haine des excès du spiritualisme cartésien. Enfin Hume nous apparaît, dans le siècle même de Descartes, comme le précurseur de cette école qui, de nos jours, par l'organe de Spencer et de Stuart Mill, d'Auguste Comte et de Taine, opère l'étrange synthèse de l'idéalisme, réduisant la matière à un concept de l'esprit, et du matérialisme, faisant de l'esprit une fonction de la matière.

J'ai montré ailleurs ce double courant qui part de Descartes, courant positif aboutissant à Hegel, courant négatif aboutissant à Buchner, et la bizarre rencontre des deux courants en un confluent qui s'appelle le phénoménisme. Je ne referai pas ici cette histoire en détail ; mais je me crois en droit d'affirmer que c'est l'histoire vraie du mouvement philosophique depuis deux siècles et demi.

Pendant ce temps-là que faisait la science ? Elle s'avançait à pas de géants. Les mathématiques mettaient les procédés nouveaux du calcul infinitésimal au service de la mécanique et de l'optique ; la chimie, si longtemps ballottée sur l'océan des rêves, touchait enfin la terre ferme ; la physiologie inaugurait ses méthodes d'investigation. Le XVIIIe siècle, où le vulgaire n'aperçoit qu'une brillante et frivole époque littéraire, nous apparaît aujourd'hui comme un immense laboratoire où les matériaux de la vraie science entrent en fusion, où se préparent les moules divers destinés à leur donner leur forme scientifique. Le XIXe siècle continue l'œuvre dans le même esprit, perfectionne les méthodes, ajoute aux découvertes des deux siècles précédents celle de l'électricité dynamique, de la thermo-dynamique et de la thermo-chimie, tire la géologie de l'enfance, donne aux procédés d'études biologiques une précision et une puissance extraordinaires, enfin de tant de lois mieux connues fait sortir une multitude d'applications pratiques qui transforment les conditions de l'existence humaine et donnent à la science, aux yeux même du vulgaire, un prestige devant lequel pâlissent toutes les autorités du passé.

Quelle est aujourd'hui, en regard de la science triomphante, la situation de la philosophie ?

En tant qu'elle est une synthèse de toutes les connaissances positives, la philosophie garde évidemment sa raison d'être, le besoin de synthèse étant de ceux auxquels l'esprit humain ne peut se soustraire. Toutefois la marche rapide des sciences expérimentales rend de plus en plus hésitante et précaire la confiance qu'on accorde à tout ce qui a l'apparence d'un système général des choses. On a le sentiment que de tels essais représentent tout au plus un abri provisoire, une tente de voyage, et non pas un édifice durable. Sans doute les fanatiques d'impiété, ceux qui voient dans le progrès des sciences une victoire remportée sur Dieu et sur la religion, s'empressent de choisir, parmi les hypothèses générales, celles qui leur paraissent incompatibles avec la croyance, et de transformer ces hypothèses en axiomes scientifiques. Mais les vrais savants méprisent ce charlatanisme et demeurent fidèles à une modestie intellectuelle qu'on pourrait presque leur reprocher d'exagérer; car, à force de se défier de l'affirmation, ils font involontairement les affaires du scepticisme.

Voilà donc où en est aujourd'hui la philosophie en tant que synthèse des sciences : elle est une résultante provisoire. Mais elle avait, nous l'avons vu, un autre rôle encore :

elle devait être la science propre de la pensée étudiée dans son sujet (psychologie), dans son objet (métaphysique), dans ses procédés (logique et morale). A cet égard qu'est-elle devenue?

Supposons, Messieurs, que Descartes revienne sur la terre. Il voudrait naturellement savoir où en est son œuvre et se remettrait à fréquenter les principaux cercles philosophiques. Je vois d'ici l'accueil qu'on ferait au grand homme. La scène se passe, si vous voulez, dans le salon de M. Ribot. De nombreuses invitations ont été faites, même à l'étranger. Dans la foule des philosophes nous reconnaissons, entre beaucoup d'autres, MM. Taine, Renan, Secrétan, Richet, Guyau, Fouillée, Paulhan, etc. MM. Ravaisson, Janet et Caro sont venus aussi; mais MM. Ravaisson et Caro se tiennent en arrière, et M. Janet, qui s'avance davantage, n'est pas beaucoup plus entouré. M. Jules Simon est absolument seul. L'Angleterre est représentée par M. Spencer; l'Allemagne, par MM. Wundt et Büchner. Enfin la porte s'ouvre à deux battants : c'est Descartes.

« Messieurs, dit-il en saluant l'assemblée, j'ai ouï dire que vous aviez tiré un merveilleux parti de mes principes scientifiques. J'avais pressenti que le monde était une vaste machine ; vous l'avez prouvé. En outre, vous en avez démonté les pièces et décrit le fonctionnement. Je suis content de vous. Mais je voudrais savoir ce que vous avez fait de ma philosophie. J'espère que vous êtes restés fidèles à ma méthode.

— Oui, maître, s'écrie le groupe tout entier. Nous avons fait table rase de tous les préjugés; chacun de nous philosophe à sa guise avec un profond mépris du passé.

— Un instant, dit Descartes; le mépris du passé, c'était bon pour moi. Mais pour vous je suis le passé. Vous aviseriez-vous de me mépriser?

— Vous mépriser? dit M. *Renan*. Nous vous vénérons, au contraire, comme l'émancipateur de la raison. Grâce à vous, il n'y a plus d'autorité en philosophie, il n'y a plus même de tradition.

Descartes. — Je pense qu'au moins mon autorité subsiste et que ma tradition demeure. Par exemple, vous partez toujours du critérium de l'idée claire, n'est-ce pas?

M. Taine. — Nous partons des phénomènes.

Descartes. — Oui, mais le phénomène est un fait brut. La réflexion sur ce fait vous ramène à vous-même; là vous vous dégagez des sens, vous vous repliez jusqu'à la conscience de la pensée pure. Vous dites: *Cogito, ergo sum?*

M. Taine. — Nous allons plus loin encore.

Descartes. — Plus loin que le moi pensant?

M. Taine. — Oui, car c'est là aussi un phénomène non moins sujet que les autres à l'illusion.

Descartes. — Ciel! qu'entends-je? Quel est ce libertin?

M. Richet. — Maître, c'est l'historien de la Révolution française, œuvre de réaction.

Descartes. — Il n'y paraît guère. Moi, je l'appelle un rebelle audacieux. Mais assez sur la méthode. Voyons les principes. Vous croyez tous en Dieu?

— Oui, répondent quatre voix.

Descartes. — Je n'ai entendu que quatre réponses. Et les autres?... Vous, Monsieur, par exemple, croyez-vous en Dieu?

M. Renan. — Maître, j'y crois plus que personne, et si je me suis tu, c'est par pure modestie. J'aurais pu me vanter d'avoir écrit sur Dieu mes plus belles pages. Je pense même lui avoir rendu quelque service; car, entre nous, votre Dieu était un peu vieilli, un peu lourd; je l'ai renouvelé.

Descartes. — Que dites-vous, misérable? Vous avez rajeuni l'Immuable? Vous avez perfectionné le Parfait?

M. Renan. — Eh ! oui, puisque sa perfection n'est qu'un de mes concepts ; en retouchant mes idées, c'est bien lui que j'améliore.

Descartes. — Assez de blasphèmes. Vous êtes tous des athées...! Mais du moins vous sauvez l'âme?

M. Secrétan. — Oui, maître, et nous avons même trouvé un moyen d'anéantir le matérialisme.

Descartes. — Voyons cela... C'est sans doute en élargissant encore le fossé que j'ai sagement creusé entre l'esprit qui n'est que pensée, et la matière qui n'est qu'étendue?

M. Paulhan. — Ce n'est pas tout à fait cela, et même, si vous le permettez, c'est absolument le contraire. Nous avons fait de la pensée un attribut de la matière ; mais en même temps, pour venger l'esprit, nous avons fait de la matière une pure conception de l'intelligence.

Descartes. — Mais c'est une contradiction dans les termes ?

M. Renan. — Qu'importe? La contradiction n'est-elle pas un des signes auxquels on reconnaît la vérité?

Descartes. — Vous vous moquez, Monsieur. Le principe de contradiction est la loi de la pensée, parce qu'il est l'attribut essentiel du vrai.

M. Büchner. — Le principe de contradiction ressemble à tous les axiomes ; c'est une habitude du cerveau, un sillon creusé dans la substance grise par la répétition des mêmes jugements. L'hérédité a rendu cette habitude invincible. Avec une éducation appropriée et une sélection convenable, on ferait des hommes capables de concevoir le cercle carré.

Descartes. — Cet Allemand ne se comprend pas lui-même... Mais quel est ce solitaire là-bas qui ne dit rien?

M. Jules Simon, s'approchant. — Maître, je suis le seul survivant de l'école de Cousin, le témoin attristé de la décadence du spiritualisme.

Descartes. — N'est-ce pas, Monsieur, que ces gens-là sont fous?

M. Jules Simon. — Évidemment.

Descartes. — Ils ne croient même plus aux axiomes!

M. Guyau. — Nous maintenons la morale, et c'est assez pour asseoir la vie humaine.

Descartes. — Ah! vous maintenez la morale? Alors vous croyez au libre arbitre?

M. Fouillée. — Non, maître; ce ne serait pas scientifique. La liberté est un non-sens et ne résiste pas à l'analyse. Vous-même vous nous avez appris que tout est mécanisme dans l'univers. Une telle loi ne saurait souffrir d'exception. Pour en faire l'application à tous les phénomènes, même à ceux du monde moral, nous lui avons donné un nom plus relevé; nous l'appelons le déterminisme.

Descartes. — Étrange morale que celle qui commande et interdit l'inévitable! Mais sur quoi l'appuyez-vous elle-même?... Sur Dieu?

M. Guyau. — Impossible. Ce ne serait plus la morale de tout le monde. Le grand avantage de notre morale, M. Janet lui-même l'a constaté dans un remarquable rapport, c'est que l'athée n'en est pas exclu, parce qu'on a renoncé à la faire reposer sur Dieu.

M. Janet. — Vous omettez, mon cher confrère, une distinction à laquelle j'attache beaucoup de prix. J'ai dit que c'est sagesse de ne pas poser la morale sur Dieu; mais j'ai ajouté qu'il faut pouvoir, si on le croit nécessaire, *la suspendre* à Dieu.

Descartes. — Poser ou suspendre, c'est toujours la même chose. Votre distinction ne vaut rien, et votre morale manque de base. Mais quelle en est la sanction?

M. Guyau. — Il n'y en a pas. Et mon plus beau titre littéraire est un *essai de morale sans obligation ni sanction*.

Descartes. — Une morale physiologique, alors ; quelque chose qui relève de l'instinct ?

M. Richet. — Oui, maître ; mais pas de l'instinct brut.

Descartes. — Duquel alors ?

M. Richet. — « De l'instinct ancestral, fortifié par l'exercice, perfectionné par la sélection, transmis par l'hérédité. »

Descartes. — Quel jargon ! La pensée vaut le langage.

M. Ravaisson. — Maître, oh ! je vous en prie, ne jugez pas sur ces échantillons toute la philosophie de notre siècle.

Descartes. — Montrez-m'en d'autres.

M. Ravaisson. — Je sais que nous ne sommes pas nombreux, mais nous sommes l'avenir. « Je crois voir venir, disait votre grand émule Leibnitz, un temps où l'on reconnaîtra le prix d'une philosophie plus sainte. » J'ai exprimé le même espoir dans mon rapport sur un récent concours dont l'objet était le scepticisme.

M. Caro. — Cet espoir est aussi le mien. J'ai dit quelque part comment les croyances finissent et comment elles renaissent. « Les semences d'idées ne meurent pas ; même sur un sol ingrat elles sont avides de renaître. C'est comme une moisson toujours prête à se lever, après les jours de détresse, à l'appel pressant de l'âme humaine. »

Descartes. — C'est bien, Messieurs. Je sais que vous mettez un grand talent, un grand savoir au service d'un grand cœur pour défendre les principes nécessaires, Dieu et l'âme, la certitude, la liberté, l'immortalité. Combattez avec courage, je ne veux pas vous ôter l'espérance. Hélas ! moi aussi je comptais sur l'avenir. Mais pour le moment, combien êtes-vous ici ?

M. Caro. — Nous sommes quatre dans cette enceinte.

Descartes. — Et au dehors ?

M. Ravaisson. — A peu près autant.

Descartes. — Oh! ma philosophie, que je croyais éternelle ! »

. . . .

Messieurs, cette fiction ne nous a pas éloignés de la réalité. Oui, c'est bien là tout ce qui reste de la philosophie cartésienne : le mépris du passé. De ses affirmations rien n'a survécu que la notion du mécanisme cosmique. Seulement Descartes voulait enfermer cette conception dans le monde des corps ; malgré lui elle a débordé et envahi le monde de l'esprit.

Telle est, si je ne me trompe, la marche qu'a suivie la philosophie. Et nous sommes maintenant en mesure d'examiner et de résoudre la seconde question : Cette marche a-t-elle été constamment progressive ?

II

En tant que synthèse des sciences, la philosophie a suivi naturellement le mouvement des connaissances positives. C'est dire qu'elle a marché d'un pas très inégal, qu'elle a fait de longues haltes, une surtout d'une prodigieuse durée, qui va du IIIe siècle avant Jésus-Christ au XVe siècle de notre ère. Mais enfin elle n'a jamais reculé.

En tant que science de la pensée considérée dans son objet, dans son sujet, dans ses lois, pouvons-nous dire que la philosophie ait ignoré les pas en arrière? Le tableau historique que nous venons d'esquisser ne nous le permet pas.

Il est clair que la philosophie monte de Thalès à Platon et à Aristote, qu'elle redescend avec Épicure, que l'école stoïque ne perfectionne que la morale et encourage le scepticisme en métaphysique, que l'école d'Alexandrie est une savante élaboration de la décadence, que les siècles qui succèdent à la chute de l'empire romain d'Occident sont des siècles de barbarie, que la renaissance philosophique coïncide en Europe avec la résurrection de l'aristotélisme; que cette grande métaphysique du Lycée prend, dans la main puissante des docteurs chrétiens, surtout sous l'étreinte de Thomas d'Aquin, une consistance, une cohésion admirables et une adaptation définitive aux exigences du spiritualisme; et que jusqu'à Descartes la philosophie apparaît comme une science sûre d'elle-même et en paisible possession de son domaine.

Mais l'âge de Descartes ressemble à une de ces lignes de faîte qui, dans les chaînes de montagnes, marquent le partage des eaux. Au lieu de se borner à réformer les abus de la scolastique en décadence, il entreprend de refondre la métaphysique tout entière, la psychologie et la logique elle-même. En métaphysique, il réduit tout à deux essences, étendue et pensée ; il vide la substance en lui enlevant l'étoffe complexe dont elle était tissue, et par là il fraye la voie à l'idéalisme. En psychologie, il confond l'acte avec la puissance, et la pensée avec le pensant; erreur dont saura profiter habilement le matérialisme scientifique de notre âge. En logique, il veut tout ramener à un seul principe d'évidence; ce qui est le plus sûr moyen de les ébranler tous à la fois. Il ne voit pas, il ne veut pas ces conséquences; mais elles naissent l'une après l'autre de ses définitions et de ses négations. La marche rétrograde de la philosophie s'accélère à partir de la fin du xviiie siècle. En France, l'éclectisme de M. Cousin lui fait subir un temps d'arrêt de quarante ans, durant lequel l'œuvre destructrice ne chôme pas plus en Allemagne qu'en Angleterre. Au delà du Rhin, une débauche d'idéalisme prépare une formidable réaction de matérialisme. Au delà de la Manche, le culte utilitaire des faits donne l'essor au positivisme. Ces deux tendances se réunissent chez nous, et leurs flots convergents creusent le lit de la philosophie nouvelle qui emporte tout sur son passage : métaphysique, psychologie, logique et morale, reléguant les substances et les causes hors du connaissable, classant l'âme parmi les entités verbales, et ramenant la logique et la morale à des phénomènes d'habitude et d'hérédité, si bien que, si l'on mettait aujourd'hui au concours cette question : La philosophie existe-t-elle? bon nombre de philosophes répondraient négativement.

Non, la philosophie n'existe plus en elle-même, elle n'a plus de domaine propre. Si vous voulez la rencontrer, cherchez-la dans les laboratoires, où sa lumière éclaire à leur insu les investigations des grands chercheurs; essayez d'en retrouver l'équivalent imparfait et comme la trace à demi effacée dans les écrits spéciaux des maîtres de l'analyse, que tourmente malgré eux le besoin de synthèse et qui, comme Claude Bernard, au soir d'une vie tout entière livrée au commerce des faits, découvrent, au delà des lois immédiates, les harmonies plus profondes et plus vastes de l'univers. Alors leur raison, méconnue d'eux-mêmes, fait éclater ses exigences. Alors ils sentent que la philosophie leur manque; ils s'en font une à force de génie, au hasard de leurs besoins; ils créent les mots avec les choses, et la coïncidence est parfois frappante entre cette métaphysique de rencontre et celle qu'avait élaborée la réflexion des siècles. Toutefois, comme la vie est courte, les forces limitées, le labeur immense; comme cette éclosion philosophique correspond aux années de la maturité pleine, si souvent voisine de la mort, l'œuvre reste imparfaite; et parce que personne n'ose plus revendiquer tout haut et d'avance les droits de l'esprit humain à cultiver et à perfectionner d'âge en âge la science générale de la pensée, l'essai où s'épuise le génie d'un savant disparaît avec lui, et les générations qui surviennent continuent à se déshériter elles-mêmes à plaisir, refusant par ignorance ou par orgueil la meilleure part du patrimoine légué par le passé à l'avenir.

Que conclure de là, Messieurs? Si l'on admet le *postulat* du progrès indéfini, la conclusion n'est pas consolante pour les amis de la philosophie. D'une part, l'esprit progresse sans cesse, c'est l'hypothèse; d'autre part, la philosophie tend à disparaître, et cet effacement, chaque jour plus sensible, correspond à un développement toujours plus grand des connaissances. Dès lors il faut admettre que la philosophie n'a eu qu'un rôle temporaire dans l'évolution intellectuelle de l'humanité : au commencement elle fut l'initiatrice des sciences, puis elle relia leurs découvertes, puis elle se réserva un domaine; aujourd'hui ce domaine lui échappe, les sciences se suffisent, et s'il leur faut un lien pour s'unir, elles entendent que ce lien soit purement fédératif et que cette fédération mobile n'ait pas de présidence permanente. Encore un peu de temps, et la philosophie ne relèvera plus que de l'histoire, comme l'alchimie ou l'astrologie.

Voilà ce qu'il faut accepter, quand on croit que toute marche est un progrès. Mais rien n'est moins certain, rien n'est plus gratuit que ce prétendu axiome. Écartons-le par une simple fin de non-recevoir, et regardons la situation en face.

D'abord la prétention des sciences à se suffire nous paraît téméraire et périlleuse. Subjectivement, et dans l'esprit du savant, elle abaisse le niveau des préoccupations scientifiques. Privé de l'éducation philosophique, imbu des préjugés phénoménistes qui sont l'atmosphère naturelle des laboratoires, le chercheur qui ne croit plus à la causalité renoncera d'avance à trouver les causes. De là une tendance à se noyer dans la multitude des faits. La fatigue qui en résulte devient une cause d'affaiblissement intellectuel. De fait, la vigueur scientifique ne paraît pas en progrès, et l'on peut dire que toutes les conquêtes faites depuis quarante ans sont de pures applications. Un savant physicien me disait dernièrement que, dans cette science de l'électricité dynamique dont nous sommes si fiers, depuis Ampère et Faraday, qui l'ont créée tout d'une pièce, on n'a rien trouvé en fait de principes. Nous nous extasions devant ces admirables jouets qui s'appellent le téléphone et le phonographe, dus au génie pratique d'un Américain illettré; mais, quelles que soient les transformations que de tels appareils puissent introduire dans la vie matérielle, la science y est pour peu de chose. Ce sont des inventions, ce ne sont pas des découvertes. Là où l'esprit scientifique éclate, comme dans les travaux de Dumas et de M. Pasteur, vous retrouverez aussitôt la tendance, la culture et le langage philosophiques.

Rien n'est donc moins démontré que la possibilité, pour les sciences expérimentales, d'assurer leurs progrès par elles-mêmes et sans contact avec une science plus générale et plus profonde. J'oserais presque exprimer la conviction contraire et prédire un arrêt prolongé dans le développement des hautes connaissances, si l'orgueil scientifique réussit à enterrer la philosophie. Nous avons vécu jusqu'ici sur ce fond de littérature classique et de culture humaine qu'on affecte de dédaigner. Quand le fond sera épuisé, quand les générations élevées à la nouvelle mode occuperont seules le terrain (peu d'années suffisent pour cela), il faudra se résigner à attendre longtemps de vraies découvertes; car les savants d'alors ne seront plus de la race des devins qui surprennent les grands secrets de la nature.

Supposons cependant que nos prévisions nous égarent. Eh bien! soit. Les sciences se suffiront, elles continueront à progresser. Et par le fait même qu'elles avanceront sans le secours de la philosophie, le discrédit de celle-ci deviendra chaque jour plus grand, son inutilité semblera plus évidente, sa condamnation sera sans appel.

Alors on verra une humanité étrangère et indifférente à toutes les questions d'au delà que la religion résout pour le cœur et la métaphysique pour l'esprit.

L'homme n'étudiera plus l'homme que par le dehors, comme on observe les tissus et les cellules d'un organisme : on ne fera plus de psychologie qu'au microscope.

Chaque science, chaque savant se fera sa méthode; et, la vieille logique cessant d'être la loi commune des esprits, les sophismes passeront comme une contrebande non surveillée; l'erreur s'introduira partout sous l'étiquette mensongère de la science.

La morale enfin souffrira plus que tout le reste. J'entends bien qu'en lui fermant ce qui était son domaine héréditaire on lui en promet un autre. Chassé de la conscience, elle devra se réfugier dans la région des intérêts et dans celle des instincts. Mais elle n'y sera jamais qu'une exilée. La loi du devoir, d'après la nouvelle formule, ne sera plus une obligation, mais une condition d'existence. Dès lors il n'y a plus qu'à se laisser vivre; le vice et la vertu deviennent indiscernables.

Eh bien, je l'affirme au nom de l'humanité, cet état de choses ne constitue pas un progrès, mais un recul vers la barbarie. Et si c'est là que nous conduit l'abdication de la philosophie devant les sciences, cette abdication est une trahison.

Donc, Messieurs, nous avons le devoir de nous y opposer. Mais comment?

Je crois avoir montré que le mouvement qui aboutit là est parti de la révolution cartésienne.

Donc c'est là qu'il faut remonter pour trouver la source du mal et l'indication du remède.

Si, en rompant tout commerce avec la tradition du

passé, Descartes a engagé, sans le vouloir, la philosophie moderne dans la voie au bout de laquelle l'attendait la ruine, nous n'avons qu'une chose à faire : reprendre cette tradition, non pour l'accepter les yeux fermés, mais pour l'interroger avec impartialité et lui demander quelles armes elle peut nous fournir dans la lutte présente.

Une seule chose pourrait nous décourager de cette entreprise. Si un premier examen de l'aristotélisme chrétien nous apportait la preuve que cette philosophie est inséparable de la physique enfantine avec laquelle elle nous paraît liée, qu'elle est par conséquent inconciliable avec la science moderne, nous devrions la rejeter aussitôt, non seulement parce que nous perdrions tout espoir de la faire jamais accepter de nos contemporains, mais encore et surtout parce que nous-mêmes nous croyons à la science et qu'une doctrine opposée à une vérité quelconque ne peut pas être vraie.

Donc, Messieurs, la première question à résoudre est celle-ci : Quelle est la valeur scientifique de la philosophie du moyen âge? quel parti peut-on tirer de la métaphysique, de la cosmologie, de l'anthropologie scolastiques, pour édifier une philosophie ancienne et nouvelle tout ensemble, en harmonie avec les besoins absolus de l'esprit humain et avec les exigences mobiles de la science?

L'examen de ce problème délicat fera l'objet de nos prochains entretiens.

DEUXIÈME CONFÉRENCE

LA MÉTAPHYSIQUE DE L'ÉCOLE ET LA SCIENCE

THÉORIE DE LA SUBSTANCE

Nous avons entrepris d'examiner quelle est la valeur scientifique de la philosophie traditionnelle, connue sous le nom de scolastique.

Avant tout déterminons avec soin ce qu'il faut entendre par la valeur scientifique d'une philosophie.

S'agit-il pour le philosophe de fournir au savant des principes de solution? Telle n'est pas sa prétention. Le philosophe analyse, classifie, formule les méthodes d'investigation propres au savant; ce n'est pas lui qui les invente ni qui les enseigne.

Il peut arriver qu'une vaste conception, éclose dans le cerveau d'un philosophe de génie, lui inspire ou suggère à d'autres une de ces hypothèses fécondes qui conduisent aux grandes découvertes scientifiques. Mais c'est là un fait accidentel et rare qui ne saurait suffire à la philosophie pour revendiquer le rôle de *guide des sciences*. Ce qu'on peut dire, — et nous l'avons dit, — c'est que la culture générale, par conséquent et avant tout la culture littéraire et philosophique, est pour le savant lui-même la meilleure discipline, l'hygiène intellectuelle la plus salutaire, et le prépare mieux que des études prématurément spéciales aux laborieuses recherches qui l'attendent.

Mais ceci est affaire d'éducation, non de doctrine. Cherchons donc ailleurs ce que peut être la valeur scientifique d'une philosophie.

Cette valeur consiste dans l'accord, au moins négatif, des principes philosophiques avec les données scientifiques acquises. Tout système rationnel qui serait inconciliable avec des faits constatés serait par là même convaincu d'erreur.

Est-il permis d'ambitionner pour la philosophie quelque chose de plus que cette absence de conflit avec les données certaines de la science? Oui, certes; et cette philosophie méritera surtout la qualification de scientifique, dont le cadre général se montrera le mieux adapté à l'ensemble des conclusions où aboutit la science expérimentale. Il y a plus : comme la science n'est jamais finie, qu'elle croît et se renouvelle à la manière des organismes vivants, la philosophie scientifique par excellence sera celle dont les principes généraux seront assez extensibles pour se prêter aux élargissements de la science, assez fondés sur la réalité pour grandir en évidence à mesure que la science progresse; en sorte que, instruits par les faits, les derniers venus dans l'ordre des temps soient mieux placés pour interpréter la doctrine que ceux-là mêmes dont le génie a su la découvrir et la formuler.

La *valeur scientifique* étant ainsi définie, cherchons ce qu'elle est dans la philosophie d'Aristote reprise et amendée par saint Thomas d'Aquin. Et, pour procéder avec ordre dans cette recherche, commençons par la partie la plus haute et la plus générale de la philosophie : la métaphysique.

I

Quand on parle de la valeur scientifique d'un système métaphysique, d'ordinaire les lèvres du savant dessinent un sourire de pitié, ou, s'il n'est pas en belle humeur, son front plissé et son œil dur expriment la défiance et l'hostilité. Eh quoi! messieurs les philosophes, vous prétendez aller au delà de nos inductions, μετὰ τὰ φυσικά? Mais d'abord savez-vous tout ce que nous savons en mathématiques, en physique, en chimie, en physiologie, en astronomie, etc.? Non, n'est-ce pas? Eh bien, commencez par l'apprendre, et nous verrons ensuite si vous avez quelque chose à nous enseigner au delà.

Cette fin de non-recevoir est plus spécieuse que légitime. Sans doute rien ne serait plus utile au philosophe que l'omniscience; mais, comme la durée de la vie rend cette condition impossible, il ne faut pas trop se presser de la déclarer nécessaire. A défaut de l'omniscience, le philosophe peut et doit s'assurer le bénéfice d'une culture scientifique étendue, puisant ses renseignements aux bonnes sources, demandant aux meilleurs interprètes de chaque science leurs conclusions les plus sûres et partant de là pour aller plus loin, au pays de l'invisible.

De quel droit le savant lui interdirait-il une ambition qui est naturelle à l'esprit humain? Il se condamnerait lui-même; car tout savant se fait une métaphysique.

Le géomètre étudie les lois de l'espace. Le peut-il faire sans se former une certaine conception de l'espace, conception rationnelle, s'il en fut, et qui préside à toutes les opérations de sa pensée? Mais philosopher sur l'espace, qu'est-ce donc, si ce n'est pas faire de la métaphysique?

Le physicien étudie les forces générales de la matière et les lois qui les régissent; il suit à travers toutes ses transformations le phénomène physique par excellence, le mouvement. Force, mouvement, loi, ce sont bien là des notions métaphysiques. Un esprit puissant pourra-t-il les manier continuellement sans jamais les regarder en face, sans les déterminer, les coordonner ensemble; en un mot, sans faire œuvre de métaphysicien plus ou moins conscient?

Le chimiste étudie les transformations des substances, cherche à résoudre les corps en leurs éléments constitutifs. Se peut-il qu'il ne se fasse pas à lui-même une théorie, une hypothèse au moins, sur la nature de ces éléments, sur leur mode de groupement, sur les causes de leurs affinités? Et là reviennent inévitables les problèmes de la substance, de l'accident, du changement substantiel, qui appartiennent à la métaphysique.

Le naturaliste explore le monde des vivants, tantôt par voie d'analyse, étudiant tour à tour la structure et la fonction des organes, puis l'étoffe dont ils sont faits, puis les cellules dont l'étoffe est tissu, puis les fonctions propres de chaque élément physiologique; tantôt par voie de synthèse, comparant entre eux les organismes les plus divers, suivant à travers l'infinie variété des types les conditions constantes de l'évolution vitale. Si le mystère de la vie se retrouve au fond de toutes ces recherches, on peut dire aussi que l'idée de la vie y répand partout sa lumière. Il n'est pas un biologiste qui n'ait essayé vingt fois de la définir. Claude Bernard, qui se défendait si fort de faire de la métaphysique, revenait sans cesse, comme par un attrait irrésistible, à la définition de la vie. Et la dernière qu'il a trouvée, incomplète si l'on veut, mais juste et profonde quand on ne la fait pas sortir du cadre expérimental où son auteur l'a placée, porte un caractère hautement métaphysique : *La vie est une création* [1].

Les savants ont donc tort de se défier de la métaphysique uniquement pour ce motif qu'elle va au delà des faits observés et de leurs causes immédiates. En cela le métaphysicien ne fait qu'obéir à une loi de l'esprit à laquelle le savant ne sait pas davantage se soustraire. Toute la différence, c'est que le savant se fait une métaphysique de rencontre, tandis que le philosophe met à profit les travaux de ses devanciers et poursuit avec méthode la recherche de l'invisible.

Mais, à côté des mauvaises raisons, les savants en ont de bonnes pour se défier de la métaphysique.

Celle-ci, en effet, est trop souvent représentée à leurs yeux par des philosophes qui font sortir de son vrai rôle cette science supérieure des choses.

De ce que la métaphysique pénètre au delà du domaine de l'expérience, ils concluent qu'elle peut s'isoler de l'expérience et ne travailler que sur des idées.

Or il y a là une erreur et un danger :

Une erreur, car les idées qu'analyse le métaphysicien lui sont suggérées par l'expérience; c'est le phénomène qui excite l'activité rationnelle et amène à l'état de concepts formés ces idées de force, de mouvement, de substance, de cause, de finalité, etc., qui ne préexistaient dans l'esprit qu'en puissance. Or, si c'est l'expérience qui féconde la raison dans l'enfantement des idées, comment pourrait-on impunément se séparer de son contact quand il s'agit de

---

[1] Claude Bernard entend par là que ce qui distingue la cellule vivante, c'est la propriété de se nourrir, d'appeler à elle la substance et de la mouler sur son type organique. Or cette propriété vraiment créatrice d'unité spécifique, de permanence morphologique et d'activité fonctionnelle, c'est précisément celle qui sert à la métaphysique du Lycée pour caractériser la *forme substantielle*.

déterminer les rapports des idées entre elles et de tracer, derrière l'univers visible, le plan, non pas chimérique et imaginaire, mais autant que possible exact et fidèle, du monde invisible? Perdu comme le plongeur dans les profondeurs cachées de cet océan, le penseur a besoin de remonter souvent au jour pour respirer l'air et contempler la lumière des réalités observables.

A côté de l'erreur il y a le danger.

Les idées prennent corps dans les mots et ne peuvent être comparées entre elles que par le rapprochement des mots. Si vous perdez le contact de l'expérience, si vous cessez pendant quelque temps de contrôler vos idées par des faits, il vous arrive peu à peu d'être la dupe du langage et de croire encore que vous remuez des idées quand vous ne maniez plus que des vocables.

Empruntons un exemple de cet abus à la remarquable étude de M. de Vorges sur les *distinctions métaphysiques*[1]. Les thomistes de la grande époque soutenaient qu'il y a une distinction réelle entre les éléments constitutifs d'un même être, par exemple, entre l'âme et ses puissances ; mais ils ne faisaient pas de ces éléments autant de petits êtres à part. Ils admettaient fort bien que des choses peuvent être réellement distinctes dans un être existant sans constituer des existences distinctes. Les scotistes niant la distinction réelle, une longue querelle s'engagea entre les deux écoles; querelle trois fois séculaire, durant laquelle on était beaucoup plus occupé de part et d'autre de soutenir le drapeau franciscain ou dominicain que de prendre la réalité sur le vif. On ne rentrait plus en soi-même, on n'étudiait plus la nature. Quand il fallait des images sensibles pour soutenir le raisonnement, on répétait les comparaisons classiques sans les vérifier soi-même.

[1] V. *Annales de philosophie chrétienne*, juillet 1886.

bref, on en arrivait à substituer les mots aux idées. De là ce peuple d'entités qui envahit la métaphysique comme une armée de parasites. De là le discrédit de la scolastique et ce besoin de simplicité qui s'empara des esprits à l'époque de la réaction cartésienne ; besoin légitime, mais souvent trompeur, car la réalité n'est pas simple, elle est la complexité même. Et à vouloir réduire toute question à des termes simples, on ne risque pas moins de s'éloigner du réel qu'en multipliant les distinctions arbitraires.

C'est sous cet aspect ridicule, c'est dans cette forme abaissée, propre à une époque de décadence, qu'on a coutume aujourd'hui de considérer la métaphysique scolastique. Mais ceux qui l'étudient dans ses sources pures, dans Albert le Grand et saint Thomas, par exemple, y reconnaissent un grand effort de réflexion sur les idées que suggère à l'esprit humain l'observation des réalités sensibles. C'est en substance la métaphysique d'Aristote, œuvre du plus grand savant et du plus grand penseur de l'antiquité. Mais il suffit de lire les commentaires de saint Thomas sur Aristote pour se convaincre que les docteurs chrétiens ont exercé à nouveau leur activité intellectuelle sur les problèmes soulevés par le Stagyrite et qu'ils ne l'ont pas suivi servilement dans la solution. C'est ce qui apparaîtra plus clairement quand nous nous occuperons de la théodicée.

Pour aujourd'hui traçons, si nous le pouvons, les grands linéaments de la métaphysique thomistique et rapprochons-les des conceptions scientifiques modernes.

II

La métaphysique générale est la science qui s'occupe des conditions générales de l'être.

Aristote et, après lui, les docteurs du moyen âge, tant thomistes que scotistes [1], réunissent ces conditions sous le nom générique de causes, la cause signifiant ici, dans un sens très étendu, tout ce qui concourt à constituer l'être, tous les principes auxquels on peut rattacher les propriétés de l'être et ses relations.

Ils distinguent quatre causes :

La *cause matérielle*, qui répond à la question de composition : *De quoi est fait un être ?*

La *cause formelle*, qui répond à la question de type et d'essence : *Comment est fait un être ?*

La *cause efficiente*, qui répond à la question d'origine : *Par qui est fait un être ?* C'est la cause proprement dite ;

La *cause finale*, qui répond à la question de destination : *Pour quoi est fait un être ?*

Les modernes, réunissant les deux premières questions en une seule, distinguent seulement trois grands principes métaphysiques communs à tous les êtres : la substance, la cause et la fin ; la substance, d'ailleurs, pouvant être considérée soit sous le rapport de l'essence, soit sous celui de l'existence.

Si tel est l'objet de la métaphysique générale, pour juger de la valeur scientifique de cette science, il faut examiner la légitimité de la division qui lui sert de base ; et pour apprécier la valeur relative de la métaphysique

---

[1] Consulter les très remarquables études de M. de Vorges, publiées en 1886 dans les *Annales de la philosophie chrétienne*, et réunies en brochure sous ce titre : *la Constitution de l'être*.

péripatéticienne, il faut voir si la solution qu'elle donne au triple problème de la substance, de la cause et de la fin, se prête mieux qu'une autre ou au contraire s'adapte moins bien aux exigences de la science.

Nous serons très brefs sur la valeur scientifique des grands principes métaphysiques : substantialité, causalité, finalité.

Toutes les écoles spiritualistes sont d'accord pour mettre ces principes à la base de toutes les réalités que la science observe.

Mais les écoles nouvelles, que de nombreuses divergences n'empêchent pas de combattre ensemble sous le drapeau du positivisme, contestent toute valeur à ces concepts.

À les croire, l'être ne se révélant que par des mouvements, des *différenciations* de phénomènes tous transitoires et relatifs à nos sensations, il est impossible de savoir si quelque chose de réel se cache derrière ces fantômes mobiles ; tout au plus est-on en droit d'affirmer un *je ne sais quoi* indéterminable, ce que M. Taine a nommé *une possibilité permanente de sensations ;* mais le fond de l'être, s'il y en a un, nous échappe également et dans son existence (substance, cause matérielle), et dans sa quiddité (essence, cause formelle), et dans sa raison d'être (cause efficiente et cause finale).

Ce n'est pas ici le lieu de combattre philosophiquement cette erreur, de relever au nom de la raison cet étrange défi jeté à l'esprit humain.

Mais puisque nous nous occupons surtout du côté scientifique de la doctrine, bornons-nous à rappeler ce que M. l'abbé de Broglie a démontré d'une façon décisive[1], à savoir que la science moderne, la science expérimentale, ne peut pas plus que la philosophie se passer des notions qu'on veut détruire.

[1] V. *Le Positivisme et la science expérimentale.*

La science cherche le monde réel dans le monde apparent. Par exemple, partant des phénomènes visuels ou de lumière subjective, elle s'essaie et elle réussit à déterminer les lois de la lumière objective, en laquelle elle reconnaît une vibration de l'éther. Les vibrations perçues et traduites en impressions rétiniennes, puis cérébrales, enfin en sensations psychiques, voilà le côté phénoménal de l'optique; les lois de l'éther vibrant, en voilà le côté objectif et substantiel. La connaissance des phénomènes lumineux devient de plus en plus scientifique à mesure qu'on s'éloigne davantage de l'apparence pour s'approcher plus près de la chose en soi. L'élément ultra-phénoménal, le noumène matériel, voilà ce que la science ne cesse de poursuivre et d'enserrer dans ses approches concentriques. Donc la science croit à la substance.

Ainsi encore l'astronomie enfantine répond aux apparences phénoménales des mouvements célestes. L'astronomie scientifique traverse ces apparences, les corrige, les désavoue même, et institue une mécanique sidérale conforme à des réalités certaines quoique invisibles. Et tandis que l'astronomie mathématique s'attache surtout à la cause formelle des phénomènes dont elle trace les lois, l'astronomie physique, armée de l'analyse spectrale, entreprend de pénétrer jusqu'à la cause matérielle, en déterminant la substance des corps célestes.

Donc, encore une fois, la science croit à la substance, puisqu'elle vit de sa recherche.

Il serait facile de faire la même démonstration pour la cause.

La prétention de beaucoup de savants contemporains, imbus des préjugés positivistes, est de reléguer la cause efficiente dans la catégorie de l'inconnaissable, et de remplacer la relation des effets aux causes par l'enchaînement empirique des faits; ce qu'ils appellent le *déterminisme des phénomènes*.

Mais la science proteste contre cette prétention des savants. Elle demeure, en dépit de leurs sophismes, ce que l'antiquité l'avait définie : *la connaissance des choses dans leurs principes*, et très particulièrement dans leurs causes productives.

Quelle est, en effet, la notion qui se trouve au fond de toutes les recherches scientifiques les plus récentes? N'est-ce pas la notion de force? Plus on tend à tout expliquer par le jeu d'un mécanisme universel, plus on a besoin de cette notion qui est l'âme de la mécanique. Or, quoi qu'on en dise, la force n'est rien si elle n'est pas la propriété d'un être fort. L'abstraction peut dégager l'idée de force de l'idée des substances en qui elle réside; mais une abstraction n'a aucune réalité en dehors des choses d'où elle est extraite; elle ne peut donc avoir aucune efficacité. De ce que la propriété-force peut passer de a en b sans que les lois s'altèrent, il ne s'ensuit pas qu'elle puisse exister réellement sans un sujet quelconque, qu'il s'appelle a, ou b, ou c, ou z. Or un sujet doué de force, c'est une cause, c'est-à-dire un être réel, dans lequel vous pouvez considérer tour à tour ou le caractère de sujet existant (la substantialité), ou celui de sujet agissant (la causalité). Mais de même qu'il n'y a pas d'existence sans existant, il n'y a pas d'activité sans agent. Voilà ce que dit la raison, la science n'y saurait contredire.

Elle le confirme au contraire, puisque la mécanique reconnait la nécessité d'ajouter la *masse* à la *force* pour expliquer le mouvement, puisque même elle établit que l'élément objectif contenu dans le phénomène du mouvement, et qu'elle appelle la force vive, est le demi-produit de la masse par le carré de la vitesse : $1/2\, mv^2$ [1].

---

[1] Un savant chimiste, M. Lemoine, termine ainsi un magnifique travail qui a paru dans la *Revue des questions scientifiques* de Bruxelles (janvier 1887) sur la *dissociation des équilibres chimiques :* « Ces phé-

Il est peut-être moins aisé de réconcilier les hommes de science avec la troisième notion de la métaphysique générale, la finalité. Toutefois la difficulté vient bien plus des préjugés suggérés aux savants par les philosophes positivistes que des tendances vraies de la science expérimentale.

En effet, ceux-là même qui ne veulent plus assigner pour objet à la science la recherche des causes sont bien obligés de lui laisser au moins la recherche des lois; autrement la science, réduite à l'observation brute des faits, ne se distinguerait plus de la connaissance vulgaire.

Or le moyen de rechercher une seule loi sans croire à la finalité ?

Je sais bien ce que répondent les positivistes; c'est, disent-ils, une finalité relative, apparente, trompeuse; une simple résultante des faits; un groupement spontané qui suit du choc fortuit des phénomènes et qui revêt, après coup, aux yeux de l'observateur humain, une apparence d'arrangement intentionnel, en vertu de cette tendance anthropomorphiste qui nous porte à projeter sur les choses l'ordre subjectif de nos pensées et à modeler sur notre mode personnel d'action l'activité fatale de l'univers.

Mais cette réponse ne vaut rien.

D'abord, il faudrait justifier le caractère invincible de cette tendance; ce qui est plus difficile que de la condam-

---

nomènes (d'équilibre chimique) sont encore à l'étude; mais, par leur ensemble, ils forment déjà une branche nouvelle de la chimie. Elle contraste par ses allures *avec ce caractère purement empirique que beaucoup de personnes attribuent encore à notre science…* C'est que, comme le remarquait Ampère, toute recherche scientifique est, à l'origine, d'ordre descriptif; elle devient plus tard d'ordre rationnel et philosophique, en ne se bornant plus à rassembler et à coordonner des matériaux, mais *en passant aux relations de causalité.* C'est ce qui est arrivé en astronomie, en physique; c'est ce qui commence à se produire en chimie. »

ner sans motifs. Si l'esprit de l'homme cherche et trouve l'ordre partout dans la nature, n'est-ce pas parce que les traces de l'ordre y sont évidentes? Et cette explication ne vaut-elle pas mieux que celle qui fait de nous des hallucinés admirant l'ordre là où règne le chaos?

Mais il y a plus. L'hypothèse positiviste suffirait à la rigueur à rendre compte d'une partie des coïncidences relevées par les partisans des causes finales, celles où la finalité apparaît seulement aux regards de l'observateur sans que l'activité de celui-ci intervienne pour modifier l'ordre des phénomènes.

Mais la science ne se borne pas à observer la nature, elle l'interroge. Au delà de l'expérience qui constate, il y a l'expérimentation qui dirige rationnellement la recherche. C'est là le domaine scientifique par excellence ; c'est dans cette forme d'exploration que se sont illustrés nos grands chercheurs.

Or l'un des plus grands parmi les morts, Claude Bernard, et, après lui, le plus grand peut-être parmi les vivants, Pasteur, l'ont proclamé maintes fois : Pas d'expérimentation sans une hypothèse à vérifier.

D'où vient-elle dans l'esprit du savant, cette hypothèse que rien ne confirme encore ? D'ordinaire elle lui a été suggérée par des faits isolés au travers desquels le regard de son génie a entrevu, soupçonné la possibilité d'une loi qui rendrait compte de l'inexpliqué. Seulement les faits que cette hypothèse explique sont encore susceptibles d'interprétations différentes. Alors l'expérimentateur se met à l'œuvre ; il change les conditions du fait naturel et spontané ; il l'isole des circonstances qui prêtent à l'équivoque ; il l'enferme dans un réseau de conditions choisies avec art pour rendre le résultat impossible si la loi soupçonnée est fausse. Et si le résultat se produit néanmoins, s'il se reproduit à chaque nouvelle épreuve, s'il sort victorieux des contradictions soulevées contre l'hypothèse, alors la loi est vérifiée, elle passe à l'état de certitude scientifique.

Qu'est-ce à dire ? C'est que le savant croyait à l'ordre, à la finalité dans la nature. Et il ne s'est pas contenté de se mettre à la fenêtre pour voir défiler les phénomènes et de dire : Voyez comme ils se groupent en ordre ! Ce résultat constaté pourrait, à la rigueur, être attribué au hasard. Il est intervenu avec sa liberté ; il a modifié le cours des choses ; il a tout arrangé lui-même, de façon que le phénomène ne fût pas possible si l'ordre supposé n'existait pas dans la nature. Et le phénomène s'est produit, et il se répète infailliblement à son appel, passant, docile et régulier, par cette porte qui seule lui reste ouverte et qui s'appelle la finalité. Donc la finalité existe, ou la science n'est qu'une chimère, la pensée n'est qu'un rêve, et Pyrrhon seul a raison sur l'humanité en démence !

Il est donc vrai, la science n'est pas positiviste, la science ne repousse pas la métaphysique, la science fait un usage constant des notions générales qui sont l'objet de la métaphysique ; la science vraie, dans la mesure même de sa sincérité, de son élévation, de sa profondeur, cherche la substance, la cause, la fin.

Donc, ce n'est pas de ce chef qu'on peut la déclarer inconciliable avec la philosophie de l'école. S'il est vrai que cette philosophie se distingue par son caractère hautement métaphysique, ce n'est pas une raison pour que la science la repousse.

Mais ce n'est là, je le reconnais, qu'une apologie négative, et qui s'applique également à tous les systèmes spiritualistes. Descartes, Leibnitz et Cousin, et les Écossais même dans une petite mesure, font de la métaphysique et, à ce titre, bénéficient de la démonstration précédente. Ils peuvent dire aux savants : Quoique métaphysiciens, mieux encore : Parce que métaphysiciens, nous vous tendons la main.

La question est maintenant de savoir quelle est, entre les théories métaphysiques anciennes et modernes, la plus scientifique, la plus conforme au génie de la science, la plus favorable à ses tendances, la plus ouverte à ses progrès.

Le préjugé commun est que l'avantage appartient, en ceci, au spiritualisme nouveau, à celui qui dérive de Descartes. Le spiritualisme scolastique ne serait qu'une retouche maladroite de la métaphysique d'Aristote, laquelle représente un grand effort de réflexion sur la science rudimentaire de son temps, mais dont le cadre éclate sous la pression des données scientifiques modernes.

Voilà le postulat arbitraire dont nous demandons la revision.

Pour y procéder, il faudrait reprendre une à une les principales notions métaphysiques et les étudier parallèlement dans les deux écoles spiritualistes, avant et après Descartes.

Ce serait une vaste entreprise dont nous ne pouvons ici qu'indiquer le plan.

Commençons par la notion de substance.

III

Aristote et, après lui, les scolastiques partent d'un fait d'observation : les changements qui ont lieu dans les choses. Il y a des changements accidentels qui ne modifient pas les propriétés spécifiques d'un être, comme, par exemple, le changement de température. Le même être, sans changer de nature, passe d'un état à un autre. C'est ce que les philosophes péripatéticiens expriment en disant que les formes accidentelles se succèdent, la forme substantielle demeurant la même. Mais il arrive aussi qu'un être déterminé dans sa nature par ses propriétés caractéristiques fait place, sous l'influence de certains agents naturels, à un être caractérisé tout autrement ; ainsi, quand vous brûlez du bois, le bois est remplacé par la fumée et par les cendres. Les scolastiques disent alors qu'il y a eu changement substantiel. Il y a cependant quelque chose qui demeure. Ce qui demeure, c'est la matière ; ce qui change, c'est la forme substantielle. La matière est le fond commun des êtres composés, la forme est l'élément spécificateur, la matière est le principe de réceptivité, d'inertie, de potentialité ; la forme est le principe d'activité et d'actualité. La matière fournit au continu l'étendue, la divisibilité ; la forme lui confère l'unité.

La matière et la forme concourent donc à constituer l'être tel que l'expérience nous le révèle. Mais, comme il y a dans l'être une infinité de degrés, les rapports de la matière et de la forme varient à mesure qu'on passe d'un degré à l'autre. C'est ici que trouve place dans la philosophie péripatéticienne la grandiose conception de l'échelle des créatures, divisées en quatre classes et caractérisées par l'existence inorganique, la vie végétative, la vie sensitive et la vie intellectuelle. A mesure qu'on s'élève dans cette hiérarchie des êtres, la forme apparaît moins engagée dans la matière. Dans l'être inorganique, la forme n'est qu'un principe spécificateur ; dans l'être vivant, elle préside à la nutrition de l'individu et à la conservation de l'espèce ; dans l'être sentant, elle devient le centre réceptif des *représentations* qui font entrer en lui comme un raccourci du monde extérieur ; dans l'être pensant, la forme achève de s'affranchir ; en même temps qu'elle donne la vie au corps, elle a sa vie à elle, distincte, sinon indépendante, du fonctionnement des organes.

Le regard du philosophe s'arrête à ce sommet qui marque la limite de l'expérience. Mais le théologien, instruit par la révélation de l'existence des anges, les conçoit comme des formes sans matière, qui marquent un cinquième et suprême degré de l'être créé.

Par delà tous les échelons de la création, le métaphysicien, guidé par l'induction rationnelle, s'élève jusqu'à l'être absolu et le conçoit comme une forme transcendante, exempte non seulement de toute matérialité, mais de toute imperfection, n'ayant rien en puissance que son acte essentiel ne réalise; c'est le moteur immobile, c'est la cause non causée, c'est l'acte pur, c'est Dieu.

Telle est, dans la métaphysique de l'école, la conception de la substance.

Cette distinction de deux éléments constitutifs dans l'unité des substances qui tombent sous nos sens a paru à Descartes inutile et arbitraire. Il a voulu simplifier.

Pour lui il n'y a que deux espèces de substances possibles : l'esprit et la matière. L'esprit a pour essence la pensée, la matière a pour essence l'étendue.

Le monde des corps est composé d'atomes étendus et indivisibles qui se choquent et forment entre eux des systèmes rotatoires d'importance variable, depuis les mouvements des infiniment petits jusqu'aux révolutions sidérales. Rien n'échappe à la loi de cet universel mécanisme, pas même la vie qui, dans les animaux, n'est qu'une complication nouvelle des rouages, donnant lieu aux apparences trompeuses de la sensibilité.

Seul l'esprit a la vie en propre, avec le sentiment et la pensée. Mais, enfermé dans son essence solitaire, il ne peut échanger aucune action réelle avec la matière. Il ne communique qu'avec Dieu, et le Créateur devient ainsi l'intermédiaire obligé des relations qui semblent unir l'âme au corps ou mettre l'homme en contact avec les êtres qui l'environnent[1].

Le simple exposé des deux conceptions ne suffit-il pas à les juger de ce point de vue qui seul est le nôtre en ce moment, du point de vue expérimental?

Où la nature montre l'analogie, Aristote la reconnaît, Descartes affirme un contraste; par exemple, dans la sensibilité de l'homme comparée à celle de la bête. Où la nature montre l'activité efficace au dehors, Aristote admet des actions réciproques, Descartes isole les causes secondes et les renferme en elles-mêmes. Où la nature montre l'étroite union de l'âme et du corps, Aristote fait de l'âme le principe de l'unité substantielle dans l'homme, Descartes fait de l'âme une étrangère logée dans une hôtellerie. Encore une fois, de quel côté est l'esprit d'observation, de quel côté l'esprit de système?

Le caractère *à priori* de la métaphysique cartésienne n'a pas échappé au génie à la fois pénétrant et sage de Leibnitz. Séduit, au début, par la nouveauté et l'appareil mathématique de la *méthode*, l'inventeur du calcul infinitésimal, à mesure qu'il devenait plus philosophe, n'a cessé de s'éloigner de Descartes pour se rapprocher de l'ancienne école.

Qu'on relise les ouvrages de la dernière moitié de sa vie, on y trouvera d'éclatants hommages rendus à la tradition. La même justesse d'esprit qui, dans le *Systema theologicum*, ramène le théologien protestant au seuil de l'orthodoxie catholique, oblige le philosophe à remonter le courant cartésien, si fort encore de son temps, et à revenir aux principes de l'ancienne métaphysique[2]. A mesure qu'il réfléchit davantage sur la nature de la mo-

---

[1] Le système des causes occasionnelles n'a été formulé expressément que par Malebranche; mais il dérive logiquement de la conception cartésienne.

[2] « Au commencement, lorsque je m'étais affranchi du joug d'Aristote,

nade, il s'éloigne de plus en plus de l'idée du *point maté-riel* pour se rapprocher de la *forme substantielle.* « Il doit se trouver, dit-il, dans la substance corporelle une entéléchie première et comme une capacité primitive d'activité, πρῶτον δεκτικὸν *activitatis*, qui, s'ajoutant à l'extension ou à ce qu'il y a de purement géométrique, et à la masse ou à ce qu'il y a de purement matériel, agit incessamment... *Et c'est ce principe substantiel qui dans les vivants s'appelle âme, forme substantielle dans les autres, et qui, joint à la matière, constitue une substance vraiment une, mais par soi constitue déjà une unité.* C'est ce principe que je nomme *monade.* Otez ces vraies et réelles unités, il ne restera plus que des êtres par agrégation, et même *il n'y aura plus de vrais êtres dans les corps* [1]. »

j'avais donné dans le vide et dans les atomes; car c'est ce qui remplit le mieux l'imagination. Mais, en étant revenu après bien des méditations, je m'aperçus qu'il est impossible de trouver les principes d'une véritable unité dans la matière seule ou dans ce qui n'est que passif, puisque tout n'est que collection ou amas de parties à l'infini. Or la multitude ne pouvant avoir sa réalité que des *unités véritables, qui viennent d'ailleurs* et sont tout autre chose que les points dont il est constant que le continu ne saurait être composé; donc, pour trouver ces unités réelles, je fus contraint de recourir à un *atome formel,* puisqu'un être matériel ne saurait être en même temps matériel et parfaitement indivisible ou doué d'une véritable unité. *Il fallut donc rappeler et comme réhabiliter les formes substantielles,* si décriées aujourd'hui, mais d'une manière qui les rendît intelligibles et qui séparât l'usage de l'abus qu'on en a fait. » (Leibnitz, 6º appendice aux *Nouveaux essais sur l'entendement humain.* Cet opuscule a pour titre: *Système nouveau de la nature et de la communication des substances.*)

[1] Leibnitz, 4º opuscule: *De la nature en elle-même,* et un peu plus loin, dans le 6º opuscule, il éclaircit encore la notion de la monade en l'opposant à l'idée du point mathématique. « Il n'y a, dit-il, que les *atomes de susbtance,* c'est-à-dire les unités réelles... qui soient les *sources des actions* et les premiers principes absolus de la composition des choses et comme les derniers éléments de l'analyse des substances. On les pourrait appeler *points métaphysiques :* ils ont quelque chose de vital et *une espèce de perception* (ici nous abandonnons Leibnitz); et les points mathématiques sont leur point de vue pour exprimer l'uni-

Malheureusement, dans ce beau mouvement de retour, Leibnitz rencontre un écueil : c'est la question de la divisibilité. Toute masse concrète lui paraît divisible à l'infini. Il ne voit pas que cette infinité potentielle n'appartient qu'à l'étendue abstraite, qu'elle est incompatible avec l'existence actuelle. L'idée qu'il se fait de la masse devient dès lors insaisissable. Il y a une véritable contradiction entre une actualité limitée et une multiplicité infinie. L'unité que la *monade* apporte à cette masse n'est qu'une unité dynamique qui ne résout pas l'antinomie. J'aime mieux l'atome de Descartes, à la fois étendu et insécable, pourvu qu'on me rende compte de ses deux propriétés antagonistes ; c'est à quoi sert mieux que tout autre la conception d'Aristote, qui, dans l'actualité physiquement indivisible de cette particule de masse, rapporte l'étendue et la passivité à la matière, l'unité et l'activité à la forme.

Ainsi Leibnitz a raison sur Descartes quand il revient aux principes de l'école ; il a tort quand il s'en écarte. Et la contradiction dans laquelle il tombe décourage ses disciples. La monade change de caractère entre leurs mains. Elle devient ce que Leibnitz avait formellement exclu, un simple point physique, mais inétendu, centre de force et de résistance. La réaction commencée par Leibnitz en faveur des formes substantielles est abandonnée. Le spiritualisme moderne se partage entre l'école de Boscowich et celle de Descartes ; atomistes et dynamistes se font une guerre sans trêve et sans résultat. L'atomisme sauve la masse, mais, en la faisant inerte,

---

vers. Ainsi les points physiques ne sont indivisibles qu'en apparence, les points mathématiques sont exacts, mais ce ne sont que des modalités ; il n'y a que les points métaphysiques, ou de substance, constitués par les formes ou âmes, qui soient exacts et réels ; et sans eux il n'y aurait rien de réel. »

rend le mouvement inexplicable [1]. Le dynamisme sauve la force, mais il supprime la masse et s'essaie en vain à la remplacer par la résistance; car il n'y a plus de sujet pour supporter les actions qui se croisent. L'esprit suit à grand'peine ces abstractions, dont le caractère artificiel lui semble à bon droit s'éloigner de plus en plus de l'expérience; et la science, habituée au contact des faits, sent grandir sa répugnance pour une métaphysique si peu soucieuse des réalités.

Leibnitz n'a pas été plus heureux dans sa tentative d'améliorer la solution donnée par l'école au problème de l'union de l'âme et du corps. La solution cartésienne révoltait son esprit judicieux : « Je suis le mieux disposé du monde, disait-il, à rendre justice aux modernes; cependant je trouve qu'ils ont porté la réforme trop loin, entre autres en confondant les choses naturelles avec les artificielles, pour n'avoir pas eu une assez grande idée de la majesté de la nature [2]. »

Il part de là pour montrer tout ce qu'il y a d'arbitraire et de factice dans le système mécanique de Descartes appliqué à la vie des animaux, dans la théorie des causes occasionnelles, etc. Il introduit fort à propos la *forme substan-*

---

[1] Dans un corps inerte, le mouvement est une modalité extrinsèque qui ne peut venir que du dehors. L'origine n'en peut pas être dans d'autres corps, inertes eux-mêmes et capables seulement de transmission; elle ne peut pas être dans les esprits, qui, d'après Descartes, sont sans action sur les corps; et d'ailleurs, en dehors des corps vivants, qui pourrait prétendre que la matière soit mue par des esprits? Il faut alors recourir à Dieu, non plus seulement comme au *premier moteur*, cause transcendante du mouvement ainsi que de tout le reste, mais à Dieu considéré comme moteur unique, comme *cause naturelle et cosmique* de tous les mouvements qui ont lieu dans l'univers, ce qui est du panthéisme pur; car un Dieu engagé dans la série des agents naturels n'est plus le Dieu créateur, il est le Dieu-Tout, c'est-à-dire n'est plus Dieu du tout.

[2] *Système nouveau*, etc.

tielle pour rendre compte de l'unité complexe de l'être vivant, et le voilà qui vogue à pleines voiles vers Aristote. Mais il rencontre deux questions sur lesquelles il veut réformer à son tour : la *nature intime de ces formes* et leur *subsistance*. Sur le premier point il abuse de l'analogie; il veut que chaque monade soit susceptible d'une certaine perception, ce qui l'amène à donner une sorte d'âme, plus ou moins endormie, aux animaux, aux plantes, aux êtres même inorganiques. Puis, comme la monade est simple et que le simple ne peut périr par dissolution, il accorde à chacune l'immortalité; et le voilà lancé dans les hypothèses les plus chimériques sur la persistance des formes ou des âmes inférieures, même après la mort. Il y a plus : comme ces âmes ont pour rôle unique d'animer des corps et ne peuvent prétendre à une survivance rationnelle comme l'âme humaine, il faut qu'il imagine je ne sais quelle survivance d'un corps subtil, d'une enveloppe légère que la monade emporte avec soi en quittant l'organe grossier qu'elle livre à la mort. Enfin chaque monade, à l'en croire, est une unité fermée qui évolue au dedans d'elle-même par un enchaînement de perceptions successives, dont le premier terme est déposé en elle par le Créateur comme la loi de son développement. Les rapports de causalité entre les substances ne sont pas autre chose que les coïncidences divinement ordonnées entre leurs perceptions corrélatives et simultanées. Leibnitz est tout heureux de substituer à la théorie des causes occasionnelles l'hypothèse équivalente de l'*harmonie préétablie*, et ne s'aperçoit pas que l'une n'est pas moins chimérique que l'autre.

Les docteurs scolastiques, précisant et dégageant de toute tendance matérialiste la conception d'Aristote, avaient su éviter tous ces écueils. Par la théorie des *formes non subsistantes*, ils avaient résolu le problème de l'âme des bêtes, et mis en sûreté la prééminence de l'homme. Là où la forme substantielle n'a d'autre rôle que de présider à la vie organique, elle ne survit pas à la dissolution de l'organisme, et cela en vertu du principe leibnitzien par excellence, celui de la raison suffisante. Là où la forme a une vie à elle, indépendante des organes, elle a l'immortalité en partage, par l'application du même principe.

Nous nous sommes quelque peu attardés avec Leibnitz, parce que sa philosophie offre un intérêt particulier dans l'étude qui nous occupe. Elle marque un effort à la fois puissant et stérile.

Il est puissant, en tant que réaction contre les nouveautés cartésiennes. Nul ne pouvait apporter plus de crédit à une telle tentative qu'un génie de cette trempe, un savant de ce renom, novateur lui-même et novateur heureux dans le domaine des sciences, philosophe hardi, chercheur, et qui avait subi dans sa jeunesse la séduction de Descartes. La critique vigoureuse qu'il fait de la réforme du maître, l'hommage qu'il rend à l'ancienne métaphysique, les emprunts qu'il lui fait, tout cela peut servir à venger du dédain dont on les accable ceux qu'on appelle aujourd'hui les *néo-scolastiques*. Éprouver des besoins intellectuels que Leibnitz a ressentis, en trouver la satisfaction du côté où il l'a cherchée lui-même, ce sont choses dont il est permis de ne pas rougir.

Mais l'effort de Leibnitz, bien que puissant, est demeuré stérile parce qu'il s'est arrêté trop tôt, parce qu'il a reculé devant les conséquences vraies des principes qu'il avait restaurés. En s'écartant de nouveau de la tradition, il a rencontré la chimère et l'obscurité, fournissant ainsi à ses contemporains deux raisons pour une de ne pas le suivre. De Descartes, que Leibnitz avait si fortement ébranlé, le xviiie siècle n'a hérité que le mépris du passé. C'est la doctrine sensualiste, popularisée par Locke et Hume, qui a recueilli le sceptre philosophique en attendant que le matérialisme fût prêt à le prendre.

Il est permis de déplorer l'illusion d'un homme de génie. Si Leibnitz eût eu le courage de pousser jusqu'au bout son œuvre réparatrice, on eût vu, il y a deux cents ans, la réforme véritable de la scolastique, l'accord établi entre la métaphysique et les sciences, la philosophie engagée dans sa vraie voie, ralliant autour d'une doctrine commune et consistante toutes les formes du spiritualisme.

En quoi aurait pu consister cette réforme vraiment heureuse, qui eût fait faire à l'esprit humain ce qu'on a justement appelé en politique l'*économie d'une révolution*? C'est ce que nous essaierons de dire en achevant cette étude.

IV

Toute métaphysique étant un effort de réflexion que la raison opère sur les données de l'expérience, les formules métaphysiques ne sont et ne seront jamais qu'approximatives. Celui-là seul pourrait trouver les formules absolues, qui connaîtrait le fond des êtres et y lirait, comme à livre ouvert, la raison des phénomènes. Mais c'est là le privilège de Dieu.

L'effet naturel de tout progrès scientifique est donc de faire vieillir les conceptions métaphysiques. Or la métaphysique de l'école nous paraît avoir vieilli sur deux points principaux.

D'abord il nous semble qu'elle étend au delà de ses véritables limites le domaine du continu. Ensuite elle multiplie et exagère au delà du besoin les changements substantiels.

L'idée du continu nous est fournie par nos sens. Quand l'observateur en était réduit au témoignage de ses organes, partout où la vue et le toucher ne signalaient aucun vide, il affirmait la continuité.

Le microscope a montré des pores dans les particules en apparence les plus lisses et les plus ténues. L'analyse chimique a été plus loin : elle a établi la possibilité de séparer des molécules dont l'individualité, attestée par leurs affinités réciproques, échappe aux plus forts grossissements de la lentille ; elle a même rendu probable, dans la molécule elle-même, une pluralité d'atomes qu'aucune observation directe n'atteindra jamais. Si, pour sauver la conception philosophique des anciens, il fallait s'obstiner à regarder comme continu ces agrégats imperceptibles, ce serait grand dommage pour la philosophie ; car on n'a pas raison contre les faits.

En second lieu, partout où l'observation accusait, dans deux états différents de la matière, des propriétés permanentes opposées entre elles, les anciens affirmaient la diversité de substance ; et le passage d'un état à l'autre leur paraissait l'indice certain d'un changement substantiel. Ainsi, rien ne semble plus disparate que les propriétés du charbon et celles du diamant : l'un est friable, opaque, obscur, facilement combustible ; l'autre est le plus dur des corps, il est transparent, il est éclatant, il résiste à une température élevée. L'analogie semblait autoriser une distinction de substance. La science moderne a reconnu, sous cette contrariété apparente, l'identité des propriétés chimiques. N'est-il pas naturel de supposer que le progrès de la chimie nous réserve bien d'autres surprises ? Déjà cette science est entrée dans une voie nouvelle par l'étude des équilibres chimiques. La stabilité des combinaisons semble n'être plus qu'une question de température. La chaleur ne change pas la nature substantielle de l'eau en la transformant en vapeur. Mais une chaleur plus grande, une modification plus énergique des attractions moléculaires, pourra opérer la dissociation des éléments chimiques. On a distingué jusqu'ici le *changement d'état*, qui relève de la physique, et la *décomposition*, qui relève de la chimie. Cette distinction est peut-être provisoire et destinée à disparaître dans l'unité d'un système qui ramènerait à un seul principe de vibration tous les rapports des particules matérielles. Que deviendrait alors la théorie des changements substantiels? Et si elle devait un jour s'évanouir devant les clartés de l'expérience, que resterait-il de l'ancienne cosmologie?

Nous ne pensons pas avoir atténué la force de l'objection.

Eh bien, malgré tout, la métaphysique de l'école nous paraît de taille à en triompher.

Oui, sans doute, elle devra accepter toutes les exigences de la science. Le continu recule et fuit sous le regard; il faut le suivre dans sa fuite. Par delà l'extrême grossissement du microscope, la chimie nous révèle l'existence de la molécule : il faut étudier le continu dans la molécule. Là encore la simplicité apparente recouvre une pluralité probable, celle des atomes : il faut l'admettre. L'atome, à son tour, qu'est-il? Il est le dernier terme de l'analyse, d'une analyse *inductive*, où l'effort de la raison s'ajoute aux données de l'expérience; car nul n'a jamais vu ni touché l'atome. Mais ce terme extrême contient en lui-même une antinomie : il est étendu et il est insécable. Il est le premier élément de la masse; toute masse a des parties, et cependant le premier élément doit être *un*, sans quoi il serait décomposable. Il est le mobile par excellence, puisque toutes les transformations des corps se résolvent en mouvements atomiques; et il est la raison du mouvement, puisque la variété des combinaisons s'explique par la diversité de ses valences. Dites donc tout de suite que l'atome est impossible, ou appelez à votre secours la métaphysique pour résoudre la contradiction par la rencontre en un même sujet de deux principes irréductibles; un principe de réceptivité, d'inertie, de passivité, d'étendue, de masse, c'est la matière; un principe d'activité, d'unité, de simplicité, c'est la forme.

Ainsi la notion métaphysique du continu demeure, seulement elle se réfugie dans l'atome; et là le dualisme des éléments métaphysiques sert à protéger la réalité de l'atome contre l'anéantissement dont l'idéalisme le menace.

Et le changement substantiel, faut-il le sacrifier aux progrès de l'analyse chimique? Non; il suffit de le bien entendre. S'il est vrai que les molécules sont composées d'atomes; si ces atomes se groupent en combinaisons graduées suivant le nombre de leurs valences; si le caractère spécifique d'un corps donné tient aux rapports de position et d'action réciproques qu'ont entre eux les atomes constitutifs de sa molécule, toute action qui respecte ce groupement des atomes respecte la molécule élémentaire et, par suite, l'individualité spécifique de ce corps; toute action qui brise l'architecture de la molécule et distribue ses atomes en groupements moléculaires nouveaux, fait apparaître un ou plusieurs corps différents du premier; il y a changement substantiel [1].

Ainsi l'ancienne métaphysique affirmait le continu et l'expliquait philosophiquement par le concours, en un

---

[1] Par les rapports de position qu'elles ont entre elles, les molécules déterminent ce que nous appelons le *volume* et la *forme* des corps, tandis que les rapports de position qu'ont entre eux les atomes dont elles sont formées différencient ces mêmes corps *au point de vue de la substance*, au point de vue des *propriétés chimiques*. (Manouvrier, 20ᵉ édition de la *Physique* de Ganot. Paris; Hachette, 1887.)

même sujet, des deux principes, l'un matériel, l'autre formel; seulement elle voyait le continu là où il n'est pas. La science moderne a fait reculer le continu jusqu'à l'atome; là elle est heureuse de le retrouver, et plus heureuse encore d'emprunter à la philosophie de l'école la solution de l'antinomie qu'il contient.

Ainsi encore, l'ancienne métaphysique distinguait le changement accidentel et le changement substantiel; seulement elle ne soupçonnait pas la vraie cause de ce changement. La science moderne n'a pas achevé son œuvre; mais il semble qu'elle soit sur le chemin de la découverte. Si la théorie atomique parvient à dissiper les nuages qui l'enveloppent encore, elle nous montrera bientôt dans l'atomicité, c'est-à-dire dans cette capacité de combinaison atomique qui fait chaque atome d'un corps capable de fixer un ou plusieurs atomes d'un autre corps, le secret de la formation des molécules, de leur spécification, de leur stabilité relative, de leurs dissociations et combinaisons successives, en un mot, le secret des combinaisons chimiques et des changements substantiels. Mais les atomes ainsi conçus présenteront deux caractères opposés: d'un côté, l'uniformité de la masse; de l'autre, la diversité des valences; le premier répondra à cette matière neutre et passive des anciens, principe réceptif qui peut tout devenir et reste identique à lui-même sous la variété des spécifications corporelles; le second répondra à cette forme active et spécificatrice qui, lorsqu'elle demeure, explique l'individualité des corps et, lorsqu'elle s'échange avec d'autres formes, explique leurs transformations substantielles.

Il n'est pas jusqu'au vocabulaire tant décrié de la vieille philosophie auquel l'avenir ne réserve de surprenantes justifications. Vous détournez le sens des mots, disent ses détracteurs : quand vous parlez de *matière*, vous voulez entendre non l'étoffe tangible dont les choses sont faites, mais une pure puissance, un élément générique ; quand vous parlez de *forme*, vous écartez de notre esprit l'idée de figure et de contours pour faire apparaître une force, un principe immatériel, une sorte d'âme. Aux difficultés d'une conception étrange, vous ajoutez à plaisir celles d'une terminologie bizarre et forcée. — Eh bien! revenons aux atomes des chimistes. Leur matière n'est que le sujet de l'étendue et de la masse; elle ne peut devenir tangible qu'à la condition d'entrer dans la formation des molécules; mais elle ne le fera qu'autant qu'elle sera déterminée à telle ou telle capacité d'action par le nombre de valences qui caractérisent chaque atome. Jusque-là elle reste indéterminée et, par rapport à nos perceptions, une pure puissance. Mais cet élément spécificateur qui la détermine et la fait entrer en acte, quel est-il, d'après l'hypothèse atomistique? C'est quelque chose comme une *forme géométrique*. On se représente les atomes *comme de petits polygones* dont les sommets d'angles marquent les valences. Ce n'est là, je le veux bien, qu'une manière de *schema* pour se figurer l'invisible. Mais il n'est pas moins curieux de remarquer que la science aboutit à ressusciter le mot de *forme* pour exprimer ce qui, dans l'atome, signifie principe de spécification et d'activité.

Telle est la souplesse de l'ancienne métaphysique. Elle se plie aux exigences des faits et s'adapte à des données expérimentales que nul ne pouvait soupçonner au temps où elle fixait ses formules.

V

Encore n'avons-nous parlé jusqu'ici que du règne inorganique, là où la théorie de la matière et de la forme semblait le plus manifestement condamnée par la science. Oui, même dans ce domaine, si la lettre a besoin d'être corrigée, l'esprit de la doctrine demeure, et il réserve aux savants eux-mêmes des clartés. Que serait-ce si nous suivions l'application du principe jusque dans le domaine de la vie? Là le mouvement scientifique est tout en notre faveur. Les systèmes dont la tendance est d'expliquer la vie par la mécanique et par les phénomènes physico-chimiques, sont manifestement en baisse. Une grande part revient à M. Pasteur dans cette conversion de la science. Si tout vivant suppose un germe, si tout germe provient d'un vivant, si la puissance évolutive du germe est sans aucun rapport avec sa masse, avec sa structure, avec sa composition chimique, il faut bien reconnaître deux éléments, deux facteurs de la vie : d'un côté le protoplasma, sorte de substance générique et qui semble apte à tout devenir; de l'autre, ce je ne sais quoi d'idéal et d'actif tout ensemble, qui différencie les gouttes de protoplasma suivant la nature des reproducteurs et, sous l'uniformité apparente de la matière, maintient la prodigieuse diversité des formes spécifiques.

Enfin la vie n'est pas seulement nutrition et reproduction : elle est, dans une multitude de vivants, plaisir ou douleur, sensation et connaissance, amour et volonté. Quand on pénètre dans ces labyrinthes de la vie sensitive, intellectuelle, morale, on est effrayé de la complexité du problème à résoudre. D'une part, il faut trouver un principe qui, à chaque degré de la vie, assure l'unité du vivant sous l'incroyable multiplicité des impressions et des représentations qui se rencontrent en lui ou s'y succèdent. D'autre part, il faut rendre compte de l'étonnante prérogative qui distingue l'homme entre tous les vivants et qui, d'un organisme analogue à celui des animaux supérieurs, fait jaillir les manifestations sans égales de la pensée et de la parole.

Ici, je ne crains pas de le dire, la science a besoin de nous : d'elle-même elle est impuissante à expliquer l'unité du vivant et la prééminence du règne humain. Et, de toutes les philosophies, seul l'aristotélisme chrétien lui apporte le secours nécessaire.

Comment d'abord le vivant peut-il garder son unité alors que tant d'*événements*, pour parler comme M. Taine, s'accumulent dans son être? Faut-il renoncer à cette unité et dire, avec l'auteur de l'*Intelligence*, que le *moi est une illusion;* que l'âme de l'homme et celle des bêtes ne sont que des *files d'images*, des *séries sommées de sensations?* Non, car la conscience proteste en nous pour l'homme et le bon sens pour les animaux. Quand l'identité de l'être est garantie au dehors par la permanence morphologique, par la fixité des caractères individuels, au dedans par la conscience organique, par la mémoire, et chez l'homme par la conscience psychologique et morale, on peut dédaigner le sophisme et négliger ces paradoxes. Toutefois un problème obscur reste à résoudre : Qu'est-ce qui passe dans le vivant, et qu'est-ce qui demeure? Le matérialisme ne connaît que ce qui passe. Le spiritualisme cartésien affirme dans l'homme ce qui demeure; mais il l'isole tellement de ce qui passe, qu'on ne voit pas comment de ces deux éléments disparates et sans relations entre eux peut résulter l'unité subsistante du moi. Quant aux animaux, Descartes n'y voit que matière, et dès lors tout s'écoule; car la matière se renouvelle et l'identité s'évanouit. Pour sortir de cette impasse, il faut prendre pour guide la notion péripatéticienne de la substance.

Les modernes ont rétréci le sens de ce mot. Pour eux substance et atome sont synonymes. Pour nous l'atome est une substance, mais la substance peut être autre chose que l'atome. Au plus bas degré de l'être inorganique, l'atome peut bien représenter, en sa forme la plus élémentaire, l'union des deux principes, l'un générique, l'autre spécificateur, qui concourent à former un corps. Mais à mesure qu'on s'élève dans la hiérarchie des êtres, l'unité du principe spécifique domine une multiplicité croissante d'éléments matériels. La substance, ici comme dans l'atome, résulte de l'union de la matière et de la forme; seulement la matière n'est plus simplement une particule de masse, elle est cet ensemble de cellules, de tissus, d'organes, qu'un même principe formel élabore, assemble, subordonne et vivifie. Partout où pénètre l'influence créatrice de la vie, la substance se retrouve. Tout vivant est multiplicité de matière, mais unité de substance, parce qu'il est unité de forme.

Si maintenant vous montez de la vie purement végétative (à supposer qu'elle existe [1]) à la vie sensitive des animaux, c'est encore la conception aristotélicienne qui vous aidera à concevoir comment la variété des images et des impressions peut être reçue dans l'unité d'un sujet qui ne soit pourtant pas une âme raisonnable et immortelle. Cette unité du sujet dans l'animal, c'est la même qui préside aux fonctions végétatives; mais parce que le degré spécifique est plus élevé, la forme substantielle est moins engagée dans la matière : elle a un rôle immatériel, celui de concentrer les commotions de l'appareil nerveux, de

---

[1] La tendance des plus savants naturalistes est aujourd'hui de contester l'existence d'une barrière infranchissable entre le végétal et l'animal.

les élaborer, de les transformer en représentations subjectives où vient se peindre une réduction de l'extériorité; puis de réagir sur ces images, et de diriger sur l'objet qu'elles figurent toutes les énergies attractives ou répulsives des appétits. Cette fonction supérieure de la forme se superpose à la fonction végétative, ou plutôt elle la renferme en soi par une compréhension *éminente*, comme dans les grandeurs continues le plus embrasse le moins, comme dans le savant la science transcendante contient la science vulgaire, sans séparation, sans rupture d'unité.

Enfin nous arrivons à l'homme. Ici encore voici l'organisme, agrégat de matière qui doit à la forme spécifique et la savante complexité de sa structure et le jeu délicat de ses organes. Mais voici l'âme aussi. Tout le rôle de la forme dans l'être animal lui est dévolu, mais un rôle propre lui est réservé. C'est elle qui sera la formatrice du corps, la nourricière de la vie, le centre des images, le sujet des sensations, des perceptions sensibles, le point de départ des réactions appétitives. Et en même temps, par la loi spécifique de son être, elle sera quelque chose de plus. Non contente de centraliser des impressions, de recevoir en elle, comme ferait la plaque d'une chambre noire, les images éphémères des phénomènes qui s'écoulent dans le temps et qu'enferme l'espace, elle saura dégager de ces visions mobiles l'idée universelle, l'essence permanente, la loi qui régit les faits, la cause qui les produit, la fin qui les attire. Cette façon supérieure de connaître engendre en elle une nouvelle façon de chercher son bien et de s'y unir. La volonté libre se superpose à l'instinct aveugle, l'amour à l'appétit grossier. Mais tout cela, c'est l'activité d'un même principe, c'est l'élément formel d'une même substance, qui est l'homme tout entier avec la hiérarchie de ses puissances sous l'unité dominatrice de son âme. Le corps seul n'est pas dans l'homme une substance complète ; l'âme pensante peut subsister sans le corps dans un état provisoire où sa vie supérieure demeure seule en exercice parce qu'elle se nourrit de l'impérissable. Mais la substance complète, c'est le composé humain, le corps informé par l'âme, l'*homme*, en un mot, qui se sent un et qui dit tour à tour : *Mon* esprit et *mes* membres, *mon* désir et *ma* soif, *ma* pensée et *ma* douleur.

C'est ainsi que l'aristotélisme résout le problème de l'unité substantielle, c'est ainsi qu'il préserve la prérogative du règne humain. Toutefois, pour cette dernière partie de sa tâche, il a besoin d'être baptisé. Sur la survivance de l'âme, sur sa vie propre unie à la vie inférieure, mais séparable et immortelle, Aristote a posé les principes ; les conclusions l'ont trouvé hésitant. Seuls les docteurs chrétiens ont su donner à cette synthèse grandiose la parfaite solidité que réclament les espérances de l'humanité. Mais seuls aussi, entre tous les champions du spiritualisme, ils ont osé dire que l'âme, qui est la vie du corps, a une vie commune avec le corps ; que la sensation a pour sujet le corps uni à l'âme ; et que, dans l'acte même de la pensée, si l'âme possède une puissance exclusivement spirituelle, elle ne l'exerce que sur les données sensibles qui lui arrivent par les organes du corps.

Viennent maintenant les psycho-physiologistes. Ils pourront multiplier à leur gré les localisations cérébrales, établir par mille expériences nouvelles l'étroite dépendance qui rattache les opérations intellectuelles aux conditions physiques du cerveau ; le disciple de saint Thomas n'en sera pas effrayé. Là où le cartésien se voile la face et se bouche les oreilles, craignant, s'il écoute la science, de perdre la foi en son propre esprit, notre philosophe écoute avec intérêt ; il contemple intrépidement la nature, heureux d'enrichir, au profit d'une métaphysique perfectible, l'écrin de ses connaissances expérimentales. Si parfois il s'entend traiter lui-même de matérialiste par es survivants de l'éclectisme, il sourit et ressent même une secrète joie, car il est bien sûr de son spiritualisme; mais le scandale qu'éprouvent les faibles lui prouve qu'entre son langage et celui des savants il y a une parenté de bon augure pour la réconciliation prochaine de la métaphysique et de la science. De fait, le vrai moyen de désarmer le matérialisme, c'est de n'avoir pas peur des faits et d'accorder à la psycho-physiologie tout ce qu'elle réclame légitimement aujourd'hui, tout ce qu'elle pourra être en droit de réclamer demain, en lui refusant seulement ce qu'elle ne peut revendiquer sans usurpation, le côté intérieur, conscient, psychologique, en un mot, des faits dont elle observe le dehors.

Tels sont les titres scientifiques de la métaphysique de l'école. Satisfaire aux exigences de la science d'aujourd'hui, se prêter par avance aux vœux de la science de demain, c'est là, pensons-nous, le *maximum* de valeur scientifique qu'on puisse demander à un système métaphysique. Et c'est ce que nous croyons avoir fait entrevoir dans la théorie péripatéticienne de la substance. Nous achèverons cette étude en soumettant à la même analyse la théorie de la cause et celle de la finalité.

TROISIÈME CONFÉRENCE

LA MÉTAPHYSIQUE DE L'ÉCOLE ET LA SCIENCE

THÉORIE DE LA CAUSE ET DE LA FIN

Pour comparer, au point de vue de la valeur scientifique, la métaphysique d'Aristote et de saint Thomas aux autres systèmes de philosophie générale, nous avons dû nous arrêter longtemps à la notion fondamentale de substance, qu'Aristote décompose en deux principes, la cause matérielle et la cause formelle. Nous achèverons aujourd'hui cette étude, en traitant plus rapidement de la cause efficiente et la cause finale.

I

La cause efficiente d'abord. C'est la vraie cause. Les autres concourent à l'acte, celle-ci l'opère. Les autres sont des conditions de la production de l'effet, celle-ci en est l'auteur.

Aussi est-ce sur ce terrain de la cause efficiente que se heurtent les adversaires et les défenseurs de la causalité.

Les premiers sont ceux qui, par un lien quelconque, se rattachent au positivisme. Autrefois on les comptait aisément ; quelques rares esprits subtils et aventureux, dont David Hume fut le précurseur, prétendaient retrouver dans toute affirmation de causalité le sophisme classique : *Post hoc, ergo propter hoc.* Mais la masse des philosophes n'avait pas encore rompu ouvertement avec le bon sens. Aujourd'hui les ennemis de la cause s'appellent légion. Ils s'emparent de la science et prétendent l'enrôler sous leur bannière en la réduisant à un simple *déterminisme de phénomènes.* Les opinions les plus variées se rencontrent dans cette déclaration que la cause est inconnaissable, qu'elle n'a de réalité certaine qu'à titre de forme subjective de l'esprit humain.

Contre ces adversaires coalisés se rangent en bataille toutes les écoles spiritualistes. Non pas que toutes soient également armées pour défendre logiquement la causalité efficiente. Il y a des spiritualistes idéalistes qui la sacrifieraient volontiers s'il ne s'agissait que des êtres créés. De fait, Malebranche la sacrifie, et Leibnitz la confine au dedans de chaque être. L'*occasionalisme* du premier ôte toute activité aux créatures ; l'*harmonie préétablie* du second ne laisse subsister dans la monade que l'activité immanente. Toute efficacité extérieure est refusée aux causes secondes et réservée à la cause première. Mais la cause première ne peut s'en passer. Il faut la lui reconnaître ou nier Dieu. De là l'accord des spiritualistes à combattre un système dont le principe contient en germe tout l'athéisme.

Quel est, dans ce grand combat pour la réalité des causes, le rang de la philosophie péripatéticienne ?

Nous ne ferons pas difficulté d'avouer que sur ce terrain elle se distingue moins profondément des autres écoles que sur celui de la substance. Elle dit vrai en nombreuse compagnie ; elle n'a pas, comme ailleurs, le monopole de la vérité.

Mais elle a sur beaucoup d'autres systèmes l'avantage de la précision et de la profondeur.

Platon est très vague sur la causalité efficiente. Il ne semble occupé que de la causalité exemplaire. Les idées, selon lui, sont la cause des faits : comment? par quel genre d'action? Création, émanation, imitation spontanée? *Grammatici certant;* il n'est guère de cosmogonie qui ne puisse tirer à elle la formule obscure du maître.

Avant Platon toutes les grandes erreurs avaient eu cours : le matérialisme de Démocrite, qui réduit toute causalité au choc d'atomes éternels; l'idéalisme d'Héraclite, qui relègue la production d'effet dans le monde contesté des apparences. Aristote est venu, et il a créé de toutes pièces la métaphysique des causes. Il a montré, dans l'examen de ce fait vulgaire et mystérieux, le *devenir,* une puissance d'analyse inconnue jusqu'à lui et que seuls les docteurs chrétiens ont su fortifier encore.

Les modernes, il est vrai, ont ajouté quelque chose à cette étude, je veux dire l'élément psychologique.

Quand il s'agit d'analyser les données du bon sens pour en tirer les conceptions métaphysiques, Aristote est sans rival. Mais il ne traite pas directement de leur origine. Il les prend toutes faites dans le domaine commun de la connaissance humaine. De là ces comparaisons, ces exemples toujours empruntés à la vie ordinaire, à l'expérience vulgaire.

Tout fait lui est bon, pourvu qu'il soit réel et bien observé; plus le fait est simple, mieux il s'en accommode, parce que ce n'est pour lui qu'un point de départ et qu'il est plus facile d'arrêter sur un objet aussi accessible l'attention du disciple. Mais de là il s'élève comme d'un bond à la conception métaphysique. Le disciple de Platon se retrouve dans ce procédé, qui pousse droit à l'objectif sans rendre compte à personne du chemin parcouru.

Nous sommes plus exigeants en fait de géographie intellectuelle. Il ne nous suffit pas de connaître le point de départ et le terme; nous voulons encore tracer la route. Le point de départ ici, c'est le fait empirique; le terme, c'est ou l'idée ou le jugement *à priori*. Dans la question qui nous occupe, l'expérience constate la succession de deux faits; la raison affirme la génération de l'un par l'autre, la causalité. Comment passons-nous du *post hoc* au *propter hoc* ?

Les spiritualistes modernes ont senti que le silence sur cette question laisse place à un certain doute sur la valeur du procédé. Qui sait, se diront certains esprits, si ces idées soi-disant primitives ne sont pas de simples illusions, des préjugés héréditaires?

C'est ici qu'intervient à propos l'analyse psychologique; Maine de Biran et Jouffroy en ont fait une heureuse application à la genèse de l'idée de cause. L'homme, en rentrant en lui-même, se sent cause au moins de ses actes : cause immanente quand il produit une volition, rappelle un souvenir, évoque une image, écarte une pensée; cause transitive quand il meut ses membres, et par eux les corps qui l'environnent. La conscience de l'acte de volonté nous fait prendre notre causalité sur le fait; impossible de sentir qu'on veut sans du même coup sentir qu'on produit. Et comme cette volonté productrice pose des antécédents qui entraînent leurs conséquents, la conscience psychologique nous fait ainsi assister en nous-mêmes à la vérification du lien qui rattache le *propter hoc* au *post hoc*. Mais pourquoi l'homme serait-il seul à être cause? Il n'y a rien là qui soit propre à sa nature particulière; et puisque partout ailleurs les faits paraissent liés aux faits comme ils le sont dans le champ de l'action humaine, pourquoi ne pas admettre que ce lien soit là aussi la causalité? Que, dans tel ou tel cas de succession, il y ait causalité réelle ou simplement apparente, c'est une question de fait qu'il faudra résoudre en ajoutant, comme nous l'avons dit, l'expérimentation à l'expérience. Mais que la causalité soit possible en dehors de nous, c'est ce qui résulte de son existence en nous. C'est ainsi, c'est par ce canal psychologique que s'effectue le passage à l'idée de cause.

Loin de nous la pensée de méconnaître le service rendu à la métaphysique par l'école psychologiste. Il était bon d'ouvrir ce jour sur le subjectif pour éclaircir l'analyse objective de la causalité; mais il ne fallait pas abandonner celle-ci.

C'est pourtant ce qu'on a fait.

Où sont aujourd'hui, dans les traités de philosophie, ces hautes généralités sur la cause? Vous ne les trouverez plus.

Un métaphysicien éminent, qui est en même temps un savant physicien, a écrit dernièrement un gros volume sur la métaphysique des causes[1]. Si l'auteur eût puisé dans les écoles modernes toutes ses conceptions philosophiques, il eût été bien en peine d'écrire seulement l'un des chapitres de son livre; par exemple, celui où il recherche si l'effet est intérieur ou extérieur à la cause. Aujourd'hui un kantiste vous démontre que la causalité est une pure forme de l'esprit, un positiviste en conclut avec raison qu'elle n'existe pas, un spiritualiste leur répond qu'ils ont tort et s'attache à leur montrer la légitimité du jugement qui affirme la cause. Et tout est dit. Et les admirables analyses auxquelles Aristote, Albert le Grand, saint Thomas d'Aquin, ont soumis l'action causale demeurent ensevelies dans l'oubli.

Nous n'écrivons pas ici le traité des causes, nous com-

---

[1] R. P. Th. de Régnon, *la Métaphysique des causes;* Retaux-Bray, 1880.

parons en cette matière la valeur scientifique de la métaphysique de l'école avec celle des autres systèmes. Bornons-nous donc à rappeler brièvement en quoi consiste la doctrine péripatéticienne, puis mettons-la en contact avec la science.

La base de cette théorie, c'est la distinction de l'acte et de la puissance. Toute action suppose dans l'agent un pouvoir d'agir proportionné à elle-même, et dans le patient un pouvoir corrélatif de recevoir. Le premier pouvoir est la puissance active; le second, la puissance passive. L'*action*, c'est le résultat de l'*acte*, et ce résultat est tout entier dans le patient ; il consiste à réaliser la puissance passive par l'exercice de la puissance active. Or la puissance passive n'étant, par rapport à l'acte qu'elle reçoit, qu'une pure capacité naturelle, l'acte s'oppose à la puissance passive, comme l'existence à la possibilité ; il ne s'oppose pas de même à la puissance active, car il s'appuie sur elle et en est la mise en œuvre.

Ces notions fondamentales sont aujourd'hui rejetées des uns, ignorées des autres, dédaignées de tous. On se plaît à n'y voir qu'une pure logomachie. Rien n'est plus injuste. Voici un canon chargé. La poudre a la puissance passive de s'enflammer au contact du feu. Cette puissance est passive, puisqu'elle n'agit pas et attend d'une autre cause l'effet d'inflammation ; et pourtant elle est réelle, puisqu'elle résulte de la nature des éléments. La poudre une fois enflammée, les solides, passés brusquement à l'état gazeux, réclament un plus grand espace; en l'occupant, ils développent une force de propulsion qui chasse le boulet et par lui renverse les murailles ; et c'est bien là au premier chef une puissance active.

Reprenons ce *processus* et comparons la donnée scientifique à la conception scolastique. Avant l'explosion, que dit la chimie? Dans ce mélange de charbon, de soufre et de salpêtre, la vibration moléculaire est assez lente pour maintenir, avec l'état solide, la fixité des trois substances mélangées. Mais ces molécules sont susceptibles de recevoir, par le contact d'un corps en ignition, une accélération de mouvement qui produira la dissociation du nitrate de potasse, mettra l'azote en liberté et y dégagera de l'acide carbonique, développant ainsi brusquement deux gaz, tandis que le soufre et le potassium forment la crasse humide qui noircit le tonnerre de l'arme. Est-ce un pur néant, cette réceptivité de mouvement thermo-dynamique qui dort dans la poudre encore froide? Non, c'est une puissance naturelle, puisque l'étude de la nature permet de la *déterminer*, de dire avec précision quel degré de chaleur il faut dans le corps enflammant pour produire la dissociation des éléments dans le corps enflammé. Est-ce une puissance active? Non, car elle ne fait que recevoir; elle *attend* l'action d'autrui. Mais quand la dissociation est produite, que dirons-nous de la force qui se dégage et qui chasse le boulet? Dirons-nous qu'elle n'est rien? Mais on peut la mesurer en kilogrammètres; on ne mesure pas le néant. Dirons-nous qu'elle ne fait qu'un avec son acte, qui est la propulsion du boulet? Mais non, la raison proteste. Si le boulet est projeté, c'est que l'élasticité des gaz dégagés représente une force plus grande que le poids du boulet. La propulsion du boulet *résulte* de la force développée par le dégagement de gaz. Or ce qui résulte n'est pas une seule et même chose avec ce dont cela résulte. Mais si la puissance active se distingue de l'action, elle en est inséparable, tandis que la puissance passive est séparable et souvent séparée de son acte.

Aristote avait établi sa distinction de la puissance et de l'acte sur des observations vulgaires. Quand nous en faisons l'application à des faits scientifiques, nous la trouvons plus juste et plus fondée que jamais.

Mais il faut avancer. Le monde est un perpétuel passage de la puissance à l'acte, un perpétuel retour de l'acte à la puissance. Certaines choses commencent, et d'autres finissent; les unes deviennent, les autres cessent. Le devenir, c'est le passage de la puissance à l'acte; la cessation, c'est le retour de l'acte à la puissance.

Comment s'opère le devenir? Est-ce la puissance qui d'elle-même produit l'acte, qui le tire de son fond? Grave question. Si vous supposez une puissance active qui n'ait en elle aucune passivité, aucune réceptivité, oui, alors vous devrez dire qu'elle seule suffit à produire l'acte; mais vous devrez ajouter en même temps qu'elle le pose tout entier hors d'elle-même; car, si elle le posait en elle-même, il y aurait en elle un *devenir;* par conséquent, il y aurait eu auparavant une puissance de recevoir encore non satisfaite, ce qui est contre l'hypothèse.

Cette puissance purement, pleinement active, qui en elle-même est tout acte, qui ne peut produire du nouveau que hors d'elle-même, qui le produit sans qu'il survienne rien en elle, c'est la cause première, c'est l'acte pur, c'est Dieu.

Mais toute autre cause, toute cause créée est une puissance active mêlée de passivité. Pour produire son acte, il faut qu'elle développe une force qui dormait; pour faire cela, elle a besoin d'une excitation : *Omne quod movetur ab alio movetur,* dit saint Thomas. *Nihil enim movetur nisi secundum quod est in potentia ad illud ad quod movetur. Movet autem aliquid secundum quod est actu... De potentia non potest aliquid reduci in actum nisi per aliquod ens in actu.*

Voilà le principe qui domine toute la théorie scolastique de la cause. Il se condense dans cet axiome : *Actus prior est potentia.* Ainsi formulé, il nous apparaît en pleine contradiction avec la métaphysique moderne et en parfaite harmonie avec la physique la plus récente.

Que dit la philosophie à la mode? Elle répète, en l'accommodant aux fantaisies positivistes, le principe de Hegel : *L'abstrait précède le concret, la puissance précède l'acte.* Le développement de l'être se fait *du moins au plus.* Au sommet des choses, dit M. Taine, trône une formule. Cette formule est simple d'abord, disent les évolutionnistes, elle ne dit que la force mécanique de l'atome ; puis elle va se compliquant, se ramifiant, se chargeant de combinaisons nouvelles ; elle enfante ce qu'elle ne contenait pas, elle donne ce qu'elle n'avait pas, elle déroule les anneaux infinis de l'être, engendrant les manifestations successives des forces éthéro-dynamique, chimique, vitale, sensitive, intellectuelle, morale, sociale. Voilà bien, si je ne me trompe, la conception commune à Hegel, à Comte, à Littré, à Taine, à Hæckel, à Spencer. Quels que soient les dissentiments profonds qui séparent certains idéalistes de certains positivistes, sur cette question l'accord est parfait : *Le devenir est avant l'être, il le produit.* C'est la contradictoire de notre formule : *Actus prior est potentia.*

Et maintenant écoutons la science. Elle vous dira que tout fait est déterminé par un fait, non par une possibilité de fait, mais par un fait en acte. Le choc produit le mouvement, le mouvement produit la chaleur, ou, réciproquement, la chaleur dissocie les éléments. Dans l'ordre même de la vie, cette loi se retrouve : la lumière excite le nerf optique, le nerf excité fait vibrer le cerveau ; la cellule cérébrale mise en vibration provoque la sensation visuelle. « Nulle part, dit excellemment le P. de Régnon[1], la physiologie n'a rencontré une molécule qui se meuve sans être poussée, une goutte qui s'altère d'elle-même. Et non seulement le circuit vital se compose de mouvements élémentaires pour lesquels on distingue le moteur et le

---

[1] *Op. cit.*, p. 170.

mobile, mais ce circuit ne se ferme pas complètement sur lui-même, et, pour que la vie s'entretienne, il faut de temps en temps un apport d'action étrangère par la respiration ou l'alimentation. » On pourrait ajouter que cet apport du dehors est également nécessaire pour perpétuer la vie dans l'espèce. Pas de génération spontanée, M. Pasteur l'a démontré. Et s'il n'y a pas de naissance sans germes, il n'y en a pas davantage sans fécondation du germe *par un vivant en acte*. Et la vie intellectuelle, la vie morale ? Est-ce qu'elle se développe autrement que par l'éducation, c'est-à-dire par l'influence d'un savant, d'un vertueux en acte sur un savant, un vertueux en puissance ?

La marche de la science est tellement vers cette doctrine, que le danger est dans l'excès. Réduire l'univers, l'être vivant, l'être pensant, l'être social lui-même, à un pur mécanisme, telle est la tendance contemporaine, et le matérialisme est tout prêt à en profiter. Heureusement la métaphysique de l'école a de quoi conjurer le péril. Avec sa conception de la forme substantielle, elle sauve l'autonomie du vivant ; avec sa théorie de l'échelle des formes, elle réserve à l'âme raisonnable un domaine où, sans échapper à l'excitation des agents extérieurs, elle échappe à la fatalité de leur influence, et, dans sa façon de réagir sur les motifs, ne relève plus que d'elle-même et de Dieu.

Cette résistance de la science à l'idéalisme ne laisse pas que d'inquiéter les philosophes qui marchent derrière l'étendard de Hegel. Et voici ce qu'ils ont trouvé pour parer le coup : Oui, disent-ils, la science veut des faits pour déterminer les faits. Mais les faits ne sont pas des êtres concrets ; ce sont des événements, des *différenciations*, des contrastes. Or c'est bien là ce qu'il nous faut. Le monde est un système de phénomènes qui se poussent les uns les autres comme des flots. Qu'y a-t-il au-dessous ?

Nous l'ignorerons toujours. Nous voyons les actions, nous ne voyons pas les agents. Qui sait s'il y a des agents? qui sait s'il y a des causes? La science n'observe que des apparences et ne détermine que leurs rapports. Par le phénoménisme nous voici ramenés à l'idéalisme.

Eh bien, non, il n'est pas vrai que la science s'accommode de ces rêveries. C'est bien la cause qu'elle cherche avec la loi, et une cause réelle comme le fait qu'elle produit.

Prenons pour exemple une des premières conquêtes de la science moderne, la théorie de la pression atmosphérique. Qu'ont découvert Torricelli et Pascal? La loi? Mais la loi était connue de temps immémorial. On savait que l'eau monte dans les pompes jusqu'à la hauteur de 32 pieds, et pas au delà. Voilà bien le « déterminisme du phénomène ». Mais pourquoi l'eau monte-t-elle? Ceci est la question de cause. On n'avait pas su la résoudre, et, faute de mieux, on imaginait l'horreur du vide. La physique moderne a établi que l'air est pesant et que la colonne atmosphérique fait équilibre à une colonne d'eau de 32 pieds, ni plus ni moins. Le jour où l'on a trouvé cela, le phénomène, qui était connu dans sa loi, a été connu dans sa cause. Et cette cause n'est pas un simple phénomène; c'est une substance très réelle, l'air, faisant équilibre à une autre substance non moins réelle, l'eau.

Ainsi la science ne se contente de la loi que quand elle n'a pas trouvé la cause; par exemple, elle répète les formules expérimentales dues au génie d'Ampère et de Faraday pour déterminer le mode de production des phénomènes électriques : c'est un commencement de science. Mais demandez à un physicien si la science de l'électricité est achevée comme l'est, par exemple, l'hydrostatique; il vous répondra qu'elle ne saurait l'être tant qu'on ignorera ce qu'est l'électricité et en quoi consiste son action.

En attendant, la science fait des hypothèses ; qu'est-ce à dire ? A défaut de causes connues, elle suppose des causes possibles qui expliqueraient les phénomènes observés et la loi de leur production. Tant il est vrai qu'elle croit aux causes et n'admet pas que les faits puissent s'en passer.

Non seulement l'effort dernier de la science est de chercher la cause, mais dans cette recherche même sa foi en la causalité se trahit de mille manières. Elle part de ce principe que la cause est proportionnée, c'est-à-dire au moins égale en puissance à l'effet. Jamais elle n'expliquera le plus par le moins. Si l'on demandait à un savant : Le niveau des mers peut-il s'élever d'un dixième de millimètre sans une pression ou une attraction, ou sans une augmentation suffisante de la masse d'eau ? il ne daignerait même pas répondre. N'est-ce pas reconnaître que la cause n'agit qu'en tant qu'elle possède au moins l'équivalent de l'être qu'elle met dans l'effet ; en d'autres termes, qu'elle n'agit que dans la mesure où elle est en acte et qu'ainsi l'acte de la cause est ce qui réalise la puissance de l'effet : *Actus prior est potentia ?* La preuve que telle est bien la conception scientifique, c'est qu'une cause n'est censée connue que lorsqu'on a pu *mesurer sa force*, c'est-à-dire déterminer le rapport entre sa puissance active et d'autres puissances connues ; et ce rapport est exactement celui de l'importance des effets.

Aussi la mécanique rationnelle pénètre-t-elle de plus en plus toutes les sciences expérimentales. A mesure que des expériences plus nombreuses et mieux conduites nous montrent avec plus d'évidence dans les phénomènes physico-chimiques des transformations du mouvement, la mécanique, qui est la science des forces et de leurs mesures, devient l'auxiliaire plus indispensable de l'observation. Or la mécanique rationnelle et la métaphysique des causes se touchent. C'est sur leurs confins que s'opère la jonction de l'expérience avec la raison.

Tout mécanicien est obligé de se créer un langage métaphysique : force, mouvement, énergie potentielle, énergie actuelle, ces mots appartiennent-ils au lexique du philosophe ou à celui du savant? En tout cas, il est manifeste que le savant a été les prendre dans celui du philosophe. Je sais bien que bon nombre de mécaniciens sont de pauvres philosophes, que plusieurs se laissent séduire aux avances du positivisme. Nous n'avons pas besoin de causes, disent-ils, les forces nous suffisent. Mais ils ne s'aperçoivent pas que par ce mot *forces* ils entendent des *êtres forts*. Ils sont dupes d'une figure du langage, bien connue pourtant, celle qui remplace le concret par l'abstrait, comme quand on dit : La *création tout entière,* pour dire : *toutes les créatures.* Mis en présence d'un logicien un peu vigoureux, ils ne tarderaient pas à confesser que leurs abstractions désignent des réalités, et que la science des mesures ne se contente pas de chimères.

Ainsi la science repousse le principe hegelien, qui est aussi celui de l'école positiviste. La science, au contraire, accepte et s'approprie volontiers le principe scolastique qui résume la métaphysique de la cause : *Actus prior est potentia.*

Pour achever l'étude comparative que nous avons entreprise, il nous reste à mettre en parallèle la théorie de la causalité, selon Aristote et saint Thomas, avec les conceptions des spiritualistes contemporains, qui ne veulent suivre ni Hegel ni Spencer. Nous le ferons en peu de mots.

Nous retrouvons ici les deux systèmes qui se partagent les écoles modernes : l'atomisme et le dynamisme.

L'atomisme procède de Descartes : une matière inerte, une simple étendue réceptive de mouvement; le mouvement lui vient du dehors; elle est une puissance purement passive. Dès lors qu'est-ce que la force? Quelque chose d'actif? Mais il n'y a rien de tel dans les propriétés de la matière. Alors de deux choses l'une : ou la force n'est pas active, ou elle vient d'un esprit. Dans le premier cas, nous avons le mouvement, c'est-à-dire une action, sans activité réelle : c'est l'abstrait qui précède le concret et qui le remplace dans l'explication des phénomènes. Bon gré, mal gré, nous voici ramenés à Hegel. Dans le second cas, nous nageons en plein mysticisme et nous sortons de la science. S'il ne s'agissait que des corps animés, passe encore pour l'esprit moteur. Mais dans les corps bruts, quel sera-t-il, cet esprit? Où est l'expérience qui le révèle? Et si l'expérience est muette, que devient la science?

Ainsi la métaphysique de l'atomisme n'est pas scientifique. Que dire de celle du dynamisme?

Ici, au contraire, la matière est toujours en acte. La substance se définit une force active, et *la force ne se distingue pas de son exercice*. On va jusqu'à nier ou déclarer inutile la notion de puissance. Tout est en acte dans la nature. La potentialité n'est qu'une apparence, une action neutralisée par une autre. Le *nisus* contrarié est aussi actif que la force exercée. Mais d'où vient alors que quelque chose commence et qu'autre chose finit? Dans cet univers fait d'entéléchies pleinement actualisées, où est la place du devenir? Est-ce que l'équilibre des actions contrariées ne doit point se produire du premier coup, par le premier choc des activités cosmiques? Et, cet équilibre une fois trouvé, qui le rompra, puisque partout l'action bat son plein, puisqu'il n'y a ni nœuds ni ventres dans cette vibration des choses?

Non, non, pour comprendre le jeu des causes, pour s'en faire une idée que la raison accepte et que la science approuve, ce n'est pas à Leibnitz qu'il faut s'adresser non plus qu'à Descartes. Il faut prêter l'oreille à la sagesse traditionnelle, il faut écouter les grands maîtres de la philosophie première, Aristote, saint Thomas et ses immortels disciples. Là vous apprendrez que si le jeu du monde est un changement continuel : *Præterit figura hujus mundi*, comme dit l'Apôtre, ce changement suppose et la potentialité de ce qui advient et l'actualité de ce qui le fait advenir. L'effet à naître n'est que puissance, la cause est en acte en tant qu'elle est cause, bien que souvent elle-même soit en puissance par une autre partie de son être et qu'elle appelle l'action d'autrui pour provoquer la sienne. C'est le cas de toutes les causes secondes, imparfaitement causes, et que l'école appelait si bien *causes causées*. Aussi, comme elles n'ont l'être et l'acte qu'avec mesure, elles ne le communiquent pas tout entier; comme elles ne s'actualisent qu'en se modifiant, leur activité causale est purement modificatrice. Elles produisent dans autrui des changements d'états comme ceux qu'elles subissent elles-mêmes. Une seule cause produit l'être substantiel, c'est celle qui ne le reçoit de personne. Une seule cause est parfaitement cause, c'est celle qui n'est point causée. Une seule voit tout son effet se poser hors d'elle-même, c'est celle qui est tout en acte. Ainsi la *création ex nihilo*, cette pierre d'achoppement du théisme si l'on en croit ses adversaires, perd son apparence antinomique. L'acte pur est le *tout-être* en *intensité;* il ne peut donc ni se diminuer, ni s'accroître. Il ne se partage pas, il ne se complète pas en créant; mais il fait commencer hors de lui une ressemblance de son être substantiel, comme l'agent créé fait commencer hors de lui une reproduction de son être modal. Et parce que l'acte de l'agent est reçu dans le patient, à cause de cela la création n'introduit rien d'adventice ni de contingent dans l'actualité toujours pleine de l'être du Créateur.

Quant aux causes secondes, bien que toutes infiniment distantes de la première, elles s'en rapprochent par degrés selon le rang de leur perfection ontologique. Au bas de l'échelle c'est le minimum d'activité, le maximum de passivité. L'atome inorganique ne manifeste sa puissance active qu'en communiquant le mouvement qu'il a reçu. La cellule vivante reçoit de sa forme substantielle le pouvoir bien autrement actif de communiquer la vie. L'âme pensante fait naître la pensée dans une autre âme. Ainsi l'activité monte, et son domaine s'accroît de tout ce que perd l'inertie.

Telle est la doctrine de l'école sur la causalité, doctrine large et rationnelle, qui s'appuie d'un côté à la notion transcendante de l'acte pur, de l'autre à la notion expérimentale du mouvement; doctrine scientifique entre toutes, puisque entre ces deux extrêmes elle laisse une place à toutes les transformations de la force, fondant la loi présumée *de la conservation de l'énergie,* non sur un équilibre d'immobilité qui serait la mort universelle, mais sur un équilibre de compensation, par le continuel échange du potentiel et de l'actuel.

II

Jusqu'ici nous n'avons étudié que l'efficacité de la cause. Mais cette efficacité, qui la met en branle? La nécessité, disent les modernes; la finalité, dirons-nous avec Aristote et les docteurs chrétiens. On ne saura pas bien ce que valent respectivement les différentes théories de la cause tant qu'on aura pas vidé cette grande querelle qui partage les philosophes en partisans et adversaires de la cause finale.

Tout se tient en métaphysique. Quand on met à l'origine de tout une abstraction, une formule, une puissance vide, un quasi-néant, il est clair qu'on n'y met pas l'intelligence : si l'intelligence ne préside pas au développement des choses, le progrès commence sans but; s'il peut s'en passer au début et réussir, il n'y a pas de raison pour qu'il ne s'en passe pas jusqu'au bout. Alors tout ce qui a dans l'univers une apparence de finalité n'est qu'un produit du groupement des choses ; l'ordre intentionnel disparaît du monde et fait place partout à l'ordre résultant.

Mais si le principe est faux, — et nous croyons l'avoir montré, — fausse aussi sera la conséquence. Si l'abstrait, si la potentialité pure, ne suffisent pas à l'origine des êtres; s'il faut un acte plein et parfait pour rendre possible l'apparition des activités imparfaites, cet acte comporte évidemment l'intelligence, car il y a plus d'être dans l'opération consciente que dans l'opération fatale. Et si l'intelligence éclaire le commencement de toutes choses, n'est-ce pas pour mettre sur toutes choses la marque qui lui est propre, la finalité? Essayez donc de concevoir un être intelligent, agissant avec intelligence et en même temps agissant au hasard. Essayez surtout de concevoir ainsi le premier Être, Celui qu'aucun besoin ne sollicite puisqu'il est tout en acte, Celui qu'aucune nécessité ne presse puisqu'il existe seul. S'il ne se donne pas à lui-même une raison d'agir, pourquoi agira-t-il? Et s'il a une raison d'agir, et que d'ailleurs sa puissance ne connaisse pas d'obstacles, comment son œuvre serait-elle autre chose qu'un système de moyens ordonné vers cette fin?

De part et d'autre la conclusion est inévitable. La doctrine qui tire le plus du moins est exclusive de la finalité; la doctrine qui fait du monde l'œuvre de Dieu est essentiellement liée à celle des causes finales.

Aussi l'accord existe-t-il sur ce point entre tous les

théistes. Mais si tous admettent la finalité, tous ne la défendent pas avec le même bonheur. Aujourd'hui surtout la lutte est rude sur ce terrain, et quiconque faiblit dans le maniement de la dialectique s'expose à se voir désarmé par d'habiles adversaires.

Commençons par écarter du débat les arguments purement scientifiques. Si l'on voulait absolument maintenir la discussion dans ce domaine, il ne serait pas malaisé de montrer que la science, quoi qu'on dise, est *cause finalière*. De même qu'elle ne se croit pas achevée tant qu'elle ignore ce qui produit l'effet, elle n'est pas davantage satisfaite qu'elle n'ait découvert à quoi sert, dans un ordre donné, la production de l'effet. On savait depuis longtemps que le foie sécrète la bile; mais il a fallu attendre Claude Bernard pour faire la physiologie du foie, parce que le premier il a révélé le rôle de cet organe dans l'économie, l'élaboration du sucre. Quand on considère que tous les progrès de la science biologique sont dus à l'expérimentation et que l'expérimentation procède uniquement par *supposition* et *vérification* de causes finales, on se demande ce que pèsent, en face de cette démonstration éclatante, les misérables difficultés qu'on y oppose. Eh quoi ! des organes inutiles ou réputés tels, des organes rudimentaires, traces visibles, dit-on, du transformisme des espèces [1], simples témoins, peut-on bien dire aussi, des traits communs qui adoucissent la transition d'une espèce à l'autre dans le tableau simultané de l'univers, voilà tout ce qu'on a pu trouver pour ébranler cette foi invincible du savant dans le caractère rationnel des œuvres de la nature? C'est trop peu en vérité, et il faudra qu'on trouve autre chose pour nous empêcher de définir la science :

---

[1] Et quand même il en serait ainsi, une cause intelligente serait encore nécessaire pour expliquer cet ordre de transformations.

la connaissance raisonnée de l'ordre qui préside aux phénomènes.

J'écarte donc l'argument scientifique. Aussi bien les positivistes eux-mêmes procèdent ici par des *à priori* métaphysiques. *Il se peut*, disent-ils, que l'ordre résulte au lieu de gouverner. *Il se peut* que la stabilité de l'ordre tienne à l'heureuse disposition des combinaisons qui ont réussi, le mauvais arrangement des autres ayant suffi pour les empêcher de naître ou de durer. Dès lors vous n'avez pas le droit d'affirmer qu'il n'en est point ainsi et de préférer l'hypothèse présomptueuse de la finalité à l'humilité de l'agnosticisme. — Par conséquent, c'est aussi par des raisons métaphysiques qu'il faut essayer de les confondre.

Or c'est ici que la philosophie de l'école reprend tous ses avantages.

S'il est vrai que la cause agit en tant qu'elle est en acte, l'action par excellence, c'est l'action intelligente. Et s'il est vrai que la puissance active pose son acte dans le terme même de son opération, il faut que l'intelligence se retrouve dans l'effet; mais si de sa nature il en est incapable, sous quelle forme l'intelligence prendra-t-elle possession de l'effet? Sous la forme de la finalité. L'effet pourra demeurer aveugle, inconscient; mais aux yeux de tout observateur doué de raison il portera la marque de l'intelligence de sa cause; il sera comme le phare lumineux qui ne voit pas lui-même, mais qui éclaire les navigateurs et témoigne en faveur de la main savante qui l'a construit, de la main prévoyante qui l'a allumé.

Et alors nous verrons apparaître la véritable série ascendante des êtres, non plus celle de Hegel ou de Spencer, qui monte toute seule et par un démenti monstrueux donné au principe de raison suffisante, mais celle qui monte, comme dit Aristote en son sublime langage, sous l'attraction du souverain bien. Car cette marque de l'intelligence première gravée dans les choses y est aussi la marque de la primordiale bonté. L'être qui l'a reçue tressaille à sa manière et s'oriente vers le bien selon les ressources de sa nature. L'atome cherche l'ordre dans le mouvement, la cellule cherche à recevoir et à donner la vie, l'âme sensitive cherche le plaisir, l'âme pensante cherche la vérité et la vertu. A mesure que l'être s'élève, la portée du désir augmente jusqu'à ce que se révèle à la créature raisonnable Celui qui est, comme dit Leibnitz, *le lieu du désirable et de l'intelligible*. C'est celui-là qui est la vraie cause, non seulement parce qu'il est le principe premier des impulsions qui descendent, mais parce qu'il est le terme dernier des désirs qui s'élèvent; moteur immobile, parce qu'il donne sans recevoir et attire sans être attiré : Τὸ ὀρεκτὸν καὶ τὸ νοητὸν κινεῖ οὐ κινούμενα [1].

Avec Dieu au sommet de la pyramide, le mouvement ascensionnel de l'être n'est plus un non-sens; il est la plus évidente et la plus belle des nécessités. Éclairé par cette conception sublime, le philosophe peut retourner dans le demi-jour des laboratoires : il y portera aux savants des clartés inattendues. Il leur dira ce qu'est l'évolution véritable, c'est-à-dire la gravitation vers le meilleur; il leur expliquera pourquoi le germe microscopique discerne la matière qui lui convient, l'ajoute à sa petitesse, la dispose avec un art infaillible dans le moule idéal de son type morphologique; pourquoi, dans l'organisme en formation, le besoin crée l'organe et l'organe la fonction. Il saura comment l'avenir peut régir le présent, comment la perfection, qui n'est pas encore, influence les commencements d'un être et l'achemine vers son achèvement. Et quand les savants auront goûté à cette doctrine, ils y reconnaîtront l'esprit même de la science.

[1] Arist. *Met.* XII, 1, 4.

Mais cette doctrine, quelle est-elle? Dans son fond, c'est celle dont Aristote est le père; dans sa précision, dans sa pureté, c'est la doctrine des maîtres chrétiens. Bien des ombres cachaient au Stagyrite la vérité tout entière. L'idée d'une matière éternelle voilait à ses yeux la vraie notion de la cause efficiente première et mêlait plus d'une erreur, plus d'une obscurité à son admirable conception de la cause finale. Toutes ces scories sont tombées quand la vérité chrétienne eut rendu à la raison toute sa vigueur. Mais parmi ceux qu'a éclairés l'Évangile, où sont les philosophes qui ont su garder tout ce qu'il y a de noble et de pur dans l'héritage d'Aristote? Ne les cherchez pas parmi les modernes. Seul Leibnitz est demeuré fidèle à la finalité, mais il altère la doctrine en supprimant l'échange d'action entre les créatures. Descartes, personnellement convaincu de l'ordre intentionnel, pose, avec son mécanisme inerte, le principe d'où sortira un jour la théorie de l'ordre résultant. Kant emprisonne la finalité dans l'entendement humain et prépare la voie à ceux qui n'y voudront plus voir que l'illusion puérile d'une ignorance orgueilleuse.

La vraie doctrine des causes finales n'a donc pour défenseurs que les maîtres qui gravitent dans l'orbite de Thomas d'Aquin. Et parce que cette doctrine est la plus scientifique en même temps que la plus rationnelle de toutes, une fois de plus nous sommes autorisés à conclure que la métaphysique de l'école n'a rien à craindre du contact de la science, et qu'à l'en rapprocher on verra grandir les titres qu'elle s'est acquis à la reconnaissance de l'esprit humain.

QUATRIÈME CONFÉRENCE

LA THÉODICÉE DE L'ÉCOLE ET SA VALEUR SCIENTIFIQUE

LA THÉODICÉE D'ARISTOTE ET DE SAINT THOMAS

Nous continuons d'étudier la philosophie du Lycée et de l'école, moins en elle-même qu'au point de vue de sa valeur scientifique.

Nous avons défini précédemment ce qu'il faut entendre par valeur scientifique d'une doctrine philosophique. C'est toujours au moins l'accord négatif, l'absence d'opposition avec les certitudes de la science. C'est quelquefois, et souvent même, une analogie positive de tendances, une sorte de direction commune. C'est enfin et surtout une facilité d'adaptation des conceptions philosophiques aux faits et aux lois que la science constate.

Peut-on chercher une valeur de ce genre dans cette partie de la philosophie qui s'occupe de l'Être divin?

Oui, évidemment, en ce qui concerne l'accord négatif.

Mais nous avouons sans peine qu'il est difficile d'aller plus loin quand il s'agit de Dieu. La science s'occupe du créé, la théodicée de l'incréé. Quand on a montré que la connaissance du créé n'infirme en rien, mais fortifie au contraire les inductions toutes philosophiques qui de là remontent à la cause première, on a épuisé tous les rapports possibles entre la science de la nature et la théologie rationnelle qui a pris dans les écoles, depuis Leibnitz, le nom de théodicée.

Il semble donc que l'étude que nous poursuivons ait moins d'intérêt à l'égard de la théodicée qu'à l'égard de la métaphysique, par exemple, ou de l'anthropologie, dont les points de contact avec les sciences sont si nombreux.

Il y a plus. En métaphysique, en psychologie, les spiritualistes sont loin d'être d'accord. Ils se divisent en plusieurs écoles, et l'on comprend alors l'intérêt de la question qui nous occupe, à savoir : Quelle est celle de ces écoles qui est le mieux faite pour s'entendre avec la science? Mais, en théodicée, on ne voit presque point de dissentiment entre spiritualistes. Dès lors il semble qu'il n'y ait pas lieu de comparer ici la conception thomiste avec celle des autres écoles qui admettent comme elles le vrai Dieu, le Dieu personnel et créateur, l'être parfait et transcendant. Ou la science doit accepter le théisme, ou, si elle y répugne, sa répugnance doit être la même à l'égard de toutes les expressions de cette doctrine.

Voilà des raisons qui auraient dû, ce semble, nous faire éviter ce sujet. Elles n'ont pas suffi à nous en détourner. Nous croyons en effet que si la philosophie scolastique n'a pas le monopole de la vraie théodicée, elle occupe, parmi les défenseurs de cette citadelle du monde moral, une position privilégiée. Nous croyons que ses principes ont servi à fixer la doctrine philosophique du vrai Dieu, et que les autres écoles vivent de son héritage. Nous croyons enfin que, pour protéger dans l'esprit de nos contemporains contre de savantes attaques la plus haute des vérités et la plus nécessaire des croyances, c'est à cette philosophie qu'il faut de préférence demander des armes.

La théodicée se divise naturellement en trois parties, selon qu'elle s'occupe de l'existence de Dieu, de sa nature et de son action.

Examinons successivement, sous ces trois aspects, la valeur relative de la théodicée de l'école.

I. Existence de Dieu

C'est le plus haut de tous les problèmes ; donc la meilleure philosophie est celle qui le résout le mieux.

L'esprit humain rencontre la question de Dieu en cherchant la raison suprême des choses.

Or cette investigation se présente sous trois formes :

Raison des faits ;

Raison des idées ;

Raison des devoirs.

De là trois ordres de preuves pour établir l'existence du premier Être :

Les preuves cosmogoniques ;

Les preuves ontologiques ;

Les preuves morales.

Preuves cosmogoniques. — Elles se réduisent à deux : l'argument de finalité et l'argument de causalité.

La première appartient en propre à Aristote, qui va même, semble-t-il, jusqu'à vouloir absorber l'autre dans celle-ci. Le Stagyrite ne semble pas avoir une idée nette de la cause efficiente ; le premier moteur, à l'en croire, ne meut que par l'attrait du désir : κινεῖ ὡς ἐρώμενον.

De là les erreurs métaphysiques qui se mêlent à sa cosmogonie. L'attraction du désir ne saurait produire la substance. Il admettra donc l'éternité du temps, de la matière et des mouvements du ciel. Ajoutez à cela les erreurs physiques sur la nature et la loi de ces mouvements célestes, vous aurez achevé le procès de cette doctrine, qui garde néanmoins une incomparable grandeur et marque sur tous les systèmes des philosophes antérieurs un immense et incontestable progrès.

Un des maîtres modernes qui ont le mieux pénétré le secret de la philosophie d'Aristote en a donné une analyse admirable, à laquelle nous ferons ici un emprunt :

« Il existe nécessairement un être immobile. En effet, le mouvement est éternel comme le temps, puisque le temps est identique au mouvement ou n'en est du moins qu'un mode. Or, pour le mouvement, il ne suffit pas d'un mobile, il faut un principe moteur. *Ce ne serait pas assez d'une essence éternelle, telle qu'on représente l'idée, il faut un principe moteur qui soit tout en acte*[1]; car ce qui est en puissance peut ne pas être, et le mouvement ne serait pas éternel. L'essence de ce principe sera donc l'acte même, et par conséquent il sera sans matière. *Si au contraire le possible était antérieur à l'acte*, tout pourrait être et rien ne serait...

« Ce n'est donc pas la nuit, le chaos, la confusion primitive, le non-être qui est le premier principe[2]. Il faut que l'acte soit éternel. Il y a donc aussi un éternel moteur, essence et actualité pure ; il meut le monde sans se mouvoir, comme meut l'objet du désir et de la pensée, ce qui est la même chose dans le primitif et le suprême...

« Tel est le principe d'où dépend le monde et la nature. C'est un être qui a la félicité parfaite, car le plaisir suprême

[1] Voilà la réponse anticipée d'Aristote à Hegel et à M. Taine.
[2] Réponse à l'évolutionnisme sans Dieu.

est dans l'acte, par exemple, dans la veille, la sensation, la pensée... Or la pensée absolue, c'est la pensée du bien absolu. Là l'intelligence, en saisissant l'intelligible, se saisit elle-même ; car, au contact de l'intelligible, elle-même s'intellectualise, en sorte que l'intelligence et l'intelligible sont identiques... Dieu est donc un être vivant, éternel, parfait ; car cela même, c'est Dieu.

« Cet être n'a pas de grandeur, il est simple et indivisible...

« Mais cet être est-il unique, ou bien y en a-t-il plusieurs semblables ? Le mouvement éternel et unique du ciel suppose un éternel moteur. Mais, outre le mouvement simple de tout, nous voyons les mouvements également éternels des planètes ; chacun de ces mouvements n'aurait-il pas pour cause un être immobile, éternel et sans grandeur ?... Mais il n'y a qu'un ciel ; s'il y en avait plusieurs, il y aurait plusieurs moteurs, et l'on n'obtiendrait qu'une unité générique ; or les choses qui sont plusieurs ont nécessairement de la matière, tandis que l'essence pure n'en a point, puisqu'elle est tout en acte.

« Ces vérités nous ont été transmises par les anciens, mais sous la forme du mythe et de l'anthropomorphisme. Il faut rejeter les fables et garder seulement cette parole : que les dieux sont les premières essences et que le divin embrasse toute la nature. Il faut les garder comme un débris sauvé de la ruine de quelque antique philosophie[1]. »

Ce coup d'œil jeté sur l'œuvre du Stagyrite suffit pour lui gagner notre admiration, mais aussi pour nous faire désirer saint Thomas d'Aquin. C'est ici surtout que la philosophie a gagné en dignité et en puissance à devenir l'auxiliaire de la théologie, *ancilla theologiæ*. Dans cette dépen-

---

[1] Ravaisson, *Essai sur la métaphysique d'Aristote* (1837). *Analyse de la métaphysique* (livre XII, pp. 192-193).

dance tant reprochée, elle a trouvé l'affranchissement et non la servitude.

Saint Thomas donne cinq preuves de l'existence de Dieu, toutes les cinq d'ordre purement rationnel. Les trois premières sont des variantes de l'argument de causalité : c'est la preuve par le mouvement, qui appelle un premier moteur; la preuve par l'existence des *causes causées* ou *secondes*, qui appellent une cause non causée ou première; la preuve par la contingence et la potentialité, qui appellent le support d'un principe nécessaire et toujours en acte.

La quatrième preuve est d'ordre ontologique et s'inspire du plus pur platonisme. L'être s'offre à nos observations à des degrés divers; il y a du plus et du moins dans la grandeur, dans la puissance, dans la qualité des choses existantes ; or cette hiérarchie de l'être suppose quelque part un absolu qui réalise la totalité de grandeur, de puissance et de qualité. Il y a donc un être qui est à tous les autres la source de leurs perfections comme de leur existence.

La cinquième preuve est l'argument de finalité qui accuse une Providence transcendante et universelle.

Ces cinq preuves sont décisives.

Mais dans quelle mesure appartiennent-elles à saint Thomas?

Avant lui on peut distinguer deux époques dans l'histoire de la philosophie chrétienne : l'époque patristique, et celle de la scolastique primitive.

A l'époque patristique, nous voyons la démonstration de l'existence de Dieu presque entièrement renfermée dans l'argument cosmogonique, et ce n'est pas étonnant, car les Pères ne font de la philosophie qu'en passant ; leur rôle est d'interpréter l'Écriture et de garder la tradition; or l'Écriture ne nous montre Dieu que comme l'auteur et l'ordonnateur du monde. Dans l'Ancien Testament, le livre de la Sagesse[1], saint Paul dans le Nouveau[2], ont donné à cette démonstration sa forme définitive, et saint Paul l'a résumée dans cette sentence péremptoire : *Invisibilia enim ipsius (Dei) a creatura mundi, per ea quæ facta sunt, intellecta conspiciuntur, sempiterna quoque ejus virtus et divinitas, ita ut sint inexcusabiles, quia quum cognovissent Deum, non sicut Deum glorificaverunt* [3]. Les Pères développent cet argument en s'attachant surtout à ses conséquences morales, et l'on ne saurait contester que saint Thomas ait beaucoup fait pour lui donner la rigueur d'une démonstration scientifique.

Au berceau de la scolastique, saint Anselme, suivi, du vivant même de saint Thomas, par saint Bonaventure, semble abandonner cette voie traditionnelle pour abonder dans le sens platonicien et demander aux idées pures ce que les Pères allaient chercher de préférence dans l'ordre du monde.

On ne peut donc pas dire que les devanciers de saint Thomas l'aient réduit au rôle d'imitateur.

Si maintenant nous suivons la tradition scolastique après l'Ange de l'école, nous ne trouvons ni une innovation, ni un perfectionnement dans la démonstration ; on se contente de répéter et de commenter les paroles du maître jusqu'au XVIIe siècle.

Là nous rencontrons l'influence de Descartes, qui se fait sentir jusque dans le sanctuaire de la théologie. Bossuet et Fénelon, à la suite du grand réformateur, reviennent à l'argument de saint Anselme. Fénelon, sans doute, expose longuement, dans la première partie de son *Traité de l'existence de Dieu*, la preuve tirée de l'ordre de l'univers ;

---

[1] Sap. XIII.
[2] Act. XVII, 21-20. — Rom. I.
[3] Rom. I, 20-21.

mais, au lieu d'ajouter à cette preuve les perfectionnements d'analyse qui pourraient la mettre à l'abri de la critique des antifinalistes, il se traîne dans un développement banal et presque enfantin, trop peu digne de son génie; puis, quand il a payé comme malgré lui ce tribut à la tradition, il aborde, dans la seconde partie, les arguments métaphysiques, qui ont évidemment ses préférences.

C'est là, selon nous, la grande faute commise par les spiritualistes, depuis Descartes jusqu'à la renaissance récente de la scolastique dans les écoles catholiques. Ils ont tout concentré dans une citadelle qu'ils croyaient imprenable, mais que le kantisme a minée, en mettant en question la valeur objective des idées, et que le positivisme moderne a tournée, en délaissant l'analyse des axiomes rationnels pour réduire tout le travail de l'esprit à la classification des phénomènes.

Aujourd'hui, quand on veut partir des principes de la raison, on n'est plus compris. On n'arrive à faire écouter un raisonnement qu'en l'appuyant sur une base expérimentale.

De là pour nous la nécessité d'accepter ce point de départ, car on n'obtient l'attention des hommes qu'en parlant leur langage. Nos contemporains nous attirent sur le terrain des faits; c'est là qu'il faut les suivre, en commençant par leur ouvrir les yeux sur les traces évidentes de finalité que porte l'univers, puis en les obligeant de reconnaître que la science, quoi qu'en disent les positivistes, vit de la recherche des causes, et en les amenant peu à peu à comprendre le témoignage que la causalité seconde rend à la causalité première. Pour mener à bien cette œuvre de conversion intellectuelle, il faut à celui qui l'entreprend une forte culture scientifique; mais il lui faut aussi un vigoureux esprit philosophique, et rien ne le secondera plus puissamment que l'intelligence approfondie de la démonstration thomistique.

Il est donc vrai que, en ce qui concerne du moins les preuves cosmogoniques, le progrès se trouve chez les disciples de saint Thomas.

Preuves ontologiques. — Saint Anselme, saint Bonaventure, l'école cartésienne, ont voulu tout ramener à cette forme intuitive de la démonstration rationnelle : Nous avons l'idée du parfait, donc le parfait existe; car, s'il n'existait pas, on pourrait le concevoir existant; mais le parfait qui existerait serait supérieur au parfait simplement possible; or le vrai parfait, c'est celui qui n'a pas de supérieur. Le parfait que je conçois est donc celui qui existe.

Il suivrait de là que l'existence de Dieu serait évidente par elle-même, et que, pour s'en convaincre, il suffirait, sans raisonner, de réfléchir. Cette vérité première : *Dieu est,* serait objet non de démonstration, mais d'intuition; pour s'élever jusque-là, ce serait assez de se recueillir, de faire taire l'imagination et les sens, et de regarder longtemps jusqu'à ce qu'on ait vu. Malebranche a tiré nettement cette conclusion.

Saint Thomas l'avait prévue, mais il ne l'avait pas acceptée. Est-ce que l'existence de Dieu est d'évidence intuitive? se demande-t-il dans l'article Ier de la IIe question de sa *Somme théologique.* Et il répond : Oui, en elle-même; non par rapport à nous. Oui en elle-même, en ce sens que l'essence de Dieu entraîne l'existence; donc qui verrait *ce qu'est Dieu,* verrait qu'il existe. Non par rapport à nous, puisque nous ne voyons pas Dieu; nous ne le connaissons que par ses effets. C'est donc par ses effets seulement que nous pouvons parvenir à reconnaître qu'*il doit exister* pour rendre raison de tout le reste.

Arrivés là, nous attribuons à Dieu toutes les perfections qu'exige et que suppose son rôle de support universel et de raison suprême des choses; nous nous faisons ainsi de la nature divine une idée juste, mais incomplète, abstraite, factice, et qui ne saurait être assimilée à la vision de son essence. Il est vrai qu'une fois en possession de cette conclusion légitime, tirée du spectacle de l'univers : *Dieu est*, nous sommes contraints d'avouer que son existence est nécessaire, qu'elle découle de son essence; mais c'est le terme d'un raisonnement, ce n'est pas une intuition.

Cependant saint Thomas n'a pas négligé la preuve ontologique; il l'a mise à sa vraie place, il l'a encadrée entre l'argument de causalité et l'argument de finalité, sachant bien qu'elle n'a toute sa valeur que dans un esprit déjà convaincu par l'induction cosmogonique de la nécessité d'un premier Être.

En cela encore saint Thomas nous paraît avoir été fidèle au véritable esprit de la science.

Preuves morales. — Les modernes, à la suite de Kant, ont cherché dans le commandement absolu de la conscience un témoignage en faveur de l'existence de Dieu. Le devoir parle en maître et réduit l'homme au rôle de sujet. Il faut donc chercher hors de nous la raison de cet impératif; et comme la loi morale, bien qu'adaptée aux conditions contingentes de notre être, se présente avec le caractère d'une autorité *inconditionnée*, valable en tous lieux, en tout temps, en toute circonstance, à l'encontre de toute excuse de la faiblesse, de toute résistance de l'égoïsme, de toute prétention de la passion, il est raisonnable de lui donner pour support un être absolu comme elle, dont les préceptes nous traduiraient la pensée éternelle et nous intimeraient le souverain vouloir.

Nous ne voulons pas contester la valeur de cet argument. Tout au plus hasarderons-nous une timide interrogation : Ceux qui raisonnent ainsi sont-ils bien sûrs de n'avoir pas déjà la conclusion dans l'esprit quand ils posent les prémices qui sont censées la contenir ? Il se peut que la conscience soit un point de départ suffisant pour s'élever jusqu'à Dieu. Mais que cette base est étroite! que la route est ardue! que la montée est raide! et de quels précipices n'est-elle pas bordée! Si je ne savais déjà, par le témoignage de l'univers, qu'il y a un premier être, cause de tout ce qui est, aurais-je l'idée d'aller demander à cet inconnu l'explication d'un phénomène intérieur et tout personnel, tel qu'est en moi le sentiment du devoir? Ici encore, comme lorsqu'il s'agissait de l'intuition métaphysique, nous dirons : La preuve est bonne en elle-même; mais il est utile, pour s'y confier, d'avoir d'autres assurances.

Quoi qu'il en soit, nous ne ferons pas difficulté d'avouer que cet argument moral ne doit rien à la philosophie de l'école, qui ne lui a pas fait sa place dans la démonstration directe de l'existence de Dieu. Saint Thomas cependant n'en a pas ignoré la valeur lorsqu'il a montré dans la *syndérèse* (conscience morale) une *empreinte de la divine lumière en notre âme*. Quant à Aristote, il avait, ce semble, frayé la voie quand il avait établi l'identité du *désirable* avec l'*intelligible* : Τὸ ὀρεκτὸν καὶ τὸ νοητὸν ταὐτό.

II. Nature de Dieu

Nous avons dit tout à l'heure par quel procédé indirect la raison de l'homme réussit à se faire une idée de la nature de Dieu. Il faut un être qui explique tous les autres. Il faut accorder à cet être tout ce qu'exige et suppose sa fonction de cause première.

Cette induction légitime n'a rien de commun avec une vision directe de l'essence divine. La création est comme un rideau derrière lequel nous devinons Dieu.

De là la difficulté propre à cette partie de la théodicée qui traite de l'être divin. Si c'est l'expérience qui nous a servi de point de départ pour arriver jusqu'à l'affirmation de son existence, aucune expérience ne peut plus nous servir de guide quand il s'agit de déterminer sa nature. Tout au contraire, l'expérience ne nous apporte que des causes d'erreur contre lesquelles la raison doit sans cesse réagir en se tenant ferme au principe qui domine toute la philosophie du divin : *Dieu est la cause non causée*, Dieu n'appartient pas à la série des êtres ; il est en dehors, au-dessus de la série ; il est *transcendant*. Le mot même d'être, le plus simple de tous, le plus réfractaire à l'analyse, n'a pas le même sens quand on l'applique à Dieu et quand on l'applique aux créatures ; il y a analogie, non identité de signification : *De Deo et creaturis esse non prædicatur univoce, sed æquivoce*, dit saint Thomas. L'être contingent est un être participé, emprunté : celui de Dieu est propriétaire de lui-même ; l'être contingent est la copie d'un type, l'être de Dieu est son type même ; l'être contingent est un individu qui se classe dans une espèce et, à travers l'espèce, dans un genre prochain, puis dans une série concentrique de genres moins compréhensifs et plus étendus, jusqu'à ce qu'on arrive au plus vaste, mais aussi au plus vide de tous les genres, qui est l'être en général ; l'être de Dieu n'est ni l'individu d'une espèce ni l'espèce d'un genre, il est à part, épuisant dans son existence d'une intensité infinie une essence à la fois unique et universelle à laquelle rien ne peut être comparé, qu'aucune classification n'embrasse, qui seule vérifie en elle-même toute la force du mot être, en sorte que pour se définir Dieu n'a dit qu'un mot : *Je suis Celui qui suis*.

Le langage humain se prête mal à l'expression de cette réalité transcendante, de cet idéal réalisé. Il faut procéder par corrections successives, par de perpétuelles retouches d'expressions. D'une part, on est obligé d'emprunter des images à l'expérience ; de l'autre, on doit se défier sans cesse de l'illusion qu'elles introduisent. L'anthropomorphisme est nécessaire, car c'est en nous que nous trouvons les plus justes représentations de l'acte et de la vie ; l'anthropomorphisme est périlleux, et, après l'avoir employé comme un instrument, il faut le désavouer comme une cause d'erreur.

Toutes les aberrations de la philosophie, le panthéisme, l'idéalisme, le naturalisme athée, viennent de ce qu'on méconnaît ce caractère transcendant et inimitable de l'être divin.

Quel est à cet égard le mérite propre à la philosophie scolastique ?

Aristote, le premier, a entrevu le mystère de la transcendance. Le premier il a osé affirmer l'identité de l'idéal et du réel. Qu'on relise cet admirable chapitre XII de sa *Métaphysique,* on demeurera confondu de la puissance de raison déployée par ce grand initiateur, qui n'avait derrière lui que des modèles d'erreur. « Dieu pense, dit-il ; que pense-t-il ? Est-ce une autre chose que lui-même ? Alors sa pensée dépendrait de cette autre chose, car l'objet domine le pensant. Alors son essence à lui ne serait donc pas la meilleure de toutes. Il y aurait quelque chose de meilleur que l'intelligence divine, ce serait l'intelligible qu'elle pense. Il faut donc écarter cela. *Dieu se pense lui-même dès là qu'il est le meilleur* : Αὐτὸν ἄρα νοεῖ εἴπερ ἐστὶ τὸ κράτιστον. Et sa pensée est la pensée d'une pensée ; c'est-à-dire, l'objet de sa pensée ne fait qu'un avec l'esprit qui la pense : objet et sujet, essence et existence, idée et réalité, toutes ces choses, séparées partout ailleurs, en lui se confondent et s'identifient : Καὶ ἔστιν ἡ νόησις νοήσεως νόησις.

Voilà la vraie théodicée fondée. Saint Thomas survient. Ce qui n'était dans Aristote qu'un éclair de génie, un jet de lumière dont l'éclat fugitif illumine un moment toute son œuvre, pour s'éteindre aussitôt après sans qu'on en puisse rallumer le foyer, devient sous la plume de l'Ange de l'école une doctrine ferme, consistante, développée jusqu'à ses dernières conséquences, et l'exposition qu'il en fait au début de sa Somme théologique ressemble à ces assises puissantes que le génie de l'homme édifie sous les flots pour offrir une base inébranlable au phare qui doit défier les orages et montrer, à travers la nuit, l'entrée du port. Il faut relire tout entière la troisième question de la première partie de la Somme : *De Dei simplicitate,* et la quatrième : *De Dei perfectione.* Est-ce que Dieu est corps ? Est-ce qu'il y a en Dieu composition de matière et de forme ? Est-ce que Dieu est la même chose que son essence ? Est-ce qu'en Dieu l'essence s'identifie avec l'existence ? Est-ce que Dieu appartient à un genre quelconque ? Est-ce qu'il y a en Dieu des accidents ? Est-ce que Dieu est parfaitement simple ? Est-ce que Dieu est parfait ? Est-ce que Dieu contient les perfections de toutes choses ? Est-ce qu'une créature peut être dite semblable à Dieu ? Voilà la question décomposée par l'analyse en tous ses éléments, voilà la vraie nature de Dieu qui se dégage et s'éclaire peu à peu sous l'effort d'une puissante abstraction. Celui qui s'est approprié cette doctrine *ne voit pas Dieu,* mais il se fait une juste idée de son être transcendant; il ne le confondra plus jamais avec l'être des créatures, il ne sera plus séduit par le sophisme contenu dans toutes les formules panthéistiques. Si le spiritualisme moderne avait été fidèle à ces enseignements, au lieu de les oublier pour la trompeuse simplicité de l'idéalisme cartésien, il n'aurait pas laissé à l'idéalisme hégélien les victoires faciles qui ont égaré pour plus d'un siècle peut-être la pensée des philosophes.

J'ai donc le droit de dire que, pour étudier avec sûreté la nature de Dieu, c'est à l'école du Docteur angélique qu'il faut se mettre, et que là encore le progrès se trouve dans le retour à la tradition des maîtres chrétiens.

III. ACTION DE DIEU

Non seulement Dieu est, mais il agit. Il agit au dedans de lui-même, puisque être c'est agir ; cet acte intérieur c'est sa vie. Il agit au dehors, puisqu'il est la cause universelle ; cet acte extérieur, c'est la création, la conservation, le gouvernement du monde physique et moral, naturel et surnaturel, ou, pour l'appeler de son nom chrétien, la Providence.

S'il est périlleux de philosopher sur l'être divin, que sera-ce quand on entreprend de philosopher sur son action ? En dehors du christianisme, tous les philosophes ont donné dans le même écueil ; ils n'ont pas su distinguer les deux actes de Dieu, l'acte immanent qui le fait vivant, l'acte transcendant qui le fait cause.

La théologie chrétienne, par le dogme de la Trinité, a sauvegardé cette distinction. L'acte immanent est celui qui se développe éternellement dans la hiérarchie des processions divines. C'est celui-là qui suffit à Dieu pour être tout ce qu'il est, et qui garantit par conséquent, avec la liberté de son vouloir créateur, la contingence de la création.

Otez cette distinction, le monde vous apparaît comme le terme essentiel de l'activité divine ; il est donc nécessaire comme elle. Dieu sans le monde est une puissance inachevée, l'univers la complète en la faisant passer à l'acte, et nous voici en plein panthéisme. Les anciens n'ont pas évité ce piège, et les modernes s'y sont de nouveau laissé prendre. Demandez au plus sincère, au plus vigoureux des spiritualistes non chrétiens, à M. Vacherot; il vous avouera qu'il ne conçoit pas le monde autrement que comme la mise en œuvre des puissances de Dieu. Mais alors toutes les imperfections du monde entrent dans l'être divin, elles l'entament et le déshonorent; la perfection divine n'est plus qu'un idéal sans réalité; il n'y a de pur que ce qui manque d'existence. Entre un tel théisme et le naturalisme athée, je cherche la différence et je ne la trouve pas. M. Vacherot parle de Dieu avec l'émotion d'une âme religieuse; Herbert Spencer parle de la nature et de son évolution fatale avec le désintéressement d'un sceptique; un abîme sépare les deux états d'âme; une ressemblance, qui va jusqu'à l'identité, rapproche et confond les deux doctrines.

Seuls les docteurs chrétiens ont su voir ce que la raison nous crie, mais ce que l'expérience de notre activité imparfaite, toujours mêlée de potentialité, nous rend si difficile à concevoir : c'est que, dans l'opération créatrice, tout le contingent se pose hors de la cause. Ce n'est là qu'une application transcendante de la vraie notion de causalité. L'effet est en puissance dans sa cause, il ne s'actualise qu'en dehors d'elle. Quand la cause est imparfaitement active, elle se réalise partiellement elle-même en réalisant son effet; son énergie met en elle quelque chose qui n'y était pas, en même temps qu'elle fait apparaître le terme qu'elle engendre; à la production extérieure de l'effet répond une modification interne de la cause. Cette réaction de la chose produite sur l'agent producteur est d'autant plus grande que celui-ci est placé plus bas dans l'échelle des êtres. Ainsi le moteur, cause purement mécanique, partage avec le mobile la force vive dont il était animé et qui le constituait dans son rôle de cause du mouvement : il s'appauvrit exactement de tout ce qu'il communique. Montons plus haut; entrons dans le domaine de la vie. Le principe formateur qui préside à la génération et à la nutrition de la plante épuise en partie son énergie en l'exerçant; toutefois, avant que la vieillesse l'ait atteint, cet épuisement n'est pas très sensible; la force vitale semble toujours prête à enfanter ou à restaurer la vie. Dans l'animal, voici un principe formel plus dégagé encore de ses effets : il reçoit du dehors les impressions organiques; il les élabore selon le pouvoir mystérieux qui lui est propre, les transforme en représentations de l'extériorité, et oriente vers les objets dont il s'est composé l'image l'élan des appétits. Or cette puissance élaboratrice est capable de créer par millions de semblables images sans s'épuiser.

L'homme survient : il développe aussitôt une énergie nouvelle et plus haute. De la donnée sensible il sait tirer autre chose encore que des images fugitives et individuelles; il se fait, au contact de celles-ci, des idées qui atteignent l'universel et l'absolu. De là en lui un vouloir libre et prévoyant qui étend son action sur l'immensité de l'univers et multiplie les effets de sa puissance sans en tarir la source.

Au-dessus de l'homme, esprit asservi à la chair, la raison conçoit, la foi révèle des êtres supérieurs, esprits purs, entièrement affranchis des liens de la matière; des idées compréhensives, qui, sans rien devoir à l'action des corps sur leur substance incorporelle, leur montrent la vaste scène du monde et leur permettent d'y intervenir comme de puissants acteurs.

Ainsi, à mesure que nous nous élevons dans la hiérarchie des causes, nous voyons que le potentiel y diminue au profit de l'actuel. L'agent est de moins en moins modifié par son acte; l'effet passe de plus en plus complètement hors de la cause et ride moins profondément la substance active qui le produit.

Supposons maintenant une activité infinie. Non seulement aucune production ne l'épuise, mais aucune ne l'appauvrit; elle reste intacte après avoir jeté hors d'elle-même une infinité d'effets. Telle est l'activité divine; et c'est pour cela qu'elle est transcendante et que la contingence, propre aux choses qu'elle engendre, ne pénètre pas en elle.

Encore une fois cette notion nous déconcerte parce que nous jugeons de la nature de l'activité par l'expérience que nous avons de la nôtre; mais si nous faisons taire l'imagination, si nous fermons les yeux à ses représentations grossières, notre raison ne peut refuser son adhésion à une conclusion si légitime.

Voilà ce que la philosophie chrétienne a su reconnaître. Le fond de cette doctrine se retrouve chez tous les interprètes de la vraie théologie. Mais, pour en trouver la formule scientifique, il a fallu attendre la savante élaboration du dogme par le génie de la scolastique.

Aristote avait frayé la voie par la théorie de l'*acte pur*, par la conception géniale qui lui avait montré, contrairement aux apparences vulgaires, l'antériorité de l'acte sur la puissance : *Actus prior est potentia*. Saint Thomas a repris l'analyse du maître, il l'a portée à sa perfection. Il a donné la vraie théorie des causes, et par là mis en sûreté la transcendance de la cause première.

On n'a pas mieux dit, on n'a pas si bien dit depuis. Comme l'existence du premier être, comme sa nature, sa double activité, immanente et transcendante, ne s'offrira jamais aux regards du philosophe dans un jour plus plein. C'est toujours à la métaphysique de l'école qu'il faudra revenir pour dire sur ce mystérieux sujet les paroles justes et vraies que notre raison tremblante peut se risquer à balbutier en présence de l'infini.

Viennent les redoutables questions que la curiosité de notre esprit multiplie autour du grand problème de la Providence : Comment Dieu peut-il rester immuable quand ses œuvres sont passagères, nécessaire et absolu quand le terme de ses opérations est contingent; quel peut être le rapport de l'éternité au temps, de l'immensité à l'espace, de la prescience et du concours divins à la liberté de la créature, je ne dis pas que la théodicée de l'école dissipera toutes les ombres et contentera en nous un désir de comprendre qui dépasse notre pouvoir; mais je dis qu'aucune solution, même incomplète, ne paraîtra jamais acceptable que si elle prend pour point de départ la conception théologique et scolastique de l'activité de Dieu.

Il est temps de conclure.

Nous nous sommes demandé quelle est, en théodicée, la doctrine la plus scientifique.

Nous avons trouvé que la notion vraie de Dieu a été travestie par tous ceux qui ont abandonné le contact de la tradition aristotélicienne, purifiée, précisée, élargie par les maîtres de la scolastique.

Donc ici encore l'esprit scientifique, celui qui ne sacrifie pas une vérité à une autre, celui qui sait allier la sûreté des observations aux finesses de l'analyse, et ranger toutes les certitudes acquises dans le cadre d'une vaste et légitime synthèse, cet esprit est celui de la philosophie traditionnelle dont saint Thomas restera le plus fidèle en même temps que le plus original interprète.

N.-B. — La cinquième conférence avait pour objet *l'Anthropologie scolastique et sa valeur scientifique*. On ne la reproduit pas ici, parce que, à peu de chose près, elle ferait double emploi avec la troisième leçon d'ouverture du cours libre de philosophie (1882) intitulée : *l'Anthropologie des écoles catholiques*. (V. plus haut, page 73.)

MORCEAUX DÉTACHÉS

LA SCIENCE DE LA NATURE

ET LA PHILOSOPHIE CHRÉTIENNE

(Article publié dans les *Annales de philosophie chrétienne*, 1885.)

Pour tout esprit qui observe et qui réfléchit, un grand fait domine le temps présent et menace l'avenir : c'est l'affaiblissement de l'idée religieuse. Les uns s'en réjouissent, les autres s'en affligent; et ceux-ci sont nombreux, car ils ne se trouvent pas seulement dans les rangs des croyants. Quiconque tient encore à la morale, quiconque redoute de livrer aux hasards d'une expérience insensée le sort d'une société où l'empire appartiendrait aux passions déchaînées, celui-là voit avec peine, avec effroi, baisser chaque jour le niveau des croyances et monter ce flot terrible : l'irréligion populaire. La démagogie s'empare de cet élément de désordre; elle en fait l'ornement de ses programmes, le prétexte à ses agitations, la diversion toujours prête pour faire oublier ses promesses. La multitude boit à longs traits le mensonge, et des symptômes sinistres ont commencé d'accuser dans l'organisme social la présence du poison.

C'est ce côté extérieur, ce sont ces manifestations menaçantes qui préoccupent l'observateur vulgaire. Mais ici, comme en face de toute maladie grave, celui qui veut tenter la guérison doit rechercher la cause et non pas s'arrêter aux effets.

Or la cause de l'irréligion populaire, c'est, quoi qu'on en dise, l'irréligion des esprits cultivés. Dans une société démocratique comme la nôtre, avec les moyens de publicité dont la pensée humaine dispose, on ne parque pas les idées dans des compartiments étanches. Pareille tentative a toujours été fort malaisée; aujourd'hui elle est impossible. Le peuple ne pense pas par lui-même, mais par autrui. Quand les savants ne croient plus aux dogmes, il se dispense d'y croire; car l'autorité de l'Église est balancée à ses yeux par l'autorité des hommes de science, et les passions se portent vers le plateau de l'incrédulité pour faire pencher la balance.

Ainsi la question se pose avec une netteté redoutable. On ramènera le monde savant à la foi chrétienne, ou l'on verra l'humanité en masse tourner le dos à l'Évangile. Je parle ici selon les prévisions humaines, et réserve faite des promesses de perpétuité faites à l'Église. D'ailleurs, si elle se perpétuait à l'état de *pusillus grex*, les promesses seraient sauves, et cependant nos tristes pronostics se trouveraient vérifiés.

Voyons donc ce qui éloigne le monde savant des croyances catholiques. C'est, si je ne me trompe, une double tendance en matière scientifique et en matière historique.

La science de la nature a, de nos jours, une tendance athée; l'histoire a une tendance fataliste. La science demande à l'œuvre de Dieu le moyen de se passer de l'ouvrier, et dépense dans cette entreprise malsaine des trésors d'intelligence dont elle trouverait aisément un meilleur emploi; l'histoire, appliquant aux faits humains l'idée de l'évolution, en déduit l'impossibilité du miracle, celle de la révélation, et l'équivalence de toutes les religions, réduites à n'être plus que les phases successives d'une forme naturelle de la pensée et du sentiment.

C'est donc sur ces deux terrains de l'histoire et de la science qu'il faut livrer les combats de la foi.

Le caractère de cette revue nous conseille de laisser à d'autres l'étude des réformes qu'appelle l'apologie historique. Comme l'a si bien montré M. l'abbé de Broglie dans un récent écrit[1], ce qu'il faut faire ressortir aujourd'hui, c'est la *transcendance* du christianisme. Le temps n'est plus où la religion mosaïque, base de la nôtre, était unanimement regardée comme la plus ancienne dans l'humanité. Alors que croyants et impies acceptaient également ce point de départ, il était naturel que les apologistes se missent en quête de toutes les ressemblances entre cette religion et les autres, pour montrer dans chaque trait commun un emprunt fait par celles-ci à la première. Aujourd'hui que l'histoire se croit en mesure d'affirmer l'existence de doctrines religieuses parfaitement constituées plusieurs siècles avant Abraham, les analogies nous sont objectées par nos ennemis. — Vous voyez bien, disent-ils, que l'esprit humain laissé à lui-même en Égypte, en Chaldée, dans l'Inde, a trouvé les mêmes choses que Moïse, selon vous inspiré de Dieu. — Le rôle de l'apologiste est alors de montrer ce qui appartient en propre à la vraie religion, ce qu'elle a d'inimitable. C'est donc principalement sur le christianisme qu'il doit travailler; car là surtout, je dirais presque : là seulement, la transcendance peut être rendue visible à tous les yeux, éclatante, indéniable. Mais le christianisme lui-même a ses racines dans l'Ancien Testament. On se trouve ainsi ramené à l'étude chaque jour plus complexe et plus délicate de nos origines religieuses, si mêlées aux choses d'Orient, et dont chaque découverte historique semble

---

[1] *Problèmes et conclusions de l'Histoire des religions.* (Paris; Puttois-Cretté, 1884.)

modifier l'aspect. Prétendre qu'une telle étude puisse être conduite sans rien changer aux conceptions de l'ancienne apologétique, sans rien abandonner de cette rigueur tout occidentale qui veut trouver partout l'exactitude absolue, ce serait montrer qu'on n'entend même pas les données du problème. De fait, tout le monde de nos jours a une teinture suffisante de la littérature du Levant pour admettre, dans des écrits historiques de cette provenance, des licences que nos mœurs littéraires n'admettraient qu'en poésie. Mais le dogme de l'*inspiration* vient compliquer le problème, bien moins, croyons-nous, par ses exigences propres que par celles qu'une longue habitude d'interprétation étroite a fait passer dans les traditions théologiques. Les meilleurs esprits concentrent aujourd'hui sur ce point précis leurs préoccupations et leurs recherches; les uns, à la suite du cardinal Newmann, de Mgr Clifford, du regretté François Lenormant et de plusieurs écrivains bien connus du public chrétien [1], tendent plus ou moins explicitement à limiter la garantie divine de vérité absolue, contenue dans l'inspiration, aux assertions qui intéressent la foi, les mœurs ou les faits dogmatiques; les autres persistent à placer sous cette même garantie tout énoncé biblique qui n'a pas le caractère reconnu d'une allégorie ou d'une parabole. Il y a là, croyons-nous, un grand débat dogmatique à vider avant que l'apologétique historique prenne sa direction définitive. Les discussions entre théologiens ne suffiront pas à cette tâche; seule l'autorité doctrinale tranchera le différend, soit par ses décisions, soit par la prolongation de son silence si elle préfère consacrer la liberté de certaines opinions en refusant de les condamner. Sans aucune compétence particulière en

[1] En nommant ensemble tous ces personnages, nous voulons seulement signaler entre eux une tendance commune, sans méconnaître qu'ils s'échelonnent sur cette voie à des distances fort inégales.

pareille matière, nous attendons en paix l'intervention, soit *positive*, soit *négative*, de l'Église enseignante, cette maîtresse vivante qui, bien mieux qu'une tradition morte, peut faire et mesurer à la critique nouvelle sa part légitime. Mais, en l'attendant, nous osons dire qu'à notre humble avis, en face des perspectives ouvertes désormais sur le passé de l'Orient, l'apologétique n'abordera franchement le terrain de l'histoire ancienne que si elle se croit en droit d'apporter à l'examen des sources un *criterium* plus large que celui qui suffisait au temps de Bossuet, et qu'on n'a guère élargi depuis.

Mais ceci est affaire à d'autres; et quand nous avons mesuré du regard les difficultés de leur tâche, nous sommes tenté de nous écrier : Quel bonheur d'être philosophe! Ici du moins, dans ce beau domaine des spéculations métaphysiques ou cosmologiques, la tradition et le progrès n'apparaissent plus comme les deux termes d'une menaçante antinomie. Plus nous creusons les problèmes que soulève l'étude générale de l'univers et celle de la pensée, plus nous nous sentons fiers de l'héritage que les siècles chrétiens nous ont légué. Oui vraiment, en philosophie, j'entends : en philosophie spiritualiste, le progrès nous ramène aux principes dont le cartésianisme avait effacé jusqu'au souvenir. On pourra, on devra rajeunir le langage de l'école, remanier ses conclusions provisoires, adapter sa métaphysique à une physique meilleure et faire au point de jonction les retouches nécessaires. La philosophie du moyen âge sortira de cette refonte beaucoup plus semblable à elle-même que ne le supposent ceux qui en parlent par ouï-dire et comme d'une respectable vieillerie. Et en même temps, — succès décisif, — cette philosophie traditionnelle donnera de telles satisfactions aux savants sincères, que tous ceux qui, en adhérant au positivisme, croyaient obéir à de pures nécessités scientifiques, reviendront avec armes et bagages au camp spiritualiste. Comment pourrait s'accomplir un si heureux retour? quel serait dans cette conversion de la science le rôle de la philosophie chrétienne? c'est ce que nous voudrions essayer d'indiquer.

I

Voyons d'abord quelles sont les positions respectives de la science moderne et de la philosophie chrétienne.

Si la science de la nature a aujourd'hui une tendance athée, celui qui entreprendrait de la convertir devrait avant tout poser et résoudre une question préalable. Cette répugnance de la science pour la religion, même pour le simple déisme, est-elle essentielle ou accidentelle? Tient-elle à la nature même ou à l'abus du procédé scientifique? Est-ce un divorce pour cause d'incompatibilité d'humeur ou un simple malentendu?

L'histoire, au besoin, suffirait à répondre. Comment l'opposition serait-elle fatale aujourd'hui et irréductible, puisque l'accord a existé autrefois, puisque les plus grands noms de la science, ceux qui l'ont engagée dans sa vraie voie, les pères en un mot de la science moderne, Descartes, Leibnitz, Newton, Cuvier, Linné, Ampère, Biot, ont pu aller jusqu'au bout de leur pensée scientifique sans y rencontrer d'obstacle à leur pensée religieuse; puisque même ils ont déclaré trouver dans celle-ci un appui pour celle-là?

Et cependant cette réponse, si décisive qu'elle soit, n'est pas telle que nous puissions nous en contenter. On nous répliquerait que la fidélité de ces grandes intelligences à la conception théiste peut bien être une inconséquence, un effet de l'habitude, une survivance du passé, très explicable, même chez les initiateurs de l'avenir. Par l'inauguration des grandes méthodes scientifiques, ces beaux génies auraient effectivement, mais inconsciemment, porté le coup mortel aux croyances; et l'hommage sincère, mais illogique, qu'ils leur ont prodigué, ressemblerait à ces lueurs vives, mais fugitives, que jette à plusieurs fois une lampe près de s'éteindre. A l'appui de cette conjecture, on citerait les savants plus nombreux qui, depuis cent cinquante ans, se sont rangés au parti de l'athéisme; surtout on ferait remarquer que les rangs des savants chrétiens ou simplement déistes s'éclaircissent tous les jours, et que la *marche historique* de la science moderne, comme on dirait en Allemagne, se fait dans la direction de l'athéisme.

Nous croyons donc préférable de dépasser l'argument d'autorité et d'aborder l'examen intrinsèque de la question : Y a-t-il dans les éléments essentiels dont se compose la science de la nature, dans ses principes, dans ses méthodes, dans ses résultats acquis, quelque chose qui exclue ou qui admette difficilement ce que nous avons appelé la conception théiste?

Avant tout il faut préciser le sens de ce mot. Nous entendons par là une conception générale de l'univers qui repose sur l'idée du Dieu créateur, infini et concret, idéal et réel, ayant sa vie propre, faisant le monde librement et hors de lui-même, distinct de son œuvre, antérieur à elle, complet sans elle, mais étroitement uni à elle, puisqu'elle vit de lui. Le monde est le développement extérieur d'une pensée de Dieu et l'effet de son vouloir; il doit donc porter la trace de sa sagesse : — c'est la *finalité;* et crier vers sa puissance comme la chose crie vers son maître : *Res clamat domino,* — c'est la *causalité.*

Dernier venu dans la série ascendante des créatures,

l'homme a reçu l'empreinte privilégiée de la divine ressemblance. De là ce pouvoir en lui, mais aussi cette passion, de rechercher dans les choses visibles le vestige de la beauté invisible et de remonter des causes défaillantes, qui ont besoin d'être expliquées, à la cause première, qui se suffit comme elle suffit à tout.

La science, avec ce goût de l'ordre qui la caractérise, avec cette confiance anticipée dans la régularité des faits et la constance des lois, avec cette présomption d'unité que ne décourage pas la prodigieuse complexité des phénomènes; la science ne fait que développer chez l'homme une sorte de besoin supérieur qui est en lui le signe de sa divine origine. Déchiffrer le dessein de Dieu, comme fait le savant, ou s'essayer à le rendre, comme fait l'artiste ou le poète, c'est toujours chez lui l'effet d'une sorte d'instinct de race; car il est en un certain sens de la race de Dieu [1], il lui ressemble, quoique imparfaitement, par son opération, et là où la ressemblance s'arrête, il voudrait la pousser plus loin en devenant *créateur*. Ce mot est toujours sur ses lèvres, cette ambition est toujours dans son cœur. Quelquefois elle l'égare, et, le livrant aux rêves de son orgueil, lui persuade qu'il est le Dieu de ce monde, parce qu'il en a compris le mécanisme ou exprimé la figure.

Voilà ce que nous appelons la conception théiste. Ce n'est pas encore la religion, mais cela en est la base. Sur ce fondement s'élève comme d'elle-même la religion naturelle, c'est-à-dire un système de relations volontaires avec le Dieu que découvrent à l'homme sa raison, sa conscience et son cœur. L'édifice religieux peut être conduit plus haut, mais il faut pour cela que le divin architecte y mette

---

[1] *Ipsius enim et genus sumus.* Parole du poète Aratus, citée par saint Paul devant l'Aréopage. (*Act.* XVII, 28.)

la main par une intervention qui dépasse les exigences et les ressources de la nature. La religion naturelle subsiste alors, mais comme une crypte qui supporte le temple supérieur. Dieu prend des interprètes, il les remplit de sa pensée, il les accrédite par des signes de sa puissance, il distribue par eux des enseignements, fonde des institutions, cimente une alliance, qui élargissent le cercle de la pensée de l'homme, enrichissent ses prérogatives et grandissent sa destinée. C'est la *révélation*, c'est l'ordre surnaturel, objet de la religion positive.

On voit quel lien rattache la conception théiste à la religion ainsi comprise. Pour parler aux hommes, pour leur communiquer un dessein qui les touche et élève leur condition, pour donner à ses envoyés comme lettres de créance le pouvoir de modifier le cours de la nature, il faut avant tout que Dieu soit le maître de l'univers, qu'il n'en dépende pas dans sa vie propre, qu'en un mot il ne soit ni le *Dieu-concept* des idéalistes, ni la *nature-naturante* des panthéistes, mais le Dieu concret, personnel et créateur, dont nous venons de déterminer la notion. Le *vrai Dieu* (car tous les autres ne sont que des ombres de dieux), le vrai Dieu aurait bien pu ne pas instituer de religion positive ; mais toute religion positive suppose le vrai Dieu à sa base, ou elle n'est qu'une comédie misérable. Aussi quand le christianisme, qui est la vraie religion positive, se présente avec son cortège de faits dûment attestés et réclame la créance, l'impiété moderne ne s'attarde pas à discuter ou la réalité de ces faits ou leur caractère ; elle exécute le système entier par une exception de principe : « Tout cela, si c'était vrai, serait surnaturel ; or le surnaturel supposerait un moteur libre dans cette machine cosmique où tout est fatal ; donc cela n'est pas vrai, parce que c'est impossible. »

Ainsi le premier, le plus grand combat doit se livrer

autour de la conception théiste. Si le philosophe spiritualiste triomphe sur ce terrain, il devra passer les armes à l'apologiste, qui poursuivra l'ennemi dans le champ de l'histoire. Là se livreront d'autres batailles au profit de la révélation chrétienne. Mais, si nous étions vaincus dans la première rencontre, notre cause serait perdue pour toujours.

Eh bien! franchement, nous n'avons pas cette crainte.

Non, il n'y a entre la science de la nature et la conception théiste aucun antagonisme. Que dis-je! il y a une harmonie si naturelle et si évidente qu'il faut chercher dans des circonstances tout extérieures l'explication de la répugnance trop réelle que manifestent de plus en plus les savants à l'égard de la notion d'un Dieu créateur.

Passons rapidement en revue ce que nous appelions tout à l'heure les éléments de la science : principes, méthodes, résultats acquis, et rapprochons-les de la conception théiste.

Les principes! On est exposé à confondre sous cette dénomination deux choses bien différentes : les principes proprement dits et les hypothèses qui en tiennent lieu ; en d'autres termes, les principes vérifiés et les principes supposés. On sait, en effet, que l'hypothèse scientifique est le grand instrument des découvertes. Devant des faits inexpliqués, le chercheur multiplie les observations, groupe les ressemblances, se laisse conduire par les analogies jusqu'à une explication provisoire et hypothétique qu'il soumet ensuite, par l'expérimentation, à des vérifications variées. Quand une hypothèse rend compte d'un grand nombre de phénomènes, quand elle *réussit* entre les mains de plusieurs observateurs, quand elle traverse plusieurs années sans recevoir aucun démenti de l'expérience, on lui donne assez volontiers le nom de *principe* ou de *loi*. Mais la confiance qu'on lui accorde ainsi, sous bénéfice d'inventaire, a besoin d'une longue confirmation, et c'est seulement quand elle est devenue définitive qu'on peut se flatter d'avoir formulé un véritable *principe scientifique*.

Eh bien, je demande quel est le principe de cette sorte qui implique la moindre opposition avec l'idée de création? Puisqu'il s'agit de cosmogonie, c'est dans la géologie, l'astronomie, la physique générale, qu'il faut chercher. La géologie nous montre les formations lentes et régulières de l'écorce terrestre et nous ouvre des vues profondes sur l'histoire des soleils et des planètes. Il s'en faut que tout soit *principe* dans les énoncés des savants sur ces matières. Ainsi, tandis que la plupart persistent à soutenir et à développer l'explication de Laplace, M. Faye la critique et la retouche sur plusieurs points. Tous néanmoins sont d'accord pour chercher l'histoire des origines cosmiques dans une application rigoureuse des lois de la mécanique rationnelle et de la thermodynamique à l'hypothèse d'une vaste nébuleuse originelle toute pénétrée de force vive. *Étant donnés* les éléments gazeux de la nébuleuse, *étant donné* le mouvement initial qui les anime, la condensation progressive de la masse, sa segmentation, la formation successive des planètes et des satellites, l'individualisation tardive de l'astre central, l'influence de la température de la nébuleuse, aux différentes époques, sur le développement de la vie dans les planètes, tout cela suit un ordre logique dont la paléontologie vient fournir la contre-épreuve.

Très bien. Mais n'oublions pas ces deux petits mots : *étant donnés*. Et qui *donnera* les éléments primitifs? Qui *donnera* à ces éléments la première impulsion motrice et la première direction de leur mouvement? Voilà un problème qui n'est plus du domaine scientifique. Malgré qu'on en ait, c'est de la métaphysique. — Aussi nos savants athées, tout en protestant de leur mépris pour cette chimère, se mettent résolument à philosopher. Qui *donnera* les éléments? disent-ils. Mais ils se donnent eux-mêmes, ils sont l'*être nécessaire*, et s'il vous faut un Dieu, le voilà. Ils sont par eux-mêmes, et leur mouvement les accompagne; car il est leur loi, leur manière d'être, et ne peut en être séparé.

Soit. Nous n'avons donc plus devant nous *la science de la nature,* forte de ses expériences, de ses faits attestés; nous avons devant nous une métaphysique nouvelle, qui ressemble à s'y méprendre à la vieille métaphysique de Démocrite et de Leucippe, d'Épicure et de Lucrèce ; et c'est avec des arguments rationnels que nous aurons à la combattre. Avouez que la victoire est facile. Des éléments matériels et leur mouvement, substitués à l'Être nécessaire! Mais s'ils sont nécessaires et leur mouvement aussi, d'où vient que leur évolution n'a pas commencé plus tôt, toujours, éternellement? Car ce qui est par soi n'attend pas de signal pour commencer d'être, et ce qui se meut par soi n'attend pas d'impulsion pour se mettre en branle. Le système actuel a commencé pourtant, vous ne pouvez le méconnaître, vous qui en décrivez si bien les origines et les progrès, vous qui savez si bien en prédire le déclin et le terme! Vous me direz qu'à son point de départ il s'est formé des débris d'un système détruit, et que l'infini de la durée est aussi bien derrière nous que devant nous, pour offrir une place à tous les essais de la force. Mais je vous répondrai qu'en disant cela vous sortez à la fois et de la métaphysique et de la science pour entrer dans le pays des suppositions arbitraires et des rêves capricieux. Prouvez donc par la mécanique qu'un monde refroidi *devait,* en se brisant, répartir de telle façon ses éléments dans l'espace, que nécessairement ils reformassent la nébuleuse originelle de notre univers! Prouvez que cela était fatal;

expliquez, si vous pouvez, comment ces poussières froides d'un vieux monde qui éclate, redeviennent *naturellement* les atomes incandescents d'un monde qui renaît. Et quand vous aurez prouvé cela (nous avons le temps d'attendre), expliquez-nous encore ce que peut être une *succession infinie dans le passé;* comment des périodes sans nombre ont pu s'écouler, comment une série inépuisable a pu être épuisée pour aboutir à la période actuelle; comment, s'il n'y a pas eu une période vraiment première, vous pouvez expliquer les unes par les autres des transformations dont aucune ne porte en soi sa raison d'être ; et si, de guerre lasse, vous vous arrêtez dans cette course folle à travers l'impossible, si vous admettez enfin qu'il y a eu un premier instant du mouvement, je vous poursuivrai dans cette halte et je vous dirai : Si le mouvement est *nécessaire* au moment où il commence, comment n'était-il pas nécessaire l'instant d'avant? Et s'il était nécessaire, comment n'a-t-il pas commencé plus tôt? Vous voilà forcés de repartir en arrière, et, si vous voulez être logique, nous ne vous reverrons jamais.

Je ne vois donc pas ce que les *principes* de la vraie science peuvent avoir d'incompatible avec l'idée d'*un commencement du monde.* Je vois au contraire que la vraie science, en décrivant le progrès, en annonçant le déclin, proclame nécessairement qu'il y a eu une origine de la force et du mouvement. Mais une chose ne peut pas être son origine à elle-même ; si elle est par soi, elle est toujours ; si elle commence, elle est par un autre. Quoi de plus conforme dès lors aux indications de la science que de croire que Dieu est par lui-même, parce qu'il ne change pas, et que le monde qui change est par Dieu ?

Après les principes, la méthode. C'est ce dont la science moderne est le plus fière. Elle a raison. A voir la longue stagnation des sciences physiques et naturelles depuis l'âge d'Aristote jusqu'à celui de Bacon, puis leur prodigieux essor depuis deux siècles, il est impossible de méconnaître qu'on a mis la main, de nos jours, sur la bonne manière d'interroger la nature. Mais cette méthode repose, après tout, sur cet *instinct de l'ordre* dont nous parlions tout à l'heure en exposant la conception théiste. Je sais que les positivistes, qui comptent tant de savants parmi leurs adeptes, répudient hautement la finalité. Oui, disent-ils, il y a de l'ordre dans les choses; mais c'est un ordre *résultant*, et non un ordre *préconçu*. L'ordre est l'arrangement *qui a réussi*. C'est parce que cet arrangement est meilleur qu'il a réussi et surtout qu'il persévère. Les combinaisons désordonnées avaient autant de raison de se produire; mais à supposer qu'elles se soient produites, elles n'avaient pas en elles-mêmes les éléments de la stabilité. La méthode scientifique est donc dans le vrai quand elle part de la présomption de l'ordre, car elle étudie les choses existantes, et l'ordre est la condition qui leur a permis d'exister. Mais on aurait tort d'en conclure à une pensée préexistante, partant à une cause ordonnatrice.

Admettons pour un moment que cette explication de l'ordre *à posteriori* soit valable et suffisante. Il s'ensuivrait que la science de la nature n'est pas nécessairement théiste, mais non qu'elle est nécessairement athée. Si, par exemple, dans le domaine biologique, les merveilleuses adaptations des organes aux fonctions et des fonctions aux besoins pouvaient à la rigueur recevoir de l'idée de nécessité résultante une explication suffisante, ce ne serait pas pour cela la seule explication possible. L'*hypothèse* (pour réduire la finalité à cet humble rôle), l'hypothèse d'un arrangement intelligent rendrait compte aussi bien, encore mieux, de toutes ces rencontres. Dès lors la lutte serait ouverte entre deux métaphysiques, celle qui admet, celle qui exclut la finalité; les faits scientifiques seraient les pièces à conviction que se disputeraient les deux partis; mais la science elle-même resterait neutre, et il ne serait pas vrai de dire que c'est l'*esprit scientifique* qui repousse l'idée d'un Démiurge. Au lieu de l'esprit scientifique, dites l'esprit positiviste, et avouez que ce n'est pas la même chose.

Ai-je besoin d'ajouter que l'équivalence des deux explications, admise un instant pour le besoin du raisonnement, ne saurait être acceptée? Non, le hasard, la poussée des causes fatales, le choc inintelligent des forces, ne sauraient suffire à rendre compte de l'aile d'un moucheron. Cela est si vrai, que les positivistes se hâtent d'adjoindre à ces facteurs aveugles des éléments intelligibles, *la loi de moindre résistance, la lutte pour la vie, la sélection naturelle*, toutes choses qui n'ont de réalité que dans une intelligence; et ils ne s'aperçoivent pas que si cette intelligence est seulement celle de l'homme, ce tard venu des êtres, elle n'a pu fournir un sujet aux lois qui régissaient la matière si longtemps avant l'apparition de l'homme. De deux choses l'une : ou l'intelligence, en qui réside l'intelligible dont la nature est pleine, a précédé le développement des choses, et alors c'est la cause ordonnatrice; ou elle n'a rien précédé, et alors elle n'a rien influencé, et il reste à expliquer comment l'intelligible est partout quand l'intelligence n'est nulle part.

Donc la méthode scientifique, pas plus que les principes de la science, n'a rien qui répugne au théisme, rien même qui ne le favorise. Que reste-t-il donc à emprunter à la science pour l'opposer à la cosmogonie théiste? Les résultats acquis? Mais ces résultats nous disent comment va le monde, ils ne nous disent pas d'où il vient. La science décrit l'ordre des choses, c'est-à-dire le *comment* actuel; tout au plus y ajoute-t-elle le *pourquoi* immédiat. Elle est muette sur le *pourquoi* ultérieur et premier. C'est à la métaphysique de nous rappeler que rien ne sort de rien, ni le *plus* du *moins;* que plus vous réduisez à d'humbles conditions l'état initial de la matière, plus vous rendez inexplicable son ascension progressive, s'il n'y a pas en dehors d'elle une force préexistante qui l'élève, la dirige et la fasse aboutir, en sorte que l'*évolution*, au lieu de suffire à remplacer Dieu, est impossible sans Dieu.

II

J'entends d'ici un savant athée me dire : Qui prouve trop ne prouve rien. A vous en croire, la science serait naturellement théiste. Ce n'est pas assez pour vous de nier l'antinomie, vous affirmez l'harmonie. Mais par là même vous aggravez la difficulté de votre tâche; car si vous dites vrai, il devient inexplicable que tant de savants se heurtent à une contradiction qui n'existe pas. Tandis que, selon vous, la science laissée à elle-même va au-devant du Créateur, les adeptes de la science de plus en plus lui tournent le dos. Pourquoi les tendances des savants ne sont-elles pas celles de la science?

Il ne nous déplaît pas que la question se pose avec cette netteté. Nous pourrions protester contre l'exagération, que dis-je? la fausseté évidente d'une affirmation qui tendrait à classer tous les savants actuels parmi les athées. Mais nous serions obligé d'avouer que beaucoup le sont ou croient l'être; que le nombre s'en accroît tous les jours, et que le mouvement est de ce côté. Mieux vaut donc regarder l'objection en face et l'aborder de front.

Eh bien, oui, il faut le reconnaître, la cosmogonie théiste est pour la plupart des savants de nos jours l'objet d'une sorte d'aversion plus instinctive que réfléchie, mais trop réelle, puisqu'elle influence la direction de leur vie et les conclusions de leurs travaux.

Malgré cela nous persistons à dire et nous croyons avoir prouvé tout à l'heure que rien, dans l'état actuel de la science, ni même dans ses pressentiments, n'autorise et ne justifie cette disposition. Dès lors il en faut chercher la cause dans des circonstances extrinsèques, que nous avons à déterminer.

Sans prétendre épuiser le sujet, nous croyons qu'on peut ramener ces causes accidentelles à deux principales : l'oubli, l'ignorance même de tout principe philosophique, et les préjugés défavorables engendrés dans l'esprit des savants par l'idée qu'on leur donne ou qu'ils se font de certains dogmes chrétiens.

Avant tout, les savants contemporains ignorent jusqu'aux éléments de la philosophie. Ce n'est pas leur faute, c'est le malheur du temps. L'enseignement public qui reflète assez exactement, dans ses qualités et dans ses défauts, les bons et les mauvais côtés de notre civilisation, suit depuis plus de trente ans une marche constante, dont les dernières années ont vu se précipiter l'allure, et dont le terme idéal serait celui que nous proposent les programmes socialistes : instruction gratuite, obligatoire et *intégrale* pour tous les citoyens. Sans doute la force des choses oblige de s'arrêter beaucoup en deçà de cette chimère, mais on ne peut méconnaître que la tendance soit vers un nivellement toujours plus grand du savoir. Dès lors il est inévitable que, dans la sélection des connaissances, l'élément que j'appellerai *démocratique* (il s'agit ici de l'ordre intellectuel) soit préféré à l'élément *aristocratique*; par exemple, les sciences positives et susceptibles d'application, aux sciences spéculatives et d'intérêt purement rationnel. La plus délaissée de celles-ci sera nécessairement la plus haute, la plus générale, la plus éloignée de l'exploitation, je veux dire la philosophie, et dans la philosophie elle-même cette partie supérieure que les Grecs appelaient la *philosophie première*, et que nous appelons la métaphysique. Dans l'éducation actuelle, rien n'y prépare et tout en détourne. Les études littéraires, dont la visée autrefois était de justifier leur beau nom d'*humanités*, ont pris une autre direction; elles tendent bien moins à cultiver l'*homme* en général qu'à le façonner pour telle ou telle besogne et à lui mettre l'outil à la main. Le futur bachelier arrive en philosophie la tête déjà bourrée de notions positives et ne comprenant l'achèvement de ses études que sous la forme d'une ingestion nouvelle de faits et de documents. A peine le défilé de l'examen franchi, le souci de la carrière va l'étreindre et l'engager dans des sentiers de plus en plus étroits. S'il opte pour la science pure, il se sentira comme écrasé d'avance par l'étonnante richesse du domaine scientifique. A mesure que les méthodes se précisent et s'affinent, les recherches deviennent plus délicates, les procédés plus patients, les résultats plus nombreux. Une vie d'homme s'épuise dans des investigations qui semblent petites, mais qui, pareilles aux minces filets d'eau suintant des montagnes, alimentent goutte à goutte le grand fleuve de la science. Par la fatalité même de ses progrès, le savoir se *spécialise* incessamment, et le même mouvement qui rendrait la synthèse plus nécessaire la rend plus difficile chaque jour. Il faudrait à ces intelligences, toujours aux prises avec les faits, une forte éducation philosophique. La logique leur serait bien utile; car plus d'une fois, à côté d'une sagacité merveilleuse et presque divinatoire dans le maniement de l'induction, ils font preuve d'une étonnante inexpérience dans l'emploi du raisonnement. Mais combien n'auraient-ils pas plus besoin de psychologie et d'ontologie? La première leur apprendrait que l'observation interne est une forme de l'expérience qu'on n'a pas le droit de sacrifier à l'autre; la seconde surtout leur révèlerait la haute valeur rationnelle de ces principes du sens commun qu'ils affectent d'abandonner dédaigneusement au vulgaire, et l'objectivité de ces notions qu'ils prennent pour des formes vides : la cause, la substance, la fin.

Mais, dira-t-on, à quoi sert d'apprendre ces généralités ? Tout esprit vigoureux saura bien s'en approprier ce qu'il en faut à ses études. Le savant se fait sa philosophie à lui-même, selon les exigences de ses recherches.

Sans doute, et c'est à cette marque que se reconnaissent les intelligences supérieures. Le besoin de synthèse répond au plein épanouissement des facultés ; aussi se fait-il plus impérieux dans la maturité de l'âge que dans la jeunesse, chez l'homme de génie que chez le travailleur vulgaire. Mais s'ensuit-il que l'effort généralisateur puisse être impunément laissé à lui-même ? Ce serait alors la seule forme de l'activité intellectuelle qui ne devrait rien à l'éducation. Exception inadmissible, et que démentent les faits. Que voyons-nous dans le passé ? De grands savants qui ont beaucoup et puissamment généralisé, c'est vrai ; mais ils furent en même temps des philosophes de profession, familiers avec toutes les productions des écoles philosophiques. Et que voyons-nous aujourd'hui ? Des savants qui généralisent comme au hasard, changeant de principes et quelquefois de langage selon les fluctuations de leurs expériences. Ouvrez les écrits du plus philosophe de tous, Claude Bernard. Oui, voilà bien une tête philosophique. Quels beaux aperçus ! quelles vues larges et profondes sur l'univers ! quelle conception élevée de la science, de sa méthode, de ses résultats ! Si le grand physiologiste eût passé seulement deux ans de sa vie à l'école d'Aristote, qui sait quelle splendide ébauche de synthèse scientifique il n'eût pas laissée à son siècle ? Mais non ; Claude Bernard a travaillé longtemps sans se douter que la philosophie existât ou qu'elle fût bonne à quelque chose. Quand il a senti qu'elle lui était nécessaire, il s'est mis à la découvrir au jour le jour; il l'a cultivée chemin faisant, n'osant pas l'avouer aux autres, osant à peine se l'avouer à lui-même, entremêlant à ses plus beaux essais rationnels quelques épigrammes contre la métaphysique, comme pour se faire pardonner d'admirables pages que le génie du métaphysicien semble avoir dictées. Le résultat final est une philosophie incohérente, pleine de contradictions, où la *cause* et la *fin* tantôt apparaissent comme les deux phares lumineux sur lesquels se dirige l'explorateur de la nature, tantôt disparaissent sous un déterminisme superficiel et brutal qui donne pour raison des choses l'absence de toute raison; où les phénomènes vitaux tantôt sont attribués à un principe propre, irréductible, qu'il ne craint pas d'appeler créateur : — la vie, dit-il, est une création; — tantôt sont ramenés à de simples variantes des actions physico-chimiques. Aussi comment s'étonner de voir ce savant cité tour à tour par les partisans et les adversaires de l'âme et de Dieu, et ses écrits transformés en un arsenal comme on n'en voit guère, où deux partis irréconciliables viennent avec un droit égal chercher des armes pour s'entre-déchirer? Claude Bernard a souffert de cette situation de son vivant; la trace de son embarras se retrouve dans ses dernières publications. Combien n'en souffrirait-il pas davantage s'il pouvait voir, après sa mort, l'usage qu'on fait de son nom et l'injure que certains interprètes de son œuvre infligent à sa mémoire?

Pour revenir à notre sujet, il n'est pas douteux que l'absence de philosophie soit la cause principale de l'éloignement que témoignent beaucoup de savants modernes pour la conception théiste. Habitués à chercher seulement l'enchaînement des faits et, comme ils disent, les conditions expérimentales de leur *déterminisme,* ils ne s'aperçoivent pas que le problème de la cause est simplement reculé, ajourné par ce procédé de recherche ; ils en viennent à croire qu'il est supprimé et que ceux qui en poursuivent la solution au delà s'aventurent dans la chimère. Ils pensent ainsi dans l'ordre purement scientifique, et ils ont déjà bien tort ; car la science qui se borne à formuler la loi n'est qu'une ébauche de science, elle s'achève dans la mesure où il lui est donné de révéler la cause. Kepler a trouvé la loi du mouvement des planètes, c'était le commencement de l'astronomie moderne. Newton a tenté d'en assigner la cause, en émettant et en vérifiant d'une certaine manière l'hypothèse de l'attraction ; qui dira que ce n'était pas un progrès ? La méthode positiviste aurait dû interdire ce pas en avant. Et toutefois ce n'est encore qu'un acheminement vers la connaissance totale du mouvement sidéral. L'astronomie ne s'achèvera que le jour où l'hypothèse newtonienne sera reconnue la vraie cause, ou, au contraire, cédera le pas à une autre explication réellement efficace de l'ensemble des phénomènes célestes.

Mais si c'est un tort de sacrifier le *pourquoi* au *comment* dans la recherche purement scientifique, que sera-ce d'interdire à l'esprit humain l'essor naturel qu'il veut prendre au delà de ce domaine ? Pour élever une telle prétention, pour s'en faire une loi qu'on prétend imposer aux autres, il faut être atteint de cette myopie intellectuelle qu'engendre l'abus de l'analyse, comparable à l'abus du microscope. Presque tous nos savants sont atteints de ce mal ; leur champ de vision se rétrécit chaque jour ; et voilà pourquoi, devenus par habitude les contempteurs de la causalité, ils n'ont que froideur et dédain à l'endroit du plus haut des problèmes, celui de la cause première. Cela se comprend, mais ce n'est pas la faute de la doctrine théiste. Donnez à ces esprits puissants la formation philosophique qui leur manque, et vous verrez leurs préjugés disparaître et les savants accepter sans difficulté une conception si conforme aux naturelles inclinations de la science.

S'il fallait encore une autre explication de leurs singulières répugnances, peut-être faudrait-il la chercher sur le terrain théologique. Le dieu des philosophes ne préoccupe personne; le seul Dieu qui fasse figure, le seul dont on s'occupe, qu'on redoute ou qu'on aime, le seul avec lequel l'impiété ait à compter, c'est le Dieu des chrétiens, le Dieu par conséquent de la Bible et de l'Église. Or, sur la nature et l'action de ce Dieu, la religion apprend aux croyants quelque chose de plus que la philosophie théiste. Ce supplément révélé ajoute-t-il pour le savant aux difficultés d'accepter l'idée d'un Créateur ? Cette question mérite d'être examinée de près.

D'abord en quoi consiste ce supplément révélé? Le dogme nous apprend que le Dieu un dans sa nature est trinité de personnes; mais en même temps il nous enseigne que cette triplicité n'intéresse que la vie intime de Dieu, l'intérieur, si je puis ainsi dire, de son acte essentiel, et n'influence en rien son opération extérieure, la seule qui produise les créatures et le mette en relation avec elles. Il n'y a donc rien là qui puisse occuper ou arrêter les savants. C'est un problème de haute biologie divine, et ce n'est pas celle-là qu'ils étudient. Le Dieu du monde, c'est le Dieu unique. Aussi je ne sache pas que jamais le dogme de la Trinité ait arrêté un homme de science dans son adhésion à la doctrine théiste.

La révélation nous apprend encore quelles sont les destinées de l'homme après la mort et ses relations avec Dieu; mais elle nous dit en même temps que ces destinées et ces relations ne sont pas celles qu'assigne la nature, qu'elles émanent d'un libre dessein de Dieu et appartiennent à une économie surnaturelle. Donc ici encore pas de conflit possible entre la foi et la science de la nature. Il n'y a pas de conflit là où il n'y a pas de rencontre.

Enfin la Bible nous dit quelque chose de la genèse du monde. La première page du livre sacré est un récit de la création; récit détaillé, qui n'affirme pas seulement l'action créatrice, mais qui la met en scène et déroule à nos yeux, dans un tableau éclatant, les apparitions successives de l'être et de la vie dans l'univers. Ne serait-ce pas là que les savants pourraient trouver un motif de se détourner du Créateur? Oui, si les pages inspirées contenaient quelque donnée inconciliable avec des données scientifiques certaines. De tout temps l'impiété a essayé d'établir ces antinomies; jamais elle n'y a réussi. Toujours les interprètes du texte sacré ont pu le traduire dans un langage auquel ne contredisait ni l'Église, gardienne du dogme, ni la science de leur temps.

Mais si l'on ne peut signaler d'antinomie flagrante, irréductible, n'y a-t-il pas du moins entre les deux cosmogonies scientifique et chrétienne une sorte de divergence morale, résultant de tendances disparates? Là est le nœud de la question. S'il existe deux façons de concevoir les origines cosmiques : l'une conforme au sens général, à *l'esprit* de la révélation, mais de laquelle la science tende à s'éloigner de plus en plus; l'autre, qui réponde et aux certitudes et aux présomptions de la science, mais qui n'inspire aux croyants que défiance et inquiétude, oh! alors, je ne dis pas que j'approuve la répugnance des savants pour la doctrine théiste, si fortement appuyée sur la raison; mais enfin je me l'explique, sachant combien ils sont peu philosophes, et, jusqu'à un certain point, je l'excuse, puisque la religion chrétienne est le seul miroir qui leur réfléchisse l'idée de Dieu.

Or c'est ici que reviennent les délicates questions de réforme apologétique auxquelles nous avons touché en commençant. Il est manifeste que l'interprétation étroite de l'œuvre des six jours, telle que la faisaient nos pères (j'en excepte le génie merveilleux de saint Augustin) [1], est inconciliable avec la géologie. A moins d'imaginer que Dieu ait fait un miracle pour donner à une œuvre instantanée les apparences trompeuses de formations séculaires, il faut renoncer aux six jours de vingt-quatre heures, et il y a longtemps que le sacrifice en est fait. Seulement, quand on a substitué à ces six jours des périodes indéterminées, il s'en faut que toute difficulté disparaisse ; et les savants ne sont pas seuls à les découvrir. Tel théologien, pour recommander un nouveau système d'interprétation, soulève contre l'ordre des périodes, contre leur durée proportionnelle, contre la distribution des œuvres entre ces mêmes périodes, des objections qui lui paraissent insolubles [2].

Il faut donc opter entre deux partis. Le premier consiste à chercher à tout prix, dans les premières pages de la *Genèse,* un système d'enseignement révélé touchant les origines du monde, aussi bien dans les détails que dans l'ensemble, aussi bien dans l'ordre scientifique que dans le domaine philosophique, religieux et moral ; et alors, si les savants se plaignent, s'ils disent que cette exposition les contrarie ; que, à défaut de contradiction formelle avec des faits constatés ou des lois démontrées, elle contient des indications auxquelles répugnent les probabilités scientifiques les mieux appuyées et ces présomptions grandissantes qui sont comme l'aurore de la

[1] V. les intéressants travaux, malheureusement interrompus par la mort, du regretté abbé Motais sur *Saint Augustin et l'Hexameron.*
[2] V. l'ouvrage de Mgr Clifford sur le premier chapitre de la *Genèse.* Si sa conception, qui ramène ce chapitre à un chant liturgique, a obtenu peu de succès, on ne voit pas qu'il ait été victorieusement répondu à quelques-unes des difficultés qu'il présente contre le système historique des périodes.

certitude ; si telle est l'attitude respective des exégètes et des savants, pas n'est besoin d'être prophète pour annoncer entre eux une rupture définitive. Les savants ne reculeront pas, ils ne se gêneront même pas, ils diront que la foi les entrave et qu'ils n'en veulent plus entendre parler. Sans doute ils auront tort ; la foi mérite mieux que ce dédain ; et la science, avec toutes ses ignorances, n'a pas droit à cette hégémonie altière. Mais les choses ne s'en passeront pas moins de la sorte, et qui donc se consolerait aisément des pertes immenses que la religion subirait de ce chef? En vérité, pour s'y résigner, il faudrait être bien sûr que l'autre parti n'est pas soutenable sans trahison.

Il y a, en effet, des croyants éclairés et sincères qui pensent qu'on peut éviter non seulement le conflit direct, mais encore le procès de tendance. Pour qu'il y eût opposition entre le courant scientifique et le courant exégétique, il faudrait qu'il y eût un terrain commun aux deux ordres de témoignages. Or rien n'est moins certain, disent-ils, que l'existence de ce terrain commun. Les plus hardis parmi eux vont jusqu'à contester qu'il y ait dans la Bible, dans la révélation en général, aucune donnée proprement scientifique. Le but de la révélation étant de nous instruire des choses relatives au salut, tout ce qui n'est pas dogme, ou morale, ou prophétie, ou fait dogmatique, ou vérité rationnelle servant de support aux enseignements de la foi, n'entre pas dans le cadre des vérités révélées. S'il en est question dans les Écritures, c'est en conformité avec les apparences, avec le langage vulgaire, avec l'opinion commune au temps où écrivaient les auteurs sacrés ; et la garantie de la parole de Dieu ne saurait s'appliquer à de tels énoncés, Dieu n'ayant pas voulu nous instruire lui-même des choses qui en font l'objet. Conclure de là qu'il peut se rencontrer des erreurs scientifiques dans la Bible, ce serait employer bien inutilement un langage plus que téméraire, contraire à toute la tradition, et à peine conciliable avec le respect de la parole de Dieu. Il n'y a erreur scientifique dans un écrit que si l'auteur a voulu formuler la vérité scientifique et s'est trompé. Si les écrivains sacrés, rencontrant sur leur chemin les phénomènes naturels, en ont parlé selon la langue courante, ils ne se sont pas portés garants de l'exactitude de cette langue, et moins encore l'Esprit-Saint, qui leur dictait des enseignements moraux. Le tort des apologistes est donc de chercher dans la Bible des indications scientifiques qu'elle ne contient pas.

Un peu en arrière de ces théologiens d'avant-garde, il en est d'autres qui appartiennent au fond à la même école, mais qui croient devoir être plus réservés. Quand on leur montre dans la *Genèse* des énoncés d'une étonnante justesse touchant un certain nombre de faits cosmiques, ils se gardent de nier l'intérêt qui s'attache à ces coïncidences; mais ils se bornent à faire remarquer qu'elles tirent toute leur valeur de la certitude scientifique acquise par l'emploi de la méthode expérimentale. Alors qu'on se faisait une idée très fausse du monde et de ses lois, on croyait aussi trouver dans la Bible la confirmation de ces théories erronées. La *Genèse* était censée déposer en faveur de la physique d'Aristote, de la chimie des alchimistes et de l'astronomie de Ptolémée. Lorsque toutes ces erreurs scientifiques ont été redressées (et la Bible n'a été pour rien dans ce redressement), on s'est aperçu que le texte génésiaque s'accordait aussi bien, et mieux encore, avec la nouvelle théorie qu'avec l'ancienne. Et cependant, comme la transformation de la science n'a pas été instantanée, il y a eu place, pendant la période de transition, pour plus d'un essai de concordance biblique, qu'il a fallu abandonner plus tard. Les plus grands génies n'ont pas évité cette mésaventure. Au berceau de la géologie, Cuvier a cru voir et s'est appliqué à montrer dans le récit de Moïse comme la préface inspirée de ses *Révolutions du globe*. Il est fort heureux que son exégèse, qui réjouissait si fort les apologistes de son temps, se soit trouvée fausse; car sa géologie est depuis longtemps au rebut. Si donc il y a dans l'Écriture sainte des vérités scientifiques, on n'est sûr de les y découvrir que quand la science s'est achevée toute seule; et à vouloir guider, la Bible à la main, la marche de la science, on risque de compromettre la Bible et d'embarrasser la science. Laissons donc les savants interroger librement la nature, et quoi qu'il en soit des vérités scientifiques que peuvent contenir les Livres saints, attendons que ces vérités soient devenues humainement certaines pour en chercher l'indication anticipée dans les Écritures; attendons aussi qu'une proposition scientifique ait fait ses preuves devant l'expérience, avant de nous permettre de la déclarer fausse ou téméraire, au nom du respect dû aux Écritures; car si cette proposition est un jour démentie par les faits, elle perdra tout intérêt; et si elle vient à être vérifiée, il faudra bien reconnaître que la Bible n'enseignait pas le contraire.

Ainsi, avec des nuances diverses de pensée et de langage, tous les partisans de cette école sont d'accord pour déclarer impossible le conflit de Moïse et la science, faute d'un terrain pour la rencontre. Tandis que Dieu nous enseigne lui-même ce qui a trait à nos destinées surnaturelles, *il abandonne l'univers à nos discussions*[1], et c'est en vain qu'on prétendrait opposer l'un à l'autre deux enseignements qui ne se meuvent pas dans le même plan.

[1] Mundum tradidit disputationi eorum. (Eccl. III, 11.)

Il est assez habituel, dans le monde théologique, d'appeler cette école d'apologistes l'*école hardie*, l'*école audacieuse*, pour ne pas dire l'*école téméraire*. Mais on pourrait bien demander si, à certains égards, elle ne mériterait pas d'être nommée plutôt l'*école prudente*. Car ce qu'elle sacrifie du côté des opinions précédemment reçues n'appartient pas à la foi, et ce qu'elle tend à sauvegarder, c'est la foi elle-même.

Un personnage éminent, qui n'approuve pas cette école, nous disait il y a quelque temps : « A quoi bon ces concessions ? Elles troublent et scandalisent les croyants, elles ne désarment pas les incroyants. » Il nous est difficile d'accepter cette sentence. D'abord ces concessions ne sont pas faites au caprice ni aux exigences des hommes, elles sont faites à ce qu'on croit être l'exigence même des faits. Ensuite, si elles scandalisent quelques-uns, il importe d'examiner de quelle nature est ce scandale. Car s'il suffit, pour le dissiper, que les ignorants s'instruisent et que certaines routines disparaissent, on n'est pas fondé à réclamer le respect pour de simples préjugés. Toute la question est donc de savoir ce que valent les raisons invoquées en faveur de ces concessions ; la discussion devient ainsi purement objective et se dégage de toutes les considérations de personnes, au grand profit de la vérité. Enfin nous ne saurions admettre que des concessions justes, imposées par la vérité scientifique mieux connue, soient en tout cas impuissantes à désarmer les savants. Il y a des savants de mauvaise foi, ennemis de la religion et plus sectaires encore que savants, et ceux-là ne se laisseront pas désarmer. Mais il y en a d'autres, et nous en connaissons, que l'inclination de leur âme vertueuse, l'expérience de la vie et la connaissance du monde moral rapprochent tous les jours du christianisme, mais que l'objection scientifique, arrête et dont l'esprit regrette de ne pouvoir suivre l'élan de leur cœur. Dira-t-on qu'il importe peu de faire disparaître aux yeux de tels hommes jusqu'à la possibilité d'un antagonisme entre la science et la foi?

Et puis, à côté des incroyants qui voudraient croire, il y a les croyants que tourmente la tentation du doute. Hommes du monde, hommes de lettres, hommes de science, mêlés au mouvement intellectuel de ce siècle, placés tous les jours entre les attaques des impies qui calomnient nos dogmes et l'apologie maladroite de ceux qui les compromettent en continuant de les souder à des conceptions vieillies; ne sont-ils pas intéressants ceux-là? Ne méritent-ils pas qu'on ait souci de leur foi vacillante et de leur âme troublée? Or, l'expérience du ministère sacerdotal est là pour nous l'apprendre, il suffit souvent d'une conversation où les rapports de la science et du dogme sont exposés dans le sens qu'on vient d'indiquer, pour dissiper leurs doutes, calmer leurs angoisses et leur rendre ce que M. Nicolas appelait éloquemment « le bonheur de croire ». Ceux qui ne comprennent pas cela peuvent être de fort savants docteurs; mais on peut affirmer d'avance qu'ils ont plus vécu avec les vieux livres qu'avec les hommes de leur temps.

Ces graves raisons, d'ordre théorique et d'ordre pratique, nous amènent à conclure qu'il y a des exigences doctrinales étroites et abusives, et que le crédit héréditaire dont elles jouissent encore dans la littérature catholique doit être ajouté à l'absence de principes et de méthode philosophiques pour expliquer l'inexplicable répugnance des hommes de science à l'égard de la doctrine théiste, base de la morale naturelle et de la religion révélée.

III

Nous avons dit, trop longuement peut-être, les causes d'un mal qu'on ne saurait traiter légèrement. Nous voudrions indiquer plus brièvement le moyen de le conjurer.

Si nous avons réussi à faire passer notre conviction dans l'esprit du lecteur, trois choses sont établies : c'est d'abord que la science de la nature s'harmonise avec la conception théiste et l'appelle; c'est ensuite que les savants s'éloignent de cette conception chaque jour davantage; c'est enfin que cet éloignement s'explique par deux causes extrinsèques accidentelles, qu'il serait possible de supprimer.

La seconde de ces causes appartient au domaine théologique; elle est liée à une question générale d'exégèse biblique, qui n'est pas de la compétence des philosophes, et qu'il nous a suffi de signaler en passant. Ceux qui nous ont lu ne peuvent ignorer dans quel sens il nous parait utile de chercher le remède. Mais nous laissons à d'autres ce soin; et si leur entreprise doit soulever des contradictions, nous attendons avec docilité, mais aussi avec confiance, le jugement de l'Église.

Revenons à la première des deux causes indiquées : l'absence de philosophie chez les savants. Le remède serait évidemment de suggérer aux savants ces notions, ces méthodes, ces habitudes d'esprit, qui leur manquent. Mais est-ce possible, et à quelles conditions? Voilà la question pratique, dont l'examen peut seul fournir une conclusion à ce travail.

Ce qu'il faudrait montrer aux savants pour les rapprocher de Dieu, ce n'est certes pas une philosophie quelconque : c'est la philosophie spiritualiste, la seule qui n'éclate pas sous le poids de l'infini. Malheureusement la philosophie spiritualiste a mauvais renom dans le monde de la science. Elle passe pour trop littéraire et trop peu positive. On la croit en meilleurs termes avec l'art, la poésie ou le sentiment qu'avec les faits. On lui concède un fauteuil à l'Académie française, mais on le lui refuse à l'Académie des sciences.

D'où vient cela? Nous l'avons dit un jour dans une étude intitulée : *Idéalisme et matérialisme* [1]. Nous ne reviendrons pas ici sur les considérations historiques et critiques qui ont fait l'objet de cet exposé. Bornons-nous à rappeler en deux mots cette étonnante révolution opérée, il y a deux cents ans, au sein du spiritualisme français. Un homme a suffi pour couper la chaîne d'une tradition séculaire qui était celle de la philosophie chrétienne, et pour créer un courant nouveau où se sont laissé entraîner tous les philosophes chrétiens. Par son influence directe, Descartes a préparé et comme engendré l'idéalisme. Par la réaction qu'il a provoquée, il est pour beaucoup dans le progrès du matérialisme. Depuis Descartes, tout spiritualiste est suspect d'isoler la psychologie, de rêver pour le principe pensant je ne sais quelle indépendance, contre laquelle proteste la trop visible immixtion de la vie organique dans l'opération intellectuelle. Depuis Descartes, tout spiritualiste est convaincu de chercher dans l'analyse de ses propres idées la notion du monde et la preuve de Dieu. Vous voyez d'ici l'effet produit sur l'esprit des hommes de science. Pour eux l'expérience est tout. Or où est l'expérience dans ces définitions arbitraires : L'âme n'est que pensée, le corps n'est qu'étendue? Où est l'expérience dans cet aphorisme ambigu : Rien n'est certain que ce qui est l'objet d'une *idée claire?* Comme si la consta-

[1] Voir page 99.

tation d'un fait hors de nous était moins certaine que la constatation d'une idée en nous! Où est l'expérience dans ces jugements analytiques qui ne rendent que ce qu'on leur prête : Dieu existe parce que j'ai l'idée du parfait et que l'existence est une perfection? L'expérience est absente de cette philosophie; et vous voulez que les savants la prennent au sérieux? C'est trop demander à des hommes qui poussent jusqu'aux excès, jusqu'à l'idolâtrie, le culte exclusif des faits observés. Ils rompront donc avec le cartésianisme, avec toute philosophie qui en conserve l'empreinte. Mais, hélas! toute philosophie spiritualiste porte cette marque en dehors de quelques écoles sacrées. Qu'à cela ne tienne! Les savants tourneront le dos au spiritualisme.

Il y aurait pourtant un moyen de leur frayer la voie du retour : ce serait de leur montrer un autre type de cette doctrine, type assez autorisé, ce semble; car s'il se réclame dans l'antiquité d'un nom qui représente la philosophie et la science du passé, il peut invoquer au moyen âge le patronage de tous ces grands hommes qui ont emprunté au christianisme de quoi épurer, préciser et perfectionner le système d'Aristote. Si vous voulez un nom qui résume et qui exprime ce spiritualisme antérieur à Descartes, prenez le nom de saint Thomas d'Aquin; rappelez-vous l'autorité dont il a joui pendant dix siècles dans les écoles théologiques; représentez-vous sa *Somme* placée en face de la Bible durant les séances du concile de Trente; enfin prêtez l'oreille à la voix de Léon XIII, lorsque, pour sauver les vérités nécessaires, menacées d'un naufrage universel, il adjure tous ceux qui, dans l'Église, étudient ou enseignent de se remettre à l'école du Docteur angélique. Et si après cela vous persistez à croire qu'on ne peut être spiritualiste sans être cartésien, c'est que vous fermez les yeux volontairement à l'évidence.

Or quel est donc le caractère de ce spiritualisme qui n'est pas cartésien? C'est précisément qu'il ne perd jamais le contact des faits; c'est qu'il est avant tout expérimental.

S'agit-il de Dieu? Saint Thomas n'attend pas que Kant soit venu pour réduire à leur valeur purement subjective les arguments idéalistes. L'autorité du nom de saint Anselme ne suffit pas à désarmer sa critique. Prenant saint Paul pour guide, c'est sur l'observation des choses visibles qu'il appuie l'induction qui doit le conduire à l'invisible; c'est du fini réel qu'il part pour arriver à l'infini, c'est de l'ordre constaté qu'il s'autorise pour affirmer l'ordonnateur, c'est du changement aperçu dans les choses qu'il conclut à l'immutabilité du premier moteur. Voilà certes de la métaphysique, la plus haute, la plus affinée qui se puisse rencontrer; mais son point de départ est l'observation.

S'agit-il de l'homme? Certes, il saura venger les droits de la raison et buriner en traits ineffaçables les titres de noblesse de cette créature privilégiée. Six siècles avant que Quatrefages eût créé la belle expression de *règne humain,* saint Thomas avait tracé au bon endroit l'infranchissable limite qui séparera toujours l'homme de l'animal. Et si nos naturalistes se persuadent qu'entre l'intelligence et l'instinct, entre la volonté et l'appétit, entre la pensée qui généralise et le sens qui localise, il n'y a qu'une différence de degré, c'est bien à l'école du saint Docteur qu'il faudra les envoyer pour découvrir leur erreur. Mais ce n'est pas par des déclamations sentimentales ou des raisonnements *à priori* qu'un vrai philosophe chrétien établit les prérogatives de notre nature. C'est en menant de front l'observation physiologique et l'observation psychologique, c'est en exploitant les témoignages parallèles des sens et de la conscience; c'est, en un mot, en se montrant plus fidèle encore que les modernes à la méthode expérimentale qu'il acquerra le droit de les redresser. Il pourra ensuite aborder avec confiance sa démonstration de la spiritualité de l'âme; il n'aura pas à craindre qu'on lui oppose des arguments de laboratoire; car sa théorie des trois vies superposées [1], son analyse de l'opération intellectuelle, du tribut qu'elle prélève sur l'imagination et le sens et de celui qu'elle leur paye, toute cette étude si fine, si juste, si vraie, a déjà fait aux réalités physiologiques une part suffisante pour contenter les exigences proprement scientifiques et convaincre de parti pris toute exigence ultérieure [2]. Quelle objection pourront faire les savants à un spiritualisme qui ne leur refuse rien, qui s'approprie volontiers toutes leurs constatations, qui s'ouvre largement à toutes leurs conjectures, qui admet, si l'on veut, les localisations cérébrales et ne s'en montre nullement alarmé; qui fait en un certain sens de la vie du corps une expansion de l'activité de l'âme et, dans un autre sens, qui est celui d'Aristote, appelle l'âme l'*acte du corps*; qui donne pour sujet à tous les phénomènes sensibles, non pas l'âme seule, comme les cartésiens, mais le composé : *Sensus est conjuncti;* qui, en un mot, fait entrer aisément dans son cadre anthropologique tout ce qu'atteste ou même tout ce que fait pressentir la physiologie, et réserve seulement à la conscience psychologique ce qu'aucun microscope, aucune analyse, aucune observation faite du dehors n'expliquera jamais? Évidemment si tant de savants continuent à croire que la science répugne au spiritualisme, c'est qu'ils ne connaissent pas celui-là. Mais non

---

[1] La vie végétative, sensitive et raisonnable.

[2] Voir un exposé lumineux de cette théorie dans le récent ouvrage de M. l'abbé Vallet, *la Tête et le cœur;* notamment le chapitre premier de la deuxième partie : *Psychologie de la tête.* Voir aussi et surtout le savant ouvrage de M. l'abbé Farges : *Le Cerveau et l'âme.*

vraiment, ils ne le connaissent pas! Il y a tant de spiritualistes qui l'ignorent! Il y a si peu de temps que quelques-uns se sont remis à l'étudier !

Nous pourrions pousser plus loin cette revue des problèmes philosophiques et montrer, par exemple, dans l'ordre métaphysique, les ressources inattendues que le système si longtemps décrié sous le nom de scolastique offre aux philosophes désireux de cultiver de bonnes relations avec la science. Qui dira ce que l'admirable théorie de l'acte et de la puissance, du moteur et du mobile, tient de solutions en réserve pour les plus hautes questions de mécanique rationnelle, de physique générale, voire de physiologie? Dans un récent travail qui a attiré l'attention des savants, un disciple de saint Thomas nous faisait voir une application de cette théorie au phénomène de la perception externe, la *species impressa* n'étant que l'action du corps perçu (moteur) sur l'organe percevant (mobile), l'union même de ce moteur et de ce mobile : *Sensus in actu est sensibile in actu, quia ex utroque fit unum sicut ex actu et potentia* [1]. Un mathématicien qui serait suffisamment maître de cette métaphysique n'aurait pas de peine, croyons-nous, à en tirer de grandes lumières pour éclairer ce monde mystérieux du mouvement où la potentialité joue un si grand rôle. Le besoin d'une langue philosophique est si impérieux à ces hauteurs, que les savants sont obligés de s'en créer une. Qu'il est fâcheux de les voir réduits à se forger à eux-mêmes des outils grossiers, faute de connaître le maniement d'instruments délicats, façonnés à leur usage par les plus grands génies de l'humanité !

On me dira : Vous promettez beaucoup. Je répondrai :

---

[1] S. Thomas, *Sum.*, p. I, q. LV, art. 1, cité par M. Farges. (Voir Farges, *l'Objectivité de la perception des sens externes*.)

Faites-en l'expérience. Ce que je réclame pour le péripatétisme chrétien, ce n'est pas une admiration aveugle, c'est un examen sérieux ; voici plus de deux cents ans qu'on le lui refuse. Je m'explique encore ce dédain transcendant de la part d'un novateur de génie, tout plein de ce qu'il croit être sa découverte. Je me l'explique même de la part de ses disciples, tant qu'a duré l'engouement pour la nouvelle méthode. Mais il y a longtemps que cet engouement est passé. Que reste-t-il de Descartes ? Il reste ses immortels travaux de mathématique et d'optique. Il reste l'élan qu'il a donné à la recherche personnelle en philosophie, ce qui lui a valu la réputation usurpée de libérateur de la raison ; — la raison était bien un peu engourdie de son temps, sous l'égide de l'autorité et sous l'étreinte des formules ; mais les maîtres qui avaient créé ces formules avaient connu toutes les fiertés, toutes les audaces légitimes de l'esprit. — Saluons donc en lui un savant de génie et un penseur puissant. Mais de ses principes, de ses conclusions, que reste-t-il ? Peu de chose. Qui est cartésien aujourd'hui, substantiellement et par le fond des idées ? Personne [1]. On est idéaliste avec l'école allemande, positiviste avec l'école anglaise, matérialiste avec l'école suisse ; on est tout cela à la fois avec la nouvelle école française, et nous, catholiques, nous sommes

---

[1] Nous avons dit plus haut que toute philosophie spiritualiste porte encore aujourd'hui la marque cartésienne. Nous disons ici que pour le fond de la doctrine il n'y a plus de vrais cartésiens. Ces deux assertions ne se détruisent pas. Ce qui subsiste du cartésianisme, c'est une tendance très contraire à l'esprit de l'ancienne philosophie chrétienne : la tendance idéaliste, qui élève entre l'esprit et la matière une barrière infranchissable, isolant le sujet pensant des objets matériels perçus, et la substance spirituelle des réalités matérielles avec lesquelles elle semble communiquer. Mais, en dépit de cette tendance persistante, on trouverait difficilement un philosophe spiritualiste prêt à signer le formulaire cartésien. Quant aux non spiritualistes, il est trop évident qu'ils le repoussent tout entier.

en train de redevenir thomistes. Il n'y a plus de cartésiens.

Alors pourquoi le mépris du passé survit-il au grand contempteur dont on abandonne le système ? Pourquoi, si l'on délaisse Descartes, continuer à faire dater de lui la philosophie postérieure à l'ère chrétienne ? Pourquoi, dans ces beaux travaux qui font revivre toute l'histoire de l'esprit humain, qui ressuscitent l'antiquité pensante et animent à nos yeux toute la pensée moderne, passer comme en courant à travers tout le moyen âge et n'accorder à tout ce qui a philosophé, de Boèce à Descartes, qu'une notice sèche, dédaigneuse, superficielle et mal informée ? Or, j'ose l'affirmer, c'est bien là ce qu'ils font tous ces maîtres érudits, tous ces critiques dont j'admire partout ailleurs le savoir, la profondeur, l'impartialité. Un préjugé étrange les domine, les détourne de regarder ou les empêche de voir, lorsqu'il s'agit de la philosophie qui a régné pendant six siècles et qui a produit une synthèse comme celle de Thomas d'Aquin.

Voilà le mauvais charme qu'il faudrait rompre. Et si l'on y parvenait, je ne crains pas de l'affirmer, on verrait des surprises singulières un peu partout, peut-être même dans le monde purement philosophique. Ces penseurs modernes qui vont à l'aventure, qui mettent une étonnante vigueur d'esprit au service du paradoxe; ces nihilistes de la pensée qui veulent tout refaire et qui ne font que des ruines; ce bataillon de sapeurs dont M. Fouillée conduit l'aile droite, MM. Richet et Paulan l'aile gauche, MM. Ribot et Secrétan le centre, et que M. Scherer, tout en les louant, voit évoluer avec effroi [1]; tous ces hommes, dont j'admire la puissance et dont je déplore les écarts, s'arrêteraient

---

[1] Voir les remarquables et mélancoliques articles de M. Scherer dans le *Temps* des 3 et 4 septembre 1884.

étonnés. Ils se diraient : Qui sait si nous ne sommes pas partis d'un malentendu, et si nous ne faisons pas fausse route ! Peut-être ces antinomies que Kant nous a montrées n'étaient-elles pas réelles ? Peut-être tenaient-elles à une conception incomplète des choses, inaugurée par Descartes ? Peut-être la solution s'en trouvait-elle dans ces vieux maîtres que nous avons bafoués de confiance et ignorés à fond ? Et nous serions ainsi partis en guerre, sans nécessité et sans raison, contre tout ce que l'humanité croit et adore, contre tout ce qui l'aide à vivre et la console de mourir ? Ah ! il suffit que cela soit possible, que nous ne soyons pas sûrs du contraire, pour nous décider à revenir en arrière, à vérifier nos bases, à écouter le témoignage du passé et à lui demander du secours dans ce désarroi de notre raison en détresse.

Provoquer chez de tels hommes de telles réflexions, j'allais dire de tels remords, ce serait certes une belle victoire. J'avoue qu'elle me paraît difficile. Quand les principes et les procédés d'une fausse philosophie se sont emparés d'un esprit et qu'il continue de s'exercer dans ce domaine, le redressement tient du miracle. Mais les philosophes de profession sont rares, et la nouvelle école ne compte pas encore de bien nombreux adhérents. Grande au contraire par le nombre, par l'autorité, par le prestige des découvertes utiles, grande est l'armée des savants proprement dits, qui ne font de la philosophie qu'en passant et pour les besoins de leurs travaux. Obéissant aux préjugés que nous avons décrits, ils croient que l'école positiviste tient à leur service une philosophie mieux adaptée aux nécessités, plus conforme au génie de la science ; ce n'est pas merveille qu'ils l'empruntent. Mais au fond ils n'y tiennent guère, et si une philosophie plus sage, plus élevée, plus morale, leur était montrée comme capable de les satisfaire, ils n'hésiteraient pas à la préférer.

C'est donc surtout aux savants que je voudrais voir révéler le péripatétisme chrétien.

Philosophes catholiques, comprendrez-vous la grandeur de votre tâche? Il s'agit de convertir la science. A cette œuvre de salut social Aristote ne suffit pas ; il avait besoin d'être converti lui-même. Sa métaphysique, si large et si profonde, pèche par un côté ; il ne fait pas à la causalité efficiente la part qui lui revient ; son Dieu n'est qu'un démiurge, et son *cosmos*, suspendu par le désir à la Beauté suprême, ne reçoit de personne ce fond de l'être qu'il n'a pas pu cependant, imparfait et mobile, se donner à lui-même. Son spiritualisme est incomplet ; et la vie propre à l'âme, et son pouvoir de survivre au corps, ne se dégagent pas clairement d'une anthropologie trop indulgente au matérialisme. Où est-elle cette grande philosophie qui prend tout ce qu'il a de bon au Stagyrite et y ajoute les précisions, les délicatesses, les sublimités de la pensée chrétienne ; la philosophie du vrai Dieu, de l'homme véritable, de la vraie morale, la philosophie nécessaire à la dignité de nos origines, à la certitude de nos jugements, à la rectitude de nos actions, à la hauteur de nos destinées? Elle n'est qu'en un seul lieu : elle est dans le trésor héréditaire des écoles catholiques.

C'est là qu'il faut aller la prendre. Ceux qui accepteront la mission de la montrer au monde doivent s'attendre à un dur labeur. D'abord il faudra qu'ils se l'approprient à fond, et c'est déjà un grand effort ; puis ils devront se faire les disciples de la science et devenir, chacun selon sa vocation intellectuelle, mathématiciens, physiciens, naturalistes. Enfin, quand ils tiendront les deux bouts de la chaîne, ils auront à faire voir par quels anneaux ces extrémités se relient. C'est là qu'ils découvriront sans doute la nécessité de remettre sur l'enclume quelques-uns des chaînons de l'antique doctrine. Qu'à cela ne tienne!

La raison n'est pas esclave; elle ne s'incline que devant la vérité.

Si nous trouvons dans nos rangs des hommes pour embrasser, pour accomplir cette tâche; si à la vigueur du raisonnement, à la sûreté du savoir, ils ajoutent l'éclat du talent et cette chaleur de conviction qui force une génération à écouter, oh! alors, j'en suis certain, les hommes de science ne se défendront guère; ils verront se dissiper les préjugés qui leur voilaient la face de Dieu. Les savants rompront avec l'athéisme; et, comme la science par elle-même le repousse, nous verrons cesser enfin ce conflit dont les victimes, s'il devait durer encore, seraient la paix sociale, la morale universelle, la civilisation elle-même.

LE NOUVEAU SPIRITUALISME

DE M. VACHEROT[1]

(Article publié dans les *Annales de philosophie chrétienne*, 1885.)

Lorsque, il y a six mois, parut le livre que nous nous proposons d'étudier, tout concourait à provoquer l'attention du public : le renom scientifique de l'auteur dans le passé, son attitude politique actuelle, enfin le titre de l'ouvrage. Le passé philosophique de M. Vacherot appartient tout entier à un panthéisme adouci dont les formules se rapprochent en apparence de celles du théisme, mais où la création est remplacée par l'immanence divine, et la finalité par l'idéalisme. Au temps où il fixait cette doctrine dans ses deux principaux ouvrages[2], surtout dans le second, M. Vacherot avait engagé sa vie politique au parti républicain, et il avait payé assez cher la manifestation de ses opinions pour les recommander au respect de tous. Lorsque ces mêmes opinions devinrent un titre à la faveur, il sut les honorer encore par son patriotisme éclairé, par son courage à protéger contre les démagogues la liberté des croyances qui n'étaient pas les siennes. Durant le siège de

---

[1] *Le nouveau Spiritualisme,* par M. E. Vacherot, membre de l'Institut. In-8°; Paris, Hachette.
[2] *L'Histoire de l'école d'Alexandrie* et la *Métaphysique et la Science.*

Paris, alors que la plupart des mairies devenaient autant de *Communes au petit pied*, où s'essayait à l'avance le futur régime du 18 mars, le v⁰ arrondissement dut à l'administration de M. Vacherot d'être l'asile où s'abritait, avec le respect des consciences, l'intelligence des services que les institutions religieuses peuvent rendre à un peuple éprouvé. L'Assemblée nationale, et plus tard le Sénat, le virent fidèle à ses principes. Heureux d'assister au triomphe de l'idéal politique qu'il avait conçu, il ne tarda pas à s'apercevoir qu'on l'abaissait au niveau des passions égoïstes et qu'on en faisait l'arme offensive d'un fanatisme à rebours. Sa foi républicaine en fut d'abord attristée; puis le progrès de l'intolérance jacobine en vint à l'ébranler entièrement. Aujourd'hui, dans la mêlée des partis, on cherche M. Vacherot du côté de ceux que la République traite en ennemis. Certes, la philosophie n'est pour rien dans la chose; toutefois le public peut s'y tromper. N'a-t-on pas déjà voulu faire de M. Taine un converti, parce que sa méthode positive, appliquée à l'histoire, a crevé l'outre de la légende révolutionnaire? Rien d'étonnant donc si à l'annonce d'un livre important, favorable au spiritualisme et signé de M. Vacherot, on a salué d'avance dans l'évolution politique de cet homme de bien le prélude d'une conversion doctrinale, et dans le nouvel écrit les Confessions d'un autre Augustin.

Il faut le reconnaître, cette attente a été trompée. *Le nouveau Spiritualisme* contient sans doute d'éloquents hommages et de précieux aveux, hommages rendus à ces vérités supérieures qu'il est de mode aujourd'hui de traiter d'illusions; aveux constatant la force incomparable des croyances chrétiennes et le privilège qu'elles gardent seules de commander à tous les grandes vertus et de consoler les grandes douleurs. A cet égard, le livre est fait pour déplaire aux athées, aux positivistes, aux déterministes, aux réalistes, qui tiennent le haut du pavé. Mais en même temps, sous des formes à peine rajeunies, c'est toujours la doctrine consignée dans les précédents ouvrages de l'auteur. La création est toujours pour lui une « abstraction inintelligible et vide de sens ». Le monde est toujours pour lui *la vie de Dieu, sa manifestation nécessaire.* L'idéal est toujours pour lui l'exclusion de la réalité. Le panthéisme, en un mot, dont le nom pourtant paraît lui déplaire, continue de fournir le fond de sa doctrine et de lui inspirer de compromettantes sympathies, comme celles dont voici l'expression [1] : « Cette philosophie de Schelling et de Hegel, dont on ne veut plus entendre parler, a donc résolu le problème, *et l'a résolu comme il doit l'être,* maintenant *le vrai rapport* de l'Infini et du fini, du Créateur et des créatures. »

Trompée dans l'espoir qu'elle avait conçu d'assister à une grande abjuration philosophique, l'opinion s'est promptement désintéressée de M. Vacherot et de son livre. Nous le savons trop philosophe pour croire qu'il y ait eu là pour lui amertume ou même surprise. *Le nouveau Spiritualisme* était d'avance, dans la pensée de son auteur, un livre de bonne foi et de froide raison. On lui rendra la justice qu'il mérite, on lui fera le sort qu'il ambitionne, si la raison préside à l'examen auquel on le soumet, si la bonne foi dicte le jugement qu'on en doit porter.

I

L'ouvrage est divisé en trois parties : l'histoire des systèmes, la discussion théorique, et la conclusion. Si nous faisions ici de la critique littéraire, nous aurions plus

[1] *Le nouveau Spiritualisme,* p. 320.

d'un reproche à faire à cette division, dont les deux premiers membres et les deux derniers manquent d'opposition entre eux. En réalité, le livre n'a que deux parties : l'une consacrée à l'histoire et à la critique, et qui embrasse, avec ce qu'il appelle la première partie, les trois premiers chapitres de la seconde ; l'autre consacrée à l'exposition, et qui comprend, avec le reste de la seconde, la troisième tout entière.

A vrai dire, c'est cette dernière partie qui surtout nous intéresse, non pas que nous n'ayons beaucoup à profiter dans la lecture de la première ; mais enfin il y a longtemps que M. Vacherot nous a fait ce plaisir de nous aider à comprendre la pensée des autres. Qui sait si le plus grand mérite de son œuvre philosophique ne sera pas d'avoir déchiffré et rendu lisible à des yeux français les hiéroglyphes de l'idéalisme allemand ? Est-il rien de plus humiliant, pour un esprit cultivé, que d'entendre porter aux nues le génie de certains hommes, et de s'avouer à lui-même qu'il ne comprend pas un mot de ce qu'ils ont voulu dire ? Peut-être est-ce défaut de patience ou défaut de temps. Cette patience, M. Vacherot l'a eue ; ce temps, il a su le prendre. A travers ses pages, Fichte, Schelling, Hegel, vous apparaissent comme ces objets lointains que l'œil distinguait à peine, noyés dans la brume de l'horizon, et auxquels la lentille d'une puissante lunette vient donner une forme et des contours. Je ne dis pas que l'interprétation de M. Vacherot suffise à me rendre ces philosophes intelligibles, car je crois qu'alors elle les dénaturerait ; mais du moins elle me fait entendre en quoi consiste leur pensée obscure, en quoi elle se distingue d'un pur cliquetis de paroles.

C'est surtout dans son grand ouvrage : *la Métaphysique et la Science*, que M. Vacherot a rendu ce service aux intelligences françaises, et je ne vois pas qu'il ait fait autre chose, dans les trois premiers chapitres de son nouveau livre, que de résumer son analyse avec le double mérite de la brièveté et de la clarté.

Après l'*école de la spéculation*, il passe en revue les autres solutions données au grand problème de la métaphysique; qu'y a-t-il au delà des faits? On peut n'accepter que sous bénéfice d'inventaire le classement qu'il fait de ces solutions, par lui réparties entre l'école de la raison, celle de la tradition, celle de la conscience, celle enfin qui s'intitule positiviste. Sans doute Lamennais est le père du traditionnalisme; mais dans l'*Esquisse d'une philosophie*, dont M. Vacherot parle avec estime, il est plutôt de l'école spéculative et refait à sa manière la théorie des *processus* hégéliens. Sans doute M. Cousin est le chantre de la raison; mais ni lui, ni surtout ses disciples, ne doivent être classés en dehors de l'école de la conscience, puisque leur méthode est toute psychologique.

Il y a là comme un défaut d'ordre, et l'effet s'en fait sentir au lecteur par une certaine fatigue de l'esprit, qui cherche sans s'en douter à remettre, chemin faisant, les morceaux à leur place. Ces réserves formulées, il serait injuste de méconnaître la puissance dialectique dont M. Vacherot fait preuve dans la discussion de ces systèmes, l'élégante *maestria* avec laquelle il exécute *la raison impersonnelle*, cette idole de carton sortie de l'officine de M. Cousin, et devant laquelle on prosternait d'office, il y a trente ans, notre spiritualisme imberbe; enfin et surtout l'incomparable vigueur qu'il déploie contre la divinité du jour, la *philosophie positive*, l'accablant à la fois sous la double condamnation de la logique et de l'histoire. Qu'êtes-vous donc devant la logique? lui dit-il. Vous êtes la négation de l'absolu au profit des faits. Et voici que la nature humaine, directement saisie par la conscience, vous présente un fait intérieur, aussi facile à observer que toute autre réalité, l'appréhension de l'absolu par la pensée, l'effort nécessaire, l'effort heureux de la raison, pour remonter de l'effet à la cause, comme la science remonte du phénomène à sa loi. Niez ce fait intérieur, vous mentez à la méthode positive, qui accepte tous les faits. Admettez ce fait intérieur, vous détruisez la philosophie positive, qui ne peut supporter l'affirmation du noumène. Ainsi la logique vous condamne.

Et l'histoire? L'école positiviste a cru pouvoir l'enrôler à son service. M. Vacherot lui enlève cette alliée. Il a facilement raison de la frivole théorie des trois états successifs à travers lesquels Auguste Comte prétend conduire fatalement le développement de l'esprit humain. L'esprit théologique, l'esprit métaphysique, l'esprit scientifique, sont-ce là trois moments qui se suivent et qui s'excluent? Non, car ils peuvent coïncider dans le cerveau d'un même penseur. Quoi de moins positif que ces *processus* ternaires renouvelés de Hegel pour la satisfaction des esprits systématiques, jaloux d'emprisonner la réalité dans les cadres artificiels de leur pensée solitaire?

L'histoire donc ne dépose pas en faveur des théories positivistes. Elle ne témoigne pas davantage contre les prétentions de la métaphysique. C'est ici le morceau le plus remarquable de la critique de M. Vacherot. Les positivistes prétendent que le tort de toutes les écoles jusqu'à eux a été de chercher un absolu qui est introuvable ; de là, disent-ils, la stérilité de leurs efforts, de là des recommencements perpétuels. Si l'on avait renoncé à découvrir l'Inconnaissable, on n'aurait pas perdu son temps à rouler le rocher de Sisyphe; la philosophie aurait suivi la marche de la science, dont le progrès est continu.

Pour répondre à ce reproche spécieux, M. Vacherot se laisse entraîner à refaire en quelques pages toute l'histoire de la philosophie, et il trace ce tableau de main de maître, montrant que, depuis l'école d'Ionie jusqu'à nos jours, jamais la métaphysique ne s'est confinée par système dans l'*à priori*, jamais elle n'a perdu volontairement le contact du réel. Au cours de cette rapide exploration, il rencontre Aristote, et c'est une bonne fortune pour qui veut montrer l'alliance de la philosophie première avec l'expérience.

La littérature philosophique offre, croyons-nous, peu de morceaux comparables aux deux pages que M. Vacherot consacre au Stagyrite. L'intérêt en est trop grand, en face des prétentions d'une science abaissée, pour que nous refusions au lecteur, malgré la longueur du passage, le plaisir d'une citation intégrale.

« Le positivisme n'a plus beau jeu contre Aristote. Ce n'est pas qu'Aristote ne soit aussi un dialecticien, un moraliste, un métaphysicien du premier ordre, supérieur peut-être en toutes choses aux maîtres de l'école socratique. Mais il est tout cela par la science et par une science précise. C'est le savant, le philosophe par excellence de toute l'antiquité. C'est son école surtout qui est une école de science et de philosophie positive, s'il est permis d'appliquer un mot si moderne à une antique doctrine. Rien de moins spéculatif que sa philosophie, si l'on entend par ce mot toute conception *à priori*, même en y comprenant cette philosophie première à laquelle un incident bibliographique a fait donner le nom de métaphysique. Toute la doctrine d'Aristote repose sur une formule qui n'est que l'expression la plus abstraite et la plus haute de l'expérience. Puissance et acte, ces deux mots, qui résument toute sa pensée et expliquent toutes choses, répondent aux deux pôles de la vie universelle. Au plus bas degré de cette immense échelle, l'être obscur et indécis, encore enfermé dans le germe de la puissance, la matérialité infime et grossière; au plus élevé, l'être éclatant, la suprême spiritualité, épanouie dans la forme la plus parfaite de l'acte pur, l'intelligence en action, la pensée. L'esprit et la matière sont donc les deux termes extrêmes d'une vaste évolution dont la vie universelle est le théâtre. La science d'Aristote parcourt graduellement toute la série des intermédiaires qui la composent, depuis la nature inorganique jusqu'à l'homme. Là elle s'arrête devant une science plus haute, devant la philosophie première, qui, par une sublime abstraction, dégage la pensée parfaite de la pensée imparfaite, en fait l'acte pur, l'être parfait, moteur, organisateur, par attraction, de tous les êtres de la nature qui lui doivent leur forme, leur essence, leur être véritable, sinon leur existence. Car c'est encore aujourd'hui, entre les interprètes d'Aristote, une question de savoir si le Dieu d'Aristote, le Bien, la Cause finale, la Cause motrice par excellence, n'est pas créateur dans le sens absolu du mot, de toute cette nature qui lui doit tout ce qui la fait être réellement. Or, qu'est-ce que cette théologie, sinon le couronnement d'une psychologie et d'une physique fondées sur l'expérience et l'analyse de la réalité? Où est l'*à priori?* Où est la pure spéculation dans ce vaste système, dont la base est aussi solide que le sommet en est élevé? Si la nature y est expliquée par l'âme, et l'âme par Dieu, qui a conduit à ce principe suprême d'explication, sinon la physique d'abord, et ensuite la psychologie? Cela nous fait comprendre pourquoi la doctrine d'Aristote est restée debout sur les ruines de tant de spéculations antiques et modernes, comme un de ces monuments dont les fortes et profondes assises bravent l'action du temps et les coups de la tempête[1]. »

Après avoir lu ce magnifique hommage, on ne peut qu'être surpris de voir M. Vacherot traiter avec autant de dédain la métaphysique du moyen âge, à laquelle il semble refuser jusqu'au nom de philosophie. Car enfin, si Aristote est un si grand maître, comment donc ses plus fidèles disciples seraient-ils déchus de la qualité de philosophes? Est-ce parce qu'ils ont suivi trop servilement leur chef? Mais il n'est pas difficile de montrer en quoi ils ont retouché son œuvre. Est-ce parce qu'ils ont répété ses formules sans les comprendre? Ceux-là seuls pourraient le croire qui n'auraient jamais ouvert un volume de saint Thomas. Est-ce parce qu'ils ont fait de la métaphysique en l'air sans s'appuyer sur l'expérience? C'est bien là ce que M. Vacherot leur reproche, et plus d'un scolastique mérite ce blâme. Mais les maîtres ne le méritent pas. Ils ont cherché, eux

---

[1] *Le nouveau Spiritualisme,* pp. 163-164.

aussi, comme Aristote, le contact de la réalité expérimentale. Et s'ils n'ont pas fait avancer les sciences physiques, ils ont cela de commun avec tous les penseurs, depuis Aristote jusqu'au XVIe siècle de notre ère, une assez longue période en vérité, qui approche de deux mille ans, et où trouvent place, si je ne me trompe, d'autres écoles que celles des théologiens du moyen âge ! Les causes de cette longue stagnation de l'esprit humain dans l'étude de la nature seraient intéressantes à rechercher. Mais, comme le fait a commencé longtemps avant l'apparition du christianisme, on ne voit pas comment la théologie chrétienne en serait rendue responsable. Toujours est-il que l'esprit d'observation n'est pas resté sans application, au plus beau temps de la scolastique ; le *De homine* de saint Thomas, dans sa *Somme théologique,* est manifestement une étude vivante et prise sur le fait ; et si l'on compare la psychologie, disons mieux, l'anthropologie du Docteur angélique avec celle de Descartes, je demande laquelle des deux emprunte le plus à l'observation, laquelle sacrifie davantage aux conceptions *à priori*. La réponse n'est pas douteuse. Descartes, bien que plus savant, construit l'homme d'après une formule. Saint Thomas, moins bien muni du côté des connaissances positives, part de l'étude des faits et les serre de plus près.

On nous pardonnera une digression faite pour venger d'une injustice traditionnelle cette belle philosophie, qu'on peut appeler l'aristotélisme chrétien. Il est tellement passé en usage de la mépriser, qu'aujourd'hui encore, où l'érudition fait tout revivre, même ce qui mérite l'oubli, des esprits puissants et sincères continuent d'ignorer de parti pris ce grand corps de doctrine[1]. M. Vacherot me paraît

---

[1] Seul, M. Barthélemy Saint-Hilaire fait exception à cette tradition de dédain à l'égard de la scolastique.

être de ceux qui le calomnient par habitude, mais qui mériteraient de lui rendre justice. Cela dit, il faut revenir à son livre, et, après l'avoir loué en général de la façon dont il remplit son rôle d'historien et de critique, arriver enfin à la partie vivante de son œuvre, celle qui nous livre sa pensée, et qui doit, si son titre est véridique, renouveler le spiritualisme.

II

Cette exposition commence par deux remarquables chapitres sur la méthode scientifique et la méthode métaphysique. Nous voudrions nous y arrêter longtemps, et parce que nous y trouvons des trésors, et parce que la part des réserves à faire, des dissentiments à prononcer, y est beaucoup moindre qu'ailleurs. Ces deux chapitres approcheraient de la perfection si le groupement des idées était plus facilement saisissable, le style plus animé, l'ensemble du procédé moins austère. Il faut être du métier pour goûter ces pages. Un peu plus d'artifice littéraire grossirait aisément le nombre des initiés.

M. Vacherot, nous l'avons vu, donne avec raison le nom de *métaphysique* à la recherche de ce qui est derrière les faits, de ce que le positivisme déclare inconnaissable. Pour mettre à néant cet interdit arbitrairement jeté sur la plus noble faculté de l'esprit, il procède par degrés; il fait appel à la science d'abord, puis à la conscience.

La science est une maîtresse que les positivistes ne sauraient désavouer. Or est-il vrai qu'elle s'en tienne à la constatation et au classement des faits? Non. Elle prétend les expliquer; elle n'est science véritable que dans la mesure où elle explique. Elle fournit même, par ses ingénieuses méthodes de *vérification*, la seule réponse péremptoire qu'on puisse opposer au scepticisme. Sans doute nos sensations sont subjectives, mais elles sont le *signe* de la réalité. Sans doute il y a une disparité irréductible entre le signe et la chose signifiée; mais qu'importe s'il y a aussi un rapport constant entre l'un et l'autre? Peut-être en essayant de concevoir *la chose en soi*, la matière par exemple, raisonnons-nous comme un aveugle des couleurs; mais l'aveugle instruit peut raisonner juste sur les couleurs, il peut s'en faire une conception par analogie empirique; et s'il est savant, il s'en fera une conception objective, empruntée aux lois du mouvement, dont le tact et l'ouïe lui ont fourni la notion. « Tant il est vrai, dit M. Vacherot, que la sensation des choses n'en est pas la science, et que si la première est la condition de la seconde, elle n'en est pas le principe. »

L'auteur poursuit, à travers tout le développement des sciences expérimentales, ce travail délicat qui met en lumière le bien fondé des prétentions de l'esprit scientifique à déterminer l'objectivité. L'analyse de ce chapitre est difficile à faire, parce qu'une telle démonstration vaut surtout par les détails. Qu'il nous soit permis d'ajouter que nous avons trouvé ailleurs la même thèse soutenue avec plus de largeur encore, avec plus de clarté, de mouvement et de charme, dans un livre auquel M. Vacherot rend hommage [1]. Si l'on veut se convaincre de l'antinomie qui s'accuse tous les jours plus flagrante entre l'esprit du positivisme et celui de la science, il faut lire le bel ouvrage de M. l'abbé de Broglie, mais surtout un admirable chapitre intitulé : *le Monde apparent et le Monde réel* [2]. On

[1] *Le Positivisme et la Science expérimentale*, par M. l'abbé de Broglie. Nous devons néanmoins faire nos réserves sur le fond de cette thèse. Elle fait échec au positivisme; mais il est permis de trouver qu'elle isole encore trop la sensation de son objet. (Voir Farges, *op. cit.*)
[2] *Op. cit.*, t. I, l. IV, ch. xi. — Cf. t. II, 2ᵉ partie, l. II, ch. viii et ix; l. III, tout entier.

y verra que réduire l'objet de la recherche scientifique aux phénomènes, c'est tuer la science.

Si la méthode scientifique atteint un certain *noumène*, s'ensuit-il qu'elle fasse double emploi avec la méthode métaphysique? Nullement, et ici encore M. Vacherot se trouve d'accord avec M. l'abbé de Broglie pour distinguer deux degrés dans l'ascension de l'esprit au-dessus de la région des apparences et du mouvement des faits. La *science* conduit l'observateur jusqu'au premier degré, l'explication des phénomènes par des forces subordonnées à des lois. La *conscience* élève le philosophe jusqu'au second degré, où se révèle à lui le double principe qui éclaire tout le problème de l'être, la *causalité* et la *finalité*. Je vois les autres faits par le dehors, je connais mes faits à moi par le dedans, je les connais par la conscience que j'ai de mon activité, qui les produit et qui les dirige; car la conscience de mes actes est inséparable de la conscience de *mes motifs*.

Laissons ici la parole à M. Vacherot : « C'est dans ce sentiment intime, profond, indiscutable, que la psychologie recueille la notion de l'esprit. On peut disputer éternellement, sans s'entendre, sur la spiritualité de l'âme, quand on se perd dans le vide des abstractions logiques. Tant que l'étendue a été considérée comme la propriété fondamentale des corps, on a pu faire de la divisibilité indéfinie le caractère essentiel de la matière, et de la simplicité absolue le caractère essentiel de l'esprit. Depuis les nouveaux enseignements de la science, voilà tout un ordre d'arguments métaphysiques, regardés comme invincibles, qui n'a plus de valeur. Si tout est force, dans le monde de la nature comme dans le monde de l'esprit, c'est dans un autre ordre de considérations qu'il faut chercher la distinction des substances. Cette distinction est réelle, même profonde; mais elle n'est point là où la vieille psychologie la faisait résider. Il y a force et force, dans la vie universelle : il y a la force passive, dépendante, fatale ; il y a la force active, spontanée, libre. La passivité, la dépendance, la fatalité, sont les vrais caractères du type matériel. L'activité, la spontanéité, la liberté sont les vrais caractères du type spirituel. Voilà en quel sens il faut comprendre que le monde des sens est le domaine de la matière, et que le monde de la conscience est le domaine de l'esprit. C'est de la conscience que jaillit la lumière qui vient éclairer l'immense scène du Cosmos. Par une induction toute naturelle, la pensée applique au monde extérieur les enseignements du sens intime sur la vraie nature de la force et sur la vraie portée du mouvement. Toute force étant une cause et tout mouvement une tendance, le principe de causalité et le principe de finalité dominent le monde des sens, aussi bien que le monde de la conscience. »

On ne saurait mieux dire ; mais nous devons protester en passant contre le reproche que M. Vacherot adresse en bloc « à la vieille psychologie » de n'avoir pas su voir *où réside la vraie distinction des substances spirituelles et corporelles.* Si par *vieille psychologie* il entend celle de Descartes, d'accord ; mais il est une psychologie plus vieille et qui pourtant n'a pas vieilli comme celle-là, c'est la psychologie traditionnelle des écoles catholiques. Il y a plaisir vraiment, pour un enfant de l'Église, à lire les plus belles pages de M. Vacherot et à constater qu'elles sont la traduction affaiblie d'une doctrine dont l'éclipse a fait la fortune du matérialisme, dont la renaissance, provoquée par l'initiative d'un pape, prépare au spiritualisme son vrai triomphe.

Continuons donc notre citation : « Qu'est-ce à dire ? La science explique tout, même l'esprit, par la matière, en montrant comment le règne organique, aussi bien que le monde inorganique, est soumis aux lois de la mécanique,

La philosophie explique tout, même la matière brute, par l'esprit, en montrant comment le règne inorganique, aussi bien que le règne organique, obéit aux lois de la finalité. Y aurait-il contradiction entre les explications de la philosophie et celles de la science? Leibnitz ne le pensait pas... » Leibnitz n'est pas le premier à penser le contraire. Aristote et saint Thomas connaissaient avant lui la *cause matérielle* et la *cause formelle* (ce que M. Vacherot appelle les *éléments* et les *conditions* des choses, et qu'il abandonne à la science); ils connaissaient aussi la *cause finale* et la *cause efficiente* (ce que M. Vacherot appelle les *raisons* et les *causes*); — et jamais ils n'avaient imaginé que ces quatre principes fussent exclusifs l'un de l'autre dans une même réalité. « Ce qui fait l'erreur du matérialisme, poursuit notre auteur, c'est qu'il confond sans cesse l'origine des choses avec leur principe. On ne saurait trop insister sur ce point, qui est toute la métaphysique de la nouvelle école spiritualiste. » En vérité, nous sommes charmés de l'apprendre; mais alors elle ne fait qu'un avec l'ancienne école spiritualiste, avec celle qui seule peut être appelée *ancienne*, puisque la gloire de Descartes, au dire de ses admirateurs, est de l'avoir reléguée dans l'oubli. Avançons encore : « Le vrai principe des choses n'est pas la matière, c'est l'esprit; la matière n'en est partout que la condition. » Les scolastiques disaient la même chose avec plus de justesse en ces termes : Le principe des choses est double, matière et forme; la forme est le principe actif, déterminant, positif; la matière est le principe passif, déterminable, potentiel; voilà pourquoi l'*esprit* est *forme*, voilà pourquoi un corps réel est une matière informée. « Loin que l'esprit ne soit qu'un *maximum* de la matière, c'est la matière qui est le minimum de l'esprit, » continue M. Vacherot. Ici nous cessons d'applaudir. Leibnitz, sans doute, applaudirait. Ses monades, avec leur *conscience sourde*, avec leurs *percep-*

tions infimes, sont bien, même dans un tas de pierres, autant d'*esprits minima.* Mais saint Thomas, après Aristote, trouverait qu'il y a là une confusion ; que ce n'est pas la *matière* qui est un commencement d'esprit, mais la *forme,* laquelle est dans un corps réel l'élément actif et le principe des opérations ; élément, principe qui représente le plus bas degré de causalité et de finalité, tandis que l'esprit en représente le degré le plus élevé.

Nous avons cédé à la tentation de suivre M. Vacherot pas à pas dans celui de ses chapitres où il approche le plus de la vérité ; et la conclusion de cette analyse est qu'il a raison dans la mesure où il côtoie l'ancienne métaphysique, qu'il devient équivoque quand il s'en éloigne, qu'il tombe dans le faux quand il la contredit. Était-il donc si nécessaire d'annoncer un *nouveau Spiritualisme ?*

III

Nous avons fait petite la part de la critique à l'égard des deux chapitres de *méthode.* Nous serons obligés d'être plus sévère à l'égard de la dernière partie de l'ouvrage : *les Applications.* Résolu de sauver le spiritualisme en donnant satisfaction à l'esprit nouveau, M. Vacherot s'essaie à définir la *matière,* l'*âme* et *Dieu.* Il faut le suivre d'un pas rapide dans cette triple exploration.

Le chapitre *de la Matière* est quelque peu confus. L'on y trouve un résumé assez fidèle de l'état de la science touchant la connaissance de la matière. Mais quand le rapporteur scientifique veut redevenir philosophe, quand il s'avance au delà des données expérimentales et des hypothèses provisoires formulées par les physiciens, les chimistes et les astronomes, il n'échappe ni à la témérité ni à l'équivoque. N'est-il pas téméraire quand il affirme comme chose acquise et incontestable que, « loin d'être une qualité fondamentale des corps, l'étendue n'en est pas même une véritable propriété; » que « la représentation de la matière en tant qu'étendue, soit qu'il s'agisse des corps, soit qu'il s'agisse de leurs parties constituantes, n'est qu'une représentation illusoire de l'imagination[1] »? Certes, on a le droit de suivre Leibnitz dans sa conception de l'espace, et Boscowitch dans sa conception de la matière. Mais déclarer le débat clos après qu'on a fait ce choix, c'est aller trop vite et enfermer le spiritualisme dans de bien étroites frontières. N'y aura-t-il donc que les dynamistes qui puissent entrer dans votre église?

Après la témérité, l'équivoque. Partisan de la théorie qui réduit le monde matériel à deux éléments : force et mouvement, M. Vacherot emprunte à Faraday un langage pardonnable chez un physicien, inexcusable chez un philosophe. « Que savons-nous de l'atome en dehors de la force? Vous imaginez un noyau qu'on peut appeler *a*, et vous l'environnez de forces qu'on peut appeler *m*; pour mon esprit, votre noyau *a* s'évanouit, et la substance consiste dans l'énergie de *m*. »[2] Qui ne découvrirait ici l'artifice des mots? Une *force* capable de mouvement, qu'est-ce donc sinon une *substance douée de force* et le prouvant par son mouvement? Le mot *force* exprime une abstraction, et une abstraction ne peut se mouvoir. A moins que, par abréviation, on n'emploie le mot force pour dire *une substance forte*, et alors voici le noyau *a* qui reparaît. C'est toujours l'illusion des idéalistes. Ils expriment avec des mots abstraits des choses concrètes, et ils disent : Vous voyez bien que l'abstrait suffit! Oui, à condition qu'il se concrétise.

[1] *Le nouveau Spiritualisme*, p. 233.
[2] *Ibid.*, p. 245.

En somme, la théorie de M. Vacherot sur la matière se réduit à ceci : Toute réalité matérielle se décompose en force et en mouvement; c'est ce que nous apprend la *science*. Ces forces produisent des mouvements ordonnés; c'est ce que nous explique la *conscience*, en nous suggérant en nous-mêmes l'idée de finalité qui régit notre action et toute les actions de l'univers.

De ces deux assertions, la première est contestable et équivoque; la seconde contient une grande part de vérité, mêlée d'insuffisances que le chapitre de Dieu rendra plus visibles. En somme, c'est du spiritualisme inspiré de Leibnitz, et dont le caractère nouveau n'apparaît guère.

De la matière M. Vacherot passe à l'âme. Il veut garder ce mot et le défendre, mais il sent la nécessité de lui ôter une signification insoutenable. Plus de dualisme dans l'être humain. La physiologie et la psychologie se compénètrent. Si vous présentez comme indépendants deux ordres d'activité que l'expérience nous montre soudés l'un à l'autre, les hommes d'expérience vous donneront tort; et si vous faites cela alors que votre nom personnifie le spiritualisme, vous les rejetterez dans le matérialisme. Ainsi parle excellemment M. Vacherot. Mais à qui donc vont ces reproches? A Descartes, il n'en disconvient pas. Seulement il oublie, ici encore, que Descartes fut un novateur, et qu'avant lui la doctrine en honneur dans les écoles chrétiennes était celle de l'*unité substantielle de l'être humain*. Il oublie qu'un *concile œcuménique* a défini le rôle de l'âme dans le composé humain de telle sorte que Claude Bernard eût pu souscrire la définition de Vienne, tandis que Descartes en demeure atteint.

Quand il entreprend de maintenir la réalité de l'âme, M. Vacherot ne veut plus qu'on se paye des mauvaises raisons « de l'ancienne métaphysique ». Mais ces mauvaises raisons, comme celles qu'on tire du contraste entre l'inertie, la passivité, la divisibilité de la matière, et l'activité, la spontanéité, la simplicité de l'esprit, ces mauvaises raisons ont du bon ; en ce qu'elles ont de mauvais, elles tiennent toutes à la conception cartésienne ; en ce qu'elles retiennent de bon, elles préexistent, plus saines et plus pures, dans la théorie scolastique de la *forme substantielle*, où elles anticipent heureusement sur l'appareil moderne que M. Vacherot donne à sa démonstration spiritualiste.

Cette démonstration d'ailleurs est satisfaisante. Elle part de l'unité du moi, unité consciente, irréductible comme la conscience qui l'atteste ; unité active, dont les sophismes analytiques de M. Taine n'arriveront jamais à faire une simple résultante.

M. Vacherot rencontre sur son chemin la difficulté de l'animal ; difficulté réelle, qui a jeté Descartes dans la chimère de la bête-machine, et qui menace d'entraîner les partisans de l'âme des bêtes à des conclusions matérialistes. Il s'en tire heureusement, et marque comme il convient les caractères incommunicables qui distinguent l'opération humaine. Nous ne saurions lui pardonner toutefois l'emploi, même restrictif, des mots d'intelligence et de volonté appliqués aux animaux. Les scolastiques surveillent de plus près leur vocabulaire. Et si je constate une fois de plus que M. Vacherot dit comme eux quand il a raison, et qu'il dit moins bien, j'aurai achevé d'établir que son spiritualisme manque de nouveauté, heureusement pour lui, mais qu'il gagnerait à être plus franchement ancien.

Où l'estimable auteur mérite d'être loué sans mesure, c'est quand il prend en main la cause du libre arbitre. Il faut un vrai courage pour faire cela aujourd'hui, quand on n'est pas chrétien et qu'on veut rester en bons termes avec l'école scientifique. M. Vacherot ne se contente pas d'affirmer la liberté et de la défendre contre l'illusion des sophistes déterministes. Il fait incursion dans le pays ennemi et arrache aux adversaires la seule raison qu'ils puissent invoquer en faveur de leurs négations. L'univers, disent-ils, est une vaste hiérarchie de forces fatales ; quelle place voulez-vous y faire pour une force libre? — Et M. Vacherot de répondre : Ces forces ne sont pas seulement fatales, elles sont dirigées. Vous oubliez la finalité, sans laquelle il n'y aurait pas de *Cosmos*. Or qu'est-ce que l'âme, sinon une force du degré supérieur qui se dirige elle-même? Qu'est-ce que la liberté, sinon la finalité immanente, la prérogative de l'être pensant qui, ayant en soi ses motifs, tire de soi son action et lui assigne sa trajectoire? Le noumène de l'âme libre, ce n'est pas une exception dans la nature, c'est le couronnement de l'univers.

Ce sont là de belles pages, et la nouveauté, au sens favorable de ce mot, n'en est pas absente. Ici l'on peut dire sans restriction que M. Vacherot a bien mérité du spiritualisme.

Nous voici arrivés au chapitre de Dieu, et nous y arrivons bien disposés, n'est-ce pas, lecteur? Celui qui parle si bien de la liberté de l'homme pourra-t-il moins faire que de proclamer celle de Dieu? Mais, si Dieu est libre, la création est son libre ouvrage; voici alors apparaître et la personnalité de Dieu et son infinité actuelle, et la contingence du monde, et tout ce qui constitue le déisme orthodoxe? Hélas ! ne nous hâtons pas d'applaudir. Une pénible surprise nous attend.

Les premiers mots sont pleins d'un accent enthousiaste et religieux. Écoutez plutôt : « Dieu ! c'est le plus grand mot des langues humaines. Aucune ne l'a oublié. Toutes, même les plus barbares, l'ont célébré en le définissant avec plus ou moins de justesse, de précision, de profondeur et de pureté. Il est le problème par excellence des plus grandes philosophies. » A merveille ! Mais il faudrait s'arrêter là. Si vous continuez la lecture, vous apprendrez d'étranges choses. D'abord Lucrèce a eu raison, paraît-il, de dire : *Primus in orbe deos fecit timor.* Il est vrai qu'on ajoute : « La crainte, mais aussi l'espérance ; l'imagination, mais aussi l'intelligence et la raison. » Dieu alors est un composé résultant des opérations humaines ; les sentiments de l'homme *font* Dieu ? — Apprenez en passant que le monothéisme hébreu est aussi étranger à l'amour « que le polythéisme grec ». Que faire alors du précepte de l'amour de Dieu, formulé en de tels termes par le Deutéronome que l'Évangile n'a pu rien y ajouter : « Vous aimerez le Seigneur votre Dieu de tout votre cœur, de toute votre âme et de toutes vos forces [1] ? »

M. Vacherot essaye ensuite de préciser la notion de Dieu. Il reconnaît qu'on y arrive par une induction tirée de la conscience. Ce n'est pas, à notre avis, la seule voie ; mais c'en est une. « Alors, ajoute-t-il, Dieu nous apparaît comme une cause créatrice et finale, comme une véritable Providence [2]. » Eh bien, alors, nous sommes d'accord ? — Pas si vite ! L'induction est légitime quand elle transporte de l'homme à Dieu l'activité et la finalité ; tout ce qu'elle affirme au delà est de l'*anthropomorphisme*. « L'induction prête à la nature divine à peu près tous les attributs de la nature humaine, en les idéalisant. Dieu possède l'*intelligence*, la *conscience*, la *volonté*, l'*amour*, absolument comme l'homme, avec cette seule différence du parfait à l'imparfait. » Vous me direz, lecteur, que vous n'y voyez pas d'inconvénient. M. Vacherot en voit beaucoup. « Comment l'être infini peut-il être une personne ? Comment l'être universel peut-il être un individu ? Comment l'être

---

[1] Deut. vi, 5.
[2] *Le nouveau Spiritualisme*, p. 291.

nécessaire peut-il réunir tous les attributs de l'être contingent ? Comment l'idéal peut-il être réel ? » Questions étranges qui n'arrêteraient pas, dans nos écoles de philosophie chrétienne, un étudiant de première année, mais qui arrêtent M. Vacherot jusqu'à le rejeter en plein panthéisme. L'infini lui paraît impersonnel, parce qu'il en est encore à la notion négative de l'ἄπειρον des Grecs, l'indéterminé, le générique[1]. Il est clair que cet infini-là ne peut être une personne. Mais l'infini *intensif*, l'être qui est tout en acte et qui à cause de cela ne rencontre pas de limites, on peut bien l'appeler l'infini, puisque rien ne le borne, et l'on doit l'appeler *personne*, puisqu'il représente le maximum de l'activité consciente qui est le fond de la personnalité. — L'être universel ne peut pas être un individu. Soit encore ; mais on n'a jamais dit que Dieu soit universel en *extension, omne ens ;* on dit qu'il est tout être en *compréhension, totum ens, summum ens ;* et l'on ajoute même, avec saint Thomas, qu'il n'y a pas un genre commun où l'on puisse faire entrer Dieu et les créatures, mais que le mot *être* se dit de Dieu et des créatures par manière d'*analogie,* non par manière d'*identité, æquivoce, non univoce.* L'être nécessaire réunit les attributs du contingent en ce qu'ils ont de positif, mais en supprimant la limite et la contingence ; où est la contradiction ? — Enfin l'*idéal* ne peut être *réel !* — Voilà le grand litige. A notre tour, nous pouvons reprocher à M. Vacherot son anthropomorphisme. C'est lui qui veut calquer la vie de Dieu sur l'être de l'homme. Qu'est-ce que l'homme ? Un intermédiaire entre le monde visible et le monde invisible. Par les sens, l'univers visible entre en lui et devient image ; par l'intelligence, l'image se spiritualise, s'épure, s'affranchit des conditions limitatives de l'espace et du temps : elle devient

---

[1] *Le nouveau Spiritualisme*, pp. 303-304.

l'idée, l'universel ! C'est une magnifique transformation. Mais si l'acte intellectuel de l'homme est une preuve de puissance, il s'y mêle aussi une grande faiblesse. Cette réalité concrète était singulière, individuelle, voilée sous l'écorce sensible, prisonnière du moment présent et des frontières d'un lieu ; mais elle existait. La pensée l'a faite générale, permanente, idéale, je le veux bien ; mais à quel prix ? en la dépouillant de son existence propre, en lui ôtant sa consistance et sa vie. Dans la pensée de l'homme, il est donc bien vrai, l'idéal et le réel s'excluent. Le réel ne peut être *pensé* qu'en devenant idéal ; il ne devient idéal qu'en cessant d'être réel.

Mais à qui la faute ? A notre esprit infirme. Si nous étions Dieu, nous verrions les choses comme elles sont, dans leur idée et dans leur réalité. Dieu est la réalité souveraine, primordiale, antécédente ; il est en même temps l'idéal parfait. En lui tout est vie, et les existences qu'il réalise hors de lui ont déjà leur type dans l'unité exemplaire de son être en qui se fondent toutes les essences. *Quod factum est in ipso vita erat*, selon la manière de lire que saint Augustin préférait pour interpréter le début de l'Évangile de saint Jean.

Un Dieu qui est tout être en intensité, voilà bien un Dieu réel ; un Dieu en qui tous les degrés possibles de l'être participé sont enfermés comme le moins dans le plus ; un Dieu qui, en se voyant lui-même, voit le miroir de toutes les essences, voilà bien un Dieu idéal. Un Dieu qui réalise hors de lui une partie de ce qu'il voit en lui, voilà bien un Dieu créateur. Où est la contradiction ? Mon esprit se refuse à la reconnaître, et plus je lis M. Vacherot, moins je l'aperçois. Ce qui me paraît contradictoire, c'est un idéal qu'aucun sujet concret ne supporte, et qui cependant précède les choses, puisqu'il les explique : une finalité suspendue en l'air, antérieure aux intelligences qui devront un jour lui offrir un séjour, et qui néanmoins préexiste au développement des êtres inconscients.

Voilà l'idéalisme moderne, voilà l'évolutionnisme à la fois fatal et final, comme dit M. Vacherot. Et c'est cela qui est contradictoire, si vous ne faites planer au-dessus de ce chaos l'esprit du vrai Dieu. Car un idéal n'est rien avant que quelqu'un le conçoive, et l'idéal éternel suppose le pensant éternel.

Inutile maintenant de poursuivre dans le détail la conception fuyante d'un esprit sincère, qui veut maintenir l'affirmation de Dieu et qui répugne à lui donner son vrai sens. Le conflit intérieur de ces deux tendances contraires se révèle dans les alternatives heurtées du langage, et, quand il faut conclure, la synthèse se fait sous la protection de l'équivoque. Qu'on lise la page 308 du livre, et qu'on me dise si la notion d'un Dieu personnel et créateur n'offre pas à l'esprit quelque chose de plus saisissable que ces obscures antinomies [1].

---

[1] « Oui, certes, c'est de la conscience que part le trait de lumière qui éclaire la nature de l'absolu. Qui dit l'Être absolu, dit l'Être indépendant par excellence, et dont toute existence dépend. Or, ce type-là, ce n'est pas dans la nature qu'il faut le chercher. Le type de l'existence indépendante et inconditionnelle, c'est la causalité finale; là est la raison de toute chose, le principe de toute activité. On le trouve dans la conscience, mais avec des relations qui le limitent et ne permettent pas d'en faire l'Être absolu, même en l'élevant à la hauteur de l'idéal; car alors c'est le réduire à une abstraction. L'absolu n'existe pas en dehors des réalités relatives dont l'ensemble forme l'univers. Dieu est la puissance infinie, éternellement créatrice, dont l'œuvre n'a ni commencement ni fin. Il n'est pas le monde, puisqu'il en est la cause. Il ne s'en distingue pas seulement comme le tout de ses parties. Le tout n'est que l'unité collective de l'infinie variété des êtres finis qui existent à un moment donné. Définir Dieu par le tout, c'est le confondre avec l'univers. Ce n'est pas seulement entrer dans le panthéisme, c'est tomber dans l'athéisme pur. Seulement Dieu n'est pas distinct du monde, comme le sont les êtres qu'il a créés; il reste distinct de ses créations, non pas comme une cause étrangère et extérieure au monde, mais en ce sens qu'il garde toute sa fécondité, toute son'activité, tout son être, après toutes les

IV

Deux chapitres intitulés : *l'Évolution fatale* et *l'Évolution finale,* terminent l'ouvrage. On y trouve d'excellents aperçus et de précieux aveux. M. Vacherot traite le transformisme avec équité, comme une hypothèse théoriquement acceptable, mais inaccessible à l'expérience.

Ce qu'il lui refuse, c'est le pouvoir de rendre Dieu inutile. « Il n'y a qu'un moyen, dit-il, d'expliquer les transformations de ce genre : c'est que la nature possède en puissance ce qu'elle réalise en acte. Aristote avait dit que le meilleur ne peut venir du pire, et que si cette transition paraît être le procédé constant de la nature, il ne faut pas oublier que celle-ci ne fait qu'obéir à l'attraction irrésistible d'un principe supérieur, qui est le Bien [1]. » A merveille! Seulement que M. Vacherot me permette de le lui demander à mon tour : le réel n'est-il pas plus que l'abstrait? Et tout faire dériver d'une finalité abstraite, expliquer par elle toute l'évolution des choses concrètes, n'est-ce pas tirer, et cette fois sans excuse, le meilleur du pire?

œuvres qu'il crée, sans les faire sortir de son sein. Il en reste distinct, en demeurant au fond de tout ce qui passe, non pas immobile, dans la majesté silencieuse d'une nature solitaire, puisque sa nature est l'activité même, mais toujours avec la même énergie de création, en sa qualité de puissance infinie.

« Ainsi disparaît le mystère de l'existence d'un Être absolu conçu sous deux faces contradictoires : la substance et la cause, immuable en tant que substance, mobile en tant que cause.

« L'expérience intime a détruit ce préjugé d'une métaphysique scolastique. Si l'essence de l'être est l'acte, si être c'est agir, pour Dieu est-ce autre chose que créer? Est-il possible à la pensée de séparer dans le Créateur ce que la science et la conscience s'accordent à confondre dans la créature? Être, agir, créer, c'est donc tout un pour la cause première, comme pour les causes secondes. »

[1] *Le nouveau Spiritualisme,* p. 369.

M. Vacherot me répond que c'est la science qui fait de Dieu une loi abstraite, tandis que « la métaphysique en fait l'expression de la suprême réalité, son Dieu étant la suprême cause et la fin suprême des choses [1] ». On n'est pas plus correct. Mais comme épilogue à un livre où il est dit à chaque page que Dieu est le suprême idéal et que l'idéal exclut le réel, je ne sais plus quel sens attacher à cette formule, et je me demande avec tristesse si le préjugé *anticréationniste* n'a pas émoussé, chez un penseur éminent, la force du principe de contradiction.

Il est temps de conclure cette étude déjà trop longue et encore incomplète. M. Vacherot termine son travail par une plainte qui l'honore. Le caractère plat et abaissé de l'impiété contemporaine l'indigne, et il s'écrie : « Rire des choses nobles, cela s'est vu; rire des choses saintes, cela se voit plus que jamais. Pour rire de Dieu, et de cette façon, il faut une sorte d'esprit qui fait honte à l'esprit. Je n'ai pas encore assez mauvaise opinion de mon temps pour croire que ce rire soit devenu contagieux. Mais n'est-ce pas triste pour un vieux libre penseur qui a vécu dans la pensée de l'Infini et ne veut pas mourir sans murmurer son nom? »

Nous comprenons, nous respectons cette tristesse; mais nous en éprouvons une autre plus poignante. Pourquoi M. Vacherot, qui a le culte du divin, demeure-t-il prisonnier d'une doctrine qui lui voile la face de Dieu? La beauté morale du christianisme, sa vertu purifiante et consolatrice, l'attirent et le charment. Demain il serait des nôtres, s'il renonçait aujourd'hui à la chimère d'un Dieu qui n'en est pas un, et si, avant de murmurer son nom, il ne commençait pas par ôter à ce nom son vrai sens. Penser que la difficulté de concevoir la création est

---

[1] *Ibid.*, p. 389.

le seul obstacle qui s'oppose à un si heureux retour, voilà qui nous attriste plus que tous les sarcasmes des méchants et des sots. Et derrière notre tristesse il y a un étonnement. Les difficultés qui arrêtent M. Vacherot nous paraissent faites d'équivoques. Il voit dans la personnalité de Dieu, dans l'Infini en acte, dans la production *ex nihilo*, des contradictions qui n'y sont pas; et il les voit parce que son vocabulaire appartient tout entier à la philosophie païenne et qu'il n'a pas su reconnaître les réformes importantes introduites dans l'aristotélisme par la pensée chrétienne. S'il lisait saint Thomas, — ce qu'il n'a peut-être jamais fait, — M. Vacherot comprendrait sans doute que la vie de Dieu n'est pas la même chose que son opération au dehors. Ce jour-là il serait des nôtres, et le panthéiste vaincu laisserait passer le chrétien, dont nous sentons l'âme frémir à travers ses nobles regrets et ses religieuses tristesses.

LES PROPOSITIONS DE ROSMINI

CONDAMNÉES PAR LE SAINT-OFFICE

(Article publié dans les *Annales de philosophie chrétienne*, 1889.)

Le 7 mars 1888, quarante propositions extraites des œuvres posthumes de Rosmini ont été rejetées, condamnées et proscrites par le Saint-Office (*reprobat, damnat, proscribit*), et le décret a été sanctionné par le pape.

Si même j'appartenais à l'école rosminienne, — et il s'en faut de beaucoup, — je ne me croirais pas permis de poser la question de fait : Les doctrines formulées dans les quarantes propositions ont-elles été bien extraites, rendent-elles exactement la pensée contenue dans les écrits d'où on les a tirées ?

L'histoire du jansénisme nous apprend le danger de cette distinction du droit et du fait. Sans doute une condamnation du Saint-Office, même sanctionnée par le pape, n'est pas l'équivalent d'une bulle dogmatique comme celles qui ont condamné les cinq propositions de Jansénius, et l'acte du 7 mars 1888 n'est pas une définition de foi. Mais je regarderais comme téméraire celui qui contesterait l'exactitude de l'extrait, étant données les habitudes de rigueur logique et théologique qui président aux travaux du Saint-Office, la haute compétence des consulteurs et, dans l'espèce, cette circonstance particulière que l'auteur condamné a écrit en italien et en latin, en sorte qu'on n'a pas même la ressource de supposer que sa pensée ait été mal comprise par suite de la connaissance imparfaite que les examinateurs auraient eue de l'idiome dont il s'est servi.

En outre, le décret du Saint-Office affirme que les propositions censurées méritent de l'être *in proprio auctoris sensu*. Si ce décret n'est pas une définition de foi, il est du moins un acte disciplinaire en matière doctrinale, et celui-là désobéirait au Saint-Siège qui prétendrait que, si les doctrines formulées sont condamnables, les écrits d'où on les a extraites ne le sont pas.

La seule chose qu'on puisse et qu'on doive dire en faveur de Rosmini, — et le décret n'a pas manqué de le relever, — c'est que ces propositions sont tirées principalement des œuvres posthumes, publiées par les disciples du célèbre philosophe. Quelques personnes ont pensé que les documents dont on s'est servi pour composer ces ouvrages posthumes étaient moins des manuscrits rédigés et prêts à paraître que des notes où l'écrivain jetait sans distinction ce qui lui venait à l'esprit, tantôt comme idée à suivre, tantôt comme difficulté à éclaircir. Si cette hypothèse était vraie, l'expression : *In proprio auctoris sensu*, tomberait moins sur Rosmini lui-même que sur les éditeurs responsables qui lui auraient attribué ces opinions en les publiant sous son nom. Mais il faudrait conclure alors que ces éditeurs ont rendu un bien mauvais service à celui qu'ils ont voulu honorer.

De fait, il nous paraît exagéré de dire que la doctrine contenue dans les quarante propositions, du moins en ce qui concerne la philosophie, révèle un Rosmini inconnu jusqu'ici et que les écrits publiés de son vivant ne laissaient même pas pressentir. Mais il est très vrai que rien dans ces écrits n'approche en témérité, en fausseté périlleuse et choquante, des idées qu'on trouve disséminées dans les publications posthumes. Les erreurs théologiques les plus grossières y côtoient, sans lien logique apparent, les erreurs philosophiques dont le *germe,* comme dit le préambule du décret, était déjà contenu dans les œuvres connues de Rosmini. *Post obitum Antonii Rosmini Serbati quædam ejus nomine in lucem prodierunt scripta, quibus plura doctrinæ capita, quorum germina in prioribus hujus auctoris libris continebantur, clarius evolvuntur et explicantur.*

Cela dit en ce qui concerne l'auteur, nous cesserons aussitôt de nous occuper de lui, laissant à d'autres le soin d'attaquer ou de défendre sa gloire. En Italie, la question du rosminianisme passionne les esprits, parce qu'elle se complique d'une question politique. Si le patriotisme italien des provinces du Nord ne se croyait pas intéressé dans la cause du grand publiciste, je doute que l'aride et obscure théorie de l'Être en général pût suffire pour causer dans les esprits une agitation aussi vive, dans la portion la plus éclairée du clergé d'Italie une division aussi profonde.

En France, nous n'avons pas les mêmes raisons de nous émouvoir. Comme catholiques, nous voulons l'indépendance du pape. Pour tout le reste, que les Italiens s'arrangent entre eux, et qu'ils nous occupent le moins possible de leur patriotisme, qui revêt à notre égard un caractère ingrat et provoquant.

Si la société de Saint-Thomas-d'Aquin doit s'occuper des propositions condamnées, c'est pour chercher dans l'acte du Saint-Siège une lumière; c'est aussi pour profiter de la condensation savamment faite par ceux qui ont rédigé les extraits. Nous trouvons là, en effet, une suite, un système métaphysique et psychologique dont l'examen offre, ne fût-ce qu'à titre de curiosité, le plus vif intérêt.

N'est-il pas étrange, en vérité, de trouver dans l'Italie du Nord un génie allemand, d'entendre formuler dans la langue du Dante les élucubrations de Hegel, de voir un philosophe, nourri dans les études sacrées et familier avec l'enseignement traditionnel des écoles catholiques, passer de son propre mouvement à l'idéalisme germanique, tout en prétendant le combattre?

C'est donc une étude objective que nous entreprenons ici, par conséquent une étude sereine, dégagée de toute passion contre les personnes.

En outre, puisque nous parlons ici au nom de la philosophie, nous ne devrons nous occuper que des vingt-quatre premières propositions condamnées, les seize autres ayant pour objet des questions purement théologiques. Ceux qui auront la curiosité de lire ces dernières propositions se demanderont avec étonnement quel singulier attrait du bizarre et du faux a entraîné l'auteur à imaginer tant d'erreurs inutiles. Sans doute il y a vu autant de moyens de rendre moins obscurs les mystères de la Trinité, de l'Incarnation, de la Transsubstantiation, de l'Eucharistie, du péché originel et de l'Immaculée Conception, de la justification, de l'ordre surnaturel et de la vision béatifique, — car il touche à tout cela. — L'intention est excellente; mais le résultat est, à mon avis, tantôt d'épaissir l'obscurité, tantôt de dénaturer le dogme.

Seule parmi les seize dernières propositions, la trente-septième appartient au domaine de la philosophie. Nous la rattacherons à celles que nous avons à examiner.

Les vingt-cinq propositions d'ordre philosophique peuvent se diviser à leur tour en trois séries : la première série (propositions I à XIII) traite de l'Être; la seconde (propositions XIV à XIX) traite de la Création; la troisième série (propositions XX à XXIV et proposition XXXVII) traite de la nature humaine.

La théorie rosminienne de la Création étant liée étroitement à sa conception de l'Être, nous réunirons dans un même examen les deux premières séries.

Nous commencerons par l'exposé de la doctrine, puis nous passerons à la critique.

I. ÉXPOSÉ

Pour éviter toute équivoque, je répète que dans l'exposé qui va suivre je vais chercher la doctrine à analyser dans les propositions condamnées, en admettant comme certain qu'elles ont été bien extraites, mais sans m'occuper de savoir si toutes les opinions qu'elles représentent appartiennent en propre à Rosmini, ou si ses éditeurs lui en ont imputé à tort une partie.

1re Série : *Théorie de l'Être* [1].

L'être en général, c'est ce qui est commun à tous les êtres, c'est l'être considéré indépendamment de toute pro-

---

[1] I. In ordine rerum creatarum immediate manifestatur humano intellectui aliquid divini in se ipso, hujusmodi nempe quod ad divinam naturam pertineat.

II. Cum divinum dicimus in natura, vocabulum istud *divinum* non usurpamus ad significandum effectum non divinum causæ divinæ ; neque mens nobis est loqui de *divino* quodam quod tale sit per participationem.

III. In natura igitur universi, id est in intelligentiis quæ in ipso sunt, aliquid est cui convenit denominatio *divino* non sensu figurato, sed proprio.

Est actualitas non distincta a reliquo actualitatis divinæ.

IV. Esse indeterminatum, quod procul dubio notum est omnibus intelligentiis, est divinum illud quod homini in natura manifestatur.

V. Esse quod homo intuetur necesse est ut sit aliquid entis necessarii et æterni, causæ creantis, determinantis ac finientis omnium entium contingentium : atque hoc est Deus.

priété qui le qualifie, de tout degré qui le détermine. C'est le *summum genus* des logiciens.

Rosmini, dans les ouvrages qu'il a publiés lui-même, soutient que c'est l'idée de cet être en général qui est le premier objet de la pensée et qui devient ainsi la lumière intellectuelle éclairant toute autre pensée. Enfin il prétend être en cela, non pas l'adversaire, mais le fidèle interprète de saint Thomas d'Aquin.

Écartons pour le moment cette discussion.

Tenons-nous-en au texte des treize propositions; nous

VI. In esse quod præscindit a creaturis et a Deo, quod est indeterminatum, atque in Deo, esse non indeterminato sed absoluto, eadem est essentia.

VII. Esse indeterminatum intuitionis, esse initiale, est aliquid Verbi, quod mens Patris distinguit non realiter, sed secundum rationem, a Verbo.

VIII. Entia finita quibus componitur mundus resultant ex duobus elementis, id est ex termino reali finito et ex esse initiali quod eidem termino tribuit formam entis.

IX. Esse, objectum intuitionis, est actus initialis omnium entium.

Esse initiale est initium tam cognoscibilium quam subsistentium : est pariter initium Dei, prout a nobis concipitur, et creaturarum.

X. Esse virtuale et sine limitibus est prima ac simplicissima omnium entitatum, adeo ut quælibet alia entitas sit composita, et inter ipsius componentia semper et necessario sit esse virtuale. — Est pars essentialis omnium omnino entitatum, utut cogitatione dividantur.

XI. Quidditas (id quod res est) entis finiti non constituitur eo quod habet positivi, sed suis limitibus. Quidditas entis infiniti constituitur entitate, et est positiva; quidditas vero entis finiti constituitur limitibus entitatis, et est negativa.

XII. Finita realitas non est, sed Deus facit eam esse addendo infinitæ realitati limitationem.

Esse initiale fit essentia omnis entis realis.

Esse quod actuat naturas finitas, ipsis conjunctum, est recisum a Deo.

XIII. Discrimen inter esse absolutum et esse relativum non illud est quod intercedit substantiam inter et substantiam, sed aliud multo majus; unum enim est absolute ens, alterum est absolute non ens. At hoc alterum est relative ens. Cum autem ponitur ens relativum, non multiplicatur absolute ens; hinc absolutum et relativum absolute non sunt unica substantia, sed unicum esse; atque hoc sensu nulla est diversitas esse, imo habetur unitas esse.

y trouverons une aggravation inattendue des défauts qu'on reprochait déjà avec raison à la doctrine connue de Rosmini.

Généralement on considère l'être en général, le *summum genus,* comme une pure abstraction, née dans notre esprit par la comparaison des êtres, divers entre eux, que l'observation nous révèle. Il est vrai que cette notion se forme très vite dans l'esprit; elle est même, selon saint Thomas et toute son école, la première notion générale que l'esprit possède, précisément parce qu'elle est la plus indéterminée et la plus aisée à extraire des données sensibles avec l'instrument encore grossier et imparfait d'une réflexion naissante. Mais enfin c'est une abstraction, ce n'est pas une réalité en soi. L'être indéterminé n'existe pas; il n'y a que des êtres tels et tels.

En outre, la philosophie spiritualiste a bien soin de ne pas faire de l'être en général un genre tellement suprême, qu'il embrasserait à la fois Dieu et les créatures, le mot « être » n'ayant pas la même valeur quand il se dit de Dieu et des créatures : *Dicitur æquivoce, non univoce, de Deo et creaturis.*

Tous ces principes sont bouleversés dans la nouvelle doctrine. L'être indéterminé n'est plus une abstraction; c'est une réalité, que dis-je? une réalité divine. Cette réalité n'est pas tout l'être divin, elle en est l'élément initial; elle est aussi l'élément initial de l'être des créatures. Il y a donc un fond commun d'être en Dieu et dans les créatures. Ce n'est pas seulement la pensée qui crée ce fond commun par l'abstraction, en considérant en Dieu et dans les créatures la seule propriété d'être, indépendamment de toute qualité, de tout attribut. Non, il s'agit d'une identité objective et non pas seulement *in intentione.* Cet être indéterminé que je conçois en embrassant Dieu et les créatures dans un même concept, et l'être absolu de Dieu, ont la même essence. *In esse quod præscindit a creaturis et a Deo, quod est esse indeterminatum, atque in Deo, esse non indeterminato sed absoluto, eadem est essentia* (*prop.* VI). Ce que je vois de commun dans tous les êtres créés, ce qui fait l'objet du premier concept de mon entendement, est quelque chose de divin (*prop.* I et IV); de divin non pas seulement dans sa cause, mais en soi-même, non pas seulement par participation, mais par essence; non pas au sens figuré, mais au sens propre (*prop.* II et III); c'est une actualité qui ne fait qu'un avec l'ensemble de l'actualité divine (*prop.* III).

On voit quelle différence sépare cette doctrine de l'ontologisme. L'ontologisme prétendait bien que l'objet de l'entendement humain est quelque chose de divin, l'être de Dieu lui-même, mais l'être de Dieu complet, constitué dans toute son actualité et contenant en soit l'archétype universel de toutes les formes possibles du créé. Ici l'objet de l'entendement humain, c'est l'être indéterminé, dépouillé de toute spécification, et c'est ce genre vide qui entre dans la composition, si l'on peut ainsi parler, de l'essence divine (*prop.* V).

Mais alors, c'est le panthéisme? Si Dieu et la créature sont faits d'une même étoffe, la conséquence est inévitable. Non, répondra Rosmini; parce que l'être indéterminé, qui fait le fond commun à Dieu et aux créatures, n'est qu'un être initial, un commencement d'être; et il ne s'achève pas de la même manière en Dieu et dans les créatures. En Dieu, il s'achève par le développement positif de l'être nécessaire; dans la créature, il s'achève par voie négative, par voie de limitation.

Ainsi l'être indéterminé est comme la racine de l'être; ce qui le détermine, c'est la quiddité. Or la quiddité en Dieu est entité, dans la créature elle est limitation. L'être divin se distingue de tout autre par ce qu'il est; l'être créé se distingue de Dieu et des autres créatures par ses limites, c'est-à-dire parce qu'il n'est pas. Il y a du vrai là-dedans; ce qui est faux, c'est que l'être indéterminé soit quelque chose de réel; ce qui est faux encore, c'est qu'il suffise d'ajouter une limite à l'être indéterminé pour constituer un être fini. L'être indéterminé est une abstraction. Ajoutez une négation à une abstraction, vous ne ferez ni une pierre, ni un cheval, ni un homme. — Non, sans doute, dit Rosmini; mais Dieu le fera. Voici, en effet, le procédé de la création : aucune réalité finie n'existe; eh bien, Dieu fait qu'il en existe en ajoutant à la réalité infinie la limitation (*prop.* XII). A quelle réalité infinie? A l'être de Dieu complet et constitué? Mais non; il n'admettrait pas la limitation : à l'être initial de Dieu, qui est l'être indéterminé. Et, en effet, la proposition VIII dit formellement : « Les êtres finis dont se compose le monde résultent de deux éléments : d'un terme réel fini et de l'être initial qui donne à ce terme la forme d'être. »

On pourrait alors comparer l'être initial, l'être indéterminé, l'être objet premier de la pensée, l'être commun à Dieu et aux créatures (tout cela est synonyme dans la langue rosminienne) à une substance uniforme qui s'étend indéfiniment. Si on la coupe en morceaux de différentes formes et grandeurs, on a la diversité des essences finies, des espèces créées ou créables; si on la laisse se développer sans la couper, on a l'être divin. Comparaison grossière assurément, mais que suggère invinciblement la lecture surprenante des propositions condamnées. Ainsi, proposition IX : « L'être, objet de l'entendement, est l'acte initial de tous les êtres : l'être initial est le commencement tant des choses connaissables que des choses subsistantes; il est également le commencement de Dieu, tel qu'il est par nous conçu, et des créatures. » Proposition X : « L'être virtuel et sans limites est la première et la plus simple des entités, de telle sorte que toute autre entité est composée, et que dans ses composants entre toujours et nécessairement l'être virtuel. Il est partie essentielle de toutes les entités sans exception, quelque division qu'on leur fasse subir par la pensée. »

Dans la XIII° proposition, le philosophe spiritualiste se relève un peu : il affirme nettement qu'entre Dieu et la créature il n'y a pas unité de substance; que la différence même est plus grande entre l'un et l'autre qu'entre substance et substance; enfin il va jusqu'à dire, ce qui est excessif, que « si Dieu est absolument *être*, la créature est *absolument non-être*, bien que *relativement* elle soit être ». Mieux vaudrait dire qu'elle n'est pas l'être absolu, mais un être relatif; car un être relatif est absolument un être, quoiqu'il ne soit pas un être absolu. « Quand l'être relatif est posé, poursuit-on (*prop.* XIII), il n'y a pas absolument multiplication de l'être. » Ceci est vrai si on l'entend de l'être compréhensif ou intensif; c'est faux si on l'entend de l'être en extension. » Mais la conclusion ramène l'éternelle équivoque : « Donc l'absolu et le relatif ne sont pas, au sens absolu, une seule substance, mais un seul être; et dans ce sens il n'y a pas diversité d'être, il n'y a qu'un être unique. »

2° Série : *Théorie de la création* [1].

L'être indéterminé nous a été présenté dans la première série comme « quelque chose du Verbe divin que

---

[1] XIV. Divina abstractione producitur esse initiale, primum finitorum entium elementum; divina vero imaginatione producitur reale finitum, seu realitates omnes quibus mundus constat.

XV. Tertia operatio esse absoluti mundum creantis est divina synthesis, id est unio duorum elementorum: quæ sunt *esse initiale*, commune omnium finitorum entium initium, atque *reale* finitum, seu potius diversa realia finita, termini diversi ejusdem esse initialis. Qua unione creantur entia finita.

l'intelligence du Père ne distingue pas du Verbe réellement, mais rationnellement seulement » (*prop.* VII). Voilà les distinctions purement rationnelles introduites dans la connaissance divine. Jusqu'ici nous avions cru que c'était la faiblesse de l'esprit humain qui rendait ces distinctions nécessaires; que l'intelligence divine voit les choses dans leur unité concrète en même temps que dans leur idéalité, et qu'il y a équation parfaite entre le sujet et l'objet de la pensée infinie. S'il y a dans le Verbe de Dieu, objet de sa pensée, des choses réellement unes, que le pensant distingue rationnellement, cette équation n'existe plus; et voilà l'abstraction introduite dans la pensée de Dieu. Quoi! l'abstraction, cette ressource infirme de la raison humaine, qui n'atteint la vérité qu'en la dépouillant, en la divisant, en lui ôtant la vie, serait aussi le mode de la pensée éternelle? J'aurais cru calomnier Rosmini en lui prêtant cette énormité. La proposition XIV la formule expressément en compagnie d'une autre : avec l'abstraction, nous allons entendre parler de l'imagination divine : « C'est par l'abstraction divine qu'est produit l'être initial, premier élément des êtres finis; c'est par l'imagination divine qu'est produite la réalité finie, c'est-à-dire toutes les choses existantes dont se compose l'univers. »

Tout à l'heure nous avons appris (*prop.* XI et XII) que

XVI. Esse initiale per divinam synthesim ab intelligentia relatum, non ut intelligibile sed mere ut essentia, ad terminos finitos reales, efficit ut existant entia finita subjective et realiter.

XVII. Id unum efficit Deus creando, quod totum actum esse creaturarum integre ponit : hic igitur actus proprie non est factus, sed positus.

XVIII. Amor quo Deus se diligit etiam in creaturis, et qui est ratio qua se determinat ad creandum, moralem necessitatem constituit, quæ in ente perfectissimo semper inducit effectum : hujusmodi enim necessitas tantummodo in pluribus entibus imperfectis integram relinquit libertatem bilateralem.

XIX. Verbum est materia illa invisa ex qua, ut dicitur Sap. XI, 18, createæ fuerunt res omnes universi.

dans les créatures tout le positif c'est l'être initial qui est comme découpé dans le divin (*est recisum a Deo*), et que la détermination spécifique, la quiddité qui fixe le degré d'être est un élément purement négatif, une simple limitation. Cherchons alors à comprendre la création. Il s'agit de communiquer aux créatures futures ces deux éléments : Dieu fournira l'élément positif, l'être initial, en le regardant en lui-même et en le distinguant par l'abstraction comme destiné à procurer l'étoffe de telle ou telle réalité finie ; absolument comme dans un bloc de marbre je puis par l'abstraction distinguer mentalement les contours d'une statue. Que reste-t-il à faire pour créer la statue ? Ôter ce qu'il y a de trop, opération négative, limitative : pour la statue, le marteau du praticien effectue la besogne ; chez le Créateur, c'est l'*imagination divine* qui fournit la limite. Dieu se représente son être limité de telle ou de telle manière, et il a alors la vue d'une créature déterminée. Mais jusqu'ici tout se passe dans la région de l'idéal. Il reste à créer l'être réel et fini. La proposition XV nous fait assister à cette troisième opération, que Rosmini appelle la *divine synthèse*, c'est-à-dire le rapprochement des deux éléments, de l'être initial et des diverses limites qui distinguent les créatures. « Par ce rapprochement, les êtres bornés reçoivent leur origine. » *Qua unione creantur entia finita.*

Mais où se trouve en tout cela l'acte créateur ? Il est dans la volonté que Dieu a de rattacher par sa pensée l'être initial, qui est en lui sans limites, à telles ou telles limites conçues par lui. Vous me direz que concevoir des limites à l'être n'est pas produire un être limité. Rosmini vous répondra par une distinction subtile : Concevoir des limites à l'être considéré *comme intelligible* n'est pas créer ; mais si l'être est considéré non plus comme intelligible, mais en tant qu'essence, l'opération intellectuelle de Dieu rattachant cette essence à des limites fait apparaître un être limité. Avez-vous compris? Non, n'est-ce pas? C'est pourtant cela qu'il faudrait comprendre pour saisir le système. *Esse initiale per divinam synthesim ab intelligentia relatum non ut intelligibile, sed ut mera essentia, ad terminos finitos reales, efficit ut existant entia finita subjective et realiter (prop. XVI).*

Si j'entends quelque chose à cette théorie, c'est que la création, en somme, ne produit rien dans le sens d'une véritable causalité efficiente; elle prend l'être initial en Dieu, et par une opération d'ordre intellectuel le rapporte à une limite : *Esse initiale relatum ad terminos finitos.* Ce n'est pas là créer de l'être, c'est tout au plus le *poser*. J'allais tirer cette conclusion quand je la trouve formulée dans la proposition XVII : *Id unum efficit Deus creando quod totum actum esse creaturarum integre ponit;* ce que Dieu fait en créant, c'est uniquement de poser intégralement tout l'acte de l'être des créatures; cet acte donc (ou cette réalité) n'est pas proprement créé, mais posé : *Hic igitur actus proprie non est factus, sed positus.*

La proposition XVIII formule un système d'optimisme. L'optimisme comme tel n'est pas condamné. Il n'est pas défendu à ceux qui ont une tournure d'esprit *optimiste* de déclarer que le monde actuel est le meilleur. On peut élever contre cette assertion de graves objections rationnelles, même *à priori;* je suis de ceux qui pensent que dans la série ascendante des choses créées, *le meilleur possible* n'est pas plus possible que *le plus grand nombre possible* dans la série des nombres. Mais enfin, celui qui voit les choses autrement ne se heurterait pas, que je sache, aux condamnations du Saint-Siège, s'il respectait la liberté divine dans le choix du meilleur. Leibnitz, avec son principe de la raison suffisante, ne l'a pas respectée; il aboutit au déterminisme, à la formule fataliste : « Tout ce qui est doit être. » Rosmini tombe dans le même piège : il introduit en Dieu une nécessité morale de créer. L'amour que Dieu a pour lui-même ne le laisse pas libre de ne pas poser son être hors de lui. Cette nécessité purement morale (car il n'y a pas en Dieu de contrainte) laisserait place à la liberté chez certains êtres imparfaits. Mais un être parfait doit toujours suivre la nécessité morale, faire ce qui est le mieux. Il ne serait plus parfait s'il l'omettait.

Nous voici arrivés au terme de la deuxième série. Plusieurs fois, au cours de cette analyse, nous avons rendu la pensée de Rosmini par des paroles qui semblent toutes imprégnées de panthéisme : l'être initial, qui fait partie de l'essence de Dieu, est l'étoffe dont sont faites les créatures. Plus d'un lecteur nous aura sans doute accusé d'avoir exagéré et faussé la doctrine du maître. La proposition XIX vient nous laver de ce reproche. Le *Verbe*, dit-elle, est cette matière invisible de laquelle, selon le livre de la Sagesse [1], ont été faites toutes les choses de l'univers. — Nous traduisons *materia invisa* par « matière invisible » pour atténuer, autant que possible, l'énormité de l'erreur. — Faire du Verbe de Dieu l'étoffe des créatures, c'est déjà assez gros; mais en faire une matière, ce serait trop fort. Rosmini s'attache à cette épithète : *invisa*, qu'il traduit « invisible »; autant vaut dire « spirituelle », ce qui est moins indigne du Verbe. Mais selon nous c'est un contresens : *Materia invisa* signifie manifestement *matière première, que nul n'a jamais vue, toute nue et sans forme*, car la matière sans forme n'est qu'un être de raison, selon la philosophie antique, bien connue de l'auteur alexandrin du livre de la Sagesse. Mais, pour être impossible à voir

---

[1] *Manus tua quæ creavit orbem terrarum ex materia invisa*. Sap. xi, 18.

toute seule, cette matière première n'en est pas moins dans les choses l'élément matériel par excellence, l'élément infime, le principe de passivité, d'inertie, d'étendue, de masse, c'est-à-dire le contraire de l'esprit.

Au reste, substituez au mot « matière » le mot « étoffe » : vous n'aurez pas beaucoup amélioré le système, et la proposition XIX suffit à prouver que nous ne l'avons pas calomnié.

II. Critique

La critique est faite d'avance. Nous sommes en présence d'une erreur fondamentale exploitée de bonne foi par un esprit puissamment synthétique. Nécessairement elle le conduira jusqu'aux extrêmes ; et, s'il s'en détourne, ce sera aux dépens de la logique.

L'erreur fondamentale de Rosmini, c'est sa notion de l'être. Il part de ce fait que la première idée générale de l'esprit humain c'est l'être indéterminé, ce que le langage exprime par le mot *chose*. Soit, on peut lui accorder ce fait. Mais, si c'est la première idée générale, ce n'est pas la première connaissance. La connaissance commence par les objets sensibles, qui sont tous particuliers, concrets, déterminés. La vie intellectuelle commence avec l'exercice de l'abstraction. L'abstraction procède par l'élimination des différences, elle dégage l'élément commun ; d'où il suit que l'abstraction la plus facile, par conséquent la première en date, est celle qui élimine en bloc toutes les différences et ne retient comme élément commun que celui qui se retrouve en toutes choses, à savoir l'être. Ensuite le progrès de la connaissance intellectuelle se fait par la découverte d'un nombre croissant d'éléments communs entre certains groupes d'êtres. Le genre, qui était à son maximum d'extension avec la notion de l'être, » rétrécit à mesure que sa compréhension augmente; et c'est ainsi, en se rapprochant de l'espèce, seule capable d'actualisation, que s'effectue le retour vers la réalité. L'esprit est parti de la connaissance de la réalité sensible perçue dans le fait particulier, *sub hic et nunc;* il s'en est éloigné par l'abstraction qui lui a donné d'abord l'idée d'être ou de chose quelconque, puis il revient vers la réalité connue intellectuellement dans son type spécifique, dans son idée. La preuve que le progrès se fait dans ce sens, c'est que l'interrogation de l'enfant, mis en présence d'un nouvel objet, se fait toujours sous cette forme : *Qu'est-ce que c'est que cette choses-là ?* L'idée d'être est dans la question; et si l'idée d'être devait suffire à la réponse, la question serait inutile. Quand l'enfant a commencé à distinguer les objets par certains caractères généraux, il est porté à nommer d'un même nom tous ceux qui lui présentent ces caractères. S'il n'a jamais vu d'autres grands quadrupèdes que des chevaux, il appellera cheval un mulet et un âne, jusqu'à ce qu'on lui ait fait remarquer les différences. Il saura d'autant plus, qu'il ajoutera davantage à l'idée d'être.

Ces notions psychologiques et logiques sont élémentaires : il était pourtant nécessaire de les rappeler, car Rosmini paraît les avoir méconnues. Pour lui, l'être en général est le fond des choses. Eh! non ; ce n'est pas le fond des choses; c'est le résultat de la première, de la plus imparfaite des abstractions. L'être en général n'existe nulle part; et comme la perfection de la connaissance consiste dans son équation avec ce qui est, la connaissance parfaite serait celle qui n'aurait pas besoin de la notion de l'être en général pour arriver à saisir ce que les choses sont. L'abstraction est à la fois dans l'esprit humain l'instrument de sa force et le signe de sa faiblesse. C'est parce que l'homme peut abstraire qu'il est plus que l'animal, c'est parce qu'il a besoin d'abstraire qu'il est au-dessous de l'ange, si l'on admet la psychologie angélique de saint Thomas ; et encore la connaissance de l'ange est imparfaite, parce qu'il a besoin d'une idée ou espèce pour lui représenter les choses, idée plus ou moins universelle suivant le degré de sa perfection, et qui, d'après saint Thomas, est imprimée en lui par Dieu même. Dieu seul voit tous les êtres d'un seul regard à la fois dans leur idéalité et dans leur réalité. C'est là, c'est dans le sanctuaire inaccessible de la pensée divine qu'il faut aller chercher la perfection absolue de la connaissance ; et là il n'y a plus de place pour l'idée de l'être en général.

Voilà ce que Rosmini paraît avoir perdu de vue. Son ontologie dérive de sa psychologie : l'être est pour lui calqué sur l'intelligible, et ce serait à bon droit s'il prenait pour type l'intelligible divin, qui coïncide exactement avec l'être divin, lequel est à son tour l'être total en intensité. Mais non, il semble prendre pour type de l'intelligible, *esse intuitionis*, l'objet de la pensée humaine ; et, pour y trouver l'infini de l'être, il est obligé de supprimer toute limitation ; mais l'intelligible humain ne devient illimité qu'en perdant toutes les notes positives pour s'évanouir dans l'extension sans bornes de l'être en général qui est l'être sans réalité. Voilà le quiproquo originel d'où dérivent toutes les erreurs rosminiennes. Il prend l'*infini* des Grecs, qui est l'indéterminé, τὸ ἄπειρον, et il veut l'identifier avec l'infini de la philosophie chrétienne, qui est à la fois l'idéal parfait et le concret suprême ; il fait de cet indéterminé le fond des choses et de Dieu lui-même, parce que c'est le fond, mais le fond négatif, de la pensée humaine.

De là cette idée étrange qu'il y a en Dieu un être initial qui lui est commun avec la créature. Tout le reste suit avec une inflexible logique. Si l'indéterminé est le fond de Dieu, il faut que Dieu s'achève par autre chose; et de même pour la créature. Ce qui achèvera Dieu, c'est l'absence de limite; ce qui achèvera la créature, c'est l'introduction de la limite. Mais en quoi l'absence de limite détermine-t-elle l'indéterminé? Un Dieu dont le fond est un être sans propriétés n'acquiert pas de propriétés par cela seul que rien ne le borne. Il reste à l'état d'abîme chaotique ou d'universel devenir, le βυθός des Alexandrins ou le *Werden* de Hegel. Ce n'est pas là le vrai Dieu. Et en quoi la limitation, qui est une négation, déterminera-t-elle la créature? Suffit-il de borner l'indéfini pour produire un être? Tout au plus cela suffira-t-il pour dessiner un concept dans l'entendement. C'est pour cela, sans doute, que Rosmini fait de la création une opération intellectuelle, un acte d'*abstraction divine*. Mais je ne vois point la production de substance; et quand Rosmini ajoute à cette abstraction un acte d'*imagination divine* qui pose le terme, je m'étonne d'entendre attribuer à Dieu l'imagination dont il n'a que faire, mais je ne comprends pas comment l'imagination peut poser des limites, sinon imaginaires; et enfin, quand le subtil métaphysicien essaie d'unir les deux premières opérations par une synthèse qui met l'être initial, discerné par l'abstraction, en rapport avec les limites posées par l'imagination, je ne vois pas plus en cela que dans ce qui précède une causalité efficiente. Je m'explique alors que, d'après Rosmini, l'existence ou la réalité de la créature soit plutôt *posée* que *créée;* il me semble même qu'elle n'est posée qu'idéalement, et qu'il n'y a là aucun commencement d'être.

J'ai indiqué la genèse des erreurs; il reste à en signaler la gravité et les conséquences. Il me suffira pour cela de montrer dans le système des dix-neuf propositions une forme latine de l'idéalisme allemand, qui est l'antithèse la plus irréductible de la métaphysique spiritualiste et chrétienne. Ce n'est pas chose aisée de comparer une doctrine à l'idéalisme allemand, car pour cela il faut donner une idée juste de ce dernier, et l'on sait si ce Protée se laisse facilement arracher son secret.

C'est dans le grand ouvrage de M. Vacherot, *la Métaphysique et la Science*, que j'ai été rajeunir mes souvenirs touchant le système hégélien. M. Vacherot en est peut-être pour nous le meilleur interprète : honnête et sincère par nature, libre de tout préjugé défavorable contre une théorie qui n'est pas très éloignée de la sienne, assez pénétrant pour saisir dans ce chaos ce qui est saisissable, disposant d'un style intermédiaire entre la clarté française et l'obscurité germanique, il est, semble-t-il, l'exégète prédestiné de ces doctrines bizarres que si peu d'hommes ont comprises et qui ont cependant exercé une influence décisive sur les idées et sur les événements du siècle.

Je cherche à mon tour à quintessencier M. Vacherot, et voici ce que j'en extrais.

Kant a posé le principe de l'idéalisme en réduisant les axiomes de la raison à des formes *à priori* de l'esprit humain, d'où l'impossibilité logique de sortir du subjectif pour atteindre le *noumène*.

L'esprit humain n'a pas accepté la consigne qui lui interdisait la région de la chose en soi. Il a essayé, même en Allemagne, de forcer la barrière. Fichte, Schelling, Hegel, représentent trois tentatives progressives pour atteindre à ce but.

Fichte identifie le moi et le non-moi en faisant du second la création du premier. L'inconnaissable n'existe plus ; la chose en soi, c'est moi qui la crée. Ma pensée fait son objet, et, selon un mot célèbre, je crée Dieu.

Schelling repousse ce subjectivisme délirant ; c'est dans l'*absolu* qu'il cherche la synthèse de la pensée et de son objet. Kant avait déclaré cette synthèse impossible en accumulant les antinomies de la raison; preuves, selon lui, du défaut d'équation entre la pensée et la chose en soi. Schelling accepte ces antinomies, mais les confine dans le domaine de l'entendement, qui ne fait qu'idéaliser les données de la sensibilité. Au-dessus de l'entendement est la raison, faculté dont le rôle est de saisir les rapports nécessaires entre les idées conçues par l'entendement, et de passer outre aux résultats de l'analyse par l'affirmation transcendante de l'absolu. Or, si les antinomies abondent dans la région de l'entendement, c'est que là règne le principe de contradiction, tandis que le principe d'identité est la loi de la raison.

« Ce que l'imagination et l'entendement regardent comme absurde et contradictoire est précisément ce que la raison proclame nécessaire et absolument vrai. Ainsi il implique pour l'imagination que la matière ne soit pas divisible à l'infini. Il implique pour l'entendement qu'un être soit cause et effet en même temps ; que le monde et Dieu soient substantiellement identiques, tout en restant distincts; que l'activité humaine soit tout à la fois libre et nécessaire. Or la raison montre que la notion de la matière, telle que l'imagination nous la donne, n'est qu'une représentation sans vérité des phénomènes sensibles ; que l'action réciproque de l'âme sur le corps, et du corps sur l'âme, s'explique par la vraie notion de la substance ; que la liberté et la nécessité, loin de s'exclure, se supposent dans la vraie notion de l'activité ; que l'infini et le fini, l'universel et les individus, ne sont pas des termes qu'on puisse distinguer et opposer entre eux, comme on distingue et on oppose les êtres individuels. Sur toutes ces questions, les contraires se résolvent dans une synthèse supérieure. Donc l'identité est le principe de la raison, comme la contradiction est le principe de l'entendement.

Si celui-ci gouverne toutes les sciences, celui-là règne en maître sur la métaphysique. L'identité est le premier mot et le dernier mot de la philosophie allemande, la clef de son système, la formule universelle par laquelle tout s'explique et à laquelle tout vient aboutir. C'est l'Absolu, c'est Dieu. Tout est un, toujours et partout. Ramener toute différence à l'identité, tel est l'unique et constant problème de cette philosophie, dans la nature et dans l'histoire [1]. »

Hegel survient et entreprend de nous faire connaître, dans son fond et dans son développement, l'Absolu de Schelling. Cet absolu, c'est l'*idée*. L'être et la pensée se confondent. Si on les distingue, c'est qu'on appelle pensée la conscience de la pensée, qui est évidemment subjective et individuelle. La pensée elle-même est absolue; elle se pose par elle-même et se développe suivant la triple loi de la thèse, de l'antithèse et de la synthèse. Hegel poursuit cette triade à travers la métaphysique, la science, l'histoire, la morale et l'art. En métaphysique (c'est le seul objet qui nous occupe), la triade c'est l'*être*, le *devenir*, l'*existence*.

Le premier terme ou l'être, qu'est-il ? C'est l'être abstrait, qu'on peut appeler indifféremment l'*être-néant*, puisqu'il n'est rien de déterminé, ou l'*être-tout*, puisqu'il peut tout devenir. C'est la puissance pure ou la matière première d'Aristote, avec cette différence qu'Aristote présuppose l'existence de l'acte pur, et n'admet le développement de la puissance que sous l'excitation de l'être en acte, tandis que Hegel, mettant l'abstrait, l'indéterminé, le potentiel à l'origine de la pensée et de l'être, est obligé d'admettre que le développement se fait de lui-même par l'intervention du second terme, le devenir.

« Le devenir, dit M. Vacherot, est un mouvement de

[1] Vacherot, *la Métaphysique et la Science*, 2ᵉ édit., t. III, p. 14-15.

l'être en travail pour se dégager du néant. Dans ce mouvement, l'être abstrait tend à se diviser, *à se nier*, à se déterminer, à être ceci et *non* cela. »

Enfin, « la pensée (ou l'être) ne peut pas plus s'arrêter au devenir qu'au pur néant. Car le devenir n'est encore que l'agitation de l'être vague aspirant à se fixer ; il n'est pas l'être fixé. Quand il se fixe, il perd son caractère et son nom. Ce n'est plus le devenir, c'est l'existence dans toute la force étymologique du mot. »

Il est facile de montrer et l'erreur originelle et la conséquence fatale de ce système. L'erreur originelle, c'est de placer l'abstrait à l'origine de la pensée éternelle, le vide, l'indéterminé à l'origine de l'être ; car alors, pour sortir de là, il faut que cet être, qui n'est rien, soit à un moment donné quelque chose. Quand il se transforme en devenir, quand il sent le besoin de s'opposer à lui-même, de se nier, etc., il est autre que quand il se reposait dans son néant. Il a donc changé tout seul ; c'est l'indétermination qui a produit la détermination. Ma *raison*, aussi bien que mon *entendement*, se refuse à admettre cette contradiction, et le reste n'est plus à mes yeux que logomachie.

Mais la conséquence est funeste. Si l'abstrait est à l'origine de l'être, tout ce qui le détermine le rapetisse, et Dieu est impossible. Dieu n'est pas l'être initial, puisque cet être est un pur néant ; il n'est pas l'être terminal, puisque celui-ci ne doit sa réalité qu'à ses limites. Et c'est ainsi que l'idéalisme conduit à l'athéisme et à toutes ses conséquences.

Revenons à Rosmini. La ressemblance n'est-elle pas frappante ? Sans doute, l'auteur italien est un trop ferme chrétien pour accepter les conclusions de l'hégélianisme. Mais la logique l'y pousserait, si sa foi ne le retenait sur la pente. Comme Hegel, Rosmini identifie la pensée et l'être ; et cela non pas en Dieu seulement, ce qui serait vrai, mais à propos de l'intelligible humain, puisque pour lui l'être initial, fond de toutes choses et de Dieu même, c'est l'être indéterminé, l'être en général, premier objet de la pensée à l'état rationnel. Comme Hegel, Rosmini confond le *processus* de l'esprit humain avec le développement objectif de l'être ; et parce que l'esprit humain, après avoir abstrait l'idée de la donnée sensible, va de l'idée abstraite à une notion plus déterminée, il admet que pareillement l'être commence par l'indétermination : *Esse initiale, esse intuitionis.* Comme Hegel enfin, Rosmini admet que cet être initial, qui est l'être sans propriétés, trouve en lui-même de quoi s'achever, comme si le *plus* pouvait sortir nécessairement du *moins*, et le réel du possible. Voilà l'analogie, elle est saisissante.

La différence commence à propos de l'achèvement de l'être divin. Pour Rosmini, qui veut arriver au vrai Dieu, — il le faut bien, — cet achèvement se fait par le développement de l'être initial en dehors de toute limite, par la vertu native de l'être ; pour Hegel, cet achèvement s'accomplit par l'opposition de l'être initial à lui-même par l'introduction de la limite. Rosmini admet bien ce procédé, mais pour la production de la créature, non pour la constitution de l'être divin. Hegel n'a pas besoin de cette distinction, puisque pour lui Dieu et la réalité sont deux termes qui s'excluent. De quel côté est la logique ? Évidemment du côté de Hegel. C'est étonnant, puisqu'il passe à bon droit pour le logicien de la contradiction. Mais ce n'en est pas moins certain. Si l'être nécessaire, l'être originel, est indéterminé, il ne peut se concrétiser que par la limite ; s'il trouve en lui-même la raison d'une perfection réelle, c'est qu'il est parfait dès l'origine, et alors adieu l'indétermination initiale.

Ainsi Hegel emporte sur Rosmini la palme de la logique ; son être initial reste fidèle à ses origines, celui de Rosmini dément les siennes. Il y a dans le système du philosophe italien une contradiction résultant du conflit entre son principe, qui est hégélien, et l'ensemble de ses convictions, qui portent l'empreinte du spiritualisme chrétien. C'est à force de subtilité qu'il parvient à sauver les apparences d'unité que garde sa synthèse. Ceux que cette subtilité décourage se détourneront de sa théorie, et par là échapperont au péril qu'elle entraîne; ceux qui voudront aller au fond y retrouveront le principe hégélien qui donne la priorité à l'abstrait sur le concret, à la puissance sur l'acte; et s'ils boivent le poison de cette erreur fondamentale, ils en resteront infectés pour toujours.

C'est plus qu'il n'en faut, assurément, pour justifier la conduite du Saint-Siège dans la condamnation du rosminianisme et dans la faveur témoignée à la restauration du thomisme.

D'une part, en effet, l'Église, gardienne des vérités révélées, doit par là même veiller au dépôt des vérités rationnelles qui servent de support à la révélation elle-même. La première de ces vérités, c'est l'existence du vrai Dieu, dont la notion, seule conforme aux exigences de la raison, est néanmoins si difficile à préserver des altérations que la faiblesse de notre esprit menace sans cesse d'y introduire. Or la notion du vrai Dieu, c'est avant tout la notion de l'acte pur, de l'infini en acte, de l'actualité totale de l'être; c'est la synthèse vivante de l'idéal et du réel, c'est le Dieu qui n'a pas besoin de s'achever, qui ne connaît ni processus ni développement, qui est le tout-être en intensité par la vertu même de l'être; la notion aussi du Créateur, qui pose en dehors de lui, par causalité véritable et efficiente, des imitations réduites, des reproductions imparfaites de son être; qui crée sans se développer, sans s'amoindrir, sans augmenter la somme de perfection qui est pleine en lui-même, mais en multipliant les sujets substantiels qui en reçoivent la participation. Voilà le vrai Dieu, et qui le méconnaît ouvre la porte à l'idéalisme, cet allié inconscient ou ce complice, suivant les cas, du matérialisme athée. Or ce vrai Dieu n'existe et n'est possible que si l'acte précède la puissance et si le concret suprême est à l'origine de toutes choses. Rosmini, en plaçant l'abstrait à l'origine, ruine l'être divin ; et en faisant de cet abstrait le fond commun de Dieu et de la créature, il ruine la création elle-même.

Ainsi le débat fondamental est un débat métaphysique. La vraie religion a besoin de la vraie métaphysique. Mais quel est le système métaphysique auquel revient l'honneur d'avoir posé le vrai principe : *Actus prior est potentia ?* C'est le système d'Aristote. Et où donc trouverons-nous l'aristotélisme purifié des erreurs d'Aristote lui-même, formulant mieux que n'a su le faire le Stagyrite le rôle de la cause efficiente dans la création ? Nous le trouverons dans l'école du XIIIe siècle. Aristote n'a guère vu en Dieu que le moteur par attraction, la cause finale. Saint Thomas et les docteurs catholiques ont montré en lui le moteur par impulsion, la cause efficiente. Ils ont rattaché cette vérité oubliée au grand principe métaphysique de la priorité de l'acte sur la puissance. En faisant cela, ils ont condamné d'avance Hegel et Rosmini, et du même coup ils ont assis sur une base inébranlable la métaphysique et la théodicée, la cosmologie et la morale, ces pôles nécessaires vers lesquels l'homme oriente sa pensée dans la recherche de ses origines et de sa destinée.

3ᵉ Série : *La nature humaine.*

Il nous reste à examiner les propositions de la 3ᵉ série, celles qui ont trait à la nature humaine (*prop.* XX-XXIV, et *prop.* XXXVII)[1].

La proposition XXXVII est isolée : elle ramène au milieu des questions d'ordre théologique le problème philosophique de la connaissance et le rattache à la théologie par une conception obscure et fausse du rôle que le Verbe divin joue dans la connaissance humaine. Les cinq propositions XX-XXIV formulent la théorie rosminienne du *composé*

---

[1] XX. Non repugnat ut anima humana generatione multiplicetur, ita ut concipiatur eam ab imperfecto, nempe a gradu sensitivo, ad perfectum, nempe ad gradum intellectivum, procedere (*Psicol.* l. IV, c. v, n° 819; — *Teosof.* v. I, n° 646, p. 619).

XXI. Cum sensitivo principio intuibile fit esse, hoc solo tactu, hac sui unione, principium illud antea solum sentiens, nunc simul intelligens, ad nobiliorem statum evehitur, naturam mutat ac fit intelligens, subsistens atque immortale (*Antrop.* l. IV, n° 654; — *Teosof.* v. I, n° 646, p. 619).

XXII. Non est cogitatu impossibile divina potentia fieri posse ut a corpore animato dividatur anima intellectiva, et ipsum adhuc maneat animale : maneret nempe in ipso, tamquam basis puri animalis, principium animale, quod antea in eo erat veluti appendix (*Teosof.* v. I, n° 621, p. 591).

XXIII. In statu naturali, anima defuncti existit perinde ac non existeret : cum non possit ullam super seipsam reflexionem exercere, aut ullam habere sui conscientiam, ipsius conditio similis dici potest statui tenebrarum perpetuarum et somni perpetui (*Teodic.* Appendix, a. 10, p. 638; — *Intr. del. Vang. sec. Giov.* l. 69, p. 217, n° 819).

XXIV. Forma substantialis corporis est potius effectus animæ atque interior terminus operationis ipsius : propterea forma substantialis corporis non est ipsa anima (*Psicol.* IIᵉ p., l. I, c. XI).

XXXVII. Primum lumen reddens animam intelligentem est esse ideale; alterum primum lumen est etiam esse, non tamen mere ideale sed subsistens ac vivens : illud abscondens suam personnalitatem ostendit solum suam objectivitatem : at qui videt alterum (quod est Verbum), etiamsi per speculum et in ænigmate, videt Deum (*Introd. alla Filos.* n° 85).

humain. Elles touchent à trois ordres de problèmes : L'âme raisonnable est-elle l'évolution ascendante d'un principe vital inférieur? et, si cela est, comment s'opère cette élévation? En quel sens et jusqu'à quel degré l'âme raisonnable est-elle le principe de la vie du corps? Quelle serait, dans une économie purement naturelle, la condition de l'âme séparée du corps par la mort?

Les propositions XX et XXI traitent du premier point. La question de l'animation du fœtus a de tout temps exercé les philosophes spiritualistes. Les matérialistes ne s'en inquiètent guère; pour eux la génération physique est la seule origine de l'être humain; l'âme ne se distingue pas de l'ensemble des forces vitales dont elle est la résultante. Mais quand on croit à l'âme raisonnable, sujet substantiel de la pensée, deux questions se posent inévitablement : D'où vient-elle? et quand vient-elle? A la première question la raison et la foi répondent sans hésiter : Elle vient de Dieu par création immédiate et singulière. Un principe immatériel ne peut pas être tiré par voie de génération d'une puissance matérielle. Or cette âme créée par Dieu est destinée à devenir pour le corps un principe de vie. Le corps pourtant commence par exister sans elle, puisqu'il a une origine différente et naît de la matière par la fécondation d'un germe préexistant. C'est même la formation de l'embryon humain qui appelle l'âme à l'existence par une sorte d'invocation de la nature à la puissance créatrice. Donc il y a un moment où l'embryon n'est humain qu'en puissance, par origine et par destination, puisqu'il vient de l'homme, puisqu'il tend à faire un homme, mais qu'il manque encore du principe formel de l'être humain qui est l'âme raisonnable. Cet embryon néanmoins n'est pas informe; il évolue selon une loi spécifique invariable, il s'accroît, s'organise, se différencie d'heure en heure; il y a donc déjà en lui un principe formel correspondant au moins à la vie végétative, plus tard à la vie sensitive. Que devient ce principe inférieur quand l'âme raisonnable est créée? Subsiste-t-il au-dessous d'elle, pour présider à la vie du corps et disparaître avec lui? C'est le système vitaliste de l'école de Montpellier; c'était déjà, au XVI° siècle, le polydynamisme de Van Helmont; c'est enfin, dans l'antiquité et au moyen âge, la théorie de certains philosophes qui admettent la formation successive de trois âmes, l'une végétative, l'autre sensitive, la troisième raisonnable, et la permanence des principes inférieurs au-dessous des formes supérieures qui leur sont surajoutées.

Une autre solution du problème consiste à tirer ces formes les unes des autres par voie de génération (au sens aristotélicien) ou d'évolution (au sens moderne), mais en ayant soin de faire intervenir la puissance de Dieu pour expliquer que le *plus* sorte du *moins*.

Enfin la solution véritable, celle de saint Thomas, consiste à voir dans l'apparition de chaque forme supérieure la destruction de celle qui la précède, le principe sensitif succédant par voie de génération (au sens péripatéticien) à l'âme végétative, et l'âme raisonnable survenant par voie de création pour faire disparaître et remplacer *éminemment* les deux formes inférieures.

A quel moment s'opère, selon ce système, l'infusion de l'âme raisonnable? Cette question est liée à une question de physiologie. L'âme ayant besoin pour penser de recevoir les images sensibles, il est naturel d'admettre qu'elle survient à l'organisme alors que celui-ci est assez formé pour fournir les éléments nécessaires aux perceptions des sens, alors du moins que ces éléments ont commencé de se différencier assez pour caractériser l'organisme humain.

Les matérialistes contemporains triomphent quand ils

nous montrent l'embryon humain d'abord semblable à celui des invertébrés, puis affectant successivement les caractères anatomiques du poisson, du reptile amphibie, enfin du mammifère. Il est permis de n'accepter que sous bénéfice d'inventaire ces assimilations quelque peu hasardées. Mais si elles contiennent quelque chose de vrai, la théorie des *principes formels successifs*, empruntée à la doctrine de saint Thomas, en rendrait compte beaucoup mieux encore que l'étrange hypothèse selon laquelle la nature répéterait en quelques mois, dans la vie fœtale de l'individu, le stade qu'elle aurait parcouru dans la vie des espèces durant des milliers de siècles [1].

Quelle position prend Rosmini entre ces solutions diverses? Il incline vers la seconde, celle qui tire l'âme raisonnable de l'âme sensitive. C'est sous forme de simple hypothèse, à titre de chose possible, *qui ne répugne pas*, que cette idée est formulée dans la proposition XX. Mais il semble bien que Rosmini s'approprie cette hypothèse et la tienne pour vraie, car aussitôt il la rattache à son système de la connaissance et à sa théorie de l'être. C'est

[1] Il faut avouer néanmoins que la difficulté reste toujours grande d'expliquer, *en dehors d'une action créatrice*, le progrès ontologique de chaque forme sur celle qui l'a précédée. Saint Thomas veut qu'il y ait, à chaque passage, *corruption* et *génération* proprement dites, c'est-à-dire destruction totale de la forme précédente et production d'une forme entièrement nouvelle. La destruction de l'une n'est pas la cause de l'apparition de l'autre, elle n'en est que la condition. Il faut une cause : si ce n'est pas un acte créateur, il faut que ce soit une influence naturelle supérieure. Au lieu de la chercher au dehors, dans les astres ou ailleurs, n'est-il pas plus simple de supposer, avec certains scolastiques, que c'est l'âme raisonnable elle-même, contemporaine par sa création de la conception du fœtus, et qui préside à tout le développement de la vie embryonnaire, jouant tour à tour les rôles divers attribués par saint Thomas à des formes successives? Dans ce cas, s'il fallait vraiment admettre ce qu'on nous dit des variations morphologiques du fœtus, ce serait l'âme qui inconsciemment résumerait les phases cosmiques dans le développement progressif du corps en formation.

l'être en général, l'être idéal, qui, en s'offrant au regard de l'âme sensitive, la transforme par son seul contact et l'élève à la dignité de principe intelligent, subsistant et immortel (*prop.* XXI). Le philosophe de Roveredo ne se dissimule pas l'énormité de la distance à franchir pour passer du premier état au second. Ce n'est pas moins qu'un changement de nature, *naturam mutat*. Mais c'est l'œuvre de l'*idée de l'être*.

Nous retrouvons ici la tendance rosminienne, qui est de tout réduire à des opérations d'ordre intellectuel. Quand il s'agissait d'expliquer la création, Rosmini nous y montrait un acte d'*abstraction divine* distinguant le fini dans le possible et le rapportant à des limites données (*prop.* XVI). Maintenant nous sommes en face d'une âme purement végétative et sensitive, non subsistante et périssable, qui anime l'embryon humain : il s'agit de l'élever au rang d'âme raisonnable, de lui conférer, avec l'intelligence et la liberté morale, la subsistance et l'immortalité. Comment va s'opérer ce difficile passage? Par une influence intellectuelle. L'être idéal se présente à la porte de cette âme inférieure : il darde sur elle ses rayons. Par nature elle est incapable de les percevoir ; elle est comme un aveugle devant la lumière. N'importe, la lumière fera de cet aveugle un voyant. Quand Rosmini a imaginé cette théorie, Darwin était encore inconnu et Lamarck était oublié. N'est-ce pas pourtant le plus pur transformisme que le psychologue italien formule ici? Cette âme qui devient intelligente pour saisir l'intelligible, c'est le poisson de Darwin à qui il vient des yeux quand il passe des cavernes sous-marines aux mers lumineuses. Ce n'est pas beaucoup plus compréhensible dans un cas que dans l'autre.

On me dira que l'être idéal c'est l'être divin ; qu'en Dieu l'intelligible et l'intelligence sont acte et ne font qu'un substantiellement avec sa puissance ; que ce n'est donc pas merveille si l'intelligible divin produit l'intelligence humaine en excitant l'*intellection*. Cette explication ne saurait me satisfaire.

D'abord l'être idéal est quelque chose de Dieu, ce n'est pas Dieu lui-même, du moins Dieu tout entier; c'est l'être initial de Dieu; autrement l'idéalisme de Rosmini se confondrait avec l'ontologisme de Malebranche ou de Gioberti, ce qui n'est pas. Or la vision en Dieu de Malebranche et la formule de Gioberti mettent bien l'esprit humain en contact avec la substance de Dieu, avec son être complet et vivant, dans lequel tous les attributs et toutes les opérations se confondent. Je conçois qu'un tel être soit actif et révélateur, qu'il soit même créateur. Mais l'être initial commun à Dieu et aux créatures, l'abstraction suprême, le *summum genus*, ne saurait agir. D'après Rosmini lui-même, cet être ne devient Dieu qu'en se complétant par un développement sans limites, et ce n'est pas en tant que tel, mais en tant qu'être indéterminé qu'il est l'objet premier de l'entendement humain; dès lors comment la rencontre de cet objet premier peut-elle avoir sur l'âme sensitive du fœtus une action créatrice? Car c'est bien d'une création qu'il s'agit : *Changer la nature* d'un être, lui conférer les puissances nouvelles qui n'entraient pas d'avance dans son degré d'être, c'est faire quelque chose de rien, c'est créer.

Et telle est, pour le dire en passant, l'objection, à mes yeux insoluble, qu'on peut faire au transformisme, objection d'ordre métaphysique et qui ne touche que les philosophes. Laissons de côté les difficultés théologiques; admettons, pour ma part j'y suis tout disposé, que la révélation nous laisse à cet égard toute liberté, pourvu que l'évolution des espèces soit rapportée, aussi bien que leur origine première, à la puissance et à la sagesse d'un créateur préexistant. Selon ce transformisme orthodoxe, le *plus* ne

sort pas du *moins* sans cause, puisque la causalité divine
est en jeu ; mais il s'agit de montrer que cette causalité se
distingue d'une création véritable. Or c'est cette distinction qui m'échappe. Je conçois, en effet, que quand un
être est constitué dans son essence par des puissances
déterminées qui marquent sa place dans l'échelle ontologique, quelques-unes de ces puissances soient comme liées,
assoupies, attendant d'une excitation extérieure et naturelle le choc qui doit les éveiller et les pousser jusqu'à leur
développement. Mais que des puissances nouvelles apparaissent, qui ne préexistaient à aucun degré, voilà ce que
je ne puis concevoir que sous la forme d'une création véritable. Peu importe que le sujet préexiste : si son essence
est changée, quelque chose est produit qui ne sort pas de
lui, qui survient du dehors et que Dieu seul peut fournir : cela, c'est la création. Saint Thomas s'en explique
avec sa netteté ordinaire dans un admirable passage de la
Somme théologique où il semble qu'il ait sous les yeux tout
ensemble et la théorie de Rosmini et celle de Darwin [1].
« Dicunt ergo quidam quod supra animam vegetabilem,
quæ primo inerat, supervenit alia anima, quæ est sensitiva : supra illam iterum alia quæ est intellectiva. Et sic
sunt in homine tres animæ, quarum una est in potentia
ad aliam ; quod supra improbatum est (*quæst.*, LXXVI,
art. 3). Et ideo alii dicunt, quod illa eadem anima quæ
primo fuit vegetativa tantum, postmodum, per actionem
virtutis quæ est in semine, perducitur ad hoc ut ipsa
eadem fiat intellectiva, non quidem per virtutem activam
seminis, sed per virtutem superioris agentis, scilicet Dei
de foris illustrantis. Et propter hoc dicit Philosophus (*De
gener. anim.*, l. II, c. XXXIII) quod intellectus venit ab
extrinseco. Sed hoc stare non potest : primo quidem, quia

---

[1] *Sum. theol.* I, 118, 2, ad 2um.

nulla forma substantialis recipit magis et minus; sed superadditio majoris perfectionis facit aliam speciem, sicut additio unitatis facit aliam speciem in numeris. Non est autem possibile ut una et eadem forma numero sit diversarum specierum... »

Aucune forme vraiment substantielle n'est susceptible d'accroissement et de diminution. Si on lui suppose de l'accroissement, on suppose par là même qu'elle change d'espèce par une addition d'être qui vient du Créateur et qui ne se distingue pas d'une création; de même qu'un nombre ne peut s'accroître sans cesser d'être le même nombre.

Ce principe est inébranlable. Ce qui ne l'est pas, ce sont les classifications faites par les hommes. Si la science nous oblige de reconnaître de simples variétés là où nous avions cru voir des espèces, la métaphysique n'y saurait contredire[1]. S'il arrivait même que de véritables transformations d'espèces fussent constatées, ce qui n'a pas eu lieu jusqu'à présent, il faudrait alors admettre des créations successives, ce qui n'a rien d'impossible. La science, dans ce cas, nous amènerait à une conclusion dont elle paraît plus que jamais avoir horreur. Ce serait à elle à sacrifier ses répugnances; la philosophie n'en serait pas déconcertée. Mais ce que la philosophie interdit d'admettre, ce sont des transformations naturelles qui tirent des choses, sans création nouvelle, ce qu'elles ne contiennent pas, même en puissance.

Telle nous paraît bien être la fécondation de l'âme sensitive par l'être idéal selon le système de Rosmini. Il en résulte une création véritable, et cependant le Créateur

---

[1] En effet, ce qu'on peut accorder au transformisme, c'est que, devant certaines indications de la paléontologie, il y a peut être lieu de donner au mot espèce un sens plus large que celui qu'on lui donne d'ordinaire, et d'admettre une certaine plasticité dans les types primitifs. (V. *Conférences de Notre-Dame*, 1891, note 30, page 407.)

n'intervient qu'à travers l'être indéterminé qui ne participe à aucun degré du pouvoir créateur. La condamnation de la proposition XXI nous paraît donc amplement justifiée aux yeux de la philosophie.

Les propositions XXII et XXIV nous conduisent sur un terrain voisin, mais différent du premier. Il s'agit maintenant, non plus d'expliquer l'infusion de l'âme raisonnable dans l'embryon, mais de déterminer, une fois l'union établie, en quoi cette union consiste et en quel sens il faut entendre la formule du Concile de Vienne : « L'âme raisonnable est la forme substantielle du corps. »

La proposition XXII est un retour furtif vers le duodynamisme, dont elle fournit une expression mitigée. Rosmini ne va pas jusqu'à dire que, dans l'état actuel, le corps d'un homme vivant ait un autre principe de vie que son âme raisonnable; il conçoit seulement que cela pourrait être, si Dieu le voulait, sans que le corps perdît pour cela la vie qui lui est propre. L'âme raisonnable serait séparée du corps, et le corps ne mourrait point : comment cela? C'est qu'il resterait en lui un principe animal, fondement de l'animalité pure : *Maneret nempe in ipso tanquam basis puri animalis, principium animale.* Mais si ce principe *reste* après la séparation de l'âme, c'est donc qu'il existait déjà au temps de l'union? Il faut bien l'avouer : seulement on atténue cette assertion étrange en disant que jusque-là ce principe animal n'était dans l'homme vivant que comme un appendice : *Quod antea in eo erat veluti appendix.* Appendice de quoi? De l'âme? Mais si un principe animal est l'appendice d'une âme raisonnable, il doit la suivre dans son départ; ainsi font, dans le système scolastique, les puissances sensibles. Appendice du corps? Mais un principe capable de présider à la vie de l'agrégat est autre chose qu'un appendice : il est la loi, l'idée directrice de cette vie; et dès lors, au temps de l'union, il jouait déjà ce rôle, et l'âme n'avait plus, à ce titre, rien à faire dans le composé.

Ainsi les atténuations de langage ne suffisent pas à couvrir l'erreur qui est au fond de la pensée. Ailleurs cette erreur se traduira ouvertement et donnera lieu aux censeurs romains d'extraire de la psychologie rosminienne la proposition XXIV : « La vraie forme substantielle du corps n'est pas l'âme raisonnable elle-même. »

Mais c'est la contradiction de la formule de Vienne : *Quisquis deinceps asserere... præsumpserit quod anima rationalis seu intellectiva non sit forma corporis humani per se et essentialiter, tamquam hæreticus sit censendus.*

Rosmini n'a pas pu vouloir rompre en visière à une définition de foi ; pour rendre son opinion soutenable, il lui a fallu trouver quelque biais. C'est à cet effort que nous assistons dans la première partie de la proposition XXIV. Là on ne nie pas que l'âme ait quelque chose à voir avec la forme substantielle du corps ; on insinue seulement qu'elle est plutôt le principe de cette forme que la forme elle-même : *Forma substantialis corporis est potius effectus animæ atque interior terminus operationis ipsius.* Cherchons à comprendre : Il s'agit d'un corps humain et vivant ; il est l'un et l'autre par l'effet d'une opération vitale ; cette opération doit être rapportée à l'âme, soit comme à son principe immédiat, — et c'est alors la pure doctrine thomiste, — soit comme à un principe médiat. Dans ce dernier cas, il y a un intermédiaire entre l'âme raisonnable et le corps vivant ; cet intermédiaire est la forme substantielle, mais ce n'est pas un principe autonome, c'est plutôt un effet de l'âme, *le terme intérieur de son opération*. L'âme produit l'opération vitale, l'opération vitale produit la vie du corps. Soit, mais de deux choses l'une : ou cette opération vitale se confond avec l'exercice de l'activité de l'âme, et alors ce n'est pas une forme substantielle, pas plus que le mouvement n'est une forme intermédiaire entre le moteur et le mobile ; ou elle se distingue de l'activité de l'âme en exercice, et alors elle peut bien être la forme du corps ; mais on ne voit pas quel rôle est laissé à l'âme en dehors de celui que lui attribuent Platon ou Bonald : « *anima utens corpore;* » une intelligence servie par des organes. Il y a dans l'homme vivant un agrégat de matière organisée ; au-dessus de cet agrégat, une activité directrice qui est sa forme substantielle ; au-dessus de cette activité directrice, une âme raisonnable qui la domine par un droit de suzeraineté, mais de telle sorte que si l'âme venait à disparaître, la forme vassale, recouvrant son autonomie, pourrait continuer d'animer l'agrégat.

En vérité, si c'est là le rôle de l'âme, on ne peut plus dire qu'elle est par *elle-même et par essence (per se et essentialiter)* la forme substantielle du corps. Alors la conclusion finale de la proposition XXIV suit logiquement : *Propterea forma substantialis corporis non est ipsa anima.* Mais que devient la définition de Vienne ?

Enfin la proposition XXIII soulève le difficile problème de *l'âme séparée.* Je l'avouerai sans détour, c'est là pour moi l'un des points les plus obscurs de la philosophie spiritualiste en général, et de la doctrine scolastique en particulier.

Voici, en effet, les vérités incontestables qu'il faut mettre d'accord :

1° « L'union avec le corps est naturelle à l'âme, elle tient à la nature de l'homme : » *De ratione hominis est quod sit ex anima et corpore... Homo non est anima tantum, sed aliquid compositum ex anima et corpore* [1].

---

[1] *Sum. theol.* I, 75, 4.

2° *La mort est naturelle à l'homme.* Si la révélation nous présente la mort comme l'effet du péché : *stipendium peccati mors,* c'est que l'immortalité nous avait été primitivement destinée, *mais dans une économie surnaturelle.* Le péché nous a fait déchoir de ce privilège, et nous a replacés *à cet égard* dans la condition naturelle de tout être doué de la vie organique.

3° *L'âme est naturellement immortelle.*

4° *La résurrection des corps au dernier jour appartient à l'économie surnaturelle.*

Je ne pense pas qu'aucune de ces quatre assertions puisse être contestée, soit au nom de la théologie catholique, soit au nom d'une saine philosophie.

Comment les concilier ?

S'il est naturel à l'âme d'être unie au corps, et s'il est naturel au corps de se dissoudre, comment peut-il être naturel à l'âme de lui survivre ? Comment faut-il recourir à un miracle pour rendre à l'âme son compagnon ?

Saint Thomas répond que l'âme a deux vies : l'une qui lui est propre, l'autre qu'elle communique au corps. La seconde ne peut survivre à la dissolution des organes ; la première ne peut être atteinte par cette dissolution, puisqu'elle ne dépendait pas de l'organisme.

Cette réponse est solide. Mais il reste à dire ce que peut être après la mort, phénomène *naturellement inévitable,* la condition de l'âme, *à qui il était naturel* d'être unie au corps.

Cet état de l'âme séparée n'est pas contraire à la nature de l'âme, nous dit saint Thomas ; elle est comme étrangère, ou, si l'on veut, accidentelle à sa nature : *Non est contra naturam animæ, sed præter naturam.* Soit, mais comment la nature de l'homme pousse-t-elle l'âme par la mort dans une condition que sa nature n'appelle pas, qui paraît lui être étrangère ? C'est là, il faut l'avouer, un grand mystère philosophique. Aucune école spiritualiste ne peut se vanter d'y échapper; car, si lâche qu'on suppose le lien entre l'âme et le corps, il faut toujours reconnaître que ce lien est tressé par la nature, et il est toujours difficile de comprendre comment l'immortalité séparée peut être la destinée naturelle d'un esprit dont la condition naturelle est l'union avec le corps. Toutefois il semble bien que plus le lien devient étroit, plus la difficulté augmente. Elle arrive à son maximum d'obscurité dans la doctrine scolastique, selon laquelle l'âme est ici-bas l'unique et immédiat principe de la vie organique. Quoi! on va jusqu'à dire que ni le corps ni l'âme ne sont isolément des substances complètes; qu'ils sont l'un et l'autre, quoique inégalement, des *substances incomplètes* (j'emploie les termes de l'école), et qu'en toute rigueur il n'y a dans l'homme qu'une seule substance, qui est le corps informé par l'âme, ou l'âme informant le corps? Certes, c'est là une théorie scientifique qui a toutes mes préférences. Je la trouve plus conforme que toute autre au témoignage du sens intime, qui m'atteste l'unité de mon être sous la variété de mes actes et de mes puissances ; à l'observation physiologique, qui me révèle l'intime solidarité de la vie psychique et de la vie organique. Je n'y découvre aucune difficulté pour sauver au travers de cette union, qui va jusqu'à l'unité substantielle, la spiritualité du principe pensant qui est en moi. Mais plus je goûte cette doctrine, plus j'ai de peine à comprendre qu'à un jour donné, quand l'agrégat se décompose pour obéir à la loi de la vie organique, il devienne naturel à l'âme de continuer sa vie psychique dans un isolement pour lequel elle ne semblait pas faite. Quand Platon compare l'âme à un pilote dirigeant un navire, Descartes à l'habitant d'une maison, Bonald à un maître entouré de serviteurs, je conçois plus aisément que le pilote survive au naufrage de son bateau, l'habitant à l'écroulement de sa demeure, le maître à la disparition de ses domestiques. Mais que l'âme vive seule quand elle avait été créée pour animer un corps, quand ses puissances intellectuelles étaient subordonnées par nature au fonctionnement des organes, quand cette adaptation était précisément le trait spécifique qui distinguait l'esprit humain de l'esprit angélique, voilà ce qu'il est plus malaisé d'entendre, au moins pour moi.

Aristote échappait à la difficulté par le vague et les hésitations de son enseignement touchant l'immortalité consciente de l'âme humaine. C'est la gloire de la philosophie scolastique d'avoir donné à l'anthropologie du lycée la fermeté, la netteté qui lui manquait dans l'affirmation de la survivance spirituelle. C'est trop peu dire, l'affirmation. Les preuves rationnelles de cette survivance n'ont jamais été mieux présentées que par saint Thomas. Autant que cette thèse est susceptible d'une démonstration rigoureuse, c'est à l'Ange de l'école qu'il convient d'en demander la formule. Les modernes n'ont guère fait que la compromettre par des exagérations de spiritualisme, que l'étude scientifique de l'homme vivant se refuse à contresigner. Mais enfin, si saint Thomas prouve admirablement qu'il est naturel à l'âme d'être unie au corps et qu'il lui est naturel de lui survivre, il n'arrive pas à rendre facile la conciliation de ces deux vérités[1]. Avec cette patiente audace qui caractérise son ferme génie, on le voit sonder par l'hypothèse, par l'analogie, le mystère de la vie d'outre-tombe. Le peu que nous en apprend la révélation est d'un faible

---

[1] Il semble que ce qu'il y a de plus simple à dire, c'est que l'homme, ayant une double nature, doit avoir aussi deux états successifs correspondant, l'un à l'union des deux substances, l'autre à la survivance de celle qui est incorruptible. Tant que nous sommes dans le premier état, seul il nous semble naturel; le second paraîtra naturel à son tour quand il cessera d'être inexploré.

secours pour la solution du problème philosophique, puisque l'avenir dont elle nous entretient, l'avenir réel qui nous attend, relève de l'économie surnaturelle. Saint Paul, ravi au troisième ciel ; saint Jean, qui a surpris dans le cœur de son Maître quelque chose des secrets de l'éternité, nous aident bien à nous faire une idée de ce que sera pour l'âme bienheureuse la vision de toutes choses dans le miroir de l'essence divine, l'union délicieusement nécessaire de la volonté au souverain bien, l'ivresse du cœur élargi par l'amour, et s'abreuvant enfin aux sources des divines voluptés. Mais que serait l'immortalité pour l'homme, si Dieu l'eût laissé à sa destinée native? Qui formulera la psychologie naturelle correspondant à cette condition ? Le Docteur angélique ne recule pas devant cette tentative. Il s'avance dans l'inconnu, sans perdre le contact des choses observées. La question LXXXIX de la *Somme théologique*, Ire partie, est consacrée tout entière à ce grand effort d'induction et peut passer pour un modèle du genre. Néanmoins il est difficile d'y voir autre chose que d'ingénieuses hypothèses et d'intéressantes vraisemblances. Tout aussi bien qu'ici-bas, l'âme séparée a besoin d'*espèces* ou de représentations pour connaître. Unie au corps, elle recevait ces représentations du dehors avec les images des choses sensibles sur lesquelles elle opérait par l'abstraction. Privée de ce secours, elle doit recevoir de Dieu lui-même les formes intelligibles dont elle a besoin. Ce ne sont pas, dit-il, des espèces innées, puisque autrefois elle ne les trouvait point en elle-même; ce ne sont pas uniquement des espèces empruntées au souvenir de la vie terrestre, car alors l'âme de l'enfant, mort avant d'avoir pu exercer son intelligence, serait dépourvue de toute représentation intellectuelle; ce ne sont pas des espèces abstraites, puisqu'il n'y a plus d'images sensibles d'où les extraire. Il reste que ce soient des espèces empruntées par une participation indirecte à la lumière de Dieu même. Et parce que l'âme ne peut demeurer inactive, à peine a-t-elle perdu la communication avec les choses sensibles, qu'aussitôt elle se tourne vers les formes supérieures qu'elle s'attend naturellement à recevoir de Dieu ; car Dieu est aussi bien le foyer de la lumière naturelle que de la lumière de gloire [1].

C'est ainsi que l'Ange de l'école lutte contre le mystère. Rosmini aborde le même problème, mais ce n'est pas avec le même bonheur. Chose étrange, et qui rend son erreur moins excusable, il tombe du côté où il penchait le moins. Ainsi saint Thomas soude bien plus étroitement l'âme au corps, puisqu'il va jusqu'à proclamer l'unité substantielle du composé humain ; et cependant il assigne à l'âme séparée des moyens nouveaux de connaître et de vivre quand elle cesse de recevoir le tribut des représentations sensibles. Rosmini, au contraire, semble craindre d'exagérer l'union pendant la vie présente ; il n'ose pas dire que l'âme soit vraiment et immédiatement la forme du corps ; et pourtant, quand le corps vient à manquer, il ne voit plus pour l'âme aucun moyen naturel de connaître ; et comme la connaissance est le premier acte de la vie de l'âme, comme elle ne jouit des autres formes de son activité qu'à travers la conscience, laquelle relève encore de la connaissance, celle-ci une fois éteinte, il ne reste plus rien pour alimenter la vie d'outre-tombe. L'âme d'un mort, dans l'état de nature, serait, dit-il, comme si elle n'était pas ;

---

[1] « Anima separata non intelligit per species innatas, neque per species quas tunc abstrahit, nec solum per species conservatas, ut objectio probat ; sed per species ex influentia divini luminis participatas, quarum anima fit particeps, sicut et aliæ substantiæ separatæ, quamvis inferiori modo. Unde tam cito cessante conversione ad corpus, ad superiora convertitur. Nec tamen propter hoc cognitio vel potentia non est naturalis : quia Deus est auctor non solum influentiæ gratuiti luminis, sed etiam naturalis. » (*Sum. th.* 1, qu. 89, art. 1, ad 3um.)

incapable de conscience, elle serait plongée dans de perpétuels ténèbres, dans un sommeil éternel (*prop.* XXIII).

Pourquoi cela ? Qu'un aristotélicien outré poussât jusqu'à cette extrême conséquence la dépendance de l'âme à l'égard du corps, je me l'expliquerais. Mais qu'un idéaliste en vienne là ; qu'un philosophe, dont l'originalité est de tout ramener à l'influence de l'être idéal, subordonne à ce point la pensée à l'organisme, je ne puis le comprendre. Quoi ! l'être idéal, par son contact, a pu, selon Rosmini, changer une âme animale en une âme raisonnable ; et quand cette âme vient à être séparée de son corps, le même rayon de vérité qui avait fait naître en elle les puissances intellectuelles ne suffirait pas à les mettre en jeu ? Y a-t-il donc dans l'esprit, d'ailleurs vigoureux, du penseur italien une telle affinité pour l'erreur, qu'il lui faille, pour la rejoindre, passer par-dessus les principes qu'il a lui-même posés ?

Nous voici au terme de cette étude. Toutes les autres propositions condamnées appartiennent au domaine proprement théologique, sauf la XXXVII°, dont nous ne dirons qu'un mot. C'est la question de l'ontologisme qui revient ici sur le tapis. « La première lumière qui rend l'âme intelligente est l'être idéal ; » — nous retrouvons là le système de Rosmini sur l'*évolution* de l'âme humaine (*prop.* XXI) ; — « mais il y a une autre lumière, première aussi, qui n'est pas seulement idéale, mais subsistante et vivante, c'est le Verbe. » — Je dirais première surtout, et seule vraiment première. Mais Rosmini veut dire sans doute que l'être idéal est la première lumière aperçue par l'homme, tandis que le Verbe est objectivement la lumière originelle. Cela se comprendrait s'il ajoutait que nous voyons directement la lumière idéale, et la seconde (ou le Verbe) indirectement et au travers de la première. Ce serait alors la parole de saint Jean : « Le Verbe est la lumière véritable qui éclaire tout homme venant en ce monde. » Ce qui signifie que toute connaissance rationnelle ou révélée nous apporte quelque rayon dérivé de la vérité totale et vivante qui est le Verbe, mais nullement que nous voyons le Verbe.

Or Rosmini semble affirmer que même dans la vie présente, quoique *per speculum et in ænigmate*, comme dit l'Apôtre, nous voyons le Verbe ; qu'il y a deux visions de l'esprit parce qu'il y a deux objets de l'entendement : d'une part, « l'être divin cachant sa personnalité et ne montrant que son objectivité » (ce doit être alors l'être idéal); d'autre part, la vérité vivante et subsistante ; et qui la voit, voit Dieu. Mais que vient faire alors le *speculum* et l'*ænigma* ? Là où le Verbe se montre en sa réalité concrète et vivante, il y a vision directe, il n'y a plus de miroir ; il y a aussi vision claire, il n'y a plus d'énigme. Les précautions de langage ici ne sauvent rien. C'est l'ontologisme extravagant de Gioberti qui vient s'ajouter à l'idéalisme de Rosmini. Quand même ces théories audacieuses n'iraient pas se heurter aux paroles de l'Écriture : *Deum nemo vidit unquam*[1], et aux condamnations de l'Église, elles auraient encore pour le philosophe un tort impardonnable : celui de substituer l'imagination à l'expérience, de construire une psychologie *à priori*, de prêter à l'intelligence un mode de vision dont sa conscience ne lui dit rien.

En terminant cette rapide étude, nous tenons à renouveler notre déclaration du commencement. Ce que nous avons essayé d'analyser, ce n'est pas la doctrine même de Rosmini, prise dans son ensemble et recherchée dans ses écrits, ce sont uniquement les propositions condamnées

[1] Joan. I, 18.

par le Saint-Office. Si nous avons réussi à nous faire comprendre, le lecteur trouvera comme nous que les sévérités du haut tribunal romain portent juste, et que, si elles préservent la foi, elles n'apportent à la liberté philosophique aucune entrave. Est-ce donc une servitude pour l'esprit que de s'entendre rappeler les principes fondamentaux d'une doctrine à laquelle il adhère librement ? Ceux qui ne voient dans la philosophie qu'une école de criticisme pourront se sentir gênés par l'autorité de ces affirmations. Mais si la philosophie est surtout la recherche du vrai, si elle peut prétendre au caractère d'une science véritable, et de la plus haute des sciences, puisqu'elle a pour objet propre les lois mêmes de la connaissance, comment serait-ce amoindrir sa dignité que de lui attribuer, sur certains points essentiels, une certitude acquise, et de placer pour elle le progrès plutôt dans de nouvelles conquêtes que dans de perpétuels essais destinés à renouveler ses fondements ? Que chaque génération qui survienne vérifie, je le veux bien, les assises de l'édifice ; mais que ceux-là du moins qui sont d'accord pour maintenir les deux pôles du spiritualisme, le vrai Dieu et l'âme immortelle, ne passent pas leur vie tout entière à reconstruire de fond en comble ce que les siècles chrétiens avaient solidement assis. Sur les bases de la philosophie traditionnelle il reste un monument à élever. Les sciences expérimentales fourniront les matériaux, la métaphysique en dessinera la forme. Un jour viendra où les libres ouvriers de cette grande œuvre remercieront l'Église d'en avoir assuré, par ses conseils, l'unité et la consistance.

L'EXAMEN DE CONSCIENCE DE M. RENAN

(Article publié dans le *Correspondant*, 1889.)

M. Renan aime à penser tout haut. Ce qu'il ne met pas dans de gros livres, il le place dans ses discours; et, quand l'occasion lui manque de discourir, il fait à la *Revue des Deux Mondes* une petite confidence.

La dernière en date a paru simultanément dans la *Revue* et dans le *Temps*, sous le titre affriolant d'*Examen de conscience*. Plus d'un curieux s'est jeté sur cette lecture, pensant y trouver de piquantes confessions. Mais l'examen de conscience était *philosophique*. Cette épithète pouvait ralentir l'empressement de plusieurs. Nous avouons qu'elle n'a fait que stimuler le nôtre. La vie privée de M. Renan n'intéresse que lui; sa pensée nous intéresse tous, parce qu'elle est un miroir où vient se peindre toute la pensée d'un siècle à la fois sérieux et frivole, chercheur et désorienté.

Il y a plus de vingt-cinq ans, dans une lettre adressée à M. Berthelot[1], l'auteur de la *Vie de Jésus* exprimait le regret de n'avoir pas consacré à l'étude philosophique de l'univers ce qu'il a dépensé d'effort, de sagacité et de talent au service de l'histoire religieuse. Un quart de siècle écoulé depuis lors lui a offert plus d'une occasion de cares-

---

[1] *Revue des Deux Mondes* du 15 octobre 1863.

ser son rêve. Le seul grand ouvrage qu'il ait ajouté à ses travaux sur les *Origines du christianisme* appartient sans doute au même ordre de recherches. L'*Histoire d'Israël* a maintenu l'écrivain devenu célèbre, sur le terrain qu'avait choisi sa jeunesse. Mais toutes les œuvres de courte haleine où, durant cette période, il a prodigué les grâces et les témérités de son souple génie, ont eu pour objet la philosophie générale, une conception à la fois savante et raffinée du monde et de l'humanité. Ici comme dans le domaine de la critique historique et de l'exégèse, mais plus visiblement encore, M. Renan est à la fois le penseur le moins original et le plus personnel de son temps. Aucune des idées qu'il exprime ne lui appartient, aucun de ceux à qui il les emprunte ne les reconnaîtrait sous la forme que leur impose l'élaboration à laquelle elles sont soumises en entrant dans son cerveau et en s'échappant de sa plume. De même que Reuss, Kuenen et Wellhausen ont fourni tous les matériaux de la nouvelle histoire biblique, sans que l'auteur de l'*Histoire d'Israël* soit en aucune façon leur disciple, ainsi les chefs de l'école déterministe et les promoteurs de la doctrine évolutionniste retrouveront leurs principes, mais avec des applications et des dérogations inattendues, dans l'*Examen de conscience philosophique* de M. Renan.

I

Ce qu'on aperçoit tout d'abord, ce sont les applications de ces principes. Pour M. Renan comme pour tous les rédacteurs du nouveau *Credo*, l'article premier du symbole est l'universelle fatalité des choses. « On peut, dit-il, poser en thèse que le *fieri* par développement interne, sans intervention extérieure, est la loi de tout l'univers que nous percevons. » Le déterminisme a reçu de lui tant de gages qu'on se demande pourquoi le grand virtuose a jugé nécessaire de renouveler à cet égard sa profession de foi. Il l'a faite si souvent ailleurs! Il y a si longtemps qu'il a rayé de ce monde la liberté de Dieu! Était-ce la peine de donner, dans un recueil d'actualités scientifiques et littéraires, une centième édition de cette négation? Nous verrons tout à l'heure la raison de cette redite : c'est pour préparer une retouche au système et ouvrir une fissure à l'action volontaire, qu'il commence par rappeler le règne absolu de la nécessité. En attendant, il nous est bien permis de nous arrêter un instant devant cette définition *ex cathedra*. Puisque le pontife n'a pas cru perdre son temps de s'attarder à la refaire, nous prendra-t-on pour des fâcheux si nous la discutons encore? Que le reproche retombe sur celui qui nous a induits en tentation.

Aussi bien, quand M. Renan réédite un cliché, on peut s'attendre qu'il saura le remettre à neuf. Nous allons donc trouver une rédaction rajeunie du *dogme :* excellente occasion pour en éprouver la valeur.

Faut-il l'avouer? L'aphorisme déterministe ne nous paraît pas avoir gagné en évidence : il reste ce qu'il était, un *postulat*, indémontré parce qu'il est indémontrable, mais en outre inutile, ce qui est un grave défaut, car la seule excuse de ceux qui ont recours aux postulats est l'impossibilité de s'en passer. Il s'agit d'expliquer l'univers, où tout est réglé, où tout s'enchaîne. Il n'en pourrait être ainsi, nous dit-on, si une volonté libre avait présidé à ces arrangements. Et pourquoi non, si cette volonté produisait librement l'infaillible enchaînement des choses? Le miracle, contre lequel M. Renan exhale une fois de plus sa vieille rancune, n'a rien à voir en cette affaire. « On n'a jamais constaté de miracle, donc Dieu n'est pas libre. » A cet enthymème audacieux un scolastique du bon vieux temps aurait répondu : *Dato, non concesso, antecedente, nego consequens et consequentiam.* Quand vous nous ramènerez sur le terrain de l'histoire religieuse, nous reprendrons avec vous la question du miracle. Aujourd'hui nous faisons de la métaphysique. Admettons, pour vous faire plaisir, que les lois de la nature n'ont jamais ouvert passage à l'exception : il reste à savoir d'où vient leur stabilité. Vous dites qu'elle vient du dedans, nous disons qu'elle vient du dehors. Dans les deux cas, elle serait la même. Seulement nous ajoutons que dans le premier cas elle serait impossible.

« Le caractère de précision absolue du monde que nous appelons matériel suffirait à éloigner l'idée d'intention, l'intentionnel se trahissant *presque toujours* par le manque de géométrie et d'à peu près. » Ce *presque toujours* est à noter. Il y a donc des exceptions? N'y en eût-il qu'une, c'en serait fait de l'argument, car cette exception unique devrait être faite en faveur du Créateur. La belle merveille que, dans les œuvres des causes défaillantes et bornées que nous sommes, ni la pensée ne soit infaillible, ni le vouloir ne soit souverain, et que, par suite, il manque toujours quelque chose à la prévision des effets complexes, et plus encore à l'efficacité de l'action ! Mais supposez une intelligence infinie, servie par un pouvoir sans limites : non seulement la parfaite justesse de l'opération sera possible, il faut ajouter qu'elle sera nécessaire. Moins je vois d'à peu près dans l'univers, moins je conçois qu'une force aveugle en ait régi le développement.

En vérité, l'on renverse ici les rôles. On adresse au théisme le reproche que mérite l'hypothèse de l'évolution sans Dieu. Reprenons cette hypothèse : que verrons-nous ? A l'origine, un presque rien; une poussière atomique, ou moins encore, car l'atome, nous dit-on, est déjà une résultante. Une réceptivité de mouvement, voilà la matière première; un mouvement initial, voilà le principe formel de toutes choses. Ne chicanons pas sur ces origines. Ne demandons pas d'où vient ce mouvement, qu'on ne peut s'empêcher de distinguer de la matière, ni comment il est nécessaire comme elle, bien qu'on la conçoive sans lui. Acceptons ce composé binaire comme l'être nécessaire; c'est déjà un fameux postulat, et dès le premier pas on nous demande un acte de foi : étrange point de départ pour la philosophie indépendante ! Le sacrifice est fait, nous sommes en possession du binôme originel : il faut avancer ; il faut voir à l'œuvre ce FIERI *par développement interne sans intervention extérieure* qui doit remplacer la création. Nulle intelligence dans cette cause immanente; du moins elle n'est encore qu'en puissance, elle ne se révélera qu'au terme du *processus*. Quand des séries de chocs, des variations de direction et de vitesse, multipliées par l'infini du temps, auront amené les fragments de la nébuleuse primitive à former un cerveau humain, alors, alors seulement, après des milliards de siècles, la pensée fera son apparition dans l'univers; jusque-là, tout appartient à l'inconscience : des atomes qui se heurtent, des tourbillons qui se nouent, des systèmes qui se combinent, une mêlée sans fin, une cohue d'où résultent des groupements. Affirmer qu'on peut faire sortir de là, même avec le facteur d'une durée indéfinie, la complication savante et la stable harmonie du monde que nous habitons, c'est déjà imposer beaucoup à la docilité des catéchumènes. Mais M. Renan ne se contente pas d'une telle exigence. C'est parce que les choses ont cette origine qu'elles sont si parfaites. Si un démiurge intelligent avait présidé à l'arrangement, on y trouverait *de l'à peu près et des fautes de géométrie*. L'arrangement s'est fait au hasard, et c'est pour cela qu'il n'y manque rien.

Au fond de ce paradoxe il y a une vérité latente, mais une vérité qui condamne le système. Quand on prend pour type de l'intentionnel l'action humaine et pour type de l'inconscient l'action cosmique, il est manifeste que la première représente l'imperfection, et la seconde la correction suprême. Mais pourquoi circonscrire l'intentionnel dans l'action humaine? Parce que si on le mettait dans la nature, il faudrait reconnaître cette *intervention extérieure* dont on ne veut plus. Et l'on tourne alors dans un cercle vicieux.

Voici, en effet, la thèse qu'on énonce : L'ordre parfait du monde exclut une cause intelligente. Et voici comme on la démontre : S'il y avait une cause intelligente de l'univers, l'ordre du monde serait intentionnel; or tout ordre intentionnel est imparfait; donc... On prouve ainsi la mineure : L'ordre intentionnel n'existe que dans la pensée de l'homme, *autrement il faudrait admettre un créateur intelligent, ce que nous ne pouvons accepter :* or la pensée de l'homme est imparfaite; donc tout ordre intentionnel est imparfait.

Jamais, croyons-nous, la pétition de principe ne s'est plus naïvement étalée. Mais, de bonne foi, pourquoi l'action cosmique, bien qu'inconsciente, est-elle plus correcte que l'action consciente de l'homme? Parce que la première, qui n'a pas l'intelligence en soi, est réglée par une intelligence infinie, tandis que la seconde, gouvernée par une intelligence bornée, participe de l'imperfection de sa cause. Une couturière novice s'essaie à son premier ourlet; près d'elle une machine à coudre, mue par l'électricité, exécute un ouvrage analogue. L'ouvrière est consciente, et son œuvre intentionnelle est pleine de défauts; la machine est inconsciente et son œuvre est parfaite. Que concluerez-vous de là? Que moins il y a d'intention dans le travail, plus il y a d'excellence dans le résultat? Nullement. Vous direz : L'intentionnel est dans la machine, il y est même à un plus haut degré que dans le travail de l'ouvrière. C'est pour cela que l'œuvre est meilleure. Seulement l'intentionnel de la machine appartient au mécanicien qui l'a construite : il est dans la machine le *résultat d'une intervention extérieure,* et cette intervention est celle d'une intelligence plus parfaite que celle de l'ouvrière.

L'éloquent avocat du spiritualisme qui racontait, peu avant de mourir, *comment les dogmes finissent et comment ils renaissent*[1], a signalé bien des fois ce sophisme qui consiste à prêter à l'inconscient tous les attributs de la pensée, tous les calculs de la prévoyance, tous les raffinements d'une science profonde, et à dire ensuite : Vous voyez bien qu'une cause aveugle, cachée dans le chaos, suffit à le débrouiller ? M. Taine a revêtu ce paralogisme d'une forme pleine d'éclat dans le célèbre dithyrambe sur *l'axiome éternel,* qui termine son premier ouvrage[2] ; M. Renan n'améliore pas le raisonnement en appelant *nisus profond* ce que M. Taine appelait un axiome. Qu'est-ce qu'un « *nisus* qui s'exerce d'une manière aveugle dans les abîmes de l'être, poussant tout à l'existence » ? On a soin de nous dire « qu'il n'est ni conscient ni tout-puissant, qu'il tire le meilleur parti possible de la matière dont il dispose ». C'est l'idée de Darwin et de Hæckel, le besoin de vivre créant la vie, le besoin d'organes créant les organes, le besoin d'ordre produisant l'harmonie. Encore une fois je comprends cela à merveille si, en dehors de l'inconscient, il y a une cause transcendante, complète en elle-même, prévoyante et puissante, qui crée, qui gouverne ces tendances aveugles et les fait aboutir. Otez ce facteur, il ne reste que le *moins* pour produire le *plus,* le néant d'intelligence pour semer l'intelligible. Le principe de finalité ainsi entendu se heurte au principe de contradiction. « La nature, nous dit-on, a une sorte de prévoyance ; elle ne crée pas ce qui serait destiné à mourir

---

[1] E. Caro.
[2] *Les Philosophes français au* XIXe *siècle.*

par un vice interne. » Pourquoi? La prévoyance, on l'affirme, n'est pas en elle; elle est moins encore dans un Dieu transcendant; donc, elle n'est nulle part et c'est un jeu de paroles que de dire : « Elle devine les impasses et ne s'y engage pas. » C'est le propre, au contraire, des forces aveugles de se jeter brutalement dans les impasses; demandez à ceux qui jouent à colin-maillard. La nature, sans intelligence *en elle-même* ou *hors d'elle-même*, si elle pouvait créer quelque chose, créerait une foule de monstres qui ne seraient pas viables et qui ne vivraient pas, une foule de combinaisons instables qui ne tiendraient pas; et l'on devrait parier *l'infini contre un* que la combinaison actuelle, même avec des millions de siècles, ne sortirait jamais.

M. Renan compare un peu plus loin *l'univers total* à une maison de banque qui existerait depuis l'éternité. « Si elle avait le moindre défaut dans ses bases, dit-il, elle eût mille fois fait faillite. De même si le bilan du monde ne se soldait point par un boni au profit des actionnaires, il y a longtemps que le monde n'existerait plus. » M. Renan met cette comparaison au service de son optimisme; il l'emploie avec bonheur pour prouver que la *résultante suprême* de l'univers n'est pas ce que dit Schopenhauer. Soit. Mais il m'est bien permis de l'employer à mon tour contre son déterminisme et de raisonner ainsi : Si la maison de banque était conduite par le hasard et non par un habile financier, il y a l'infini à parier contre un qu'elle ne donnerait pas de bénéfices; et alors, eût-elle commencé dès l'éternité, il y a beaux jours qu'elle n'existerait plus. Ou mieux encore : Si elle n'avait que le hasard pour se constituer, il y a l'infini à parier contre un qu'elle n'eût pas même commencé de se constituer; le vrai *fruit* naturel de l'inconscient, c'est le néant.

II

Nous avons suivi pas à pas M. Renan dans les applications qu'il fait des principes propres à l'école déterministe et aux partisans de l'évolution sans Dieu. Nous espérions trouver quelque chose de plus sortable, sous la plume de ce délicat, que dans les écrits des sophistes intrépides qui rompent en visière à la raison. Vaine attente : aux confins extrêmes de la vérité et de l'erreur, les artifices du style perdent leur prestige; il faut verser d'un côté ou de l'autre de cette ligne sans épaisseur qui sépare le *oui* du *non*.

Mais si l'artiste philosophe a reproduit la thèse chère aux maîtres du jour, c'est pour y ajouter les retouches qu'appelle son génie idéaliste. Après les applications, il faut voir les dérogations.

Donc, M. Renan a du nouveau à nous dire. La formule qui exclut du monde d'intervention d'une cause libre et intelligente a été vraie jusqu'ici, on vient de nous le répéter; elle ne le sera peut-être pas toujours. Elle régit avec une rigueur inflexible *l'univers que nous percevons*, mais cet univers n'aura qu'un temps; de nouveaux cieux, une nouvelle terre pourront obéir à d'autres lois. « Notre univers *expérimentable* (1) n'est gouverné par aucune raison réfléchie; Dieu, comme l'entend le vulgaire, le Dieu agissant, le Dieu Providence ne s'y montre pas. La question est de savoir si cet univers est la totalité de l'existence. Ici le doute commence. Le Dieu actif est absent de cet univers; n'existe-t-il pas au delà? »

Là-dessus, le métaphysicien déploie les ailes de son imagination. Par delà les limites de l'espace et du temps que nous mesurons il conçoit, il explore des immensités enveloppant la nôtre, des successions dont nos myriades de siècles ne seraient que les instants. Ce sont « des cercles qui se commandent les uns les autres. En est-il ainsi sans fin ? Ou bien un absolu fixe et immobile englobe-t-il ces zones infinies du variable et du mobile, selon la belle formule biblique : *Tu autem idem ipse es, et anni tui non deficient?* Nous l'ignorons absolument ».

Il y a là un aveu : « On est peut-être athée pour ne pas voir assez loin. » Donc Dieu est possible. Mais, s'il est possible, comment ne serait-il pas nécessaire ? Je conçois, à la rigueur, l'étrange pli de cerveau qui empêche de puissants esprits d'admettre la réalité absolue. Pour Littré pendant longtemps, pour M. Vacherot encore aujourd'hui, toute réalité est relative, tout absolu manque de réalité. Singulière méprise d'esprits d'ailleurs puissants, qui transportent dans l'ordre ontologique ce qui appartient, en nous, à l'ordre psychologique. Oui, certes, la pensée de l'homme, tributaire des sens et de la matière, n'idéalise l'être qu'en le dépouillant de sa substance ; elle n'avance vers l'idéal, vers la chose en soi, qu'en s'éloignant du réel, de l'action transitoire. Mais qu'est-ce que cela, sinon le procédé d'un esprit infirme ? Dans toutes ces choses changeantes, dont les altérations produisent les *phénomènes*, je trouve matière à abstraction. L'abstraction m'élève vers la conception de l'essence, mais d'une essence morte, vidée, purement formelle, et d'où les conditions d'existence ont disparu. C'est ainsi que je monte de degré en degré jusqu'à la notion de l'absolu. Cet absolu est-il en lui-même ce que l'a fait ma dialectique ? Est-il du genre neutre comme dans la langue de Platon : τὸ ἕν, τὸ καλὸν, τὸ ἀγαθόν? Non, mille fois non. Car un tel absolu ne se soutiendrait pas tout seul, il lui faudrait le *substratum* de ma pensée ; autant vaut dire qu'il ne serait pas l'absolu. Je le conçois de cette façon, mais je conçois qu'il doit exister d'une autre ; que l'idéal et le réel, partout séparés à mes yeux dans l'univers, doivent en lui se rejoindre et se fondre ; qu'il existe un Parfait en qui l'essence et la réalité s'identifient dans l'unité, dans la plénitude de l'être ; qu'en lui se trouvent les types des choses ; que par lui se reproduisent au dehors les imitations de ces types que nous appelons les créatures ; « son entendement, comme a dit excellemment Leibnitz, est la source des essences, et sa volonté l'origine des existences [1]. » Oui, je vois cela, et je m'étonne que d'autres ne le voient point comme moi. Mais M. Renan m'étonne bien davantage, car il voit cela dans l'avenir, et il ne veut point le voir dans le présent ; il l'admet comme le terme d'une évolution finale, et il ne l'admet pas comme la condition préalable de toute évolution, même au début. Si « un absolu fixe et immobile peut englober un jour les zones infinies du variable et du mobile », il les englobe dès aujourd'hui. L'absolu n'est pas chose qui puisse attendre ; l'être est son attribut nécessaire, le *devenir* lui répugne, car ce qui devient n'est pas absolu.

Mais peut-être ai-je mal compris le penseur. Quand il parle d'un « Dieu qui sera peut-être un jour », il sous-entend : qui sera visible. Dès maintenant il existerait, mais hors des prises de la pensée humaine ; car la pensée humaine n'atteint que l'univers observable, et Dieu est au delà.

La pensée n'atteint que l'univers observable ! En êtes-vous bien sûr ? Pour moi, je constate tout le contraire. Mon expérience est loin de toucher aux limites de ce *monde expérimentable,* mais ma pensée les dépasse d'un coup d'aile. L'expérience, c'est l'excitation motrice ; le mouvement rationnel, une fois provoqué, ne respecte aucune frontière. Et je n'en veux d'autre preuve que les brillantes hypothèses auxquelles s'abandonne l'écrivain avec lequel je dialogue en ce moment. Est-il donc d'une autre race

---

[1] Leibnitz, *Théodicée,* I⁰ partie, p. 7.

que nous ? A-t-il reçu le don prophétique qui ne permet qu'à lui seul de franchir les horizons où il nous emprisonne ? Non ; quand il s'élance par delà les confins du visible pour y chercher l'absolu, il obéit à une loi commune de son esprit et du nôtre ; il redevient, avec l'humanité tout entière, le disciple de Platon. Et s'il change quelque chose à la sublime dialectique du vieux maître, ce n'est pas pour l'améliorer. Platon disait : « Si le multiple, si l'imparfait existe, l'Un, le Parfait, est nécessaire. » M. Renan dit : « Tout est possible, même Dieu. Il est aussi téméraire de le nier que de l'affirmer. »

Cette position intermédiaire entre la négation et l'affirmation est admissible en présence du contingent ; en face de l'absolu, elle est intenable. Dites avec les modernes que l'absolu ne peut pas exister, ou, si vous le reconnaissez capable d'existence, avouez qu'il doit être, parce que l'absolu n'admet pas de *peut-être*.

Il fallait signaler tout d'abord l'abus que M. Renan fait de la conjecture dans un domaine qui ne se prête pas aux éventualités douteuses. Cela dit, il ne nous en coûte pas d'admirer les belles envolées de son génie à travers cet idéal auquel il veut bien réserver une place hypothétique. A chaque ligne, l'instinct du vrai, du beau et du bien, emporte le sceptique au delà de ses formules hésitantes et ne le laisse respirer à l'aise que dans le voisinage des certitudes qu'il a contestées.

Suivons-le dans ce beau voyage. Il nous emmènera d'abord au pays de l'amour. A la façon dont il en parle, on dirait qu'il vient de découvrir cette terre promise. En Christophe Colomb peu modeste, il querelle ses contemporains pour n'avoir pas su la trouver avant lui. « Il est surprenant, dit-il, que la science et la philosophie, adoptant le parti pris frivole des gens du monde de traiter la chose mystérieuse par excellence comme une simple matière à plaisanterie, n'aient pas fait de l'amour l'objet capital de leurs observations et de leurs spéculations. » Et là-dessus Claude Bernard, pour avoir fait sur ce sujet une plate réponse, reçoit une semonce méritée. M. Renan est cruel pour le pauvre grand savant qu'il avait pris au dépourvu. Mais il est injuste envers les anciens, qui n'avaient pas attendu sa venue en ce monde pour reconnaître et chanter le rôle de l'amour dans l'univers. « On ne veut pas voir, dit M. Renan, qu'on est là devant le nœud des choses, devant le plus profond secret du monde. » Et qui donc ne veut pas voir cela? Est-ce Platon, dans le *Banquet*? Est-ce Aristote, dans ce sublime chapitre XII de sa *Métaphysique*, où il nous montre tous les êtres *suspendus au bien par le désir*? Est-ce saint Augustin ou saint Thomas d'Aquin, qui n'ont pas craint de chercher jusque dans les basses régions de la vie organique les premiers linéaments de l'amour, pour le montrer ensuite partout agissant dans l'univers, et le suivre d'ascension en ascension jusqu'au sein de la divinité, où il est à la fois l'aliment de la vie de Dieu et le principe de ses opérations au dehors?

> Ille amor, almus artifex
> Terræ, marisque et siderum !

« L'amour, dit M. Renan, est ainsi une chose religieuse, ou plutôt fait partie de la religion. » Il peut se faire que les « gens du monde » l'ignorent; mais, en vérité, nous le savions depuis longtemps.

« Croirait-on, continue-t-il, que cet antique reste de parenté avec la nature, la frivolité et la sottise aient réussi à le faire envisager comme un reste honteux de l'animalité?... On prête ainsi à l'Éternel une intention grotesque, une véritable drôlerie. » Encore une fois, j'ignore s'il se trouve des sots pour penser ces sottises; mais vous ne les rencontrerez à coup sûr ni parmi les philosophes, ni parmi les théologiens, ni parmi les mystiques.

Quand M. Renan parle de l'amour, il ne lui manque qu'un peu de modestie. Si, au lieu de se poser en révélateur, il se fût contenté d'apporter, après tant d'autres, son hommage à ce grand moteur de toutes choses, il n'y aurait qu'à le louer pour les belles pages qu'il lui consacre.

Après l'amour, le devoir.

« Le devoir, dit-il, est sûrement quelque chose de plus haut que l'amour, puisqu'il n'est accompagné d'aucun plaisir, et souvent entraîne de durs sacrifices. Et pourtant l'homme y tient presque autant qu'à l'amour. » Ne serait-ce pas que l'amour et le devoir sont plus étroitement liés qu'on ne pense? Mais M. Renan n'est sans doute pas prêt à nous accorder cette parenté. Qu'est-ce pourtant que le bien moral, sinon l'idéal de la conscience, comme le beau est l'idéal de l'esprit, comme le bon est l'idéal du cœur? Et si l'absolu existe, si les rayons dispersés que rencontrent au passage nos facultés diverses se ramassent quelque part en un foyer substantiel et vivant, vouloir le bien, n'est-ce pas une forme, et la plus haute, de l'amour de Dieu? Le Christianisme a popularisé cette conception sublime de la morale; du domaine abstrait et glacé où la conscience cherche ses préceptes, il a ramené la vertu dans les chaudes régions où l'on sent vivre et battre le cœur; il a fait du devoir une affaire d'amour.

M. Renan évite avec soin ces formules trop *cléricales*. Sa théorie du devoir gagne-t-elle en force persuasive? Il est permis d'en douter. « Ces voix, tantôt douces, tantôt austères, dit-il, d'où viennent-elles? » (Il s'agit des voix intérieures qui nous appellent au sacrifice.) « Elles viennent de l'univers, ou, *si l'on veut*, de Dieu. » *Si l'on veut* indique une équivalence. Pour moi, je trouve que les deux provenances ne se valent pas. Si l'univers n'est qu'une résultante de forces aveugles, *ce qu'il me dit* ne m'importe guère, et surtout ne me touche pas. « Il veut, nous dit-on, le dévouement, le devoir, la vertu ; il emploie, pour arriver à ses fins, la religion, la poésie, l'amour, le plaisir, toutes les déceptions. » Si ce n'étaient que des déceptions, d'où viendrait leur puissance ? Ne devrait-elle pas s'user à la longue ? « Nous voyons le charme, nous le déjouons ; mais il ne sera jamais rompu pour cela. » Ainsi nous sommes des enfants crédules et naïfs, c'est la condition de notre grandeur morale, et la nature n'obtiendra jamais de nous rien d'élevé que par ses mensonges. N'en déplaise au charmeur qui dit ces jolies choses, il y a mieux que cela pour expliquer les contradictions sublimes qui rendent un être, jusque-là égoïste, soudainement docile aux appels désintéressés du devoir. Si la vie présente n'est pas le dernier mot de la destinée humaine, sacrifier le bonheur présent est autre chose qu'une honorable duperie. Or il en est ainsi parce Dieu est autre chose que le monde, et parce qu'il a des biens à nous offrir qui valent d'être payés par le sacrifice. « Le langage de l'infini, nous dit-on encore, est parfaitement clair en ce qu'il nous commande ; il est obscur en ce qu'il nous promet. » Oui, sans doute, et c'est la condition du mérite ; mais l'obscurité de la promesse porte bien plus sur le *comment* que sur la *certitude* de la récompense, et, grâce à cette obscurité, l'homme de devoir fait du même coup deux choses qui semblent s'exclure, une action généreuse et une excellente affaire.

En tout ceci, M. Renan dit des choses exquises ; mais il s'applique à les amoindrir, en y semant les restrictions dubitatives et les demi-rétractations d'une pensée qui a peur d'elle-même. Et lorsque, pour tirer une conclusion finale, il faut prendre un parti entre le *sic et non* qui a formé jusque-là la trame du discours, hélas ! le choix se fait en faveur de la moins bonne partie. Si l'on montre dans la croyance à l'immortalité « le plus nécessaire des dogmes », c'est pour y signaler aussitôt « la plus faible des doctrines ». « En résumé, écrit-on, l'existence d'une conscience supérieure de l'univers est bien plus probable que l'immortalité individuelle. » Mais que deviennent alors ce qu'on appelait tout à l'heure *ces grands dogmes consolateurs*? Qu'y a-t-il de consolant pour moi à penser que, quand j'aurai peiné et souffert, ma personnalité ira se perdre dans la conscience supérieure de l'univers? Tant mieux pour l'univers s'il acquiert alors une conscience, surtout si elle est supérieure; mais tant pis pour moi, car je ne serai plus là pour en jouir. On me dit : Jouissez-en d'avance par l'espérance. — L'espérance de quoi ? De mon anéantissement personnel au profit du Tout? Mais je ne vois rien là pour me réjouir. « Le monde, gouverné maintenant par une conscience aveugle, pourra être gouverné un jour par une conscience réfléchie. Toute injustice alors sera réparée, toute larme séchée. » Seulement ceux qui auront subi l'injustice n'assisteront pas à la réparation, et les yeux qui auront pleuré seront fermés pour toujours quand l'heure sera venue d'essuyer les larmes. Que reste-t-il alors, et en quoi ce spiritualisme raffiné diffère-t-il, quant à sa portée morale, du positivisme le plus plat, du plus désespérant pessimisme ?

N'est-ce pas aussi pour se faire pardonner ce que les hommes du jour trouveraient de trop spiritualiste dans son *Examen de conscience*, que M. Renan a voulu le clore par une boutade sur la genèse de l'esprit? L'esprit, dit-il en substance, est un accident morbide de la matière.

« L'huître à perles est la meilleure image de l'univers et du degré de conscience qu'il faut supposer dans l'ensemble... Ce qu'on appelle une maladie de ce petit *cosmos* vivant amène une sécrétion d'une beauté idéale, que les hommes s'arrachent à prix d'or. » Ainsi la perle serait dans l'huître le résultat d'un rhume de cerveau. De même, ajoute gravement (?) notre auteur, « la vie générale de l'univers est, comme celle de l'huître, vague, obscure, singulièrement gênée... La souffrance crée l'esprit... Maladie du monde, si l'on veut, en réalité perle du monde, l'esprit est le but, la cause finale, le résultat dernier, et certes le plus brillant, du monde que nous habitons. »

N'est-ce pas une perle, en effet, que cette conception nouvelle : l'esprit naissant de la souffrance ? Qu'un être intelligent trouve dans la souffrance un stimulant qui excite sa sagacité et lui fait découvrir un moyen d'améliorer son sort, cela se conçoit. Mais dans un être inconscient ! Voyez-vous cet organisme privé de pensée ? Il souffre, il aspire à être mieux, il demande de l'air, et il lui survient de l'esprit qui va l'aider à mieux vivre. O Newton, vous avez trouvé la loi de l'attraction *en y pensant toujours*. Mais, même en y pensant toujours, auriez-vous deviné que votre génie avait pour origine le malaise préhistorique de tout un monde de mollusques?

Il est temps d'apprécier dans leur ensemble ce que j'ai appelé les dérogations de M. Renan aux principes déterministes.

Jusqu'ici, nous dit-il, le déterminisme a eu raison ; il aura peut-être tort un jour. Dieu n'existe pas encore ou n'est pas accessible ; il existera ou se révélera peut-être un jour. L'univers ne porte aucune trace d'une volonté particulière, d'une finalité bienfaisante ; cependant la résultante est bonne, elle deviendra toujours meilleure, et la Providence apparaîtra. Que dis-je ? *Le miracle pourra, quand Dieu sera conscient, être le régime normal de l'univers.*

Voilà d'étranges promesses. Qui voudrait les prendre au sérieux et les serrer d'un peu près y trouverait à foison le paralogisme et la contradiction. Ou bien le conscient, l'intentionnel, le libre, est supérieur à l'inconscient, au fatal, et alors il ne peut pas en provenir, parce que le *plus*, quoi qu'on dise, *ne sort pas du moins*, sinon quand il y a, en dehors de la série, une force transcendante pour motiver l'ascension ; ou ce n'est pas là un mode d'action supérieur, et alors pourquoi nous y montrer le dernier stade du progrès ?

Ici encore M. Renan a voulu concilier les contraires, accommoder les doctrines purement mécaniques aux convenances de son génie poétique. Il compte trop sur deux puissances, qui sont aussi deux faiblesses : le goût du public pour le paradoxe, et le talent que lui-même possède de donner de la vraisemblance à l'absurde par la bonhomie et le charme de l'exposition. De son long commerce avec les muses, il a conservé le don d'embellir ce qu'il touche ; de ses accointances plus récentes avec une science ennemie de l'idéal, il a contracté le goût des solutions désespérantes ; et il se flatte de leur conférer par ses prestiges un pouvoir séducteur. Ceux qui ne cherchent dans les mots qu'une musique, et dans les pensées qu'un rêve d'*opium,* trouveront qu'il a réussi. Les autres, ceux qui s'obstinent à vouloir comprendre, estimeront que le directeur du Collège de France vient une fois de plus de jeter un manteau diapré sur de stériles logomachies, et ils inviteront secrètement le grand dilettante à refaire *son examen de conscience philosophique*. Il a, en effet, des comptes à se demander touchant l'usage qu'il a fait de ses rares facultés. Et peut-être les premières lignes de l'écrit que nous venons d'analyser fourniront-elles au nouveau pénitent la matière même de sa confession. « Le premier devoir de l'homme sincère, dit-il, est de ne pas influer sur ses propres opinions... On ne doit pas intervenir dans ce travail spontané ; devant les modifications internes de notre rétine intellectuelle, nous devons rester passifs ; nous n'avons pas le droit d'avoir un désir quand la raison parle. » Soit, si nous sommes sûrs que c'est la raison qui parle; mais que de fois nous avons le devoir d'en douter! L'œil du corps n'est pas infaillible, il a la conscience de ses défauts, et il s'efforce de les corriger; il contracte ou dilate sa prunelle pour rectifier ses propres déformations, et mettre au point les images visuelles auxquelles il livre passage. L'instinct de la vision le guide dans ce volontaire effort sur lui-même. Tel est aussi le rôle de la conscience morale dans la vision intellectuelle. Il faut vouloir le vrai, il faut le chercher en corrigeant ses pensées, il faut conduire son esprit au lieu de le laisser flotter. Rester passif devant tous les fantômes qui passent, ce n'est pas sincérité, c'est paresse. Et ce n'est pas en cultivant cette disposition pusillanime que l'homme méritera jamais la conquête de la vérité.

FIN

TABLE

TROIS LEÇONS D'OUVERTURE D'UN COURS LIBRE DE PHILOSOPHIE

Première année du cours (1880). — Le rôle de la philosophie dans les connaissances humaines 3

Deuxième année du cours (1881). — Les procédés logiques de la Théodicée 47

Troisième année du cours (1882). — L'anthropologie des écoles catholiques 70

CINQ CONFÉRENCES DONNÉES A LA SALLE ALBERT-LE-GRAND, EN 1884
SUR LA CONSTITUTION DE L'ÊTRE HUMAIN

Première conférence. — Idéalisme et matérialisme 99
Deuxième conférence. — La spiritualité de l'ame 121
Troisième conférence. — L'animisme des scolastiques 150
Quatrième conférence. — La vie et la pensée 170
Cinquième conférence. — L'immortalité 185

TROIS CONFÉRENCES DONNÉES A LA SALLE ALBERT-LE-GRAND, EN 1885
SUR LE VRAI DIEU

Première conférence. — Le vrai Dieu et l'ordre du monde . . . 215
Deuxième conférence. — Le vrai Dieu et l'origine du monde . . 245
Troisième conférence. — Le vrai Dieu et l'ame humaine 274

QUATRE CONFÉRENCES TENUES À PARIS
SUR LA VALEUR SCIENTIFIQUE DE LA PHILOSOPHIE
SCOLASTIQUE

Première conférence. — LE PROGRÈS EN PHILOSOPHIE 297
Deuxième conférence. — LA MÉTAPHYSIQUE DE L'ÉCOLE ET LA SCIENCE. Théorie de la substance 316
Troisième conférence. — LA MÉTAPHYSIQUE DE L'ÉCOLE ET LA SCIENCE. Théorie de la cause et de la fin 351
Quatrième conférence. — LA THÉODICÉE DE L'ÉCOLE ET SA VALEUR SCIENTIFIQUE 372

MORCEAUX DÉTACHÉS

LA SCIENCE DE LA NATURE ET LA PHILOSOPHIE CHRÉTIENNE 393
LE NOUVEAU SPIRITUALISME DE M. VACHEROT 433
LES PROPOSITIONS DE ROSMINI CONDAMNÉES PAR LE SAINT-OFFICE . 459
L'EXAMEN DE CONSCIENCE DE M. RENAN 503

31276. — Tours, impr. Mame.

Documents manquants (pages, cahiers...)
NF Z 43-120-13

www.ingramcontent.com/pod-product-compliance
Lightning Source LLC
Chambersburg PA
CBHW071408230426
43669CB00010B/1487